強欲の帝国

PREDATOR NATION

Corporate Criminals, Political Corruption, and the Hijacking of America

ウォール街に乗っ取られたアメリカ

チャールズ・ファーガソン
Charles Ferguson
藤井清美 訳

早川書房

強欲の帝国

――ウォール街に乗っ取られたアメリカ

PREDATOR NATION

Corporate Criminals, Political Corruption, and the Hijacking of America

by

Charles Ferguson

Translated by
Kiyomi Fujii
First published 2014 in Japan by
Hayakawa Publishing, Inc.
This book is published in Japan by
direct arrangement with
Brockman, Inc.

カバー・表紙写真：
©Pierre Arsenault/Masterfile/amanaimages
©Pictorium/plainpicture/amanaimages
ブックデザイン：鈴木大輔・江崎輝海（ソウルデザイン）

私の人生を変えてくれた二人の女性
アシーナ・ソフィアとオードリー・エリザベスに

強欲の帝国　目次

＊本文中の小文字の［　］内は訳注を示す。

第一章　アメリカの現状

Where We Are Now

金融危機についてはすでに多くの本が書かれているが、それでもなお本書を書く必要があると判断したのは二つの理由からだ。

一つは、悪いやつらが何の罰も受けずにのうのうと暮らしており、しかもこの事実について公の場ではほとんど議論されてこなかったことだ。二〇一一年にアカデミー賞（長編ドキュメンタリー映画部門）を授与されたとき、私は檀上でこう述べた。「大規模な不正によって生じたぞっとするような金融危機から三年たったが、金融機関の幹部は誰一人刑務所に送られていない。これはまちがっている」。オバマ政権の高官たちは、刑事訴追の欠如について質問されると、違法行為はなかったとか、捜査はまだ続いているといった言い逃れを繰り返すだけだった。共和党の主な大統領候補たちも、誰一人この問題を持ち出してはいない。

二〇一二年初め現在、金融危機に関連した金融機関幹部の刑事訴追はまだ一件も行なわれていない。おまけに、民事訴訟、資産差し押さえ、保全命令などの手段によって、世界経済を景気後退に追いやった連中から罰金を取り立てたり不当利得を吐き出させたりする努力も、連邦政府は本気で行なってはこなかった。これは犯罪行為の証拠がないからではない。私の映画の公開以降、とくに民間の訴訟から大量の新しい資料が出てきており、電子メールの通信記録をはじめとするそうした資料によって、経営幹部を含む多くの銀行家《バンカー》が自社の行為を正確に認識していたこと、そしてそれはひどい詐欺行為だったことが暴き出されているのである。

だが、この金融危機を別にしても、金融部門で犯罪行為が蔓延《まんえん》していた証拠は今ではあり余るほどある。この先の章で、すでに明白になっていることをざっと見ていくが、それはずいぶんたくさんある。アメリカやヨーロッパの大手銀行は、危機を招いた行動に加えて、エンロンをはじめとする企業の不正の幇助《ほうじょ》、麻薬カルテルやイラン軍のための資金洗浄《マネー・ロンダリング》、脱税幇助、腐敗した独裁者の資産の隠《いん》匿《とく》、談合による価格決定、さまざまな形の金融詐欺を行なっていたことが暴き出されている。アメリカの金融部門が過去三〇年でならず者産業になり下がった証拠は、今では明白なのだ。アメリカの金融部門は、富と力を拡大するにつれて、規制から逃れるために（二大政党の両方を含む）自国の政治システムや政府や大学を堕落させた。そして、規制緩和が進むにつれて、ますます非倫理的で危険な産業になり、ますます大規模な金融危機やますます露骨な犯罪を生み出すようになった。一九九〇年代以降は、金融部門の力は銀行家を実効ある規制からはもちろん、刑法の執行からも隔離できるほど強大になっている。金融部門は今ではアメリカの経済成長の大きな足かせになっている寄生産業であり、不安定化要因なのだ。

これはすなわち、刑事訴追は単なる報復の問題ではなく、正義の問題ですらないということだ。大規模な金融犯罪に実質的な処罰を与えることは、アメリカ経済の（および世界経済の）健全さと安定に欠かせない金融再規制の必須の要素なのだ。規制は穏やかだが、刑務所に入れるぞという脅しは気を引き締めさせる。有名な脅しのエキスパート、ギャングのアル・カポネは、かつてこう言った。「優しい言葉に銃を添えれば、言葉だけのときよりはるかに多くのものを手に入れられる」。世界経済を危険にさらす重大な不正を行なったら刑務所に行くこと、そして不正に得た富は没収されることを金融機関の幹部たちが認識していれば、彼らがそのような不正を行なったりグローバル金融危機を引き起こしたりする可能性はずいぶん小さくなるだろう。だから、本書を書くのは、一つには、刑事訴追すべきだという主張をこれでもかというほど詳細に申し述べるためだ。私は本書で、バブルと危機の根底にあった行動の多くが正真正銘の犯罪だったことを、そして、訴追せずにすませることは金融部門のそうした行為に劣らず許しがたいことであることを明らかにする。

本書を書くことにした二つ目の理由は、略奪的金融の台頭は、アメリカ経済とアメリカの政治システムのより幅広い、より気がかりな変化の原因であると同時に症状でもあるからだ。金融部門はアメリカの新しい寡占勢力の中核をなしている。この寡占勢力は過去三〇年の間に権力の座に駆け上がり、アメリカの暮らしを大きく変えてきた。本書の後半の章は、この変化がどのように起こり、何を意味しているのかを分析することにあてられている。

一九八〇年ごろから、アメリカ社会は一連の大きな変化にみまわれた。規制緩和や独占禁止法の適用緩和や技術の変化によって、産業界や金融業界の集中化が進んだ。政治の分野でカネがより大きな、より不健全な役割を果たすようになった。教育やインフラや多くの主要産業のパフォーマンスで、アメリカは他国に後れをとるようになった。格差が拡大した。これらをはじめとするさまざまな変化の結果、アメリカは徐々に「出来レース」の社会——豊かな家庭の出ではない者には機会が与えられない社会、先進民主主義国というより第三世界の独裁国家に近い社会——に変わっていった。

二〇一一年九月にニューヨークで始まり、またたく間にアメリカ全土に、さらには世界中に広まった「ウォール街を占拠せよ」運動は、当初は目的が若干あいまいだった。だが、この運動の主張は、ある一点については完全に正しかった。アメリカは過去三〇年の間に道徳心のない金融寡占勢力に乗っ取られ、機会、教育、上昇移動というアメリカン・ドリームを享受できるのは、今では人口の上位数パーセントにほぼかぎられているということだ。連邦政府の政策は、富裕層と金融部門、それに電気通信、医療、自動車、エネルギーなどの（経営がひどくお粗末なことが珍しくないにもかかわらず）有力な産業によって、ますます決定されるようになっている。そして、これら三つの集団のために喜んで働く者たち、すなわちますますカネで動くようになっているアメリカの政党や学界やロビー業界のリーダーたちによって、実行され、称賛されているのである。

このまま進んでいくと、アメリカは衰退する一方の不公正な社会に変わってしまうだろう。貧困に追いやられ、怒りを募らせた教育程度の低い国民が、少数の超富裕なエリートに支配される社会に。そのような社会は道義に反するだけでなく、やがては不安定になり、宗教的・政治的過激主義につけ込まれる危険性がきわめて高くなるだろう。

これまでのところ、二大政党はどちらもこの新しい現実をきわめて巧妙かつ効果的に隠してきた。実際、二つの政党は新種のカルテルを結んでいる（のちほど詳しく説明するが、私はこの取り決めをアメリカの政治的複占と名づけている）。どちらの政党も、自分たちが金融部門と富裕層に身売りしている事実について、国民にウソをついている。国民を欺き操るための政治宣伝に投じられる巨額のカネのおかげもあって、これまでのところ両党ともこのウソをほぼ隠しおおせている。だが、それが永遠に続くはずはない。アメリカ人は次第に怒りを募らせており、まちがった方向に誘導されたり、情報隠しをされたりしていても、自分たちはだまされているという強い感覚を直感的に抱くようになっている。ティーパーティー運動や「ウォール街を占拠せよ」運動は、この怒りの初期の小規模な噴出なのだ。

だから本書では、ネイキッド・クレジット・デフォルト・スワップを規制する方法や簿外組織の会計基準を改善する方法について長々と述べるつもりはない。ボルカー・ルールを実施する方法やコア資本を増強する方法、銀行の負債比率を測定する方法についても同様だ。これらの問題は重要ではあるが戦術的問題であり、政治システム、経済、学究環境、規制体系が健全なら、比較的対処しやすい。真の課題は、アメリカが国の未来を決める力を金融寡占勢力から取り戻し、ふたたび豊かで公正な教育水準の高い国になるにはどうすればよいかを見つけ出すことだ。それができなければ、富と権力の過度の集中という現在の傾向がさらにひどくなり、アメリカ国民の大多数がじわじわと貧困に追いやられる事態になりかねないからだ。

具体的な論考に入る前に、私の基本的な立場について簡単に述べておく必要があるだろう。私は企業や利益やカネ持ちになることに反対しているわけではない。億万長者になる人がいても、ちっともかまわない。ただし、公正な競争に勝って億万長者になるのなら、だ。彼らの業績がそれに値し、彼らが公正な税負担を引き受けており、さらに、彼らが社会を堕落させないのなら、だ。インテルの創業者たちは大金持ちになったが、これはすばらしいことだ。彼らは物理学の博士号をとった。骨身を惜しまず働いた。社員を公正に処遇した。さらに、自分たちが手にしたものの一〇〇〇倍も多くのものを社会に与えてくれた。インテルは創業から一〇年足らずのうちに、マイクロプロセッサーと最も重要な三種類の半導体メモリーを発明した。インテルの創業者の一人、ロバート・ノイス――私は光栄にも彼に一度会ったことがある――は、自分の手で集積回路を発明した。ロバート・ノイスと他の二人の創業者、ゴードン・ムーアとアンディ・グローブが大金を手にしたことに、私はなんら異存はない。オラクルのラリー・エリソン、アップルのスティーブ・ジョブズとスティーブ・ウォズニアック、それにグーグルやイーベイやクレイグズリスト、アマゾンやジェネンテックの創業者たち、さらに言うとウォーレン・バフェットについても同様だ。

だが、本書で取り上げる人々のほとんどは、このような方法で豊かになったわけではない。彼らは人脈を張り巡らせ、不正を行なうことでカネ持ちになった。そして、甚大な被害をもたらす経済犯罪を行なっても罰を受けずにすむ社会、豊かな家庭の子どもだけに成功するチャンスが与えられる社会を生み出しつつある。

そこが、私の異存のある点なのだ。これについては、ほとんどの人が私と同じ考えのはずだ。

下位九九パーセントからの眺め

二〇〇八年の金融危機は、アメリカにとって、また世界全体にとって、大恐慌以来、最悪の経済的挫折だった。二〇〇七年に金融バブルが終わりを迎えると、アメリカの経済成長率は一・九パーセントという弱々しい水準に落ち込んだ。二〇〇八年にはGNPが〇・三パーセント減少し、二〇〇九年にはさらに三・五パーセント減少した。二〇一〇年にようやく「回復」が始まって、GNPは三パーセント増加した。だが、これはあまり恵みにはなっていない。回復は弱く、しかも雇用をほとんどともなってこなかったからだ。GNPの伸びは、雇用の増大によってではなく、主として技術への投資によって達成されたのだ[1]。

危機後のアメリカの景気後退は、公式には二〇〇九年六月に終わったとされている。ところが、「回復」期だったはずのその後の二年間で、アメリカの家計所得の中央値はむしろ七パーセント近く低下したのである。二〇一二年初め現在、アメリカの公式の失業率は依然として八パーセントを超えており、一方、真の失業率の信頼できる推定値は、すべて一二パーセント以上の数字になっている。貧困、とりわけ子どもの貧困は、史上最高水準に達している。

危機が始まって以降、一〇〇〇万人のアメリカ人が六カ月以上の失業を経験しており、二〇〇〇万人が二年以上失業している。失業者の多くがすでに失業給付が切れており、給付の臨時延長――共和党はこの法案に、主として富裕層に恩恵をもたらす大幅減税の延長に民主党が賛成することを条件に、ようやく賛成した――が行なわれていなかったら、もっと多くの失業者がそうなっていただろう。

失業は誰にとっても厳しいものだが、とくに長期の失業は意欲をくじく。技能が低下し、自信を失い、多くの人があきらめてしまう。長期の失業は、もちろん差し押さえやホームレス化の一因にもなる。信頼できる数字はないが、アメリカのホームレス人口は明らかに急増している。フロリダなど、住宅バブルの崩壊によって大きな打撃を受けた比較的温暖な地域ではとくに増加が目立つが、シアトルのような相対的に豊かな地域でも増えている。サクラメントのアメリカンリバーの土手は一九三〇年代には失業者のバラック小屋で埋め尽くされていた。今日、サクラメント市の職員やセイフ・グラウンドのような非政府組織は、やはりアメリカンリバーの土手で暮らしているまったく新しい世代のホームレスのために、懸命に支援活動を行なっている[2]。

また、二〇一一年にはアメリカ全土で二〇〇万軒以上の住宅が差し押さえられた。アメリカの多くの学区が、差し押さえによって住む家をなくした子どもが急増していると報告している。全米各地の新聞が、成人して親から独立していた人々、多くの場合結婚して子どももいる人々が、親の家に舞い戻って、ときには親の社会保障給付で暮らさざるをえなくなっていると報じている。アメリカの貧困率は急上昇し、二〇一一年には一五パーセント強に達した。そこには一六〇〇万人以上の子どもが含まれている。危機が始まってから、食料購入券《フードスタンプ》の利用者数は一八〇〇万人増加した。七〇パーセントの増加率だ。だが、その一方で、アメリカの総所得や総資産に占める上位一パーセントのシェアは引き続き増大して、一九二〇年代末以来の高い割合になっている[3]。

企業の財務状態は良好で、アメリカ企業は二兆ドルの現金を持っている。だが、アメリカ政府の財政状態は良好ではない。危機と景気後退が、金融ホロコーストを防ぐために必要だった緊急財政出動とあいまって、連邦政府の債務残高を五〇パーセント押し上げたのだ。連邦政府の財政赤字は依然として手に負えない状態だし、多くの州政府や地方政府が資金不足のため教育や公衆安全などの基本的なサービスを削減している。

一方、ヨーロッパは政府債務に端を発した新たな慢性的金融危機に苦しんでいる。アメリカと同様、ヨーロッパの債務問題も、二〇〇八年の危機が二一世紀の大恐慌に発展するのを防ぐために必要だった緊急財政出動によって大幅に悪化した。

ヨーロッパの債務危機で最も深刻な影響を受けている国々――ギリシャ、アイルランド、ポルトガル、スペイン――では、生活水準が大幅に低下している。二〇一二年初めの公式失業率は、スペイン二三パーセント、ポルトガル一二パーセント、アイルランド一四パーセント、ギリシャ二二パーセントである。前政権がゴールドマン・サックスに幇助されて粉飾決算を行ない、財政赤字を欧州連合（EU）に隠していたギリシャは、三〇〇〇億ドルの政府債務を返済できない状態に陥った。EUと欧州中央銀行（ECB）、それに国際通貨基金（IMF）は、二〇一一年から（ギリシャの債務の返済条件を緩和する条件として）ギリシャに新税の賦課と公務員の給与や年金の厳しい削減を実施させている。ギリシャにはカネ食い虫の巨大な利益誘導システムがあるが、これまでのところそれは手つかずのままだ。痛みのほとんどは勤勉で正直な人々が負わされてきたのである。教師や大学教授は給与を三〇パーセント以上削減され、失業率は急上昇し、二〇一一年のGDPは前年から六パーセント減少した。イギリス、イタリア、ギリシャでは暴動が起こり、これらの国に加えてスペイン、ドイツ、フランスでも、大規模な抗議運動が発生した[4]。

だが、多くの点で最も大きく変わったのはアメリカだ。ほとんどのアメリカ人にとって、給与も家計の総所得も何年も横ばい、もしくは低下している。アメリカが二〇〇八年以降経験してきた金融危機や景気後退や雇用なき「回復」は、何年も前に始まった変化のプロセスの最新かつ最悪の一ページにすぎない。実際、二〇〇一年～二〇〇七年の金融バブルによる偽りの繁栄の間でさえ、普通のアメリカ人の賃金は横ばい、もしくは低下していたのであり、その一方で富裕層の所得は大幅に上昇していたのである。

二〇一二年のアメリカの所得や資産の格差は、他のどの先進国も――階級意識の強いイギリスでさえ――足元にも及ばないほど拡大している。二〇〇一年から二〇〇七年、すなわち金融大バブルの期間の国民所得の増加分は、その半分がアメリカの家計の上位一パーセントの懐に入った。これはかつてのアメリカの姿ではない。変化が始まったのは一九八〇年代だった。上位一パーセントのキャピタルゲインを含む申告所得のシェアは、一九八〇年の一〇パーセントから二〇〇七年には二三パーセントに上昇した。これは一九二八年と同じ割合で、アメリカがこの期間よりはるかに高い経済成長をとげ、金融危機など一度もなかった一九五〇年代、六〇年代の約三倍だ。金融崩壊以降の株価急落により、上位一パーセントのシェアは二〇〇九年には「わずか」一七パーセントに低下したが、その後ふたたび上昇して二〇パーセント近くになっている。アメリカの資産は今では所得よりさらに集中しており、最も富裕な一パーセントのアメリカ人が、アメリカ国民の純資産総額の約三分の一、金融資産総額の四〇パーセント以上を握っている。これは下位八〇パーセントの国民全体のシェアの二倍以上である。[5]

したがって、必ずしもみんながこの一〇年つらい思いをしてきたわけではない。ＣＥＯ、金融部門、エネルギー部門、ロビイスト、それにすでに富裕な人々の子どもはうまくやってきたのである。アメリカの石油大手四社は二〇〇〇年以降、過去一〇年の利益率を超える利益という意味での超過利潤を三〇〇〇億ドル以上積み上げてきた。投資銀行業界のボーナスも、同じく莫大《ばくだい》な額――一〇年間で推定一五〇〇億ドル――にのぼっていた。ニューヨークの銀行家の平均年間給与は、二〇〇八年の金融部門の崩壊後もほとんど変わらず、現在三九万ドルだ。

格差の拡大というコインの裏側は、アメリカ社会の公正さの低下という、腹立たしく道徳上弁護の余地のない現象だ。教育、雇用機会、所得、資産、さらには健康や平均寿命においてさえ、公正さがはなはだしく低下しているのである。富裕な家庭を別にすれば、アメリカの子どもは現在、親より低い教育しか受けておらず、将来、親より低い所得しか得られない可能性が高い。おまけに、アメリカの若者の機会や人生は、彼ら自身の能力や努力によってではなく、親の経済力によってますます決定されるようになっている。

多くのアメリカ人が、おそらく今なおアメリカン・ドリームを信じているだろう。だが、その幻想をはたしていつまで持ち続けられるだろう。なにしろアメリカは、先進工業国のなかで最も不公正で最も硬直した、社会的流動性が最も低い国の一つに変わりつつあるのだから。アメリカでは子どもの生涯所得の決定要因として、親の所得が約五〇パーセントのウエイトを占めている。ドイツやスウェーデンはもちろん、階級意識の強いフランスでさえ、今ではアメリカより公正で、上の社会階層に移動しやすい社会になっている。次世代の生涯所得の決定要因として、親の所得は平均すると約三〇パーセントのウエイトしか占めていないのだ。本当に公平で流動性の高い社会はカナダ、ノルウェー、デンマーク、それにフィンランドで、これらの国では親の所得は子どもの生涯所得の決定要因の約二〇パーセントを占めているにすぎない。台湾や韓国など、多くの「開発途上」国でさえ、機会や公正さの水準は今ではアメリカを上回っている。たとえば、韓国や台湾の貧しい家庭に生まれた子どものほうが、アメリカの貧しい家庭に生まれた子どもより、高校を卒業して貧困から抜け出す確率がはるかに高い。また、これらの国の国民の多くがアメリカ人より平均余命が長い(6)。

おまけに、今ではアメリカの大学教育まで、誰でも費用をまかなえるものでも、豊かな暮らしへの確実なチケットでもなくなっている。技術の進歩とグローバル化、それに企業の決定によって、賃金が押し下げられ、多くのホワイトカラー業務が外部委託《アウトソース》されてきた。ブルーカラーの雇用が圧縮されてきたのは言うまでもない。今では上位中流階級に確実に入るためには、エリート大学の学士号はもちろん、場合によっては修士号か博士号も必要だ。しかも、こうしたエリート大学に行ける学生の圧倒的多数が、アメリカの最富裕層の家庭の子どもである。実際、あらゆる種類の高等教育機関——大学も大学院も、私立も公立も、エリート校も普通校も——の学費が大幅に上昇しており、高等教育を受ける機会は著しく不平等になっている。州政府や地方政府の予算が縮小するなかで、州立大学やコミュニティ・カレッジでさえ学費がきわめて高くなっており、そのため労働者階級の家庭や貧困家庭の子どもは、大学に行かないか、山ほどの借金を抱えて卒業するかの二者択一を迫られるようになっている。その結果、アメリカの大学卒業率は頭打ちになり、今では他の多くの国の卒業率より低くなっている。

失敗した戦争や富裕層のための減税、それに巨大な不動産バブルと大規模な銀行救済に何兆ドルものカネをつぎ込んできて、アメリカは今、大きな財政問題に直面している。また、アメリカの基本的な経済競争力は大幅に低下している。物理的インフラ、ブロードバンド・サービス、教育システム、労働者の技能、医療、エネルギー政策などが、先進経済国のニーズの変化に対応できていないのだ。だが、のちほど見ていくように、これは金銭だけの問題ではないし、金銭が大きな部分を占める問題ですらない。政策と優先順位の問題なのだ。一部の分野では、政府支出の不足がたしかに足を引っ張っている。だが、医療をはじめとする多くの分野で、社会としてのアメリカは実際には他の国々よりはるかに多額のカネを投じている。それなのに、同じ成果を得ていないのだ。

その最大の理由は、政治的に強力な利益集団が巧みに改革を阻止してきたことだ。金融サービス、エネルギー、防衛、電気通信、医薬品、加工食品などの業界団体、法律家や会計士や医師の職業団体、影響の度合いはそれより低いものの一部の労働組合――これらの集団や、ロビイストや政治家を含む他の集団が、彼らの利益を犠牲にしてアメリカの未来をよくしようとする動きに猛烈に抵抗してきたのである。

一方、二大政党はどちらも、現実に存在する自国の経済・社会・教育問題を無視したり、ごまかしたり、利用したりしている。これによって、さらなる危険が生まれ始めている。アメリカが衰退していくなかで、宗教的・政治的過激派が国民の間に高まっている不安や不満につけ込むようになっているのである。これまでのところ、これは主として連邦政府や課税や社会支出に対する攻撃という形をとってきた。だが、ときには、科学を否定するキリスト教原理主義、進化論教育やワクチンや科学活動に対する攻撃、移民やイスラム教徒や貧困層など、さまざまな集団の排斥といった、もっと過激な形をとることもある。

このすべてを取り仕切っているのが、アメリカの政治家たちのひねくれてはいるが見事なイノベーション、すなわち複占政治体制だ。民主、共和両党のリーダーたちは、過去四半世紀の間に、アメリカの新しい寡占勢力のために働きながら権力の座を維持できるすばらしいシステムを完成させた。どちらの政党も、選挙献金、ロビー活動、回転ドア人事［政府の要職と民間企業の高報酬の職の間を行ったり来たりすること］、便宜供与、各種の特権など、さまざまな形で巨額のカネを受け取っている。どちらの党の政治家も、自分の懐を潤し、自分に投票してくれた人たちを含む国民の利益に背いている。それでも、どちらの政党も今なお支持を集めることができる。それは両党がアメリカの文化的二極化を巧みに利用しているからだ。共和党は社会的保守派に、世俗主義・租税・中絶・福祉・同性婚・銃規制の危険性やリベラル派の危険性を訴えている。民主党は社会的リベラル派に、銃・環境汚染・地球温暖化・中絶の非合法化の危険性や保守派の危険性を訴えている。どちらの政党も両党の対立がどれほど激しいかを、また相手方が政権をとったらどれほど危険な事態になるかを大々的に宣伝しているが、その一方でどちらも金融部門や有力産業や富裕層に魂を売り渡している。このように、「価値観」の問題に関する両党の対立の激しさそのものが、カネの面での両党の協働を可能にしているのである。

二〇〇八年の金融危機以降、連邦政府は銀行と銀行家に莫大な補助金を与えるとともに、ブッシュ政権の富裕層のための減税を延長してきた。銀行業とその多額のボーナスが復活したことで、連邦政府の支援を懇願した銀行家たちの偽りの謙虚さは、今では忘れ去られている。銀行が切羽詰まって頼ってきた二〇〇八年から二〇〇九年にかけて、連邦政府は銀行をついに制御するかつてない機会――ブッシュ政権もオバマ政権も完全に無駄にした機会――を手にしていたという事実も、残念ながらはり忘れ去られている。その同じ銀行家たちが、今では先頭に立って連邦政府の財政赤字に苦言を呈し、競争力維持のためにさらなる減税が必要だと主張し、規制が少しでも強化されたら「イノベーション」が阻害されると牽制している。彼らを金持ちにしてくれたその「イノベーション」が、世界経済を破壊したにもかかわらず、だ。

だが、彼らがそのように行動するのは十分考えられることだ。現在この国の富と企業と政治を支配している上位一パーセントの人々の経済的利益は、過去三〇年の間に、他のアメリカ人の経済的利益から完全に分離してしまったのだから。

林冠経済

林冠の生態系とは森林で高木のてっぺん部分に生まれる植物相や動物相の世界をいい、その下で層をなしている複数の生物系からほぼ完全に分離した状態で存在している。太陽光を最も多く受けられるので枝葉が茂り、茂った枝葉は光が下の層に届くのを妨げて、この分離をさらに強めることになる。

富のピラミッドの最上層にいる一握りの超エリートたちの莫大な所得は、その所得の源である一般の人々とのつながりを失った一種のグローバルな「林冠経済」を生み出している。この最上層では、経営幹部やエリート弁護士、それにグローバル銀行やグローバル企業のトレーダーたちが、当たり前のように八桁の報酬を稼いでいる。彼らは世界のあちこちに四、五軒の豪邸を持ち、いつでもどこでもプライベート・ジェットを利用でき、家事使用人を抱え、クルーザーやリムジン、コネや力を持っている。また、どんな小さな個人的気まぐれでもかなえることができる。たとえば、投資会社ブラックストーン・グループのCEO、スティーブ・シュワルツマンは、どこであれ自分が休暇を過ごしている場所に四〇〇ドルの石蟹《いしがに》の足を空輸させると言われている。

この格差の経済的影響は、今ではびっくりするほど大きくなっている。アメリカのニューエリートたちの富と力は、金融崩壊からのアメリカのきわめて弱々しい回復を理解する手がかりであると同時に、その原因でもある。企業にはカネがうなるほどあるが、普通のアメリカ人には使うカネがない。労働生産性は劇的に向上し、二〇〇九年にはほとんど前例のない五・四パーセントもの伸びを記録した。では、アメリカ企業はなぜ雇用を増やし始めないのだろう。また、平均賃金はなぜ下がり続けているのだろう。

それは一つには、アメリカ人が教育と技能の点で二つの競争に負けているからだ。一つは技術の進歩との競争、もう一つはより賃金の低い他国の労働者の技能水準との競争である。ここでの最も重要な変数は教育だ。インターネット時代にアメリカが高所得、完全雇用の国になるためには、アメリカの労働者の大多数が、はるかに賃金の低いインドや中国などの労働者を上回る教育と技能を備えていなければならない。実際、スタンフォード大学やマサチューセッツ工科大学（ＭＩＴ）のコンピューター科学の修士号を持っているアメリカ人は、今なおきわめて好条件の職についている。だが、ほとんどのアメリカ人はハイテク経済から締め出されている。それはアメリカの教育システムの大部分がガタガタになっているためだ。高校や大学の卒業率はかなり低く、大方のヨーロッパ諸国はもちろん、台湾、シンガポール、韓国などのアジア諸国にも後れをとっている（アメリカの高校卒業率は八〇パーセント前後で、おそらくさらに低下するだろう。それに対し、韓国の高校卒業率は九五パーセント強だ）。また、アメリカに移住してきた人々に話を聞くとよくわかるが、アメリカの高校は韓国や台湾の高校と比べるとおふざけのようなものだ。

だが、アメリカ経済の衰退とアメリカの平均賃金の低下のもう一つの大きな理由は、アメリカの新しい寡占勢力と連邦政府、それに残りの国民とのパワー・バランスが変化したことだ。投資先や賃金水準や政府の政策は、今では主として林冠経済にいる人々によって決定されているのである。このことは二つのきわめて重大な影響をもたらしている。

一つは、経営のしっかりした好調なアメリカ企業は実は投資を行なっているのだが、それは人に対する投資ではなく、アメリカでの投資でもないということだ。ＣＥＯたちは情報技術（ＩＴ）システムを購入したり、安価な海外の労働力を使ったりすることに、国内で人を雇うよりはるかに大きな機会を見出しているのである。

ＧＥ、ボーイング、キャタピラー、フォード、アップルのような大企業は、今では平均すると売り上げの約六〇パーセントを海外であげている（インテルの場合は八四パーセントにものぼっている）。

ＧＥはロナルド・レーガンが同社のＰＲキャラクターを務めていた時代から、典型的なアメリカ企業のような印象を持たれてきた。だが、同社の社員は半分以上が海外に住んでおり、売り上げも資産も半分以上が海外にある。キャタピラーの海外売上は総売上の約六八パーセントを占めている。同社の最近の主な買収先や投資先は、中国の二つのエンジン工場と、やはり中国のバックホー工場と掘削器機工場、ドイツのエンジン工場、インドのトラック工場、それにブラジルのポンプとモーターの工場などだ。フォード、ＧＭ、ＩＢＭ、それに他のほとんどの一流製造企業やサービス企業が、同様の売上構成や資産構成になっている。アメリカ企業のバランスシートに載っている二兆ドルの現金のうち、約一兆ドルは実際には海外に置かれているのである(7)。

ＧＥはアウトソーシングのパイオニアで、データ処理サービスをはじめとする業務をインドなどの低コストの業者に委託している。オバマ大統領は二〇一一年初めに、同社のＣＥＯ、ジェフリー・イメルトを新たな経済諮問機関「雇用と競争力に関する大統領評議会」のトップに任命したが、これはイメルトがアメリカの電球工場を閉鎖して生産を中国に移転したわずか数カ月後のことだった。他の多くのアメリカ企業と同じく、ＧＥも海外の事業所を使って利益に課税されるのを防いでおり、毎年何十億ドルもの利益を出しているにもかかわらず、過去数年間はアメリカの法人所得税は一ドルも払っていない。

そのうえここ一〇年は、今なお「アウトソーシング」と呼ばれているものが、従来とはまったく異なる内容になっている。製造業部門でもサービス部門でも、海外での買収や投資に移行する動きが低賃金の労働集約的活動から高技術、高技能の活動に拡大しているのである。この動きはアメリカ経済の未来にとって重大な意味合いを持っている。

パソコンやタブレット端末やスマートフォンのほとんどが今ではアジアで製造されていると聞かさ

れても、多くのアメリカ人は驚きはしないだろう。だが、これらの機器のほとんどが、今では設計もアジアで、それもアメリカ企業ではなくアジア企業によって行なわれているのである。アメリカは高度な研究、システム設計、ソフトウェア、システム統合の分野では技術的リードを保っているが、IT関連のハードウェアを設計、製造する能力はほとんど失っている。この変化が雇用や競争力に及ぼす影響は重大だ。たとえば、アップルは世界全体で、直営店の従業員を含めて約七万人の従業員を雇用している。それに対し、同社の最大の納入業者である台湾のフォックスコンは、一三〇万人の従業員を擁している。アメリカはすでにハイテク製品の純輸入国になっており、ハイテク産業の雇用がアメリカの労働力全体に占める割合は他の多くの国より小さくなっているのである。

だが、林冠経済の企業幹部たちは、こうしたことは少しも気にしない。彼らは世界全体を自社の市場ととらえているだけでなく、製品やサービス、労働力や部品の調達先ともみなしている。彼らにとって、形のうえではアメリカ企業である彼らの会社が使える労働力は、一〇年前や二〇年前よりはるかに大きく、はるかに安価になっている。林冠は計算の世界である。「インドや中国の労働者はアメリカの労働者よりはるかに生活水準が低いので、より低い賃金で働くはずだ」という計算だ。ブロードバンド網や（港湾、空港、鉄道システムなどの）物流インフラについても、アメリカより整備が進んでいる国が次第に増えている。だが、アメリカの教育システムやインフラ・システムを改善する政策を求めてロビー活動することは、アメリカ企業のCEOにとって個人的にも職業的にも意味のないことだ。それが自分の税負担の増大につながる場合はなおさらだ。このような公共投資の便益は、社会全体が長期にわたって享受するもので、エリートや彼らの会社だけが恩恵を受けるわけではない。それに、CEOや銀行家は、カネとコネがあるので、子どもを学費の高い私立校に通わせたり、プライベート・ジェットを使ったり、資産をグローバルに投資したりすることでき、アメリカの経済的衰退にともなう問題を避けて通ることができる。

それにしても、アメリカの経済成長率が比較的低く、ほとんどの国民の所得が頭打ちになっていた時代に、アメリカのこの新しい寡占勢力は、どうやってこれほど財をなしたのか？　ここで、アメリカの新しい権力構造の二つ目の重大な影響にぶつかることになる。

この問いに完全に答えるためには、本書の最後の部分のテーマになっている、一九七〇年代に始まった一連の経済的・政治的変化から説き起こしていく必要がある。だが、ある意味では、答えは単純明快だ。少数の重要な例外——とくにハイテク産業——はあるものの、新しい林冠エリートたちの富を生み出した主な活動は、社会により大きな価値を提供することではなかったと、自信を持って断言できる。それどころか、アメリカの経済的衰退は、固定化された経営陣が自分たちの産業を破壊したことに直接起因している部分が大きいのだ。アメリカの自動車、鉄鋼、メインフレーム・コンピューター、ミニコンピューター、電気通信といった産業では、過去四〇年のほとんどの期間、経営の質がきわめて低かったことが、多くの優れた研究——その一部は本書で取り上げている——のおかげで今では明白になっている。これらの産業の無責任で私利優先の経営陣は、現状にあぐらをかいた取締役会、手ぬるい独占禁止政策、政治的影響力、それに時代遅れで効率の悪い企業統治《コーポレートガバナンス》システムのおかげで、交代を免れていたのである。

それに加えて、金融サービス産業がある。自身を破壊するだけでなく、それとともに世界経済を崩壊の瀬戸際に追いやる産業の経営の質について、われわれはどう思うだろう？　この産業の経営者たちは大きな富に値する仕事をしたと思うだろうか？　また、ロビイストや弁護士や会計士についてはどうだろう？

要するに、アメリカのニューエリートたちは、その莫大な富の多くを、生産性の向上によってではなく、主としてアメリカや世界の他の人々から強制的に富を移転させることで手に入れたのだ。こうした移転はたいてい倫理に反していて、犯罪と言えることさえあったが、政府の政策に大いに助けられた。富裕層のための減税、独占禁止法の適用緩和による業界再編の容認、非効率な企業の保護、労働組合の抗議行動に対する制約、労働者の賃金の抑制、金融部門の大規模な不正の容認、金融部門の救済、企業犯罪の訴追からの保護といった政策だ。こうした政策は、その恩恵を受ける者たちが、露骨さの程度にちがいはあったものの、いずれにしてもカネで買ったものだった。

強制的な富の移転という点では、一つの産業がとくに際立っている。金融サービス産業だ。ニューエリートたちの非道徳性や破壊性や強欲さがこれほどむき出しにされてきた産業はほかにない。アメリカの金融部門の新しい富の多くは、昔ながらのやり方で、すなわち盗み取ることで、獲得された。規制緩和と業界再編が進むにつれて、アメリカの金融部門は次第に犯罪産業に近いものになり、その行動はやがて巨大なグローバル規模のポンジ・スキーム［高配当をうたって投資家から資金を集め、それを原資に利益配分を繰り返す投資詐欺。この言葉は二〇〇〇年代の金融バブルを指す比喩として使われることも多い］――二〇〇八年の危機を引き起こした金融バブル――を生み出した。それはまさに世紀の犯罪だった。アメリカ経済の停滞とヨーロッパの債務危機という形で、世界がその影響に何年も苦しめられることになる犯罪だったのだ。

本書の大部分はこの略奪をかなり詳細に描き出し、説明することにあてられているが、その前にここで本書の全体像を簡単に説明しておこう。

史上最大の銀行強盗

集中化の進んだ、政治的力の大きい一部の大規模産業は規制緩和と政治腐敗から大きな恩恵を受けてきたとはいえ、二〇〇〇年代は明らかに銀行家の一〇年だった。レーガン政権とクリントン政権が切り開いた規制緩和の時代は、取引や合併や業界再編に対するほとんどの制約を取り去っていた。わずかに残っていた制約も、その後ブッシュ政権によって、刑事訴追や民事の不当利得返還請求訴訟による制裁の脅威とともに、またたく間に取り払われた。

多くの規制緩和措置が、公然と、概して誇らしげに実施された。というのも、経済学者や金融専門家の大多数が、時代遅れの規制の制約から解放されたら、銀行は世界の資本を巧みに、かつ的確に配分し、その結果、新しい黄金時代が訪れるだろうと主張していたからだ。こうした学者の多くが、自分の提言は正しいとおそらく信じていたのだろう。だが、のちほど見ていくように、彼らの多くが銀行の立場を支持することで多額の報酬をもらっていたのである。製薬会社からカネをもらっている医者も自分が推奨している薬の効能を信じているのかもしれないが、明らかにカネもモノを言っており、彼らの推奨は疑ってかかるのが賢明だ。

そして実際、すぐに問題が起こり始めた。アメリカは一九八〇年代から、一九二〇年代以来の大規模な金融危機や企業不祥事にみまわれるようになったのだ。それでも、規制緩和は続き、一九九九年と二〇〇〇年の重要な法律の制定によってついに完了した。規制から完全に解放されると、銀行はすぐに暴走して崖から転げ落ち、グローバル経済の大部分を道連れにした。銀行は大量のクズ証券を組成、販売しただけでなく、金融システムを巨大なカジノへと変貌させた。銀行が主として他人のカネで遊ぶカジノへと。大手六社——シティグループ、JPモルガン・チェース、ゴールドマン・サックス、リーマン・ブラザーズ、ベアー・スターンズ、メリルリンチ——の二〇〇七年末の状態は、それをはっきり示していた。トレーダーや経営幹部が自分自身の利益のために自社のカネを——より正確には、自社の株主や債券保有者のカネを——リスクにさらす自己勘定取引の額は、二兆ドルを超えていたのである。実際、これらの銀行の資産は二〇〇七年だけで五〇〇〇億ドル増大しており、そのほぼすべてが借金で取得したものだった。

レバレッジ——取引額を拡大するために利用する借金——は、二〇〇〇年から二〇〇七年の間に約二倍に増大した。最大手の銀行のうち三社——リーマン・ブラザーズ、ベアー・スターンズ、メリルリンチ——は、二〇〇七年末には自己資本に対するレバレッジの比率が三〇倍以上になっていた。これはつまり、これらの銀行の資産——その多くがきわめて高リスクの資産か詐欺的な資産だった——のうち、銀行自身のカネで取得されたものはわずか三パーセントだったということだ。これはまた、資産の価値が三パーセント下落するだけで、これらの銀行は株主資本をすべて失って倒産するということでもあった。そして実際、二〇〇八年初めには、ベアー・スターンズがあと数日で倒産するという事態に陥って、JPモルガンに身売りした。同年九月にはメリルリンチがバンク・オブ・アメリカに身売りし、リーマン・ブラザーズが倒産した。カントリーワイド、ニュー・センチュリー、ワシントン・ミューチュアルなど、ほかにも多くの金融サービス会社が破綻し、シティグループやAIGのような最大手の金融サービス会社でさえ、政府の大型救済のおかげでようやく生き延びた。最も体力のある銀行の一つだったゴールドマン・サックスでさえ、政府がAIGを救済してゴールドマンや他の大手銀行に対する債務を返済させていなかったら、生き延びることはできなかっただろう。

これほど多くの銀行家がこれほど無謀になれたのはどうしてか？　「カネと刑事免責」がその答えだ。金融部門の個人の報酬体系は完全に有害なものになっていたし、どれほど非道なことをしても刑事訴追されることはないと、銀行家たちは正しく予想していたのである。一九八〇年代までは、伝統と信用と厳しい規制の三点セットが、銀行家の報酬を抑制し、不正がシステム全体にはびこるのを防いでいた。たとえば、投資銀行はパートナーたちが自分個人のカネを出資して結成するパートナーシップの形をとっており、パートナーたちの出資金が投資銀行の資本のすべてだった。実際、一九七一年までは、ニューヨーク証券取引所の会員になれるのは、パートナーシップだけだったのだ。

だが、一九八〇年代からすべてが変わり始め、二〇〇〇年代には金融部門の組織構造も報酬慣行も、一九七五年の銀行家が見たらそれと気づかないほど様変わりしていた。個々のトレーダーからCEO、取締役会、さらには組織間の取引までのあらゆるレベルで、短期的な利益を生み出したらただちに(しかも通常現金で)報酬をもらえるようになり、おまけに、その後損失を生じさせても報酬に相応するほどの罰は受けずにすむようになった。これは致命的な変化だった。金融分野では、当初は儲かるけれど長期的には悲惨な失敗と化す取引をきわめて容易に生み出すことができる。二〇〇〇年代には、取引がのちに失敗と化しても銀行家が損失を負担する必要はまったくなくなっていたので、銀行家は長期的なパフォーマンスのことなど気にしなくなっていた。それどころか、顧客や業界やより広い経済全般にとって、また往々にして自分の会社にとってさえ有害な行動をとる強いインセンティブを与えられていたのである。

宴《うたげ》が続いていた間は、銀行業界は天国のようだった。二〇〇〇年代のバブル期には、金融部門の利益はアメリカの企業総利益の四〇パーセント近くに増大した。アメリカの投資銀行で働いていた人々の平均給与は、約二二万五〇〇〇ドルから――すでに驚異的に高い額だ――三七万五〇〇〇ドル強にはね上がり、危機のあともその水準を維持している。しかも、これは現金報酬だけの数字であり、ストック・オプションはここには含まれていない。

おまけに、これは平均だ。「ネームド・エグゼクティブ・オフィサー(NEO)」、すなわちCEOと最も報酬の高い他の四人の経営幹部の報酬がいくらだったか考えてみるといい(もっとも、どんな年にも年間運用成績が最もよかったトレーダーはさらに多額の報酬を手にする可能性があるが)。ゴールドマン・サックスの二〇〇八年の議決権行使勧誘書類によると、同社の上位五人の経営幹部の二〇〇七年の報酬は、一人あたり平均六一〇〇万ドルだった。このような巨額の報酬は道徳の羅針盤を狂わせる。プライベート・エレベーターやプライベート・ジェット、パートナー専用のダイニングルームとシェフ、ヘリコプター、コカイン、ストリップ・クラブ、コールガール、トロフィーワイフ［カネや権力のある男性がそれを誇示するために迎えた、若く美しい妻］、豪邸、家事使用人、ホワイトハウスでの国賓晩餐会、こびへつらう政治家や慈善団体、何百万ドルもかけた盛大なパーティーなども、やはりそうだ。こうした成功の証しを追い求めるなかで、多くの銀行家が世界経済を破壊しただけでなく、自分の銀行やときには自分自身さえ破壊したことは、否定できない事実である。

おまけに、金融部門の報酬は危機以後もさほど変わっていない。すべての銀行が息も絶え絶えになっていた二〇〇八年にも、NEOの平均報酬額は二〇〇五年の水準に戻っただけだったし、ニューヨークの投資銀行は二〇〇九年一月、つまり彼らが引き起こした危機のさなかに、社員に合計一八〇億ドル余りの現金ボーナスを支給した。

だが、銀行はこれ以外にも二つ、もっと重大な罪を犯している。一つは、カネを使って政治権力を握り、自分たちに有利になるように操作して、国民に莫大な長期的損害を与えたことだ。規制緩和、ホワイトカラー犯罪の訴追放棄、富裕層のための減税、巨額の財政赤字等々の有害な政策を生み出したのは、主として（ロビー活動や選挙献金や回転ドア人事を通じた）金融部門の政治活動なのだ。

銀行のもう一つの罪は、資金を生産的な用途に配分するどころか、金融部門が危険な寄生産業――アメリカ経済の足を引っ張る準犯罪産業――と化したことだ。銀行は金融システムを不安定にし、巨額のカネを浪費し、何百万人もの人を慢性的貧困に追いやってきたうえに、世界中の先進工業国の経済成長をこの先何年も損なう事態を引き起こした。銀行家の本来の仕事は、家計や企業から貯蓄を集めて資本を効率的に配分することであり、経済にとって最も高い長期的リターンを生み出す投資にそのカネを投入することだ。それこそが金融部門が雇用と繁栄を生み出す方法なのだ――少なくとも経済理論では、そうあるべきとされている。

だが、持続不可能な消費と露骨な不正に支えられた二〇〇〇年代の住宅バブルは、実質的な経済的向上はもたらさなかった。金融部門は信用リスクの高い人々やカモにしやすい人々に意図的にねらいを移し、そうした人々を誘い込んでだますために新しい商品を次々に生み出した。

二〇〇五年秋には、メリルリンチの推定によると、アメリカの経済成長の半分が、新規建設、住宅販売、家具、家電など、住宅関連の活動によって生み出された。残りの半分は大部分がブッシュ政権の巨額の赤字財政出動によるものだった。アメリカ人はインチキの経済のなかで暮らしていたわけだ。そして二〇〇八年、銀行がカモにできる人間がもういなくなって、ついにバブルが崩壊したのである。

銀行が引き起こした金融破壊は決して神の仕業ではなかった。また、予見されていなかったわけでもない。二〇〇〇年代初めには警戒を促す声があげられており、銀行がますます非標準型《エキゾチック》になるリスクの世界に深入りするにつれて、その声は次第に大きくなっていた。こうした声の一部――ラグラム・ラジャン、チャールズ・R・モリス、ヌリエル・ルービニ、サイモン・ジョンソン、ジリアン・テット、ウィリアム・アックマン、ロバート・グナイズダ、ＩＭＦ、それにＦＢＩまで――は、私の映画 *Inside Job*（邦題『インサイド・ジョブ　世界不況の知られざる真実』）にも収録されている。だが、現状から利益を得ていた人々は、こうした警鐘をすべて無視し、ときにはあざ笑うことさえあった。もちろん、彼らのそうした対応の概要は今ではよく知られているので、本書ではこれにはあまり紙幅を割かないことにする。したがって、本書の大部分は二つのテーマにあてられる。一つは、犯罪的なならず者産業としての金融部門の台頭で、この部門の犯罪行為が危機の発生にどのような役割を果たしたかも併せて検討する。もう一つは、アメリカの格差の拡大に関する分析だ。

したがって、本書は次のような構成になっている。第二章では、規制緩和と集中化が進んだ不安定要因としての金融部門を登場させた二〇年の歴史を、金融危機や金融犯罪の再登場を含めて、簡単に説明する。

次に、二〇〇〇年代の金融部門の行動を、バブルと危機の発生に犯罪行為が果たした役割を含めて、入手できる証拠を示しながら描き出す。第三章では住宅ローン貸付業について、第四章では投資銀行業とその関連活動について、第五章では危機の到来とそれが生み出した行動について検討する。第六章では金融犯罪の増加について簡単に説明し、刑事訴追が必要だという主張を展開する。もちろん、銀行家の行為の必ずしもすべてが犯罪だったわけではないが、多くがそうだった。とくに、一九九〇年代に貯蓄貸付組合の幹部を何百人も刑務所送りにした基準と同じ基準を適用すると、ましてや、詐欺を働いたり、犯罪がらみのカネを洗浄したりしたとき、あいにく大手投資銀行で働いてはいなかった人々がどうなったかを考えると、犯罪だったと断定せざるをえない。

最後の四つの章では、アメリカの近年の変化をより幅広く分析する。金融サービス部門から始めて、学問の世界、他の経済部門、政治システムへと移り、アメリカが過去三〇年で経済的に停滞し、財政的に不安定で、きわめて不平等な社会になり下がったことを説き明かす。まず、第七章では、金融部門が国の富を生み出すどころか奪い取る寄生産業に変貌したプロセスを検討する。

第八章では学問の世界に目を向ける。『インサイド・ジョブ』を見た多くの人が、この映画の最も驚くべき衝撃的な要素は、学者の利益相反を暴き出していることだという感想を寄せた。私はこの章で、金融部門や他の富裕な利益集団がアメリカの学問の世界をどのように堕落させ、学問の役割を独立した立場での分析から産業界や金融界のロビー活動の手段に変えてきたかを、映画よりはるかに詳細かつ広範に検討する。第九章では、アメリカの政治・経済システム全般の衰退について考察する。第一〇章では、締めくくりとして、アメリカとヨーロッパの未来について、またアメリカの衰退を逆転させるために必要な大規模な政策変更について論じ、最後に社会的・政治的行動によってこれを実現する道筋を示す。

この最後の仕事は決してたやすくはないだろう。オバマ政権の行動は、その嫌になるほど明白な実例だ。本書の最後の数章で説明する理由により、アメリカの複占政治体制は今ではがっちり固定されて、変化を受け付けなくなっている。どちらの政党も、ポピュリストを装いながら、実際はカネに依存している。そのカネは二大政党が——この二つの政党だけが——選挙による政治を支配しているからこそ両党に流れ込むのであり、この仕組みを変えようとするどんな動きにも、両党は激しく抵抗するだろう。

問題はもう一つある。残念ながら認めなければならないが、アメリカ人は自国の衰退をある程度甘受してきた。過去三〇年で、アメリカ国民の教育程度は低下し、人々は未来のために貯蓄や投資をする意欲を減退させ、無理からぬことだが、政治参加やアメリカの諸制度について、かつてよりはるかにしらけた見方をするようになった。そのため、アメリカの新しい寡占勢力が国民の大きなセグメントを操って、自国の状態を悪化させる政策を容認させ、さらには支持させることが、不気味なほど容易になっているのである。それに、もちろん、アメリカの多くの若者が、とりわけオバマの背信のあとは政治に愛想をつかしている。

今のところ、私はアメリカ人の本質的に優れた直観をまだ信頼している。多くのアメリカ人が、二〇〇八年にバラク・オバマを選ぶことでこれらの問題が解決されることを明らかに期待し、信じていた。そして今、オバマがこれまでの大統領と同じであることがわかって、多くの人がひどく不安な気持ちになっている。

だが、アメリカ人は自分たちに何が起こりつつあるかも、どうやってそれを回避すればよいかも、まだ理解していないようだ。アメリカが衰退の流れを反転させるためには、いくつかの困難な仕事を成し遂げる必要がある。第一に、現在、きわめて集中化した産業と金融部門と超富裕層が握っている経済的力がますます強化される傾向を反転させる必要があるだろう。それに加えて、アメリカの経済政策の重点を教育、貯蓄、長期投資の方向に移すとともに、軍事力や安価なエネルギーへの過度の依存から脱することも必要だろう。そして最後に、政治におけるカネの役割——現在、選挙献金、政治宣伝、回転ドア人事、ロビー活動、公的部門と民間部門の大きな給与格差といった形で果たしている役割——を、根本的に変える必要があるだろう。

システム全体の抜本的改革を実現する道は三つある。既存政党の一つにおける反乱の成功、第三党の台頭、そして公民権運動や環境保護運動に類似した無党派の社会運動だ。これらの道はどれもみな容易ではない。だが、アメリカ人はこれまでも、強力な反対があったときでさえ、困難なことを成し遂げてきた。アメリカのすばらしい成果が達成されたのは、たいていの場合、すばらしいリーダーを生み出したからでもあった。それがもう一度起こることを期待しようではないか。

第二章 パンドラの箱を開ける
——金融緩和の時代（一九八〇年～二〇〇〇年）

Opening Pandora's Box / The Era of Deregulation (1980 - 2000)

アメリカの現在の経済問題は、その多くが一九七〇年代に姿を現した。だが、アメリカが本格的に自己破壊を始めたのは、一九八〇年代に入ってからだ。レーガン政権はブッシュ政権の不気味な先行上映のようなものだった。政治的支持の高い減税、その結果生じる財政赤字、失業の増加、経済格差の急激な拡大がすべてそろっていたのである。

衰退に向かっていたアメリカの産業と、現状にあぐらをかいた時代遅れの、だが政治的に狡猾なCEOたちが、ロビイストや政治家、取締役や学者にカネをつかませるほうが実際の業績を高めるよりはるかに安上がりでたやすいことに初めて気づいたのは、一九八〇年代だった。また、規制を緩和されたアメリカの金融部門が、自らの暗黒面にふたたび足を踏み入れて、三〇年に及ぶ業界再編、金融不安定、大型犯罪、政治腐敗の局面に入ったのも、一九八〇年代だった。八〇年代後半には、アメリカは大恐慌以来となる二つの金融危機にみまわれた。もっとも、現在の基準からすると、これらの危機はかわいいものだった。一つの危機は規制緩和と犯罪の蔓延《まんえん》によって、もう一つの危機は、リスクを下げるはずだったのに実際にはリスクを高めた複雑な金融イノベーションによって引き起こされた。どこかで聞いたような気がしないだろうか。

金融部門の何百人もの経営幹部が刑務所送りになり、いくつもの金融サービス会社が経営陣の腐敗のせいで倒産し、アメリカは戦後初の深刻な金融危機を経験したにもかかわらず、一九八〇年代の終わりには、金融部門はかつてないほど大きな富と政治的力を手にしていた。瓶の外に出したら制御できなくなる魔物のようなこの金融部門を、アメリカはまだ瓶のなかに戻せないでいるのである。

四面楚歌のアメリカ

一九七二年から八二年までの一〇年間は、アメリカにとってきわめて厳しい時期だった。七三年から七五年の二年間だけで、ウォーターゲート事件公聴会、弾劾裁判を免れるためのリチャード・ニクソンの不名誉な辞任、第四次中東戦争、ＯＰＥＣによる初の原油禁輸措置、南ベトナムの陥落、さらに第一次オイルショックによる突然の景気後退を経験した。第一次オイルショックの影響がようやくおさまった一九七九年には、イスラム革命によってイランの国王が追放され、ＯＰＥＣがふたたび原油価格を三倍に引き上げて、アメリカは景気後退とインフレと高金利の併存という前例のない事態にみまわれた。それから、とどめの一撃としてソ連がアフガニスタンに侵攻した。

だが、アメリカがもっと根本的な経済的課題に初めてぶつかったのも、一九七〇年代だった。遠隔地におけるお粗末な戦争で軍が酷使される場合の長期的な軍事費、アメリカ最大手の企業や産業の現状にあぐらをかいた姿勢や内部の腐敗、「ジャスト・イン・タイム」生産方式に支えられたアジアの競争相手の台頭、情報技術によって可能になった（そして促進された）アウトソーシングの拡大、アメリカの非熟練労働者の市場価値の低下、アメリカ国民全体の教育水準を引き上げる必要性、といった課題である。

一九八〇年には、アメリカ産業の長年のぐうたらなグローバル支配は終わったことが、ますます明白になっていた。一九五〇年代、六〇年代には年率三パーセントだったアメリカの生産性の伸びは、七〇年代、八〇年代には一パーセント足らずに低下した。日本から輸入される自動車は、デトロイトの自動車より安価で燃費効率がよいだけでなく、品質も優れていた。製造上の欠陥が少なく、寿命が長く、維持費が安かったのだ。七〇年代後半に日本企業が積極的に進出してきた家電、工作機械、鉄鋼、さらには半導体メモリーやＩＢＭメインフレーム・コンピューターの互換機などのハイテク市場でも、似通った傾向が見られた。日本企業は往々にして新技術を――アメリカで生み出された技術でさえ――アメリカのライバルより迅速に採り入れることに、アメリカの専門家たちは気づいた。また、日本は輸入原油にアメリカよりはるかに大きく依存していたにもかかわらず、七〇年代のオイルショックからアメリカよりはるかに早く回復した。

低成長、二度のオイルショック、景気後退、外国からの挑戦の増大という、この見慣れぬ組み合わせに直面して、アメリカ社会には突然の不安と大きな怒りが生まれた。一九八〇年には、ＭＩＴ教授のレスター・サローが、不完全ながらもきわめて先見的な著書 *The Zero-Sum Society*（邦訳『ゼロ・サム社会』岸本重陳訳、ＴＢＳブリタニカ、一九八一年）を発表して、アメリカは低成長と分配をめぐる争いという苦痛に満ちた局面に入ったと主張した。政策の分野で激しい議論が始まった。保護主義を支持する論陣を張る者もいれば、政府の積極的な投資と産業政策が必要だと主張する者もいた。

多くの経済学者が、サローの本もアメリカの衰退という問題全体も一笑に付した。貿易赤字と競争力の低下は認めながらも、貯蓄と投資を増やし、同時にドルをゆるやかな減価に導けば、これらの問題は解決されると主張する者もいた。主流の経済学者はこぞって（今ではその逆を唱えている者たちも含めて）、無能な経営陣の固定化も、グローバル化も、低賃金のアジアからの競争も、アジアの国家戦略としての産業政策も、アメリカの生活水準の低下をもたらしはしないと主張した。たしかに、当時は混乱した時代だった。アメリカはそれまで、そのようなことは一度も経験したことがなかったのだ（若手の学者だった私はそうした討論に何度か参加したが、私もまた、すべてを正しくとらえていたわけではなかった）。

アメリカの政治指導者たちはさまよっているように見えた。それに、アメリカ人は、残念ながら当時はまだ真実を告げられる用意ができていなかった。アメリカが世界経済をやすやすと支配する時代は終わったのであり、アメリカはふたたび貯蓄、よりよい教育、情報技術、より厳しい独占禁止政策、省エネ、それに他国についての理解を深めることに関心を向ける必要があるということを。

いや、政治指導者たちが真実を告げていたら、アメリカ人は案外耳を傾けていたかもしれない。だが、政治指導者たちはそうしなかった。彼らは国民にウソをつき、ときおり例外はあったものの、以来ずっとウソをつき続けてきた。一九八〇年には、アメリカ社会には、税金が引き下げられ、規制が削減され、米軍が強化されさえすれば、何もかもうまくいくという、単細胞的で威勢のいい話を受け入れる土壌が整っていた。

こうした粗雑な考えを引っ提げて、ロナルド・レーガンがにこやかな笑顔と楽観主義だけを頼りに大統領に就任した。それは一つには、ジミー・カーター大統領が一貫性のある明快な代替案を打ち出せなかったからでもあった。カーターは誠実ではあったが、無力で気弱な印象を与えていた。それに対しレーガンは、多くの人の予想に反して強い大統領になり、掲げた政策の多くをよかれあしかれ実現した。減税と規制緩和が時代の流れになった。だが、レーガンの戦略には最初から大きなごまかしがあった。彼は税金は減らしたが、政府支出は減ら**さ**な**かっ**た。だから、アメリカの景気回復は、一つには持続不可能な借金に支えられていた。政権幹部は、減税すれば景気が回復して税収が増えるので減税分はそれで補えると主張していたが、それがウソであることを彼らはよく知っていた。おまけに、彼らが「規制緩和」と呼んでいたものは、往々にして単なる政治腐敗だった。ロビイストや業界幹部が政府機関のトップに任命され、一部の業界は政治献金やロビー活動や回転ドア人事への支出を大幅に増額した。

こうした動きがどの産業よりも目立っていたのが金融部門だった。アメリカが犯罪行為、金融危機、政治腐敗、格差の拡大、それに衰退へと向かうプロセスを、レーガン政権はまず金融サービス部門でスタートさせたのだ。

一九八〇年の銀行業

レーガンが就任したとき、アメリカの金融部門はまだ、大恐慌の教訓を踏まえて制定されたニューディール諸法に従って構成されていた。

銀行とその幹部たちは一九二〇年代にとんでもない実績を残していた。金融バブルを発生させ、自分個人の利益のために預金者のカネを投資すべきでないところに投資し、自社の不良債権を詐欺的な投資ファンドという形で顧客に押しつけたのだ。[1] 過度な借り入れや不正行為や投資詐欺まがいの行動が、一九二〇年代のバブルと大恐慌の一因になったと広くみなされていた。

ニューディール諸法は、こうした誘惑を取り除くことを、少なくともそれがもたらす打撃を限定することを意図したものだった。一九三三年グラス・スティーガル法では、預金を受け入れる銀行が証券の引き受けや販売を行なうことが禁止された。[2] 一九三三年証券法と一九三四年証券取引所法では、上場企業と投資銀行に詳細な財務記録の開示が義務づけられ、さらに、これらの組織を監視する機関として証券取引委員会（ＳＥＣ）が設立された。一九三八年には、やはり大恐慌の教訓を踏まえて、銀行や貯蓄貸付組合（Ｓ＆Ｌ）の住宅ローン債権の買い取りや保証を行なう連邦住宅抵当公庫、通称ファニーメイが設立され、やはり厳しい規制の下に置かれた。一九四〇年投資会社法では、投資信託などの資産運用会社が規制された。

この構造は一九八〇年にも維持されていた。商業銀行業、投資銀行業、住宅ローン貸付業、保険業は別個の業種とされ、連邦レベルでも州レベルでも厳しく規制されていた。また、これらの業種のどれ一つとして、一つの企業もしくは企業グループに支配されてはおらず、どの業種でも多くの企業が乱立していた。アメリカの商業銀行業は安定した地味な業種だった。ほとんどの支店が午後三時に閉まり、そのおかげで銀行家たちはゴルフコースでたっぷり時間を使うことができた。本拠地とする州の外での支店開設には厳しい制約があり、金利は厳しく規制されていた。この業界はおおまかに言うと、主としてニューヨークやシカゴに本店を置く少数の大手「マネーセンター」銀行と、全米各地にある何千もの小さな地場銀行や地方銀行に分かれていた。

さらに、貯蓄預金の受け入れと長期固定金利型住宅ローンの販売だけを行なう、小規模でほとんどが地場の金融機関、貯蓄貸付組合（S&L）があった。一九八〇年の時点でも、ほとんどのS&Lは組合形式をとっていた。つまり、株主はおらず、地場の預金者たちによる共同所有だったのだ（信用組合やほとんどの大手保険会社もこの形態をとっている）。銀行と同じく、S&Lも厳しく規制されており、その小口預金は預金保険で守られていた。規制当局は住宅ローンの貸付を促進するために、S&Lが貯蓄預金に商業銀行より若干高い金利をつけることを認めていた。

グラス・スティーガル法の壁の向こう側の世界、すなわち証券業界は、リテール証券会社と投資銀行に分かれていた。リテール証券会社は富裕な個人客に株式や債券を販売しており、その最大手はメリルリンチだった。メリルリンチはこの時代としては大企業で、他の証券会社に先駆けて一九七一年に株式を公開した。

ゴールドマン・サックス、モルガン・スタンレー、ベアー・スターンズ、ディロン・リード、リーマン・ブラザーズなどの典型的な投資銀行は、大手企業に財務アドバイスを提供したり、株式や債券の新規発行の取り仕切りや販売を行なったりしていた。乱立状態ではあったが、それでもクラブ的なまとまりを持つ業界で、プロテスタント系の銀行とユダヤ系の銀行に非公式に分かれており、女性やマイノリティはどちらにも歓迎されなかった。数十社もの投資銀行があったが、いずれも小規模ながらきわめて安定しており、離職率は低かった。一九八〇年には、最大手のゴールドマン・サックスでさえ、従業員数は総勢二〇〇〇人だった（二〇一一年には三万四〇〇〇人に膨れ上がっていた）。他の投資銀行のほとんどは数百人の従業員しかおらず、なかには数十人のところもあった。組織形態はすべて株式非公開のパートナーシップで、使う資本はすべて自分たちのカネだった。投資銀行がたとえば株式の新規発行の引き受け（販売の保証）を行なった場合、パートナーたちはまさに自分個人のカネをリスクにさらしていた。パートナーたちの出資金が投資銀行の自己資本のすべてだったからだ。投資銀行の営業は信用と信頼に支えられていた。もっとも、現実には、ゴルフやハーバード・クラブ「ハーバードの卒業者か教員であることを入会資格とする会員制プライベート・クラブ」でのスカッシュや名門私立校の同窓生ネットワークにも支えられていたのではあるが。

規制と銀行家の報酬と金融の安定

銀行家の報酬は一九二〇年代に成層圏レベルに達したが、その後、大恐慌によって、またより重要な要因として大恐慌の教訓を踏まえた規制強化によって大幅に縮小した。ニューディール諸法の制定後、アメリカの金融部門の報酬は落ち着きを見せ、平均報酬額は四〇年にわたりアメリカの平均所得の約二倍で推移した。経営幹部の報酬は多額ではあったが、決して法外ではなかった。プライベート

・ジェットや巨大なヨットを持っている者などいなかったのだ。(3)

額に劣らず重要だったのが、金融部門の報酬の構造だった。商業銀行家《コマーシャル・バンカー》はたいてい固定給をもらっていた。投資銀行家《インベストメント・バンカー》は年次ボーナスをもらい、裕福な暮らしをしていたが、この業界であまねく実践されていた思慮深い方針によって、パートナーは総資産のほとんどを通常何十年も自分の会社に出資したままにしておかねばならなかった。そのカネを引き出せるのは引退するときだけで、したがってパートナーとその会社は、きわめて長期的な視点に立ち、破滅的なリスクテイキングを避ける健全な姿勢をとっていた。

業界の構造、規制、文化、報酬慣行——このすべてが一九八〇年代初めまで維持されていた。それから、タガが外れたのだ。

変化の推進要因

一九八〇年代初めに三つの力が合流したことで、苦難と機会に満ちた大嵐が発生した。一つは一九七〇年代の混乱で、金融市場を不安定にし、破壊したこの混乱によって、銀行は新しい形の収入を探さざるをえなくなった。もう一つは情報技術革命で、これによってそれまで別々だった市場が統合されて、マネーの流れの複雑さと速度が大幅に高まった。三つ目が規制緩和で、これは刑務所の管理を収容者自身に任せるようなものだった。

変化を推進した一つ目の要因は、厳しい金融逼迫《ひっぱく》だった。一九七三年、七九年のオイルショックの影響で、株式市場とすべての金融機関が深刻な苦境に陥った。インフレが激化し、一九八一年には三カ月ものの国債が短期間ではあるが一六パーセントもの金利をつけた。

二つ目の推進要因は技術の進歩だった。アメリカの金融部門はたしかにある程度の規制緩和を必要としていた。より正確に言うと、コンピューター時代にふさわしい、新しい規制を必要としていたのである。小口預金の金利に対する厳しい規制、銀行とS&Lの若干不自然な区分け、それに州際銀行業務の禁止は、大きな非効率のもとになっていた。情報技術の進歩と電子金融取引の登場は、それまで別々だった市場を全米的に、さらにはグローバルに統合することで生産性を高める機会を生み出した。

　だが、情報技術は同時に新たな危険ももたらしたため、一部の分野では規制の強化が必要になった。たとえば、摩擦のない即時電子取引の登場で、新しいタイプの変動性《ボラティリティー》と市場の不安定さが生まれた。また、情報技術のおかげで、ますます複雑さを増す金融サプライチェーンを通じて、ますます複雑かつ不透明な金融商品を組成、販売することが容易になった。だが、その複雑さは物事を――リスクや不正や本当は誰が得をして誰が損をするのかといったことを――隠しやすくもしたのである。

　こうした状況――オイルショック、景気後退、インフレ、新しい技術や金融商品の登場――のなかで、アメリカの硬直し、安定していた金融部門の多くが業績不振に陥った。とりわけ一九八〇年代初めには、S&L業界全体が崩壊しかねない状況になっていた。

　S&Lは第二次オイルショックによって生じた激しい金利変動とインフレに打ちのめされていた。預金を集めて長期固定金利型住宅ローンを貸し付けるというS&Lの業務形態は、安定した低金利環境を前提にしたものだった。一九八〇年代初めには、預金者は金利の低いS&Lから資金を引き揚げて、市場金利連動型投資信託《マネー・マーケット・ファンド》に向かうようになった。また、インフレと金利上昇によって、S&Lの低金利の固定金利型住宅ローンの債権価値は大幅に低下した。

　S&L問題に対して、レーガン政権は公式には、S&L業界を規制緩和の輝かしいテストケースにすることでこれに対処するとした。だが、実態はというと、S&Lとその背後の投資銀行がはめを外すのを容認する腐敗した仕組みを隠すために、規制緩和という経済イデオロギーを政治的カモフラージュとして利用したのである。そのあとに続いたのは、われわれが以後繰り返し目にすることになる光景だった。

S&Lの規制緩和の失敗

政府がS&L産業をすんなりつぶしていたら、アメリカの納税者の負担は一〇〇億ドル程度ですんでいただろう。だが、S&L業界は政界に太いパイプを持ち、選挙献金やロビー活動を早くから積極的に行なっていた業界の一つだった。上院銀行委員会委員長のウィリアム・プロクスマイア議員は、のちに全米向けテレビ番組でこれを「純然たる贈賄」と呼んだ。だが、これは役に立った。S&L「救済」のためとされたガーン・セントジャーメイン法は、超党派の支持を得てまたたく間に可決、成立したのである。

最大の問題点は、S&Lの規制機関である連邦住宅貸付銀行理事会のトップに業界ロビイストのリチャード・プラットが任命されたことだった。プラットは自己売買を禁じる規制を骨抜きにする作業に着手した。S&Lは史上初めて単独の株主が支配できるようになり、さまざまな事業分野で数に制限なく子会社を持つことも、そうした子会社に融資することもできるようになった。また、融資の担保として、ほぼすべての種類の資産を受け入れられるようになった。さらに、投資銀行を通じて連邦政府の保証付きの譲渡性預金証書（CD）を販売することで、資金を集められるようになった。S&Lの財務状態が不安定であればあるほど、そのS&LのCDの金利は高くなり、投資銀行の手数料も高くなった。

それは盗みの許可証を与えられたようなものだった。S&Lの経営者たちは他人のカネで大々的に遊び始めた。自分自身に融資したり、自分が出資している巨大不動産プロジェクトに融資したり、親類縁者に融資したり、車や飛行機や豪邸や他のさまざまなおもちゃを買ったりしたのである。

チャールズ・ナップという経営者は、一九八〇年から八三年半ばの間にカリフォルニアのS&Lの資産を一七億ドルから一〇二億ドルに増大させ、その後も年間約二〇〇億ドルのペースで増やし続けたが、八五年についに壁にぶつかった。政府が介入したとき、このS&Lの資産は約五億ドルの価値しかなくなっていた。テキサスのバーノン貯蓄銀行は、八二〇〇万ドルだった資産をおよそ一年で一八億ドルに増大させた。オーナーは小型ジェット機を六機買ったが、FBIがついに捜査に入ったとき、この銀行の債権は九六パーセントが延滞債権になっていた。一九八八年になっても、テキサスの一三二のS&Lは、債務超過でありながら、まだハイペースで資産を拡大していた。

チャールズ・キーティングもS&Lを食い物にした一人だった。彼は巧みな偽善者で、ポルノ反対運動の熱心な活動家として知られていた。ポルノは「共産主義者の陰謀」の一環だと主張し、利益のための背徳行為の恐ろしさを描いた実にお粗末な映画をつくった。一九七〇年代にSECに詐欺罪で告発されたことがあったが、それでも一九八四年に、比較的健全だったS&Lの買収を許可された。そして、そのS&Lをまたたく間に倒産させて政府に一〇億ドル以上のコストを負担させ、その一方で自身はかなりの財産を築き上げた（というより、奪い取った）。キーティングは議会や規制当局を巧みに操り、八〇社もの法律事務所と有名な「キーティング・ファイブ」――彼が三〇万ドルの選挙献金で味方につけた五人の上院議員（アラン・クランストン、ジョン・グレン、ジョン・マケイン、ドナルド・リーグル、デニス・デコンシーニ）――を使って、調査を免れていた。当時は民間のエコノミストだったアラン・グリーンスパンも、キーティングに四万ドルで雇われて、彼の誠実な人柄と堅実なビジネス手法をアピールするために規制当局に手紙を送ったり、彼と一緒にワシントンで動き回ったりしていた。レーガンはのちに、グリーンスパンの卓越した判断力に目を留めて、彼を連邦準備制度理事会（FRB）議長に任命した。キーティングは最終的には刑務所に送られた。

シルバラードもこうしたS&Lの一つだった。このS&Lの取締役会には、ジョージ・H・W・ブッシュの息子でジョージ・W・ブッシュの弟であるニール・ブッシュが名を連ねていた。ブッシュはシルバラードの幹部たちへの合計一億ドルの融資を承認し、自分自身への融資も承認した。シルバラードの破綻は、納税者に一三億ドルのコストを負担させた。ブッシュは二つの連邦規制当局から提訴され、罰金を科され、銀行業に携わることを禁止されたが、刑事訴追は免れた。

破綻したS&Lはほかにもたくさんあった。連邦政府は整理信託公社を設立して、倒産したS&Lの資産の買い取りと処分にあたらせた。納税者が負担させられたコストは約一〇〇〇億ドルで、当時は莫大な額のように思われた。

それでもアメリカのシステムは、一つの重要な点でまだ完全に腐敗し切ってはいなかった。犯罪行為を行なった多くの者が——とりわけ大手投資銀行や法律事務所や会計事務所で働いていた者たちは——処罰を免れたのではあるが、免れなかった者も大勢いたのである。S&L事件の結果、金融部門の数千人の幹部が刑事訴追され、数百人が刑務所に送られた。この事件は苦々しいものだったが、今になって振り返ると、その後の大規模な金融犯罪の発生を予示する、ささやかな前兆にすぎなかった。

だが、一九八〇年代にはめを外していたのはS&Lだけではなかった。投資銀行、レバレッジド・バイアウト（LBO）会社、弁護士、会計士、それにインサイダー取引を行なっていた者たちも、わが世の春を謳歌《おうか》していたのである。

実際、規制緩和に関する最初の気がかりなシグナルは、アメリカの投資銀行業界や法律・会計業界で最も輝かしい実績を誇っていた会社が、S&Lの略奪に積極的に参加したことだった。メリルリンチは二つのS&Lの高金利の預金に、これらのS&Lが破綻する前の半年間に投資家のカネを二億五〇〇〇万ドル以上送り込むことで、楽々と五〇〇〇万ドル稼いだ。ジョーンズ・デイ・リービス&ポーグ、ポール・ワイス・リフキンド、カイエ・スカラーなどの法律事務所は、のちに提訴されて、数百万ドルの和解金を支払った。会計事務所も同様に提訴された。アーンスト・アンド・ヤングと（のちにエンロン事件で悪名を馳せた）アーサー・アンダーセンは、S&Lの粉飾決算を見逃したことに対して、とくに巨額の和解金を支払わされた。アーンスト・アンド・ヤングだけで三億ドルを超える額だった。もちろん、納税者が負担させられたコストの総額は、回収された額の何倍にものぼった。[4]

だが、一番はめを外していたのは、クズ債券《ジャンク・ボンド》をもてあそんでいた連中だった。

ジャンク・ボンドとLBO、そして略奪的投資銀行業の台頭

一九八〇年代以前は、社債を発行して資金を調達できるのは、ごく少数のきわめて格付けの高い企業だけだった。だが、マイケル・ミルケンという名の野心家の青年は、何年も研究を重ねたのち、普通の企業もその方法で資金を調達できると確信するようになった。そして一九七七年、彼と彼の勤めていた投資銀行ドレクセル・バーナム・ランバートは、それまでは格付け外だった企業の社債発行を引き受け始めた。金利は優良社債より高かったが、銀行融資に比べると低かった。そのため当初は、こうしたいわゆるジャンク・ボンドを利用できることは、成長のための資本を必要としていた中堅企業にとって便利なサービスだった。ところが、事態はとんでもない方向に進むことになる。

まず、略奪的な投資会社がジャンク・ボンドを使って企業を買収するようになった。これはたいていの場合、財務的に理にかなった行動だった。その理由は二つあった。第一に、株式市場がひどく低迷しており、理屈に合わない安値をつけている銘柄が多かったので、割安で買収できる上場企業がた

くさんあった。ただし、資金があればの話であり、その資金をジャンク・ボンド市場が提供してくれたのだ。ジャンク・ボンド・ブームの二つ目の理由は、多くのアメリカ企業が、現状にあぐらをかいた固定化した経営陣によってひどくお粗末な経営をされていたことだった。ジャンク・ボンドが登場するまでは、彼らは何も恐れる必要がなかった。彼らと同じく現状にあぐらをかいた固定化した取締役会から支持されていたからだ。

ところが、そこに突如として、取締役会の支持にかかわりなく、固定化した経営陣を追い出す方法が登場したのである。マイケル・ミルケンに頼めば、敵対的買収に必要な何十億ドルもの資金をジャンク・ボンド市場でまたたく間に調達してもらえるのだ。こうした買収の初期の事例では、無能な経営者が新オーナーによって追い出されたことで、実際に効率が向上したこともあった。だが、投資会社はやがて二つの重要なことに気づいた。一つは、いったん会社を乗っ取ったら、やりたいことは何でもできるということだ。その会社を分割することも、一部を売却することも、社員の付加給付を削減することも、自社に巨額の手数料を払うこともでき、たいていの場合、残っているものは何でも略奪することができた。さらに、会社を転売することもできた。レバレッジド・バイアウト（ＬＢＯ）ブームの初期には、株式市場はひどく低迷していた。だが、一九八〇年代に入って市場が回復に向かうと、ＬＢＯで企業を買収し、経費を削減したうえで数年後にふたたび上場することは、ごく当たり前のビジネスになった。

ニクソン、フォード両政権で財務長官を務めたウィリアム・サイモンは、一九八二年に自己資金一〇〇万ドルと八〇〇〇万ドルの借金でギブソン・グリーティング・カーズを買収した。そして一年半足らずののち、株式市場の回復が進むなかで同社を再上場して二億九〇〇〇万ドルのカネを手にした。テッド・フォーストマンの投資会社は、ドクターペッパー社の買収、転売によってさらに巨額の利益を得た。こうした初期のLBO案件の単純さと収益性の高さがバブルにつながり、マイケル・ミルケンとその友人たちが不正によってそのバブルを長引かせるのだが、それについてはまもなく詳しく説明する。

投資会社が次に気づいたのは、さらに愉快なことだった。それは、実際には会社を買収する必要さえないということだ。買収して、それからその会社を立て直して売却するという厄介な作業をしなくても、買収するぞと脅しをかけるだけでよかったのだ。そうすれば、その会社の無能な経営陣や取締役会は、投資会社を単に追い払うために巨額のカネを払うのだ。こうして「グリーンメール」［ねらった企業の株を買い占めて「乗っ取るぞ」と脅しをかけることで、自分の保有株を高値で買い取らせようとする一種の脅迫行為］が誕生した。マイケル・ミルケンとドレクセルのジャンク・ボンド部門は、T・ブーン・ピケンズ、ロナルド・ペレルマン、カール・アイカーンのような連中が設立した専門会社が主として行なっていたグリーンメールのために、大々的に資金を調達するようになった。

ミルケンと彼のジャンク・ボンド部門は、とことん腐敗した多くのS&Lにも、また買収戦争の開始やその結果に賭ける裁定取引者にも資金を提供した。裁定取引では、これから何が起ころうとしているかを実際に知っていれば、もちろんはるかにたやすく儲けられる。そのため、LBOやグリーンメールや投機的な裁定取引の登場は、インサイダー取引の蔓延にもつながった。アイヴァン・ボウスキーのような連中は情報提供者のネットワークを築き、リークに対してかなりの額の謝礼を払っていた。インサイダー情報をもらったら、ボウスキーはミルケンを通じて資金を調達して株式を買い入れ、乗っ取りの開始もしくは完了の直後に、それを売却していたのである。ボウスキーはひと財産築いたが、一九八六年にSECと連邦検察官の調査を受け、逮捕された。彼は有罪を認め、司法取引でミルケンらに関する情報を提供して、禁固三年半の判決を受けた。

ジャンク・ボンドに支えられたLBOの第一波は、おおむね経済にとって好ましいものだった。だが、初期のLBOによるこの好影響と第二次オイルショックからの回復が株価を押し上げるのに、さほど時間はかからなかった。株価の上昇によって初期のLBO案件がとてつもなく儲かったという印象を与えるようになり、それがLBOの新たなブームを生み出して、株価をさらに押し上げた。それからグリーンメールと投機的な裁定取引が登場した。経済学者が思い描く合理的で「効率的な」世界では、株価が妥当な水準に達したら買収は徐々に減るはずだった。だが、現実の世界では、ジャンク・ボンドが株式市場のバブルとジャンク・ボンド自体のバブルを生み出した。のちに「強欲の一〇年」と呼ばれるようになるこのバブルは、一九八〇年代後半まで続いた。いったん興奮が冷めると、崩壊はすぐに訪れた。ミルケンは秘密付帯契約によって株の名義貸しを行なったり、クライアントに自己売買を勧めたりしてバブルを長引かせようとした。彼のクライアントは、自社の年金プランのためにジャンク・ボンドを購入したり、ミルケンに調達してもらった資金でジャンク・ボンドに投資したりしていたのである。ミルケンは九〇件以上の容疑で起訴され、六件について有罪を認めて、禁固一〇年、罰金六億ドルの判決を受け、証券業に携わることを永久に禁じられた。六億ドルの罰金を払っても彼はなお億万長者だったし、おまけに司法取引で二年後には釈放された。釈放以来、一連の財団活動を通じて名誉を回復しようとしており、彼の財団の一つは今では親ビジネス的な経済学者の大きな資金供給源になっている(5)。

一九八〇年代のジャンク・ボンド、LBO、乗っ取り、グリーンメール、裁定取引の大ブームは、ウォール街が伝統に縛られた小さな集団から、二〇〇〇年代にグローバルな大惨事をもたらした、熱狂に駆り立てられるマネー中毒の犯罪カジノへと変身する大きな節目になった。LBOブームの重要な帰結の一つが、投資銀行業の従来の文化が破壊されたことだった。LBOとその関連活動には、とりわけ乗っ取り案件の規模が数十億ドル、ときには数百億ドルに拡大するなかで、巨額の資本が必要だった。また、LBOは本質的に、短期的な一度かぎりの取引手数料で進められるものだった。そのため、投資銀行は資本を集めるために株式を公開するようになり、短期の現金ボーナスを払い始め、倫理や顧客ロイヤルティといった旧来の概念を捨て去るようになったのだ。

LBOブームはウォール街の報酬体系も、構造と規模の両面で根底から変えた。LBO案件を扱う銀行家には、長期的な結果に関係なく買収額の一定の割合が支払われるようになり、ウォール街の報酬ははね上がった。LBOにかかわっていたCEOや彼らが使っていた法律事務所や会計事務所やコンサルティング会社の収入も同様だった（マイケル・ミルケンは数年にわたり年間五億ドル以上の報酬をもらっていた）。それは今日のアメリカの特徴をなす途方もない格差と金融部門の富への移行の始まりだったのだ。

金融イノベーションとデリバティブ、そして一九八七年の市場崩壊

ウォール街のブームにともない、機関投資家の株式ポートフォリオ［保有株式の一覧表］は途方もなく拡大した。それと時を同じくして、強力なマイクロプロセッサーとパーソナル・コンピューターに牽引されたIT革命の第一波が訪れた。その結果登場したのが、ポートフォリオ管理におけるコンピューターを使った高度なイノベーションだった。

一九八七年の夏には、株価指数は数年間めざましい上昇を続けており、バブルの兆候が随所に見られ、機関投資家は神経質になっていた。だが、そこに助けになる金融イノベーションが登場した。「ポートフォリオ保険《インシュアランス》」と呼ばれる驚くべき新手法だ。その理屈はこうだ。ポートフォリオの値下がりリスクを避けたいなら、ファンド・マネージャーは株価指数先物（デリバティブの一種）を売

ることで損失を一定の範囲内に抑えることができる。相場が突然下落しても、売った先物によって損失がカバーされるからだ。

このような戦略を実行するのは一介の人間には不可能だったが、カリフォルニア大学バークレー校の二人の金融学教授、ヘイン・リーランドとマーク・ルービンシュタインが自動的に取引してくれるソフトウェアを開発した。ファンド・マネージャーがポートフォリオの価値の希望下限値を設定すると、そこから先はすべてコンピューターがやってくれるのだ。先物の売りはポートフォリオが好調なときは最小限に抑えられるが、相場が下落すると加速するように設計されていた。ファンド・マネージャーたちはこの仕組みを大歓迎した。一九八七年の秋には、およそ一〇〇〇億ドル分の株式ポートフォリオに「保険」がかけられており、二人の教授はひと財産築いていた。

だが、ちょっとした問題が一つあった。この戦略が広く採用されたら、意図とは正反対の結果をもたらすのだ。相場が大幅に下落したら必ず、大量の先物の売りが自動的に発生するからだ。先物市場での売りの急増は、ほぼ確実に株式市場でのパニック売りを引き起こす。それが先物の売りをさらに加速させ、それがまた株式市場での売りにつながって、売りが売りを呼ぶ悪循環になりかねないのである。

そして、実際、ほぼこのとおりのことが起こった。株式市場はニューヨークにあり、先物市場はシカゴにあって、しかも二つの市場間のコンピューター接続はきわめて初期の方式だったため、互いに対する影響はより深刻になった。

それは一九八七年一〇月一四日水曜日に始まった。だが、本当の修羅場が訪れたのは、以来「ブラック・マンデー」と呼ばれることになる一〇月一九日月曜日だった。[6] この日一日で株式市場が二三パーセント下落したのである。一日の下落率としては史上最大だった。アラン・グリーンスパンのＦＲ

Bから大量の新規マネーが供給されたおかげで、市場はやがて安定した。これは、ウォール街がのちに「グリーンスパン・プット」と呼ぶようになるものの初期の行使例だった。どれほどひどい事態に陥っても、アランおじさんが救済してくれる、というわけだ。

この暴落は、金融「イノベーション」に内在する危険性を知らせる明白な警報だった。自動取引ソフトを開発した二人の教授はもちろんきわめて頭のいい人間だったし、彼らのソフトを使っていた銀行家たちもそうだった。だから、少なくとも彼らの一部は、知っていてしかるべきだった。一定数以上の人間がこの「保険」を使っていたら、大幅な下落は必ず大規模な売りを誘発し、それによって彼らが防ごうとしているまさにその事象を引き起こすということを。クレジット・デフォルト・スワップをはじめとするデリバティブは、おおむね同様のリスクをはらんでいる。だから、その利用には規制——とりわけ市場全体を見渡せる立場にいる規制当局への持ち高《ポジション》の開示と全体的なリスク・レベルの制限——が必要なのだ。だが、デリバティブはウォール街にとってとてつもなく儲かる商品だったので、ウォール街は規制どころか、それと正反対の方向に突き進んだ。

規制緩和の勝利——クリントン政権

一九九〇年代はこの上なく輝かしい時代でもあったし、この上なく暗い時代でもあった。一九九〇年代初めのアメリカの経済見通しはきわめて暗かった。LBOや乗っ取りのブームに支えられた株式バブルが一九八〇年代の終わりにしぼんだことで、アメリカの長期的な経済問題がふたたび頭をもたげ始めたのだ。

それでも結局は、一九九〇年代のアメリカの経済実績はすばらしかった。その理由はインターネット革命であり、それを促進したアメリカのベンチャー・キャピタルと起業のシステムだった。一九九九〇年のワールド・ワイド・ウェブの発明を皮切りに、インターネットを基盤とするイノベーションや起業活動が、六〇年代以降では初となる経済全体の大幅な生産性向上をもたらしたのだ。インターネットは世界中で利用でき、ワールド・ワイド・ウェブはヨーロッパで発明されたにもかかわらず、アメリカはすべての主要インターネット企業――アマゾン、イーベイ、ヤフー、グーグル、クレイグズリスト、フェイスブック――と、何千社ものより小規模なインターネット企業を生み出した。クリントン政権の政策は大いに助けになった。この政権は一九九五年にインターネットを民営化したほか、電気通信部門の一部を改革し、マイクロソフトを独占禁止法違反で提訴したのである。

だが、その一方で、クリントン政権は二〇〇〇年代の金融バブル・金融危機を発生させた規制環境も生み出した。クリントンは金融部門がはめを外すのを放任していた。経済・規制政策は、金融業界ご指名の操縦者たち――ロバート・ルービン、ラリー・サマーズ、アラン・グリーンスパン――に乗っ取られた。アメリカの金融部門が現在の形――著しく集中化し、往々にして犯罪的で、システム全体に危険をもたらす可能性がある形――をとるようになったのは、この時代のことだった。金融部門の犯罪行為の広がりは、ウォール街が概して露骨な不正によって意図的に膨らませた株式バブルを通じて、インターネット産業にまで影響を及ぼした。ネット関連株での不正の蔓延は、（私を含めて）業界の誰の目にも明らかだったが、クリントン政権は何も対策をとらなかった。投資銀行は史上初めて、好きなように行動してもよいという明白なシグナルをもらったのだ。

一九九〇年代のアメリカの金融部門には、これに劣らず危険な変化がいくつかあった。一つはクリントン政権と議会とFRBに支持された、法律と実務の両面における広範な規制緩和である。二つ目は業界の統合で、規制緩和措置がとられていなかったら、その多くが違法だったはずだ。金融部門の主な構成要素――商業銀行、投資銀行、証券会社、トレーディング専門会社、格付け会社、債券保険会社、デリバティブ・ディーラー——が驚異的なペースで統合されて、巨大企業がとくにロビー活動や政治活動で互いに協力しながら業界をがっちり支配する寡占体制が築かれた。

金融部門の三つ目の変化は、「証券化の食物連鎖」の登場だった。住宅ローン債権を生み出して投資銀行に売却し、投資銀行がそれを「仕組み」金融商品に仕立てて年金基金やヘッジファンドなどの機関投資家に販売するという、業界全体にまたがる複雑なサプライチェーンが誕生したのである。その結果、金融システムのほぼすべてのセグメントがかかわる複雑で不透明なプロセスが生まれることとなった。

金融部門の四つ目の変化は、規制を受けない「革新的な」金融商品の登場だった。これもやはり継続的な規制緩和によって可能になったことで、クレジット・デフォルト・スワップ、債務担保証券、「合成」住宅ローン関連証券のような巧みな新商品が次々に生み出された。

これらの変化は基本的には効率を大きく高めたが、システム全体のもろさや相互依存も高め、金融システムは不正に対してもシステム全体を揺るがすような危機に対しても、きわめて脆弱《ぜいじゃく》になった。

だが、最も致命的だったのは、最後にあげる変化だった。九〇年代の終わりには、システムのあらゆるレベルで、また証券化の食物連鎖のあらゆる段階で、すべてのプレーヤー——貸付機関から投資銀行、格付け会社、年金基金に至るまで、住宅ローン仲介業者からトレーダー、ファンド・マネージャー、CEO、取締役に至るまで——の報酬が、短期的な利益（往々にして直近の取引の利益）にもとづいて、しかも大部分が現金で支払われるようになっていた。この仕組みには利益相反が内在しており、しかも、損失を生じさせたことに対する懲罰は組み込まれていなかった。おまけに、ほとんどの者が自分自身のカネをリスクにさらしてはいなかった。要するに、倫理的かつ慎重に行動するインセンティブは、誰一人持っていなかったわけだ。ジョージ・W・ブッシュが就任するころには、すでに爆弾がしかけられていた。爆発させるには、誰かが導火線に火をつけるだけでよかったのだ。

住宅ローン債権から生み出された怪物

すべての始まりは、住宅ローン担保証券という気の利いた健全なアイデアだった。Ｓ＆Ｌが貸付を増やせるように、銀行がＳ＆Ｌから住宅ローン債権を買い取り——そうすればＳ＆Ｌはただちに現金を取得できる——銀行はその債権を証券に仕立てて投資家に販売する、という仕組みである。

一九八三年に、ファースト・ボストンのラリー・フィンクとその投資銀行業務チームが、ＣＭＯ、すなわちモーゲージ担保債務証書を生み出した（フィンクは今では世界最大の資産運用会社ブラックロックのＣＥＯだ）。フィンクのイノベーションは、ＣＭＯを信用格付けと利回りの異なるいくつかの等級、すなわち「トランシェ」に切り分けたことだった。最上層のトランシェには住宅ローン債権が生み出す現金を最優先で受け取る権利があり、一方、最下層のトランシェは期限前償還や債務不履行《デフォルト》のリスクを負担することになる。

需要は高かった。この新商品の登場で、住宅金融の仕組み全体が変わり始めた。住宅ローン仲介業者は、新たに登場した「モーゲージ・バンク」、すなわち住宅金融専門会社のために住宅ローンの受付・販売を行なうようになった。モーゲージ・バンクは仲介業者から住宅ローン債権を買い取り、証券化できるだけの件数が集まったところで、ただちに投資銀行に売却した。一九九〇年代半ばには、このモデルが市場を席巻するようになっていた。

だが、ＣＭＯは登場からわずか数年でブームの中休みを迎え、一九九〇年代初めに小規模な危機をもたらした。五五〇億ドルという推定損失額は、今日の基準では微々たるものだったが、野放しにされた銀行家やゆがんだインセンティブを与えられた銀行家がどれほどの損害を与えうるかを予感させるものだった。

暗い予兆はほかにもあった。一つは、ベネフィシャル・ファイナンスやハウスホールド・ファイナンスのような「ハードマネー・レンダー」が住宅金融に参入したことだった。ハードマネー・レンダーとは高リスク・高利回りの貸付を専門にする業者で、彼らはデフォルトを起こしそうな借り手に積極的に貸し付けていた。九〇年代の終わりには、マネー・ストア、オプション・ワン、ニュー・センチュリーなど、ハードマネー・レンダーから独立した住宅金融専門会社が、高収益をあげて株式市場のお気に入りになっていた。市場全体ではまだ小さな勢力にすぎなかったが、従来のものよりリスクの高い住宅金融が成長しつつあったのだ[7]。

高リスクの住宅ローンは手数料や金利が高かったので、そこに内在するリスクを隠蔽《いんぺい》できる場合はとくに、きわめて大きな利益を生んだ。また、ポンジ・スキームのようなバブルにはうってつけの商品でもあった。バブルは不正を一時的に覆い隠してくれるからだ。住宅価格が上がり続けているかぎり、住宅を転売することで、もしくは住宅の値上がり分とされるものを担保にホーム・エクイティ・ローン「住宅の市場価値から住宅ローンの残高を差し引いた純資産価値を担保として貸し出すローン」の追加借り入れをすることで、ローンを返済できたのだ。

高リスク融資が徐々に増大したのは、証券化の致命的な欠陥のせいだった。証券化は与信の決定とその後のリスクや結果との本質的なつながりを断ち切るのである。売り払うことだけを目的に不良債権をどんどん生み出したら、いずれは問題が発生する。だが、その問題を抱えるのは債権を生み出した本人ではなく、別の人間だ。原理的には、この欠陥は、たとえば債権の売り手に売却後に発生する損失の一部負担を義務づけることで修正できる。だが、誰もそんなことはしなかった。それどころか、報酬慣行はそれと反対の方向に、しかも猛スピードで進んでいたのである。

証券化は良質の住宅ローンからいわゆるサブプライム住宅ローンに広がり、さらに他の種類のローンにも広がった。クレジットカード債権、自動車ローン、学生ローン、商業用不動産ローン、LBOのための銀行融資など、さまざまな債権が証券化されるようになった。やはり当初は良質の債権だけが使われたが、債権の質は時とともに着実に低下した。

同時に、証券化の食物連鎖はますます複雑かつ不透明になった。食物連鎖の成長と複雑さの増大は、金融システム全体の隠れたレバレッジとリスクを徐々に増大させた。証券化商品の買い手の多くが、ヘッジファンドをはじめとする、レバレッジ比率の高い規制対象外の「影の銀行」の組織だった。証券化商品には、「モノライン」と呼ばれる債券専門の保険会社による保証や、クレジット・デフォルト・スワップ（CDS）によるリスクヘッジという形で、次第に保険がかけられるようになった。AIGのロンドン子会社AIGファイナンシャル・プロダクツが市場を支配していたCDSは、規制を受けないデリバティブの一種で、信用格下げやデフォルトが発生した場合は巨額の支払いを請求されるおそれのある商品だった。だが、格下げやデフォルトのリスクの全体的な規模や分布を把握している者は、どこにもいなかった。

同じころ、金融業界はさらなる規制緩和を要求し、首尾よく獲得していたが、その一方で、この業界の犯罪性やシステミック・リスク［市場の一部で発生した異常事態による決済不能がドミノ倒し的に市場全体に波及するリスク］の増大を示すサインが表に現れるようになった。とくに明白なサインは、インターネット・バブル、ワールドコムやエンロンの大規模な会計不祥事、アジア金融危機、それに当時世界最大のヘッジファンドだったロングターム・キャピタル・マネジメント（LTCM）の破綻だった。

インターネット革命はまぎれもなく現実の出来事だったので、ベンチャー・キャピタルの出資や起業活動や新規株式公開が急増したり、インターネット技術を生かしやすい既存企業の株価が急騰したりしたのは、たしかに納得できることだった。だが、実際に起こったことは、合理的な反応をはるかに超えた、常軌を逸した熱狂だった。ほとんど売り上げがなく、巨額の赤字を出し続けており、しかも採算性を実現するまともな方法を持ち合わせていない企業が、巨額の出資を受け、それから途方もない評価額で株式を公開した。新興企業株の信頼できる指標、ナスダック総合指数は、一九九五年の九〇〇弱から二〇〇〇年一月には四五〇〇を上回る水準に上昇した。

それからまもなく、バブルが崩壊した。一八カ月後の二〇〇二年半ばには、ナスダック指数は一一〇〇に下落していた。バブルはたしかに一般大衆の過剰な熱狂によって生じた部分が大きいのではあるが、起業家とウォール街双方の不正も大きな要因だった。いくつものネット企業が豪勢にカネを使い、豪勢に報酬を払い、ウソをつき、上場し、それから二〇〇一年に倒産した。ウォール街の金融サービス会社とその花形アナリストたちは、仕事をもらうためにこれらの企業に高い投資格付けを与え、その一方で個人的には、これらの企業をしばしば「クズ」とあざ笑っていた。

スタートアップ企業に加えて、エンロンや（大手通信事業者ＭＣＩを買収していた）ワールドコムなど、いくつかの既存企業も、不正会計処理やインターネット関連のイノベーションを実現したという触れ込みを使って、この株式バブルを利用し、したがって助長した。エンロンは政界とのコネも積極的に利用していたが、これには規制当局の監視をゆるめさせる効果があった。同社は自社に好意的な候補者に多額の献金を行なうとともに、元商品先物取引委員会（ＣＦＴＣ）委員長で、当時上院銀行委員会委員長の座にあったテキサス選出の上院議員フィル・グラムを夫に持つウェンディ・グラムを、取締役に据えていた。

金融規制緩和の次の波

クリントン政権は、しばしばアラン・グリーンスパンや議会の支援を得て、金融規制緩和を推し進めた。新法の制定や規制の変更が次々に行なわれ、民法・刑法双方の執行が大幅に緩和された。金融犯罪に関する規制の発令、監視、強制捜査、訴追、それに金融機関の幹部に対する内国歳入庁（ＩＲＳ）の監査は激減した。皮肉なことに、クリントン政権はこれらの規制緩和措置に先立って建設的な規制法を成立させていた。一九九四年に、新たに登場してきた高金利のサブプライム・ローン市場、とりわけホーム・エクイティ・ライン・オブ・クレジット（ＨＥＬＯＣ）市場の悪質な慣行を抑制することを意図した住宅所有・持ち分保護法（ＨＯＥＰＡ）が制定されていたのである。この法律はＦＲＢに、住宅ローン業界の慣行全般について規制を発令する幅広い権限を与えていた。だが、アラン・グリーンスパンはこの法律を使おうとはしなかった。実際、ＦＲＢが住宅ローン規制を初めて発令したのは二〇〇八年になってからで、少しばかり遅すぎた。しかも、グリーンスパンはバブルの間、「革新的な」住宅ローン商品の利用を推奨する発言を公の場で何度か行なっていたのである。

州際銀行業務を禁じる規定は一九九四年に破棄された。投資銀行と商業銀行の厳格な分離を定めていたグラス・スティーガル法は、一九九六年に大幅に弱められ、一九九九年には完全に廃止された。シティグループがこの法律の廃止前に保険会社と投資銀行を買収したのは明らかに法律違反だったが、アラン・グリーンスパンは、この法律が正式に廃止されるまでシティグループに免責を与えた。それからまもなく、ロバート・ルービンが財務長官を辞任してシティグループの副会長になり、以後一〇年間で一億二〇〇〇万ドル以上の報酬を手にすることになる。

さらに、デリバティブをめぐる闘いもあった。クリントン政権の終盤に、ラリー・サマーズ、アラン・グリーンスパン、それにフィル・グラム上院議員の強い支持を受けて成立したのが、二〇〇八年の危機の核にあったあらゆる複雑な証券を含む店頭（OTC）デリバティブについて、規制を全面的に禁止する法律だった。この法律の草案は、デリバティブ・ディーラーの業界団体ISDAがその大部分を作成した(8)。

店頭デリバティブに対する規制の全面禁止は、実際には規制を目指す動きから始まった。商品先物取引委員会（CFTC）委員長のブルックスリー・ボーンが、急成長しているデリバティブ市場を観察して、この市場は大きなリスクをもたらすと判断した。そこで、一般市民から広く意見を募るパブリック・コメントを開始したのだが、これに対して、ルービン、サマーズ、グリーンスパン、それにSEC委員長のアーサー・レビットがこぞって猛反発した。とりわけラリー・サマーズは、ボーンに電話を入れて、自分の執務室に今一三の銀行の代表が来ているが彼らは激怒していると告げ、ボーンの辞任を要求した（CFTCは政府から独立した規制機関であるから、この電話は法に抵触していた可能性がある）。それからほどなく、政府はフィル・グラム議員を通じて、店頭デリバティブに対するあらゆる規制を禁止する法案を提出した。

驚くべきことに、規制緩和の流れは、同じ時期に露見したデリバティブなどの新しい金融商品を使った企業不祥事には、まったく影響を受けなかった。バンカーズ・トラスト（BT）のトレーディング子会社BTセキュリティーズは、通常は金利リスクをヘッジするために使われるデリバティブ、金利スワップを、きわめて略奪的な形で販売した。たとえばギブソン・グリーティング・カーズは、三〇〇〇万ドルの借り入れについてBTと単純な金利スワップ契約を結んだのだが、この契約はしょっちゅう微調整され、二九回のこうした「改善」によって、ギブソンのコストは二三〇〇万ドルに膨れ上がった。ギブソンがついにBTを提訴すると、BTの他のクライアント七社が同様の訴訟を起こした。プロクター・アンド・ギャンブルは一億九五〇〇万ドルの損失をこうむったと申し立て、エアープロダクツ・アンド・ケミカルズは一億六〇〇〇万ドル、サンドズ・ファーマスーティカルズは五〇〇〇万ドルの損失をこうむったと主張した。ＢＴのあるトレーダーは――録音テープによると――こう語っていた。「おかしなビジネスだよな。あの平穏そうなところに人をおびき寄せて、それから完全にめちゃくちゃにするんだから[9]」

　似通った事例はほかにもたくさんあった。メリルリンチはカリフォルニア州オレンジ郡の財政担当者をデリバティブ取引に誘い込んで一五億ドルの損失を負わせ、一九九四年に同郡を財政破綻させた（メリルと他の数社の金融機関は、のちに損失の半分以上を補塡させられた）。二〇〇年以上の歴史を誇っていたイギリスのベアリングズ銀行は、シンガポールの不良トレーダーによるデリバティブ取引の失敗のせいで破綻した。大和銀行はアメリカ国債のデリバティブ取引で一〇億ドルの損失を出し、住友商事はトレーダーの銅不正取引で二〇億ドルの損失を出した。

　さらに、アジア金融危機のさなかの一九九八年九月には、ヘッジファンドのロングターム・キャピタル・マネジメント（ＬＴＣＭ）が、主としてデリバティブの持ち高のせいで破綻した。そのわずか数日前、アラン・グリーンスパンは議会に対して、デリバティブの規制は不要であると断言し、なぜなら「市場の値付けと取引の相手方《カウンターパーティー》の監視が、安全性と健全さを維持する仕事の大部分を行なうと予想できるからです[10]」と証言していたのである。

　ＬＴＣＭは著名な債券トレーダーのジョン・メリーウェザーが、マイロン・ショールズ、ロバート・マートンなど、キラ星のようなパートナーたちとともに一九九三年に設立したファンドだった。ショールズとマートンは、デリバティブの価格算出モデルの開発で一九九七年にノーベル経済学賞を受賞する。ＬＴＣＭはデリバティブを使って、大きなレバレッジを効かせた債券投資を行なっていた。アジア金融危機と一九九八年のロシア国債のデフォルトによってこうした賭けが完全に裏目に出たとき、LTCMは一〇〇〇億ドルの潜在的損失を抱えていた。FRBはシステム全体の危機に発展することを恐れて、大手銀行十数社を参加させる緊急救済策をとりまとめた。グリーンスパンはこの救済について弁明を迫られ、議会で次のように証言した。

LTCMの破綻が市場の機能停止を引き起こしていたら、LTCMに直接関与してはいなかった者を含む多くの市場参加者が大きな損失をこうむっていた可能性があり、アメリカ経済を含む多くの国の経済が損なわれていたおそれがあります。[11]

だが、この事件はグリーンスパンにデリバティブ規制の全面禁止を思いとどまらせはしなかった。グリーンスパンとクリントン政権の財務省と議会リーダーたちが引き続き規制禁止を唱えるなかで、ブルックスリー・ボーンは発言を封じられ、二〇〇〇年末に商品先物近代化法が可決、成立したのである。

グリーンスパンの考えは、何が起ころうと変わらなかった。彼は二〇〇三年にシカゴの投資会議で次のように述べた。

デリバティブを批判する人々は、一人のディーラーの失敗が他のディーラーを含むカウンターパーティーに壊滅的な損失を負わせ、デフォルトの連鎖反応を生み出すのではないかという懸念をよく持ち出します。しかし、デリバティブ市場の参加者は、デリバティブにともなうカウンターパーティーの信用リスクをはっきり認識し、そうしたリスクを軽減するためにさまざまな措置をとっているものと思われます。[12]

グローバル金融危機とＡＩＧの破綻、それに少なくとも一〇兆ドルの損失が発生したのち、グリーンスパンはようやく自分のモデルに「欠陥」があったことを認めるに至った。[13]

クリントン政権は回転ドア人事の点でも次第に露骨な動きを見せるようになった。ロバート・ルービンはゴールドマン・サックスからクリントン政権に入り、一九九九年に財務長官を辞任すると、ただちにシティグループ――シティグループの合併は彼が後押しした立法措置によって合法化されていた――の副会長の座についた。国家経済会議委員長を務めたローラ・タイソンは、政権を去ってまもなくモルガン・スタンレーの取締役に就任した。安全保障担当大統領補佐官だったトム・ドニロンは、退任後ほどなくファニーメイの主任ロビイストになった。行政管理予算局長のフランクリン・レインズは、ファニーメイのＣＥＯになり、同社の不正会計処理に深くかかわった。財務省の高官マイケル・フロマンとデイビッド・リプトンの二人は、シティグループに迎えられた。ラリー・サマーズはクリントン政権の最後の財務長官を務めたのち、ハーバード大学の学長になり、そのかたわら大手ヘッジファンド、タコニック・キャピタル・アドバイザーズの顧問も務めていた。ハーバードの教授会で学長に対する不信任動議と問責動議が可決されて、学長辞任に追い込まれたが、辞任後は別の大手ヘッジファンド、Ｄ・Ｅ・ショーに入り、金融機関に対する講演で年に何百万ドルも稼ぐようになった。

組織の統合

アメリカの金融部門は一九九〇年代に積極的に統合を進めた。これは規制緩和によって統合が可能になり、技術の変化と業務のコンピューター化による資本集約度の上昇が統合を促進したためでもあったが、市場支配力を高めることで得られる、より大きな利益を求めての行動でもあった。この統合は水平方向にも垂直方向にも行なわれ、きわめて広範囲に及んだので、二〇〇〇年の金融部門は三〇年前とはすっかり別物になっていた。依然としていくぶん乱立気味だった唯一の業界セグメントは、ほとんど規制されていないセグメントでもあった。富裕層やベンチャー・キャピタル、それに――これが運命を決することになるのだが――影の銀行システムに新たに加わった住宅金融専門会社のために資金を運用していたヘッジファンドである。

一九六〇年から二〇〇〇年の間に、アメリカの大手投資銀行一〇社（うち最大手の五社がこの業界を支配していた）の資本の合計額は、一〇億ドルから一七九〇億ドルに増加していた。五大投資銀行の従業員数は、二〇〇〇年には一九八〇年の四倍の二〇万五〇〇〇人に膨れ上がっていた。組織の統合は投資銀行業界に限定されてはいなかった。金融部門のあらゆるセグメントに波及し、巨大金融コングロマリットの構築によってセグメントの垣根を越えた統合も進められた。このより広い統合は、業績のよい企業の有機的成長によるものではなく、主として合併によるものだった。

一九九七年にモルガン・スタンレーが、まだ残っていたリテール証券会社の最大手の一つ、ディーン・ウィッターと合併した。一九九八年にはネーションズバンクがバンク・オブ・アメリカを買収して、社名をバンク・オブ・アメリカと改めた。これはその時点では史上最大の銀行合併だったが、同じ年にシティグループがトラベラーズを買収した。トラベラーズ自体が、トラベラーズ・インシュアランスやプリメリカ、それに投資銀行のソロモン・ブラザーズやシェアソン・リーマンやスミス・バーニーなど、何件もの合併や買収の産物であり、同社を買収したことでシティグループは世界最大の金融サービス会社になった。先ほど述べたように、この買収はグラス・スティーガル法に違反していたので、翌年、同法を廃止する法律が制定されたとき、この新法は一部で「シティグループ救済法」と揶揄された。その後二〇〇〇年にＪＰモルガンがチェース・マンハッタンと合併してＪＰモルガン

・チェースが誕生し、二〇一一年の時点では、このＪＰモルガン・チェースが世界最大の金融サービス会社となっている。多くの小規模な投資銀行、商業銀行、証券会社、保険会社、それに他の専門会社も、巨大金融コングロマリットや主要投資銀行と合併したり、こうした組織に買収されたりした。統合の動きは投資信託業界にまで広がった。たとえば、二〇〇〇年にアライアンス・キャピタルがサンフォード・バーンスタインを買収し、その結果、四七〇〇億ドルの資金を運用する組織が誕生した。

ジョージ・Ｗ・ブッシュが就任するころには、主要な業界セグメントと金融市場はすべて、少数の大手に支配される寡占体制になっていた。二〇〇〇年には、投資銀行業はメリルリンチ、ゴールドマン・サックス、モルガン・スタンレー、リーマン・ブラザーズ、ベアー・スターンズの五社に支配されていた。投資銀行業の残りの市場は、巨大金融コングロマリット――アメリカの三社（シティグループ、ＪＰモルガン・チェース、バンク・オブ・アメリカ）と、ドイツ銀行、ＵＢＳ、クレディ・スイスなど、ヨーロッパの少数のコングロマリット――の投資銀行子会社が大部分を握っていた。債券保険はＭＢＩＡとアムバックのモノライン二社と、世界最大の保険会社ＡＩＧに支配されていた。証券の格付けはムーディーズ、スタンダード・アンド・プアーズ、フィッチの三社が支配しており、ムーディーズだけで市場全体のおよそ四〇パーセントを握っていた。企業監査の市場は五大会計事務所に牛耳られていた（エンロン事件でアーサー・アンダーセンが訴追され、解散に追い込まれてからは、四大会計事務所になったが）。ＪＰモルガン・チェースとゴールドマン・サックスを筆頭に、五大投資銀行が、世界のデリバティブ取引の九〇パーセントを支配していた。クレジットカードの市場では、ビザ、マスターカード、アメリカン・エキスプレスの三社が圧倒的なシェアを誇っていた。州際銀行業は、バンク・オブ・アメリカ、シティグループ、ＪＰモルガン・チェースの三社に支配されていた。資産運用業界も次第に大手に支配されるようになっていた。フィデリティ、バンガード、アライアンス・キャピタル、ブラックロック、ピムコ、プットナム、それに一握りの他の会社が、市場の大部分を握っていたのである（これらの会社は実に巨大で、二〇一一年にはブラックロックが三兆六〇〇〇億ドル、フィデリティが一兆五〇〇〇億ドルの資金を運用していた）。

金融部門は集中化が進んだだけでなく、ますます結託するようにもなっていた。大手は互いに競争する一方で、協力することも多かった。引き受けシンジケート団を組んだりしてビジネス面で協力するだけでなく、業界団体の活動を通じて、またロビイストや法律事務所や学者を共同で雇ったりして、ロビー活動や政治行動の面でも協力していたのである。

インセンティブ

一九九〇年代の金融サービス部門のもう一つの大きな変化は、内部の腐敗が進行したことだ。ブッシュ政権が誕生するころには、インセンティブ［人の意欲を引き出すために外部から与えられる刺激］はこの部門全体で有害なものになっていた。

細かい点はセグメントや職種によって異なるものの、インセンティブの方向性は金融部門全体で驚くほど一致していた。一九七一年までは、ニューヨーク証券取引所の会員になれるのは、株式非公開のパートナーシップだけだった。引退時にしか出資金を引き出せないパートナーシップに限定することで、長期的な視野に立った慎重な投資が行なわれるよう、安全措置を講じていたのである。だが、一九七一年にニューヨーク証券取引所がルールを変え、投資銀行が株式を公開するようになって、銀行家のインセンティブは年次ボーナスやストック・オプションの方向に移行し始めた。原理的には、たとえばストック・オプションの行使権を得るまでの株式保有期間を著しく長くすることで、それまでと同様のインセンティブを生み出すことは可能だっただろう。だが、そうした措置がとられることはなく、二〇〇〇年には投資銀行業界の報酬の大部分が、通常は現金で支払われる年次ボーナスという形をとるようになっていた。ストック・オプションでさえ、行使権を取得するまでに五年以上の保有期間が必要とされることはめったになかった。それに劣らず重要な変化として、投資銀行の上級幹部に個人資産の半分以上をリスクにさらすことを義務づけていた従来の規定が廃止された。

顧客に関する金融サービス会社の組織としてのインセンティブも堕落した。その大きな要因の一つは「証券化の食物連鎖」だった。住宅ローン貸付機関は貸したカネが返済されるかどうかをもう気にする必要がなくなった。生み出した債権はほぼ即座に投資銀行に売却するからだ。投資銀行もまた、その債権をさまざまな簿外特別目的会社やカモ（すなわち顧客）に販売するのだから、返済について心配する必要はなかった。高い買値がつく債権を生み出すために、貸付機関は住宅ローン仲介業者に「イールド・スプレッド・プレミアム」を支払うようになった。これは借り手にできるだけ金利の高いローンを借りさせたことに対する謝礼で、事実上の賄賂《わいろ》だった。

投資銀行はいくつかの理由から顧客に平気でクズ商品を売るようになった。第一に、顧客との人間関係を重視するかつての銀行業のビジネス・モデルはほとんど消え去っていた。第二に、手数料体系には、クズ商品を売ったことに対する罰則は設けられていなかった。売却後に顧客に損失が生じても、銀行や銀行家は一切責任を負う必要はなかったのだ。第三に、銀行家の報酬は大部分が年次ボーナスで、年次ボーナスはその年の取引利益によって決まっていたので、トレーダーやセールス担当者はそのあとに起こることには関心がなかった。

格付けプロセスが腐敗した理由は、買い手ではなく発行者が手数料を払うようになったこと、離職率が高まったこと、および格付け「コンサルティング」業が登場したことだった。一九七〇年代までは、格付け会社は格付けした証券の買い手から手数料をとっていた。その証券を組成し、販売する投資銀行からではなかったのだ。だが、その慣行が変わり始め、二〇〇〇年には三つの主要格付け会社のすべてが、新証券の格付けに対する手数料を、ほぼ全面的に、その証券を発行した大手投資銀行からとるようになっていた。証券の発行者の数はかぎられていたので、格付け会社は発行者にきわめて協力的だった。だが、利益相反行為はそれだけではなかった。格付け会社は投資銀行自身の社債も格付けしていたのである。社債の格付けは銀行の安定性の重要な指標だが、格下げしたら重要な顧客である銀行の怒りを買うので、銀行の社債は決して格下げされなかった。それどころか、格付け会社は銀行にコンサルティングを提供するようになり、高格付けを得るように証券を組成するにはどうすればよいかを教えることで、巨額の手数料をとっていたのである。個人のレベルでは、事態はさらにひどかった。格付け会社の報酬は投資銀行よりかなり低かったので、格付け会社の社員は投資銀行への転職を願って、自分の担当している銀行に懸命に気に入られようとした。そして、多くが実際に転職した。

証券に対する保険を販売していた会社、とりわけAIGファイナンシャル・プロダクツは、投資銀行と同様の報酬体系をとっていた。その年の取引利益にもとづいて年次現金ボーナスを払っていたのである。したがって、社員には何よりもボーナスを得るために保険——文字どおりの保険であれ、クレジット・デフォルト・スワップであれ——を販売する強いインセンティブが働いていた。五年後に損失が出たとしても、それは会社の問題であって、彼らは痛くもかゆくもなかったのだ。

証券の最終的な買い手のインセンティブも危険なものだった。たとえばヘッジファンドの場合、運用会社が得る報酬はいわゆる2／20《トゥー・トゥエンティ》だった。運用資産の二パーセントに相当する年間手数料と年間運用益の二〇パーセントの成功報酬をとっていたのである。だが、損失については、運用会社は一切負担する必要がなかったので、ファンド・マネージャーにはリスクをとるインセンティブがあった。

年金基金や投資信託など、他の大手機関投資家にも、ヘッジファンドほどではないにしても、同じことが言えた。機関投資家も年間運用実績にもとづいて報酬を支払われており、やはり利益に対しては見返りがもらえたが、損失を出しても罰を受けることはなかった。このことが機関投資家に高利回りを追い求めるインセンティブを与え、長期的なリスクに対する彼らの関心を低下させていた。たとえば、リスクを独自に検討するのではなく、格付け会社の格付けを無条件で信頼するようになっていたのである。

最後に、規制・政策環境によって与えられたインセンティブもあった。金融部門に対してはもちろん、かなりの金融資産を持つ個人に対してさえ、法の執行を停止するという決定的なシグナルを初めて送ったのは、クリントン政権だった。それまでは違法だった活動を許可する立法措置――グラス・スティーガル法の廃止など――を支持したことに加えて、クリントン政権は現存する法律の執行も停止したのである。アラン・グリーンスパンが住宅所有・持ち分保護法（ＨＯＥＰＡ）にもとづく住宅ローン規制を発令しようとしなかったとき、それに抗議した者は一人もいなかった。インターネット・バブルが大量の明白な詐欺行為を生み出したとき、それを捜査した者は一人もいなかったし、訴追された者も一人もいなかった。アメリカは防備を捨てた開放地帯になっていたのである。

それからジョージ・Ｗ・ブッシュが大統領になった。彼は正式に選ばれたわけではなかった。したがって、その後の出来事についてはアメリカ国民の責任はかなり小さいと言える。一般投票の得票数ではブッシュは五〇万票以上負けていたし、フロリダ州はほぼまちがいなく失っていたのだから選挙人投票でも負けていたはずなのだ。だが、巧みな広報・訴訟戦術によってフロリダ州の再集計は回避され、連邦最高裁は五対四の判決でジョージ・Ｗ・ブッシュにホワイトハウスを引き渡した。

一九九〇年代の変化によって、金融大惨事の条件は完全に整っていた。ブッシュの大統領就任はまさにとどめの一撃だったのだ。

第三章　バブル　パート1——二〇〇〇年代の借り入れと貸し付け

The Bubble, Part One: Borrowing and Lending in the 2000s

インターネット・バブルは二〇〇〇年の冬にピークに達した。当然訪れたその崩壊は二〇〇一年九月一一日のテロ攻撃によっていっそう深刻化したが、それでも、その後の景気後退は短くゆるやかだった。これには二つ理由があった。

一つは、ブッシュ政権による大規模な赤字財政出動だ。同政権は富裕層に有利な減税を実施し、支出、とりわけ軍事支出を——アフガニスタンでの戦争、イラクの侵攻・占領、それにテロ対策と諜報活動のために——大幅に増大させた。二つ目は、アラン・グリーンスパンFRB議長の積極的な利下げである。インターネット・バブルのピーク時には六・五パーセントだった金利は、相次ぐ利下げによって二〇〇三年七月には五〇年ぶりの低水準となる一パーセントに低下した[1]。

だが、回復は見かけどおりに受け取ったとしても弱々しいものだった。しかも、真の問題は、見かけどおりには受け取れないことだった。バブル崩壊後に起こったことは、実際には金融部門の強欲さと政治の側の打算の注目すべき結託だった。二〇〇〇年代の回復は、大型減税と赤字財政、住宅バブル、借金による個人消費という持続不可能な行動にほぼ全面的に支えられた見せかけの回復だったのだ。実体経済が引き続きインターネットによる生産性向上の恩恵を受けていたのは確かだが、その一方で、国の競争力の基本的な決定要因である教育やインフラやシステムの面では、アメリカは多くの国に後れをとるようになっていた。アメリカの製造業部門の多くがひっそりと姿を消した。そのうえ、アメリカの生産性向上の恩恵は、かつてのように勤労者層に広く行き渡るのではなく、人口の上位一パーセントにほとんど独占されるようになっていた。その結果、二〇〇〇年代には、バブルの間でさえ普通のアメリカ人の実質賃金水準は横ばい、もしくは低下し、雇用も純増ベースではほとんど創出されなかった。見せかけの景気回復と（実体のある）インターネット革命による雇用の増加は、アウトソーシングやオートメーションの影響を受けやすい（ＩＴ製品の製造を含む）製造業やサービス業における大量の雇用喪失によって帳消しにされたのだ。

バブルを生んだ打算による結託

こうした構造的問題を考えると、金融バブルに牽引された見せかけの景気回復は政治的にきわめて好都合だった。二〇〇〇年代の個人消費の伸びは、ほとんどがバブルによるものだった。住宅価格が上昇するなかで、住宅所有者は住宅の価値の上昇分なるものを担保に追加の借金をすることができ、そのカネを使うことで経済全般を押し上げ、同時に住宅バブル自体を持続させた。借りたカネが二軒目、三軒目の住宅（セカンドハウスや賃貸用物件など）購入の資金にあてられたからだ。

実際、二〇〇〇年代のサブプライム融資の多くは、持ち家率の向上とはまったく関係のないものだった。初めての住宅購入に使われたのは、サブプライム・ローンの一〇パーセントに満たなかったのだ。(2) バブル期に売り出された多くのサブプライム・ローンが、住宅の価値の上昇分をカネに換えたり、それまでの住宅ローンを借り換えたり、セカンドハウスを買ったりするために編み出されたものだった。こうしたローンの一部は個人消費（テレビ、休暇、自動車、住宅のリフォームなど）に使われ、一部はより高級な住宅に住み替えるために使われたが、多くがバブルによってあおられた投機、つまり転売を目的とする住宅購入のために使われた。しかも、多くのローンが借り手に対する詐欺であり、借り手はだまされて不当に金利の高いローンを借りさせられた。

　だが、そのすべてがバブルを助長した。その結果、ケース・シラー全米住宅価格指数は二〇〇〇年から二〇〇六年の間に二倍に上昇した。史上最も急激な上昇だった(3)。

　グリーンスパンの利下げは、明らかにバブルをスタートさせる一因になった。家を買うときはほとんどの人が多額の借金をする。どれくらいの価格の家が買えるかは、月々のローン返済額に左右され、その返済額は金利に大きく左右される。グリーンスパンの利下げの結果、信用度の高いプライム層向けの住宅ローン金利は、二〇〇〇年から二〇〇三年の間に三パーセント・ポイント低下した。標準的な固定金利の住宅ローンを想定すると、二〇〇〇年に一八万ドルの家を買った場合と同じ月次返済額で、二〇〇三年には三六パーセントも高い二四万五〇〇〇ドルの家が買えるようになったのだ(4)。当然ながら、ケース・シラー全米住宅価格指数は二〇〇〇年から二〇〇三年の間に三〇パーセント以上上昇した(5)。だから、たしかに金利は関係があった。だが、バブルの間に住宅価格が二倍にはね上がった理由は、金利ではまったく説明がつかない。ベン・バーナンキが利上げに舵《かじ》を切ってからも、住宅価格は上昇し続けたのだから。

　次の四年半の間に、つまり二〇〇三年から二〇〇七年半ばにかけて、アメリカの金融部門は往々にして詐欺的な不動産担保証券（ＭＢＳ）や、そうした証券を原資産とする、さらに非標準型《エキゾチック》で高リスクのデリバティブを、約三兆ドル分生み出した。これらの証券の裏付けとなる住宅ローン債権は、大手商業銀行からはもちろん、ほとんど規制されていなかった新種の貸付機関、モーゲージ・バンクからも調達された。巨大金融コングロマリット（たとえばＪＰモルガン・チェース、シティグループ、ドイツ銀行）の子会社を含む投資銀行が、こうした住宅ローン債権を買い取って、不動産担保証券や債務担保証券（ＣＤＯ）などの仕組み投資商品に仕立て上げた。生み出された証券は、ますます協力的になっていた格付け会社によって格付けされ、モノラインと呼ばれる債券専門の保険会社かＡＩＧのクレジット・デフォルト・スワップ（ＣＤＳ）によって保険をかけられ、それから年金基金、保険会社、投資信託、ヘッジファンド、外国の銀行などに販売された。その証券を組成した当の金融コングロマリットの資産運用部門にさえ、たびたび販売されていた。

バブル期の融資量の増加分は、その半分以上がサブプライム、オルトＡ、オプションＡＲＭなどの高リスク・ローンや略奪的ローンで占められていた（巻末の用語解説参照）。

これらのローン債権とそれを裏付けとする証券は、驚くほど大きな割合で欠陥債権を含んでいた。借り手が経済的に逼迫していたり、投機を行なっていたり、不正を働いていたり、だまされていたり（まもなく説明するように、これは大きなカテゴリーだった）したのである。債権の欠陥の理由が何であれ、品質管理にまったく関心が払われていなかった証券化の食物連鎖の過程で、そうした欠陥が正されることはなかった。品質管理どころか、リスクがどうあれ高利回りの債権を見つけ、存在するリスクを隠すよう求める強い圧力のせいで、品質はむしろ引き下げられていたのである。それは単なるずさんさのせいでもあったが、大部分は意識的かつ意図的な行為だった。つまり、大量の不正が行なわれていたのである。こうした不正はきわめて大規模で、この上なく明白だったので、経営幹部はほとんどの場合、知っていたにちがいない。事実、多くの事例で、経営幹部が不正を承認し、ときには指示までしていた証拠が次々に出てきている。それに、経営幹部のなかに知らなかった者がいたとすれば、その人物の職務怠慢のひどさは純然たる不正行為に劣らず犯罪的だ。これらの不正行為は決してとらえにくいものではなかったし、これから見ていくように、関与した企業の社内で多くの人が露骨に話題にしていた。そのうえ、多くのCEOや上級幹部がバブルの間もあとも、自分の会社が崩壊し始めていたにもかかわらず、投資家や監査人や規制当局、それに一般国民にウソをついていた明白な証拠がある。

何が行なわれていたかは言うまでもない。ウォール街や貸付機関は不正によってポンジ・スキームを生み出し、あおり、利用していたのである。バブル期には、融資基準は基本的に消え失せていた。もちろん、世の中にはいつだって、返済する能力や意思がないのに、ローンを借りて住宅を買いたいとか、住宅の価値の上昇分をカネに変えたいと思う者がいる。突如として、そうした人たちがやすやすとローンを借りられるようになった。他の人々も同様だった。かなりの所得と安定した職があるが、分不相応に高い家を買おうとする人もいたし、ホーム・エクイティ［住宅の価値から住宅ローン残高を差し引いた自分の持ち分］をほぼ全額カネに変えたいと思う人もいた。住んだり貸したりするつもりはなく、転売して利益を得るために複数の住宅を買おうとする投機家もいたし、本当は買う余裕のないセカンドハウスや別荘を買おうとする人もいた。彼ら全員に、とりわけ住宅価格が下がるような事態になれば、債務不履行に陥る高いリスクがあった。だが、二〇〇〇年代には、そうしたリスクはまったく問題にされなかった。租税政策も追い風になった。クリントン政権は、住宅売却による利益について、次の住宅購入に使われる場合は五〇万ドルまで原則非課税とする法律を成立させていた。これが転売を助長したのである。

だが、何の非もない人も大勢いた。何百万人もの人が、単にだまされただけだったのだ。彼らはバブルの終わりごろ、つまり価格が激しく暴騰していた時期に住宅を買うことを決意した。なかには従来型の保守的なローンを利用して、多額の頭金を払った人もいたかもしれない。ところが、二、三年後に失業したり、退職したり、離婚したりした。もしくは、予想外の医療費がかかったり、新しい仕事につくために転居する必要が生じたりした。そこで家を売ろうとして、突然気づいたのだ。住宅の価値が三分の一も下がっているため、売ることができないということに。長年かけてためたカネを失っただけだったということに。

最後に指摘しておくと、きわめて詐欺的なローン構成や販売慣行が蔓延していたこともあって、借り手に対する大量の不正行為も行なわれた。住宅ローン仲介業や不動産仲介業、それにサブプライム・ローン貸付業は、バブルの間に犯罪の蔓延する産業になったと言っても過言ではない。住宅ローン仲介業者は通常、規制されておらず、バブル期には何千人もの小型いかさま師がスーツを着てローンを売っていたのである。

バブル期には、実際は銀行が歓迎する高金利をとるにもかかわらず、当初の一定期間は返済額を不自然に低く抑えたり、本当の返済条件を隠したりする非標準型のローン構成が増加した。住宅ローン仲介業者は、最初の数年間は金利がきわめて低いティーザー金利型のローンをよく勧めていた。それよりずっと高い標準的な金利が適用されるころには住宅の価値がぐんと上がっているので、借り換えによって——つまり、別のローンを借りることで——返済の問題はクリアできますよ、というのが、借り手に対する彼らの通常の売り込み文句だった。

住宅ローン仲介業者は不必要に金利の高いローンに顧客を誘導することもよくあった。バブル期にサブプライム・ローンを借りた人の少なくとも三分の一が実際はプライム・ローンの適格者だったと、数件の調査が結論づけている。それなのに彼らは、住宅ローン仲介業者によって、プライムより金利が高く、本来ならいらないはずの手数料もかかるサブプライム・ローンを借りさせられたのだ。借り手に通常より金利の高いローンを借りさせた住宅ローン仲介業者には、貸付機関から露骨な現金ボーナス——イールド・スプレッド・プレミアム——が支払われていた。もちろんこれも、とりわけティーザー金利期間の終了後や金利の上方調整後にローンの返済をいっそう困難にし、バブルが崩壊したとき借り手の困窮や債務不履行を増加させた一因になった。

露骨な詐欺行為も山ほどあった。そのほとんどが、英語を解さず、金融取引の経験もない移民に対するきわめて冷酷な詐欺だった。借り手は——ローンの額や返済額や本当の金利について——完全にウソの説明をされ、理解できない書類、ときには読むことさえできない書類にサインするよう求められた。多くの住宅ローン仲介業者が、頭金や「金利割引ポイント」代をまかなうための隠れローンを提供する非公認の貸付業者と提携しており、ときには高利貸しと手を組むことさえあった。住宅ローン仲介業者は不動産仲介業者に賄賂を贈って、読み書きのできない移民や不法移民を紹介してもらっていた。被害者たちが住宅ローン仲介業者を信用したのは、たいていの場合、彼らが自分と同じ言語を話したり同じ民族の出身だったりしたためか、共通の知人に紹介されたからだった。

不法移民は警察に行くことを恐れていたので、とくにカモにされやすかった。新しい移民が多いニューヨーク市の一部地区に加えて、カリフォルニア、アリゾナ、フロリダでとくにバブルが激しかったのは、英語を解さない不法移民が大勢住んでいたことが、明らかに一つの理由だった。ブッシュ政権は、サブプライム・ローンの借り手が民事上の救済措置を利用するのを意図的に難しくする措置もとった。二〇〇一年、ブッシュ政権が実施した最初の経済政策の一つとして、アメリカ国民を含むサブプライム・ローンの借り手が略奪的貸し手を相手取った集団訴訟に参加するのを著しく難しくするために、住宅都市開発省（ＨＵＤ）が連邦裁判所に提起された訴訟に干渉したのである。これによって借り手は個別に訴訟を起こさざるをえなくなったが、それは多くの借り手にとって莫大な費用がかかる厳しい道だった。

詐欺行為の蔓延に気づいた者がいなかったわけではない。ＦＢＩは二〇〇四年に「住宅ローン詐欺の蔓延」に警戒を呼びかけるプレス・リリースを出し、この問題を広く知らせるために記者会見を開いた。また、二〇〇五年の金融犯罪白書で、「住宅ローン産業のかなりの部分が強制的な不正報告の制度を設けておらず」、モーゲージ・バンカーズ協会は不正がどの程度行なわれているかについて何の推定値も出していない、と指摘した。FBIの白書はさらに、「さまざまな業界レポートとFBIの分析から判断すると、住宅ローン詐欺は蔓延しており、なおかつ増加している」と述べていた。さらに興味深い点として、住宅ローン詐欺は通常借り手だけが行なうものではないとして、「報告された詐欺事件の八〇パーセントが、業界内部の者の協力もしくは共謀を含んでいる」と指摘していた。不動産仲介業者、住宅ローン仲介業者、貸付機関のいずれか、もしくはそのうちの二者か三者全部がかかわっていたということだ。

だが、法執行機関は、連邦レベルでも地方レベルでもやる気がないか人手不足か、もしくはその両方だった。FBI全体で特別捜査官は一万四〇〇〇人弱しかおらず、この人数であらゆるカテゴリーの犯罪に対処しなければならなかった。しかも、バブル期にはテロ対策に力を入れていたため、住宅ローン詐欺にはごく一部の捜査官しか割り当てられていなかった。それに加えて、ブッシュ政権はSECをはじめとする金融規制機関の調査・執行能力を意図的に骨抜きにした。住宅ローン貸付機関やウォール街が刑事制裁は受けずにすむだろうと思っていたのは、十分な理由があってのことだったのだ。バブルの間、経営幹部の訴追は一件もなかったし、低位の社員による許しがたい不正の場合でも逮捕された者はほとんどいなかった。

だが、モーゲージ・バンクやウォール街はなぜ大量の不正を容認し、信用力のある借り手にもサブプライム・ローンを強く勧め、非標準型の有害な住宅ローン構成を好んでいたのだろう。それは、そこにカネが埋まっていたからだ。サブプライム・ローン債権は従来型の住宅ローン債権よりはるかに高い金利を生んだ。そのため、はるかに高利回りの住宅ローン担保証券に仕立てることができ、こうした証券は——少なくとも裏付け債権がデフォルトするまでは——投資家にはるかに売りやすかったので、投資銀行がはるかに高値で買い取ってくれたのだ。『ウォール・ストリート・ジャーナル』が二〇〇七年に行なった、二億五〇〇〇万件の住宅ローン債権の詳細なパフォーマンス分析によると、二〇〇六年の「高金利」住宅ローン債権の利回りは、同じ残存期間の国債の利回りを平均五・六パーセント上回っていた。それに対し、きちんと頭金を払う安全でまともな従来型の住宅ローン債権は、国債との利回り差が約一パーセントにすぎなかった。(6)

では、この戦略を推し進める際、貸付機関はどれくらい悪辣《あくらつ》なことをしたか？　きわめて悪辣なことをやったのだ。

サブプライム住宅ローン会社の台頭と影の銀行部門

一九八〇年代末から九〇年代初めにかけてのS&L業界の崩壊は、住宅バブルの始まりとあいまって、きわめて非倫理的な住宅ローン貸付機関——その多くがほとんど規制されていない影の銀行部門に属していた——のめざましい成長をもたらした。バブルの最悪の行きすぎを生んだこれらの貸付機関は、小口の普通預金や当座預金を引き受ける従来型の銀行ではなかった。証券化の食物連鎖に債権を供給するためにのみ存在していた組織であり、ウォール街から——これらの会社の住宅ローン債権を買い取っていた当の投資銀行や金融コングロマリットから——資金を調達していた。投資銀行自身と同じく、きわめて短期の借り入れに依存しており、そのため金利負担は小さかったが、金利の上昇や他の金融ショックに対してきわめて脆弱だった。だから、バブルが崩壊したとき、これらの貸付機関もすべて崩壊したのである。

「モーゲージ・バンク」と呼ばれるこれらの貸付機関は、多くがカリフォルニアにあった。ニュー・センチュリー、アメリクエスト、ゴールデン・ウエスト・ファイナンシャル、ロング・ビーチ・モーゲージ、カントリーワイドなどだ。これらの会社はもっぱら証券化の食物連鎖に債権を売るために住宅ローンを貸し付けており、バブルの間に爆発的な成長をとげた。たとえば、二〇〇〇年から二〇〇三年の間に、ニュー・センチュリーはオリジネーション［証券化商品の原資産となる債権の創出、すなわち住宅ローンの貸付］を四〇億ドルから五倍増の二一〇億ドルに拡大し、アメリクエストは四〇億ドルから一〇倍増の三九〇億ドルに拡大した。[7] 両社ともきわめて詐欺的な融資を行なって、いくつもの訴訟を提起された。だが、どちらも今では倒産しているので、かつての経営幹部やセールス担当者は依然として裕福であるにもかかわらず、十分な損害回収は不可能だ。これと同じ話はこの先何度も出てくることになる。

　バブルが膨らむなかで、一部の大手商業銀行や金融コングロマリット、それにすべての主要投資銀行が、略奪的住宅ローン会社やサブプライム住宅ローン会社を買収した。シティグループは二〇〇〇年にアソシエーツ・ファーストを買収して、ある消費者保護活動家が「略奪的融資の象徴《アイコン》」と呼んだ、当時業界第二位につけていたサブプライム・ローン会社を手に入れた。リーマンは二〇〇四年までにサブプライム・ローン会社を六社買収し、ワシントン・ミューチュアルは八社、ベアー・スターンズは三社買収した。大手サブプライム・ローン会社のファースト・フランクリンは、二〇〇六年にメリルリンチに買収された。独立を維持していた会社は、債権の買い取りや資金の供給、それに株式や社債の発行を取り仕切ってくれ、おまけに幹部が個人資産を投資してくれる投資銀行と、緊密な協力関係を築いていた。たとえば、モルガン・スタンレー傘下の銀行は、ニュー・センチュリーとのつながりを強化するため同社に対して多額の融資枠を設定していた。

今では明らかになっているように、業界全体がきわめて非倫理的な行動をとっていた。その実例を簡単に紹介しよう。

ワシントン・ミューチュアル／ロング・ビーチ

ワシントン・ミューチュアル、略称ワムは、連邦政府の認可を受けた貯蓄貸付組合（S&L）として長年営業していた。CEOのケリー・キリンジャーは、一九八二年にワムに入社し、一九九〇年から、同社が破綻してJPモルガン・チェースに買収された二〇〇八年までCEOを務めた。ロング・ビーチは一九九九年にワムに買収されたカリフォルニアのモーゲージ・バンクで、ワムが一九九〇年代に買収したオリジネーター［証券化商品の原資産となる債権を創出する機関、すなわち住宅ローン貸付機関］二〇社の一つだったが、買収前の名称のままほぼ独立して営業することを許された唯一の会社だった。この会社はきわめて評判が悪く、実態も評判どおりだった。ロング・ビーチの債権を裏付けとする証券の損失発生率は全米最高クラスだったし、ロング・ビーチの住宅ローン担保証券の二〇〇五年の延滞率は全米一高かった(8)。

ワムの評判も似たり寄ったりだった。同社は小規模なオリジネーターをやみくもに買収することで成長していたが、経営システムの統合はいっこうに進んでいなかった。だが、住宅市場の活況が経営陣の無能さを補って余りある利益をもたらしていた。二〇〇三年から二〇〇八年までのキリンジャーの報酬は、合計一億ドルを超えていた。

ワムがより高リスクの融資の方向にはっきり舵を切ったのは二〇〇五年だった。キリンジャーが「わが社の業務構成を変えて、信用リスクに対する耐性を高める」よう指示したのである。後日行なった取締役会での説明で、彼は、目的は「固定金利重視をやめて、政府［政府支援法人であるファニーメイとフレディマックの買い取り基準を満たすローン」から脱することです」と述べた。二〇〇五年の新規融資の四九パーセントがすでに「より高リスク」のカテゴリーに入るものだったが、目標は二〇〇八年までにそれを八二パーセントに上げることだとされた[9]。

取締役会での説明で、キリンジャーは用意周到にも、高リスク戦略に欠かせない「強力な企業統治プロセス」を構築すると明言した。だが、その管理プロセスが本当に実施されたことは一度もなかった。資本金をベースに定められた高リスク融資の上限は、決めた直後から破られていたのである。

ワムの経営手法のより正確な実態は、ハワイで開かれたプレジデント・クラブ二〇〇六年最優秀ローン「生産者」（セールス担当社員のこと）表彰式で社員グループが演じた、「大金大好き」という寸劇から推察していただきたい[10]。同社はこのイベントに惜しみなくカネをかけた。表彰式の司会は、バスケットボールの殿堂入りしているかつてのスター選手、マジック・ジョンソンが務めたのだ。このイベントで、最優秀ローン生産者たちが結成した即席の一座が、地元のチアリーディング・グループに加勢してもらって、次のようなラップを披露した。

オレは大金大好き、ウソはつけない
モーゲージ仲間の君たち、否定できない
自分で刷ってるみたいにカネがジャブジャブ入るとき
そして、派手に目立たなくちゃいけないとき
とにかく使いまくるってことをさ
尽きることなんかないみたいにさ
あのでっかい新車のベンツがほしいからさ

ワムの報酬制度はこのラップの歌詞を映し出したものだった。融資担当者は、ローン商品の重要度に連動させた融資額ベースのポイントにもとづいて報酬を支払われていた。商品一覧表には一六種類の商品が掲載されていたが、従来型の住宅ローンは最後の一つだけだった。最重要商品とされていたのは、近年編み出された商品のうち最も危険なものの一つ、オプションＡＲＭだった。最初の五年間は元本の返済もしくは利子の支払いを先送りできるというもので、先送り分は累計されてのちに元本に追加される。当初のティーザー金利よりはるかに高い標準的な金利に切り替わるとき、増えた元本の返済も同時に始まることになる。ワムは、わが社はオプションＡＲＭで第二位につけており、マーケット・リーダーのカントリーワイドを急速に追い上げていると自慢していた。

　ワムの子会社ロング・ビーチはこれ以上ないほどひどかった。ワムの最高執行責任者スティーブ・ロテラは、バブルにかげりが見え始めた二〇〇六年春、キリンジャーに次のように報告した。「事実は次のとおりです。ポートフォリオ（利子が支払われているローンの総額）は四六パーセント増大しています……が、延滞件数は一四〇パーセント、差し押さえ件数は七〇パーセント近く増えています……初回返済の不履行が大幅に増え、二〇〇五年のビンテージ［不良債権化した案件］は昨年までに比べ大幅に増えています。見るに堪えない状況です」[11]。だが、問題はロング・ビーチだけにとどまらなかった。ワムはほぼすべての種類の高リスク・ローンを販売していた。抵当権順位一位と二位の二つのローンで購入費用、頭金、権原移転費用をまかなう80／20《エイティ・トウエンティ》ピギーバック・ローン、サブプライム・ローン、オプションＡＲＭ、サブプライム・ホーム・エクイティ・ローンなどで、いずれも所得証明不要の「所得自己申告《ステイテッド・インカム》」ローンとして貸し付けることができた。ワムのサブプライム・ローンの半分、オプションＡＲＭの四分の三、ホーム・エクイティ・ローンのほぼすべてが、所得自己申告ローンだった。所得自己申告の高リスク・ローンは、明らかに投機目的で購入される物件に使われていた。ベビーシッターが重役並みの給与をもらっていると申告しても、誰も驚きはしなかったようだ。おまけに、高リスク・ローンを扱っていたほとんどの貸付機関と同じく、ワムも借り手の収入は当初のティーザー金利を払えるだけあればよいとしていた。ティーザー期間終了後のはるかに高い金利を払う能力は求めていなかったのだ。

ロサンゼルスの貧困地区で高い融資実績をあげていた二つの支店では、不正の割合がとくに高かった。一方の支店では、調査された八五件のローンの五八パーセントで不正が確認され、もう一方では、調査された四八件のローンのすべてで不正が行なわれていた。不正に深くかかわっていた両支店の支店長は、もちろんどちらもプレジデント・クラブの表彰を何年も連続受賞していた。不正の形態は、購入の名義貸人に対する融資や文書偽造などだった。二〇〇五年に行なわれたこの調査の結果は経営陣に報告されたが、何の対応もとられず、二人の支店長はプレジデント・クラブの表彰の連続受賞記録を伸ばし続けた。もう一つの支店でも不正行為の割合が高いことが明らかになったが――この支店の場合はほとんどが融資担当者による借り手データの偽造だった――この調査結果も対応にはつながらなかった。ワムは書類が偽造されたものであることを、これらの支店から債権を購入していた投資家たちにもちろん知らせなかった[12]。

さまざまな民事訴訟に匿名の証人として協力しているワムの元社員たちは、次のように証言している。融資担当者はそれぞれ一日あたり九件の融資を引き受けるよう求められており、それを超えると現金ボーナスが支給されていた。融資基準は毎日のように変わっていた。五〇〇点台というきわめて低いＦＩＣＯ*（信用スコア）、オプションＡＲＭ、高いローン資産価値比率（ＬＴＶ）という三つの高リスク要因を含んだローンが、プライムとして扱われることもあった。融資担当のある上級社員は、自分が却下した融資申請が上層部によって承認され、復活することがよくあったと証言した。何十人もの元社員が同じ趣旨の証言をしている。ニューヨーク州司法長官は、不動産鑑定士に金銭的圧力をかけて物件の価値を水増しさせた容疑でもワムを提訴している。[13]

二〇〇七年になっても、それどころか二〇〇八年に入ってからも、キリンジャーは高リスク融資を増やそうとしていた。彼は二〇〇七年末に、わが社は「今四半期に約二〇〇億ドルの新規融資を行なって、ローン・ポートフォリオを約一〇パーセント拡大する予定である」と発表した。同社のポートフォリオ中のオプションＡＲＭの損失が、二〇〇五年の一五〇〇万ドルから二〇〇八年上半期の七億七七〇〇万ドルにはね上がっていた時期にこう言ったのだ。[14]ワムはその後破綻して、ＪＰモルガン・チェースに売却された。のちに上院公聴会でなぜ高リスク融資戦略をとったのかと質問されたとき、キリンジャーはそんなことをした覚えはないとぬけぬけと答えた。[15]

二〇一一年三月、連邦預金保険公社（ＦＤＩＣ）はキリンジャーとワムの他の二人の経営幹部に対し、短期の個人的利益のために過度のリスクをとったとして九億ドルの損害賠償を求める訴訟を起こした。二〇一一年一二月、三人の幹部は合計六四〇〇万ドルの和解金を支払うことに同意した。だが、四〇万ドルを除いて全額彼らの保険でまかなわれ、彼らの個人資産はほとんど手つかずのまま残された。おまけに、彼らはどんな罪も一切認める必要はなかった。すでに同年八月に、司法省が「証拠は刑事告発の厳しい基準を満たしていない[16]」として、ワムに関する刑事捜査の終了を発表していたのである。

＊ＦＩＣＯは三桁の信用スコアを開発したフェア・アイザック社の株式銘柄コード。

ニュー・センチュリー

ニュー・センチュリー・ファイナンシャル・コーポレーションは、一九九五年にサブプライム層への融資に特化した独立系住宅ローン会社として設立され、一九九七年にナスダックに上場された。同社の年間融資額は二〇〇〇年には三一億ドルに増大していたが、二〇〇三年には二〇八億ドルにはね上がり、これによって同社は全米第二位のサブプライム・ローン会社になった。二〇〇六年には、同社の年間融資額は五一六億ドルに達していた。同社が生み出す債権の四分の三は、同社の主な資金調達先だったモルガン・スタンレーとクレディ・スイスに買い取られていた(17)。

二〇〇七年初め、ニュー・センチュリーは二億七六〇〇万ドルと報告していた二〇〇六年第一〜第三・四半期の利益を修正することとなり、二〇〇六年通年の決算は赤字になる見込みであると発表した。同社に資金を提供していた投資銀行は三月に同社に対する与信枠を撤回して事実上取引を停止し、同社は四月に破産を申請した。同社の三人の経営幹部は、二〇〇五年に給与とボーナスを合わせてそれぞれ約一九〇〇万ドルの報酬を受け取っており、しかも、その同じ年、すでに行使権を得ていたストック・オプションを行使して、それぞれ一三〇〇万ドルから一四〇〇万ドルの現金を手にしていた(18)。

ニュー・センチュリーに関連したおもしろい話を一つ紹介しよう。二〇〇八年にデイビッド・アインホーンというヘッジファンド・マネージャーが、リーマン・ブラザーズの財務状態を問題にして同社に対する非難キャンペーンを展開しながら、同社の株式を空売りしたことで広く名を知られるようになった。リーマンは不正会計処理を行なっており、しかも、保有している不動産資産を不当に高く評価していると、アインホーンは主張していた。彼はたしかによく見抜いていた。だが、バブル期を通じてニュー・センチュリーの取締役の座にあったときは、住宅ローン関連の不正会計処理についてほとんど発言していなかったのだ。ニュー・センチュリーの倒産後、破産管財人が任命した調査官が、同社とその監査人だったKPMGについて詳しい調査を行なった。二〇〇八年二月に提出された五八一ページの報告書は、同社の社員を「不適切かつ無分別な」ビジネス慣行で、またKPMGを「職務怠慢」と「善管注意義務違反」で提訴するに十分な事実を暴き出している。[19]

この報告書には、バブル期に現場で何が行なわれていたかを示す多くの実例が記載されている。ニュー・センチュリーの年間融資額は二〇〇〇年から二〇〇四年まで毎年二倍近い伸びを記録し、二〇〇四年には社内警戒警報がけたたましく鳴り響いていた。経営幹部に送られた電子メールの一部を紹介しよう。

［二〇〇四年一〇月］　所得自己申告ローンを借りる賃金労働者は、早期に債務不履行となるリスクがきわめて高く、このローンを借りる自営業者より概して信用度の低い借り手です。[20]

［二〇〇四年一〇月］　所得自己申告ローン。これが劇的に増えて生産額の半分に達しており、今にも五〇パーセント超になりそうです。ご承知のとおり、所得自己申告ローンはフルドキュメントの［所得証明書が必要な］ローンほど成績がよくありません。

［二〇〇四年秋］　給与所得者でありながら自分の所得を証明できない、もしくは証明する意思のない借り手には、とにかく安心できません。

［二〇〇五年一月］　自明のことをあらためて言いますが、所得自己申告ローンでは借り手の本当の所得はわかりませんから、借り手の返済能力を本当に判定することはできません。

ある社内メモには次のように記されていた。

最も一般的なサブプライム商品は、金利が二〜三年固定され、それから調整可能になるローンである。当初金利はフルインデックス金利［指標金利にマージンを加えた調整後の金利］よりはるかに低いが、ローンの引き受けは当初の支払い額に照らして行なわれる。借り手は一五カ月目に、基準となる指標金利がたとえ変わっていなくても、支払い額の大幅な増加に直面する。そのため借り換えを余儀なくされ、おそらく別のサブプライム・ローン会社か住宅ローン仲介業者から借りることになるだろう。借り手は（自分のエクイティから）さらに四〜五ポイント払って別の二／二八ローン［当初の二年は固定金利で返済額が低く、残りの二八年は変動金利で返済額が大幅に増えるローン］に転がり込み、それによってもう二年時間を稼ぐが、基本的には、借り換えを繰り返して、そのたびに強欲な貸し手にエクイティを奪われるというサイクルを延々と続けることになる。必然的に、（住宅価格の急上昇がないかぎり）借り手はエクイティが足りなくなってこのサイクルを続けられなくなり、住宅を売るか差し押さえられるかのどちらかにならざるをえない[21]。

ローンの質が急速に悪化していたにもかかわらず、報酬制度は依然として融資額に重点を置いたものだった。ニュー・センチュリーが同社のローンのデフォルトや不正行為の全容が明らかになるずっと前に倒産したのは、つまるところ純然たるずさんさのせいだった。債権買い戻しの会計処理を修正しなければならないことに監査人が気づいたとき、その修正によって同社の二〇〇六年の利益は吹き飛んだ。この事態を受けて、ニュー・センチュリーに資金を提供していた銀行団（モルガン・スタン

レーが主幹事だった）が資金の供給を停止し、同社は事実上倒産したのである。(22)

カントリーワイド・ファイナンシャル・コーポレーション

カントリーワイドは一見した印象では典型的なサブプライム・ローン会社には見えなかった。一九六九年にデイビッド・ローブとアンジェロ・モジロによって設立された同社は、全米一の規模と利益を誇る住宅ローン会社に成長した。モジロは異常なほど現場に口を出すことで知られており、部下を縮み上がらせる怖い上司だった。同社は長年、保守的な融資姿勢と優れたコスト管理で高い評価を得ていた。『フォーチュン』は二〇〇三年、同社を最も成功しているアメリカ企業の一つとし、同社の株価は一九八二年から二万三〇〇〇パーセント上昇していると誉めそやした。(23)

モジロはサブプライム戦略に対して態度を決めかねており、ときおり社内でその危険性に注意を呼びかけていた。だが、最終的には、慢心と強欲と怠惰が、もしかしたらそれに疲労（彼はバブルの間に数回、脊髄《せきずい》の手術を受けた）も加わって、倫理感と慎重さに勝利した。バブルの真っただ中で退職年齢に近づくなか、彼はカントリーワイドの滑稽なほど野心的な目標を発表した。アメリカの住宅ローン市場全体で三〇パーセントのシェアを握ると宣言したのである。そのためには、あらゆる種類の有毒なローン商品に積極的に手を広げる必要があった。モジロはファニーメイに圧力をかけて、こうしたローン債権を買い取らせた。残りはウォール街に売却したが、こちらのほうは圧力をかける必要などまったくなかった。

カントリーワイドはロビー活動も精力的に行ない、贈賄すれすれの手段を使うこともあった。モジロはVIP向けの特別プログラム「アンジェロの友人たち」を設けて、ファニーメイの幹部、連邦議会議員、議会職員、さまざまな著名人など、多くのVIP顧客に、格段に質の高い顧客サービスと有利な条件のローンを提供した（その一人が『トゥナイト・ショー』の司会者エド・マクマホンだったが、彼は四八〇万ドルのローンを返済できなくなった[24]）。このプログラムを利用した顧客のなかには、ファニーメイの歴代CEO三人のほか、下院議長のナンシー・ペロシや上院銀行委員会委員長のクリス・ドッドもいた。

二〇〇六年には、不正な業務慣行がカントリーワイド全体に広まっていた。二〇〇五年九月、同社はアイリーン・フォスターという女性を社長室付きカスタマー・ケア担当副社長として採用した。彼女は二〇〇六年半ばに上級副社長に昇進し、それから二〇〇七年三月七日にふたたび昇進して不正リスク管理担当上級副社長になった。これはカントリーワイドの不正削減策を担当するとされていたポジションで、彼女は数十人の不正調査担当者を直接指揮することになった。

世間知らずにも不正をなんとかしようとして、彼女はまず不正の調査を始めた。そして、複数の支店で融資担当者や支店長が行なっていた大量の不正をまたたく間に見つけ出した。この業界のご多分に漏れず、融資担当者はローンの質に関係なく「生産」量にもとづいて報酬を支払われており、そのため彼らには、やはりご多分に漏れず、金利や手数料ができるだけ高いローンを貸し付けるインセンティブがあった。そのようなローンを大量に貸し付けることは、不正を行なわないかぎり不可能だった。

フォスターと部下たちは、地区統括マネージャーを含むボストン地区の社員たちが行なっていた大規模な組織ぐるみの不正をたちどころに見つけ出した[25]。その結果、カントリーワイドはボストン地区の八つの支店のうち六つを閉鎖し、四〇人以上の社員を解雇せざるをえなかった。フォスターらのもとには、他のいくつもの組織的不正や不正に関与している上級社員に関する情報が寄せられ、彼女らはその証拠を見つけ出した。二〇〇七年一二月、フォスターはわが社には組織的な不正がはびこっていると、上司たちに注意を促し始めた。直属の上司は彼女の見方に同意した。

二〇一一年一二月に『シックスティ・ミニッツ』で、バブルと危機に関連した刑事訴追がまったく行なわれていないことに焦点を当てた、二部構成の優れたレポートが放映された。「ウォール街を訴追する」と題されたこのレポートで、フォスターは『シックスティ・ミニッツ』の記者スティーブ・クロフトのインタビューに答えている。その抜粋を紹介しよう。

スティーブ・クロフト　カントリーワイドには刑務所に入るべき人間がいると思いますか？

アイリーン・フォスター　ええ。

クロフト　その人たちの名前をここで言う気がありますか？

フォスター　いいえ。

クロフト　大陪審に求められたら言いますか？

フォスター　ええ。

クロフト　カントリーワイドではどれくらい不正が行なわれていたんですか？

フォスター　私が目にしたことの性質から判断すると、組織ぐるみだった——組織ぐるみのように見えました。一人とか二～三人といった個人ではなく、支店全体、地区全体がかかわっていました。

クロフト　それが当たり前になっていたということですか？

フォスター　ええ。

クロフト　ボストン支店だけだったと思いますか？

フォスター　いいえ。ボストン支店だけじゃなかったことは明白です。ボストンで行なわれていたことは、シカゴでもマイアミでもデトロイトでもラスベガスでも、それからフェニックスでも、フロリダ全土のすべての大規模市場でも行なわれていました。予想していたとおり、たくさんの、本当にたくさんの不正の報告があったんです。でも、そうした報告は一度も――私のグループを経由して報告されたことは一度もなかった。一度も取締役会に報告されなかったし、一度も政府に報告されなかった。私があそこにいた間はね。

クロフト　それは意図的だったと？

フォスター　ええ、まちがいなく。

フォスターはカントリーワイド本社の人事部が不正行為をかばっている形跡にも気づくようになった。人事部はいくつかの方法でこれを行なっていた。たとえば、フォスターの部署に不正を知らせない、不正の申し立てをその不正の実行者に知らせる、情報提供者や内部告発者の名前を不正の実行者に知らせる、報復を受けたという内部告発者の訴えに対処しない、人事部が内部告発者に直接報復する、などだ（フォスターが『シックスティ・ミニッツ』に語ったところによると、人事部はカントリーワイドの上級幹部から、彼女の部署を蚊帳《かや》の外に置いておくよう命じられていたのだという）[26]。フォスターは人事部を統括している上級幹部に苦情を申し立てた。すると、人事部は彼女の身辺を調査し始めた。二〇〇八年五月、彼女はカントリーワイドの総務部を統括している幹部のところに行き、不正の蔓延と人事部の行動について報告した。まもなく見ていくように、その結果は芳しいものではなかった。

バブルがピークを過ぎて、カントリーワイドのすべてが不調になると、アンジェロ・モジロは個人としても会社としてもさまざまなごまかしに頼るようになった。彼はまず、デフォルトしそうな債権について、実際にデフォルトしたとき自社がそれを抱えていることがないよう、早急に処分する努力を強化した。この時期の電子メールを見ると、彼は「資産をしらみつぶしに調べて」時間切れになる前に一番リスクの高いものを売り払えと、荒っぽい言葉で部下の尻を叩き続けている。だが、彼が百も承知していたように、債権や証券化商品の売却書類には必ず、売却される商品は売り手が保有するその種のすべての債権を代表するものであると、つまり、リスクを買い手に転嫁するために選択的に抽出されたものではないと明記されている。だから、この救済戦略はそれ自体が不正だった。

　モジロはそれから、多くの経営幹部がやったように、自分自身の金銭的利益を守る措置をとった。カントリーワイドが倒産に向かい始めたとき、彼は株価を押し上げるために会社の借入金二〇億ドルを使って自社株を買い戻した。また、カントリーワイドの与信・管理プロセスの質の高さや同社の商品の優れたパフォーマンス、それに同社の財務状態の健全さについて、アナリストや投資家に繰り返し説明した。ある訴訟の訴状には、モジロが自社の融資方針や与信監督方針について説明したり、そうした説明の正しさを請け合ったりした事例が四〇件近くあげられている。今わかっていることからすると、そのすべてがウソだったわけだ。

　だが、カントリーワイドが自社株を買い戻し、モジロが世間に向けてすべてうまくいっていると語っていたころ、彼は実際には自分個人が持っていたカントリーワイドの株式を売却していたのである。同社が破綻する前年の売却額は一億ドルを超えていた。バブルの間の彼の報酬総額は四億五〇〇〇万ドル以上で、それに加えて破綻前数年間の株式売却益があるので、彼は今なお推定六億ドルの純資産を持つ大富豪だ。

　破綻がもう先送りできない状況になったとき、カントリーワイドはバンク・オブ・アメリカ（略称バンカメ）に身売りした。契約が結ばれたのは二〇〇八年一月、最終的に買収が完了したのは同年七月だった。この買収はのちにバンカメに何十億ドルもの損失を負わせ、きわめて高くつく誤りだったことが明らかになる。二〇一二年初めの現在、カントリーワイドの損失と法的責任はバンカメの存続を脅かすほど深刻になっているのである。

バンカメがカントリーワイドを正式に買収した二〇〇八年七月、アイリーン・フォスターは住宅ローン不正調査担当上級副社長のポジションをオファーされ、そのオファーを受け入れた。だが、人事部は引き続き彼女の身辺を調べ回り、彼女の同僚たちにあれこれ聞いて回った。そうした同僚の一人が、法務責任者と最高執行責任者を含むバンカメの幹部たちにご注進に及び、二〇〇八年九月八日、彼女はバンカメの上級幹部から解雇を言い渡された。彼女は内部告発者保護法にもとづいてバンカメを提訴し、その訴訟に勝利した。労働安全衛生局はバンカメに、彼女の復職と九〇万ドルを超える賠償金の支払いを命じたのだ。『シックスティ・ミニッツ』のインタビューで、彼女は、自分の解雇の直接的な理由は連邦規制当局に聞かれたとき何を言うべきかについて適切な指導を受けるのを拒否したことだったと語った。また、二〇一一年のこのインタビューの時点で、連邦法執行機関から事情を聞かれたことは一度もないと述べた。

その他のサブプライム・ローン会社

ワム、ニュー・センチュリー、カントリーワイドは最大手に入るサブプライム・ローン会社だったが、これら三社に劣らず悪質な会社がほかにもたくさんあった。たとえばフレモントは、やはり最大手の一つで、証券化を積極的に行なっていた一流銀行——ゴールドマン・サックス、メリルリンチ、ベアー・スターンズ、ドイツ銀行、クレディ・スイス、リーマン・ブラザーズ、モルガン・スタンレー——に債権を売却していた。だが、二〇〇七年三月、いくつもの法令違反で連邦預金保険公社から営業停止処分を受け、倒産に追い込まれた。二〇〇八年、マサチューセッツ州最高裁判所は州司法長官が提起した訴訟で、フレモントの多くの住宅ローンについて、もともと略奪的になるように設計されていたという理由で、担保の差し押さえを禁じた下級審判決を支持した。[27]

この訴訟を含むいくつもの訴訟で、元社員のなかから選ばれた大勢の匿名の証人が常態化していた不正について証言した。それによると、融資担当者は「既成概念にとらわれずに」「うまくいかせる」よう指示されていた。[28] 借り手の実際の所得が通常の住宅ローンを組むには足りない場合は、その所得で当初の支払い額がまかなえる所得自己申告ローンに切り替えられた。一人の仲介業者から連続して出された四〇件のローン申請が、すべてにまったく同じ銀行預金残高証明書が添えられていたにもかかわらず承認されたこともあった。

ＷＭＣも悪質な会社だった。二〇〇四年の時点でアメリカ第六位のサブプライム・ローン会社だった同社は、その年、プライベート・エクイティ投資会社アポロ・マネジメントからＧＥキャピタル（そう、あのゼネラル・エレクトリックだ）に売却された。余談ながら、アポロ・マネジメントのＣＥＯ、レオン・ブラックは、自分の誕生日パーティーでエルトン・ジョンに生演奏してもらうために一〇〇万ドル払った。ＧＥは三年ほど大儲けしたが、二〇〇七年九月にはＷＭＣを閉鎖して、同社の四億ドルの負債を引き継いだ。

ＷＭＣの債権を買い取っていた銀行は、フレモントの場合とほぼ同じ顔ぶれ、すなわちウォール街の最も大規模で最も誉れ高い銀行だった。それなのに、ＷＭＣは、通貨監督庁の二〇一〇年「ワースト一〇のワースト一〇」——アメリカで最も壊滅的打撃を受けている住宅市場一〇地区の最も深刻な状態にある貸付機関一〇社——の第四位にランクされた。モノライン保険会社のＰＭＩが起こした民事訴訟を通じて、他の会社と同様の実態——債権の品質保証違反の蔓延、文書の紛失や明らかな偽造、

等々――が明らかになっている。(29)

アメリクエストも悪質な会社だった。同社は二〇〇三年、年間融資額を二〇〇〇年の四〇億ドルから三九〇億ドルに増大させて、アメリカ最大のサブプライム・ローン会社になった。二〇〇三年にアメリクエストの融資ファイルの開示要請を行なったミネソタ州司法次官補は、どのファイルにも申請者の職業が「骨董品販売業」と記されているのを見て啞然《あぜん》とした。借り手は、ローン申請書にサインして手続きが終わった時点で、自分の財務記録がすべて――所得税申告書をはじめとするあらゆる書類が――偽造されていることに気づいたのだと説明した。アメリクエストも「ワースト一〇のワースト一〇」に入っていた。サブプライム・バブルが崩壊しつつあった二〇〇七年夏にシティグループが同社を買収したことは、シティグループの経営陣の愚かさを雄弁に物語っている。(30)アメリクエストはバブルの間に二〇以上の州の司法長官から大型訴訟を起こされたが、連邦の規制機関や法執行機関は何もしなかった。共和党に多額の献金をしていた同社のCEOは、二〇〇五年にブッシュ大統領からオランダ大使に任命された。

もう一つの悪質なサブプライム・ローン会社、オプション・ワンは、税務サービス会社、H&Rブロックの子会社だった。H&Rブロックの社員には事実上、顧客に次のように助言するインセンティブがあったわけだ。「今の住宅ローンの金利は高いようですね。お帰りになる前にわが社の住宅ローン・コンサルタントに相談されてはいかがですか。もっと有利なローンを見つけて差し上げられるかもしれませんよ(31)」

つまり、貸付機関はあらゆる顧客にますます多く借りさせたいと思い、住宅ローンを理解していない借り手や借りるべきではない借り手、簡単にカモにできる借り手、それにだまされても反撃できない借り手を能動的に選び取っていたのである。しばらくは、少なくとも業界外のうぶな投資家にとっては、バブルがこれをすべて覆い隠していた。皮肉にも、融資額の大幅な伸びや融資基準の崩壊は、住宅価格を押し上げ続けることで、サブプライム・ローンや住宅ローン関連証券を実際よりはるかに安全に見せていた。住宅価格の上昇のおかげで、失業中の借り手や返済不能になった借り手でも、借り換えやホーム・エクイティ・ローンによって、あるいは利益の出る価格で売却することで、デフォルトを回避（もしくは単に先延ばし）できたからだ。バブルが進むにつれて、ティーザー金利や虚偽の説明や持続不可能な住宅ローンが当たり前になった。住宅ローン仲介業者のお決まりの売り込み口上は「ティーザー金利後の高い返済額のことは心配しなくてもいいですよ」だった。そのときが来たら、住宅の価値が上がっているはずですから、わが社が——やはりティーザー金利で——借り換えローンを組んで差し上げます、というわけだ。

この仕組みのおかげで金融システムのなかをマネーが流れ続け、地方公務員年金基金や海外の小規模銀行などのうぶな投資家が、音楽がついに鳴りやむまでの数年間、一度のデフォルトもなく高いリターンを回収し続けることができた。その間、高いリターンに気をよくしたこうした投資家は、もちろん、同じクズ商品をさらに大量に購入した。知識は十分あるが倫理に欠ける投資マネージャー——ヘッジファンドや投資銀行内部の個人資産運用マネージャー——も、この仕組みのおかげで同じくクズ商品に投資することができた。一時的な高リターンは彼らのクライアントを数年間満足させ続け、彼らの年次ボーナスを高水準に保ち続けてくれた。音楽が止まったとき、彼らはファンドを閉鎖したり辞職したりして自分のカネを持ち去り、損失はクライアントに残したのだ。

ファニーメイとフレディマック

ファニーメイとフレディマックは、もちろん厳密には住宅ローン貸付機関ではない。両社は住宅ローン貸付機関から債権を買い取り、保証をつけて証券化商品に仕立てていたのであり、カントリーワイドは両社の最大の債権調達先だった。ファニーとフレディは投資目的で膨大な量の住宅ローン担保証券の購入、保有も行なっており、危機の間とあとの両社の損失の大きな部分がこの活動によるものだった。

ファニーとフレディはどちらも、持ち家の取得と手ごろな金利での住宅ローン融資を支援するために連邦政府が設立した政府支援法人である。だが、危機の前の三〇年間に、利益を追い求めて規制の制約から徐々に逃れていた。株式を公開し、さらに重要な動きとして、議会の監視も無力で人手不足の規制機関、連邦住宅公社監督局（ＯＦＨＥＯ）の監督も巧みに骨抜きにしたのである。両社はこれを、並はずれて積極的なロビー活動、便宜供与、回転ドア人事、明白な虚偽説明などによって実現した。両社に雇われた要人は、ニュート・ギングリッチ（「戦略的アドバイス」や「保守派要人への口利き」に対して、フレディマックのチーフ・ロビイストから一六〇万ドルの報酬を受け取った）から、長年ファニーメイのチーフ・ロビイストを務め、現在はオバマ大統領の国家安全保障担当補佐官の座にあるトム・ドニロンまでと多岐にわたっている。両社はどちらも、言いなりになる人物や政界に太いパイプを持つ人物を取締役会にそろえることで、実効性のある企業統治も骨抜きにした。取締役たちには過度の報酬が支払われ、余計な口出しをしないことが期待されていた。また、両社とも、短期の実績にもとづいて多額のボーナスを支払うという、金融部門であまねく使われていた報酬体系を導入していた。

さらに、きわめつけとして、幹部が多額のボーナスをもらえるような決算報告書にするために、大規模な不正会計処理も行なっていたのである。

ファニーとフレディの会計処理に関する懸念が初めて公の場で持ち出されたのは、二〇〇〇年の下院金融サービス委員会公聴会でのことだった。この一連の公聴会でファニーメイと同社の当時のCEO、フランクリン・レインズを擁護したのは、バーニー・フランクを含む民主党の議員たちだった。その他にマクシーン・ウォーターズ下院議員など、ブラック・コーカス〔連邦議会の黒人議員で構成されている団体で、黒人の権利向上のために活動することを目的としている〕のメンバーも擁護に回ったが、それは一つにはレインズが政府や政界に太いパイプを持つアフリカ系アメリカ人だったためであり（彼の前職はクリントン政権の行政管理予算局長だった）、もう一つにはファニーメイが都市部の選挙区で大きな政治的力を持っており、積極的なロビー活動を展開するとともに、多額の選挙献金を行なっていたからだった。

不正会計処理について初めて本格的な申し立てがなされたのは二〇〇三年、連邦住宅公社監督局（ＯＦＨＥＯ）がフレディマックの幹部を提訴したときだった。この訴訟で、フレディマックは一億二五〇〇万ドルの罰金を支払った（同社は二〇〇六年にも、違法な選挙献金を行なったとして連邦選挙委員会〔ＦＥＣ〕から三八〇万ドルの罰金の支払いを命じられた）。二〇〇四年には、ＯＦＨＥＯとＳＥＣが、どちらもファニーメイに関するきわめて批判的なレポートを発表した。さらに、二〇〇六年には、ＯＦＨＥＯが不正会計処理によるボーナスを回収するために、レインズを含む三人のファニーメイ元幹部を提訴した。レインズだけで九〇〇〇万ドルを超えるボーナスを受け取っていたのである。レインズはカントリーワイドのＶＩＰプログラムで有利な融資を受けていた多くの企業幹部や政府高官の一人でもあった。この訴訟はいずれも和解で決着し、元幹部たちはボーナスの大部分を保持し続けることができ、おまけに誰一人、有罪を認める必要はなかった。ファニーメイはＳＥＣからも提訴されたが、こちらのほうも会社が四億ドルの罰金を支払うことで和解が成立した。刑事訴追は一件も行なわれなかった。

ファニーもフレディもたしかにバブルを助長したが、両社は宴に遅れて参加した。不正会計処理が発覚したこともあって、バブルの初期には買い取ったり保証をつけたりする債権をかなり保守的に選別していたのである。だが、二〇〇四年から審査基準をゆるめ始め、オルトAの債権の買い取りを増やすようになった。両社はクズ債権の市場では引き続き小さな勢力だったし、クズ債権は両社の債権買い取り総額のごく一部を占めていたにすぎなかった。だが、どちらも巨大な組織だったので、純然たる民間部門の最も深刻な企業の損失と比べても途方もない額の損失を出す結果になったのだ。

ファニーとフレディは別の形でもバブルを助長した。住宅ローン担保証券に巨額の投資を行なっていたのである。二〇〇四年から二〇〇六年にかけて、両社はウォール街が組成した住宅ローン担保証券を四三四〇億ドル分購入した(32)。それは何よりも両社の幹部たちが業界の他のみんなと同様、有害なインセンティブを与えられていたからであり、これらの証券が高いリターンを生んでいたからだった。ファニーもフレディも信用格付けはもちろんAAA《トリプルA》だったので、きわめて低い金利で資金を借り入れることができ、両社はそれを使ってはるかに高利回りの住宅ローン担保証券を購入した。それはとてつもなくちょろいビジネスで、とてつもなく儲かった——終わりがくるまでは。結局、両社の投資損失は、買い取ったり保証をつけたりしていた住宅ローン債権からの損失にほぼ匹敵する途方もない額になった。

両社は二〇〇七年に赤字を出し始めた。二〇一〇年の終わりには、両社合わせて七一九億ドルの投資損失と七五一億ドルの住宅ローン債権信用損失を抱え、合計損失額は一四七〇億ドルにのぼっていた。両社はその後も損失を出し続け、二〇一二年の現在もまだ赤字が続いている。オバマ政権が両社に、失業した住宅所有者に住宅ローンの返済猶予を与えることを義務づけているからだ。[33]

二〇一一年、ＳＥＣは両社がサブプライム・ローンがらみの資産の割合について投資家に虚偽の説明をしたとして、両社の元ＣＥＯと他の四人の元幹部を証券詐欺で提訴した。[34] ＳＥＣの訴状では、両社が高リスク債権の買い取りを増やしたのは、幹部の年次ボーナスの額に関係する短期利益目標を達成するためだったと主張されていた。その一方で、ＳＥＣは両社と非訴追協定を結んだ。どちらの会社に対しても、また両社のどの元幹部に対しても、刑事訴追は行なわれていない。

ファニーとフレディはバブルを引き起こしたのか？

ウォール街の銀行から揺るぎない支持を得ている共和党保守派は、住宅ブームの原因は連邦政府の過度の規制にあったと主張してきた。規制のせいで、ファニーとフレディは不適格な借り手——彼らの言う不適格な借り手とは、貧困者やマイノリティや移民のことだ——に対する愚かな住宅ローン融資に資金を提供せざるをえなかったのだ、と。この主張で通常悪者にされるのは、民主党リベラル派の議員と、恵まれない集団や地域に対する住宅ローン融資の目標値を定めている連邦法、地域再投資法だ。だが、この主張はいくつもの理由で説得力に欠ける。

第一に、数字はこの主張を裏付けていない。バブルを牽引したのはファニーとフレディではなく、むしろ純然たる民間部門、とりわけ最も規制の少ない影の銀行システムを構成している組織だった。実際、ファニーとフレディが買い取りや保証を行なった債権のデフォルト率は、住宅ローン会社とウォール街が生み出し、証券化した債権のそれより依然として低いのだ。

ファニーとフレディを悲惨な状態に追いやったのは過度の規制ではなかった。それどころか、両社の規制機関は、両社がシステムを悪用していた方法の少なくとも一つ、すなわち大規模な不正会計処理をやめさせることで、両社がもたらす打撃を多少なりとも縮小したのである。不正会計処理が暴かれる前は――その後でさえ――ファニーとフレディはほぼ思いどおりに行動していた。両社の行為は、規制や持ち家取得の促進という目標によってではなく、むしろ民間部門とまったく同じ要因（すなわち、年次ボーナスやストック・オプション）によって促進されたのだ。そのうえ、両社の最も悪質な行動は、共和党がホワイトハウスと上下両院を支配していた時期に発生したのであり、民主党リベラル派の圧力が両社に大きな影響を与えたとは考えにくい。

さらに、両社の最終的な損失額の半分近くは、債権の買い取りや保証や証券化ではなく、投資活動によるものだった。ファニーとフレディは、社会的責任やリベラル派の政治的圧力のためにそれらのクズ証券を買ったわけではない。短期の実績にもとづいて報酬が支払われ、のちに事態が悪化しても回収されない制度のせいで、経営幹部やトレーダーが業界の他のみんなと同様、有害なインセンティブを持っていたから買ったのだ。同じ理由によって、両社はバブルがかなり進行してから、より高リスクで、より高利回りの住宅ローン債権を買い取るようになった。債権の買い取りでは、政治的圧力がおそらく小さな役割を果たしただろうが、それは決して主な要因ではなかった。

だから、バブルは慈善家ぶった連邦規制機関のせいで貧しい人々がどんどん住宅を買うようになったために起こったわけではない。ファニーとフレディはたしかに重要な参加者だったが、バブルをスタートさせたわけではなかったし、バブルの主な受益者でもなかった。単に規模が大きいために、大きな被害を与えただけだったのだ。

バブルをスタートさせ、推進した要因は、簡単に言うと、超低金利、金融システム全体にはびこっていた不正体質、大量の不正融資、投機、それに高利回り証券に対する需要だった。それに加えて、決して小さくない要因として、家計が圧迫されるなかで必死に生活水準を維持しようとしていたアメリカの消費者が、あらゆる人から――住宅ローン仲介業者や銀行はもちろん、ジョージ・W・ブッシュやアラン・グリーンスパンからも――住宅を担保に借金することこそ、それを実現する方法だと、説き聞かされたことがある。二〇〇〇年から二〇〇七年にかけて、住宅を担保にした借金によって四兆二〇〇〇億ドルのカネがアメリカ経済に注ぎ込まれ[35]、二〇〇五年にはアメリカのGDPの伸びの半分が住宅関連の活動によるものになっていた[36]。二〇〇〇年にはGDPの八〇パーセントにすぎなかったアメリカの家計の債務は、二〇〇七年にバブルが終わるころには、GDPの一三〇パーセントという史上最高水準にはね上がっていた。

こうしたことのすべてが、証券化の食物連鎖に、金融部門全体に広がっていた倫理の崩壊と有害なインセンティブが結びついたことで初めて起こりえたのである。実際、CDOが発明されてからは、投資銀行は証券化する債権を住宅ローンに限定する必要さえなくなった。どんな種類の債権でもCDOに放り込むことができ、その結果生まれた商品は完全に安全な「仕組み商品」として販売することができた。自動車ローン、学生ローン、クレジットカード債権、アイスランドの銀行に対する債権、商業用不動産ローン、プライベート・エクイティ（別名レバレッジド・バイアウト）融資など、他のクレジット資産でも、規模は小さかったものの並行してバブルが進行し、同様に大量の不正が行なわれた。これらの債権も売却されてウォール街の証券化マシンに放り込まれ、ときにはサブプライム・ローン債権を含むCDOに組み込まれることもあった。これはバブルを促進したのが一般大衆の住宅購入熱やファニーやフレディに圧力をかけた慈善家ぶった連中ではなく、金融部門の強欲さと不正だったことを示すさらなる証拠である。

もちろん、ウォール街の主要金融機関が取引を拒んでいたら、こうしたことのどれ一つとして可能になってはいなかっただろう。貸付機関は、金融システムの中核部分の大規模な腐敗に全面的に支えられていたのである。それは投資銀行、格付け会社、モノライン保険会社、業界アナリストであり、それに、もちろん規制機関だ。次はこれらの組織に注目してみよう。

第四章
バブルを生み出し、世界に広げたウォール街

Wall Street Makes a Bubble, and Gives It to the World

バブル期の投資銀行業——限度のない世界

バブル期の住宅ローン融資の実態を見てきたが、こうした債権を買い取って、超安全とされていたが実際はきわめて有毒な商品を何兆ドル分も生み出していたとき、ウォール街の連中は何を考えていたのだろう。ほとんどの投資銀行家が話にならないほどのバカではなかったとすると、彼らは次の三つのいずれかだったにちがいない。（1）とてつもなく悪賢い住宅ローン会社にだまされた無辜《むこ》の犠牲者だった。（2）信じがたいほど仕事に無関心で、自分が売り買いしているものを調べたり理解したりする気はさらさらなかった。（3）詐欺にかかわっていた。

まず、明らかに（1）ではなかった。彼らの大多数が（2）でもなかった。もっとも、とくに最上層の幹部や取締役のなかに、唖然とするほど仕事に無関心な者がいたのは確かだが（この興味深いテーマについてはのちほど検討する）。しかし、現場で実際に業務を行なっていた人々はもちろん、多くの経営幹部も、自分たちがクソ商品を売っていることを完全に理解していた。彼らは商品が売れさえすればよかったのであり、それがどんな商品だろうと、どんな害をもたらすおそれがあろうとかまわなかったのだ。彼らは往々にして、もっと臭いクソをもっとたくさんよこせと住宅ローン会社に迫

り、商品の特性について虚偽の説明をして投資家に販売し、売った商品が値下がりするほうに賭けて、もう一度儲けていた。

だが、銀行を（また格付け会社や保険会社やヘッジファンドを）擁護する人々は、この見方に対して一見、強力そうな反論をぶつけてくる。「多くの銀行が破綻して、CEOや上級幹部や取締役たちは職と多額のカネを失った。トレーダーや部長級の社員のなかにさえ、解雇された者が大勢いる。これは自分が何をしているのかを彼らが理解していなかった証拠である。理解していたら、このような自分自身にも打撃を与える行動をとるはずがないからだ」『ニューヨーク・タイムズ』のジョー・ノセラも、モルガン・スタンレーの取締役のローラ・タイソンも、バブル期にシティグループの取締役だったC・マイケル・アームストロングも、私に直接この主張をぶつけてきた。バブル期にシティグループの会長を務めていたリチャード・パーソンズとカントリーワイドのアンジェロ・モジロは、議会証言でどちらもこの論法を使った。パーソンズはあの危機を、まるで天災だったかのように「彼らがこの氷山にぶつかったとき」と表現した。彼らをはじめとする擁護派は、銀行家たちの行動は明らかに自己利益に反していたのだから、彼らが故意に不正を行なっていたなどということがどうしてありえよう、と主張してきた。「いいですか、彼らは自分の会社をつぶし、職を失い、彼らが持っていた自社株はほぼ一夜にして無価値になったんですよ。彼らが——というか、われわれが——故意にそんなことをするはずがないでしょう。たとえわれわれが利己的だとしても、故意にそんなことをするのは理屈に合いませんよね」というわけだ。

ところが、それは実際には理屈に合うのであり、ほとんどの場合、彼らの合理的な自己利益に反していなかったのだ。驚くべきことに、ウォール街は、自分の会社をつぶすことが多くの銀行家にとって一〇〇パーセント合理的で自己利益にかなう行動になるように構成されていたのである。次の点を考えてみると、それがよくわかる。

まず、金銭的利益について考えてみよう。あなたが詐欺的なクズ証券の組成、販売、もしくはトレーディングを行なっていたとすると、そうした証券を自社のために買っていた場合でさえ、あなたは自分の年間実績にもとづいて巨額の年次ボーナスをたいてい現金でもらっていたはずだ。大型バブルは通常どれくらい続くかというと、五年ないし七年というのが近年の平均のようだ。S&Lとジャンク・ボンドのバブルは一九八一年か八二年に始まって、八七年か八八年に終わった。インターネット・バブルは一九九五年ごろから二〇〇〇年半ばまで続いた。住宅バブルは二〇〇一年ごろから二〇〇六年もしくは〇七年まで続いた（もっと長く続くこともある。日本の不動産・株式バブルは一九八〇年代のほぼ最初から最後まで一〇年近く続いたし、バーナード・マドフのポンジ・スキームは二〇年以上続いた）。バブルが崩壊するまでは、あなた自身が巨額の報酬を得るだけでなく、あなたの会社も利益を得る。バブルをあおればあおるほど、あなたの懐に入るカネは増えるわけだ。崩壊が訪れたとき、たとえ会社が倒産しても、あなたはそれでもカネ持ちだ。手にしたカネは一ドルたりとも返す必要はなく、引退することもできれば、転職することもできる。転職を望む場合でも、過去の経歴が妨げになることはない。のちほど見ていくように、むしろその逆なのだ。

第二に、「みんなの利益」「みんなの善」という問題がある。もっとも、この場合は「みんなの悪」と言うべきかもしれないが。自分がメリルリンチなり、モルガン・スタンレーなり、リーマンなりで、あるいはムーディーズなり、AIGなり、他のどこかなりで、住宅ローン債権を裏付けとするクズ証券を組成したり、販売したり、購入したり、保証したり、あるいは格付けしたりしていると想像してみよう。同じ会社で同じことをやっている同僚が二〇人なり四〇人なり（あるいは五〇〇人なり）いて、あなたはその一人にすぎない。行く手に恐ろしい脱線が待ち受けていること、そしてすべての同僚がそれを助長していることにあなたは気づいている。だが、彼らはみなこれまでどおりのことを続けることで大金を稼いでおり、彼らの上司――あなたの上司でもある――はさらに大金を稼いでいる。あなたが参加しようとしまいと、彼らがそれをやり続けるのは明白だ。だから、あなたが参加を拒んだとしても、会社はいずれにしても破滅するだろう。それを止めるために、上司の頭越しにＣＥＯに直訴することはできる。だが、上司は決してそれを快く思わないだろうし、上司をはじめとする部署全体が、これまでどおりのことを続けるために、彼らにとって都合のいい話をＣＥＯに聞かせるだろう。それに、もしも――純然たる仮定の話として――ＣＥＯがゴルフと美術品の収集にしか関心がない、引退間近の利己的で不愉快なうぬぼれやで、すでに数億ドルため込んでいて、今年さらに五〇〇〇万ドルもらえることになっており、おまけに職を失った場合は契約によりさらに一億ドルが保証されているとしたら、その場合、彼もまたあなたに好意的な対応はしてくれないだろう。取締役会に訴えるという手も考えられるが、たとえ取締役たちに接触できたとしても、彼らがＣＥＯの古くからの友人で、たいてい驚くほど愚かであり、何よりも波風を立てないがゆえに選ばれたのだということを思い知らされるだけだろう。

　だから、宴を止めようとしたら、あなたはおそらくのけ者にされるか解雇されるだろう。メリルリンチやリーマンやシティグループで、あるいはＡＩＧや他のどこかで、倫理にもとる違法行為をやめさせるために経営陣に訴え出た多くのまじめで倫理的な人々が、実際にそのような目にあったのだ。つまり、倫理的に行動しても何も得るものはなく、それどころか、会社を追い出されて、かなりの個人資産を築く（というより他人の富を自分に移転する）チャンス――もしかしたら一生に一度のチャンス――を失うはめになるわけだ。

　第三に、情報の分割という問題がある。自分がバブルに乗じて不正を行なっていることは多くの人が認識していたが、バブルの規模やそれが業界や自分の会社に及ぼす影響はほとんどの人が認識していなかった。会社がどれだけのクズ資産を持っているのか、その資産はどのように評価されているのか、会社はそれを保有するつもりなのか売却するつもりなのか、それに対するヘッジはすでにかけているのか等々は、知らなかったのだ。投資銀行の多くの人が、かなり高位の人でさえ、自分の会社がどれだけ打撃を受けることになるかを理解できるだけの情報は持っていなかった。また、バブルがいつ終わるのかもわかっていなかった。だが、バブルが続いているかぎり大儲けを続けられるということは、わかっていたのである。

　業界全体のリスク資産の規模も、業界内でリスクがどのように分散（もしくは集中）しているのかも、彼らはまちがいなく把握していなかった。リスクの分散（集中）状況は、ＣＥＯにとってさえ重要な検討課題だった。金融システム全体のポジションやリスク資産の割合を把握していた機関は――規制当局や財務省を含めて――一つもなかった。莫大な量のクズ証券が組成されてきて、しかも多くの金融サービス会社が互いに強く依存し合っているため、グローバル金融システム全体が脅かされるおそれが生じていることが明らかになったのは、バブル末期のことだった。その時点でさえ、まったく規制されていない不透明なデリバティブ取引によって、さらにどれだけのリスクが生み出されているのかは、一般には知られていなかった（というより、知るすべがなかった）。それがようやくわかったのは、実際に危機が到来したときだったのだ。

　第四に、「巻き込まれる」という問題がある。いったん不正の輪のなかに入ったら、どういう経緯で入ったかに関係なく、そこにとどまるほうがよい。たとえば、あなたがシニア・トレーダーか部門責任者かＣＥＯで、清廉潔白な人生を送ってきたのに、ある日突然、自分の部門や会社が過去数年間に生み出した大量の詐欺的なクズ商品を抱えていることに気づいたとする。そのとき、あなたはどうするか？　記者会見を開いて、わが社は砂上の楼閣で、崩壊は必至であると発表するようなことは、おそらくしないだろう。むしろ、自分の収入を最大化したり、会社を苦境から脱出させたりするために、もしくはバーナード・マドフのように避けられない審判の日をできるだけ先送りするために、今までどおりのことをできるかぎり長くやり続けようとするだろう。もしかしたら、自分のポジションを縮小したり、ヘッジしたりしようとするかもしれない。あるいは、自分の顧客も参加しているバブルの崩壊に賭けることで、儲けようとし始めるかもしれない。バブルがまさに終わろうとしていることに気づいたら、自分自身が組成したり販売したりした証券のデフォルトに賭けることで大儲けできるのだ。実際、人々はこれを途方もない規模で実行したのである。

だが、最後にもう一つ、一般論としても、この特定のバブルにからんでも、現実はどうかという問題がある。実を言うと、人間は自分個人にとって高いリスクがあるとわかっていても不正を行なうことがある。極端な例をあげると、あらゆるポンジ・スキーム（比喩ではなく本来の意味でのポンジ・スキーム）がいつか崩壊するのは数学的に確実で、のちには必ず刑務所暮らしが待っているにもかかわらず、いまだにこの種の投資詐欺を行なう者がいる（アレン・スタンフォードは八〇億ドル、バーナード・マドフは二〇〇億ドル集めた）。また、住宅バブルの間に実際に多くの人が承知のうえで不正を行ない、欠陥商品を販売していたことも、政府のわずかな調査と何よりも民間の訴訟のおかげで、今では明らかになっている。

そのうえ、住宅バブルの場合は――組織ぐるみではない孤立したポンジ・スキームの場合とは異なり――誰一人罰を受けなかった。バブルを生み出した張本人たちは、今なお大金持ちで、刑務所に行くこともなく社会に受容されており、自分の好みに応じて引退したり、仕事を続けたりしている。本当に何かを失った者――ＣＥＯや大物取締役や部門責任者、それにリチャード・ファルド、ロバート

・ルービン、アンジェロ・モジロ、スタン・オニール、ジョセフ・カッサーノのような人々――でさえ、バブルの間に巨額の報酬を取得し、一部の連中は退職手当までもらった結果、今なお莫大な富を手にしている。

彼らはたしかに自分の会社をつぶしたが、差し引きすると、彼らの多くが、バブルを生み出し、それに参加したことで、バブルから距離を置いていた場合に稼いだと思われる額よりはるかに多くのカネを稼いだのだ。二〇〇八年に彼らの会社がつぶれたとき、彼らが持っていた自社株はたしかに無価値になった。だが、それまでの七年間に、彼らの所得はバブルによって大きく膨らんでいたし、おまけに彼らはストック・オプションで得た自社株の多くを換金していた。ちなみに、これは自社の未来に対する心からの信頼（もしくは懸念）を示す行動とは言いがたい。彼らの行為の悪質さや影響が明白になったあとでも、解任時に莫大な退職手当まで受け取った者もいた。驚くべきことに、ほとんどの者が社会的汚名を免れて、今なお名誉ある地位や権力までともなう地位についている。だから、銀行を擁護する者たちは事実上こう言っていることになる。「君はどっちを信じるのか。私か、それとも自分の嘘つきの目か」

バブルの間、ブッシュ政権とFRBは基本的に何もしなかった。それどころか、事態をさらに悪化させた。二〇〇四年、SECは五大投資銀行がそれぞれ自社のリスク・モデルにもとづいてレバレッジの上限を決められるようにするルール変更を、全会一致で可決した。その結果、宴が終わるころには、一部の投資銀行は自己資本の三〇倍以上のレバレッジを効かせるようになっていた。これはつまり、保有資産の価値が三パーセント下がるだけで、その銀行は倒産するということだった。危機が発生すると、案の定、ベアー・スターンズ、リーマン・ブラザーズ、メリルリンチの三社が二〇〇八年に支払い不能に陥った。ゴールドマン・サックスとモルガン・スタンレーだけが生き残ったわけだが、これは政府の救済措置のおかげだった。[1] SECをはじめとする連邦規制機関は、バブルの間、リスク分析部門や規制執行部門の職員を削減して、投資銀行を基本的に野放しにしていた。金融取引業規制機構（FINRA）や証券投資家保護機構（SIPC）など、業界のいくつかの「自主規制」団体も、同様の姿勢をとっていた。たとえばFINRAは、自身のウェブサイトで自らの使命を次のように述べている。

FINRAはアメリカの一般市民と取引しているすべての証券会社のための最も大規模な非政府規制団体です。会員証券会社は四四九五社にのぼり、合計六三万五五一五人の登録外務員を擁しています。当団体の主な役割は、アメリカの資本市場の公正さを維持することによって投資家を保護することです。この役割を果たすために、当団体はルールの作成・執行、会員証券会社のルール順守状況の調査、投資家に対する情報提供や啓蒙活動、会員証券会社のリスク回避やルール順守のための支援を行なっています。[2]

だとすると、FINRAはあまりいい仕事はしなかったということだ（バブル期のFINRAのトップは誰だったか？　メアリー・シャピロ――オバマ大統領に指名されて二〇〇九年にSEC委員長になったあの人物だった）。政府も民間も規制に失敗した結果、バブル期には一貫して収容者が刑務所を管理しているようなものだった。彼らのインセンティブからすると、大量の不正は、それがもたらす被害を事前にすべて知っていたとしても、彼らの大多数にとって一〇〇パーセント理屈に合っていたのである。

不正は本当にそれほど明白だったのか？　そう、明白だった。ここから先の文章は少し退屈かもしれないが、しばらく我慢して付き合っていただきたい。あとのほうの章では、かなり強烈な主張を展開するつもりだから。たとえば、こうした連中は刑務所に入るべきだ、彼らの資産を没収して、彼らのせいで生活をめちゃめちゃにされた人たちに与えるべきだ、彼らは生涯、恥辱のなかで生きるべきだ、彼らが訴追されていないのは言語道断だ、彼らが今なお政府や大学、企業や公益機関で要職についているのは腹立たしく、おまけに危険である、というような主張である。というわけで、次の二つの章ではかなり細かい話をする。最後の決めゼリフを吐くとき、それを説得力のあるものにしたいからだ。

ここから先は投資銀行業界の行為を詳しく見ていくが、まず、格安証券仲介サービスと資産運用サービスを行なっているチャールズ・シュワブ社が起こした訴訟から始めよう。この訴訟はウォール街が生み出した証券についてきわめて幅広い統計データを与えてくれ、しかも、後ほど出てくる本当に仰天するような行為の背景を理解する助けになるからだ。

シュワブ社の申し立て

シュワブは大手金融機関一二社のブローカー・ディーラー部門を提訴した。この訴訟は、シュワブのさまざまな部門が二〇〇五年から二〇〇七年の間にこれらの金融機関から買った三六種類の証券化商品——住宅ローン担保証券——の売り出し資料に記載されている説明を根拠にしている。被告はBNPパリバ、カントリーワイド、バンク・オブ・アメリカ、シティグループ、クレディ・スイス、ドイツ銀行、ゴールドマン・サックス、グリニッチ・キャピタル、HSBC、ウェルズ・ファーゴ、モルガン・スタンレー、それにUBSだ。

住宅ローン担保証券を購入するとき、投資家は個々の債権ファイルを閲覧することはできない。販売目論見書に添えられている「債権テープ」で、個々の住宅ローン債権の概要データを見ることができるだけだ。シュワブは訴訟を起こすにあたって、自社が購入した証券化商品に組み入れられていた七万五一四四件の債権の概要データを分析した。これは無作為抽出標本《ランダム・サンプル》ではないものの、幅広いサンプルだ。[3] このサンプルの品質は、どちらかと言うと平均よりかなり高いだろう。シュワブは保守的な投資を行なっていたし、この訴訟の被告には、最も質の悪いクズ証券の多くを生み出したベアー・スターンズとメリルリンチが含まれていないからだ。

それでも、シュワブの分析では、債権の四五パーセントは販売目論見書の説明に反していると判定された。シュワブは四つの項目について検証したが、疑わしい債権のほとんどは二つ以上の項目で検証不合格だったのだ。

1．ローン資産価値比率　シュワブが購入していたあらゆる証券の目論見書に、その証券を裏付けている住宅ローンのローン資産価値比率（ＬＴＶ）に関する詳細な説明が記載されていた。一つを除いてすべての目論見書で、ＬＴＶが一〇〇パーセントを超えるローンは一件もないとされていた。シュワブはその説明を、業界で広く使われているモデルを使って検証した。アメリカの人口の九九パーセントをカバーする地域の五億件の住宅販売記録にもとづいて作成されたモデルである。

シュワブの検証結果は、すべての証券化実行者がＬＴＶを大幅に過小表示しており、すべての証券にＬＴＶが一〇〇パーセントを超えるローン——すなわち、住宅の価値を上回る額のローン——が相当数組み込まれていたことを示している。一五九七件のローン債権で構成されたある証券の場合、モデルに当てはめると、六二六件のローンで住宅の価値が五パーセント以上過大評価されており、五パーセント以上過小評価されているローンは六九件しかないと推定された。裏付け債権プールの加重平均LTVは、目論見書に表示されていた七三・八パーセントから九〇・五パーセントにはね上がり、目論見書では一件も含まれていないとされていたLTV一〇〇パーセント以上のローンが一九六件あると推定された。他のすべてのプールでほぼ同様の結果が出た。次に、すでに売却された物件に的を絞って再度、検証が行なわれた。売却価格は目論見書のLTVから算出される価値よりおしなべて低かった。ローンの平均借入額を考えると、LTVの一〇パーセントの過大表示は、実際の持ち分が表示値より八〇パーセント少ないことを意味すると、シュワブは述べている。*

2．抵当権　証券のすべての売り出し資料で、担保物件に対する抵当権はすべて完全に開示されていると断言されていた。また、その証券に組み込まれているすべてのローンが、当該貸付機関の抵当権より高順位の抵当権はついていないことを権原調査によって確認したうえで貸し付けられたとされていた。シュワブは独自に担保物件の権原調査を行なった。二二七四件のローンで構成されていたあるプールでは、六六九件に未開示の抵当権がついており、これによって持ち分が表示値から平均九一・五パーセント低下した。ローンの半数に未開示の抵当権がついていたプールもあった。

3．居住状態　所有者が居住している住宅は、セカンドハウスや投資物件よりデフォルトや差し押さえのリスクが低い。そのため、証券の売り出し資料のすべてに、その証券の裏付け債権に占める、所有者が居住する（主たる住まいとする）住宅取得用のローンの割合が記載されていた。シュワブは主たる住まいとされていた物件について、本当はそうでないことを示す次のような事実がないかどうかを調べた。

＊この計算はすべての証券を対象としたもの。ここで例として使われているプールでは、目論見書ではLTV七三・八パーセント、つまり持ち分二六・二パーセントとされていたが、LTVが本当は九〇・五パーセントだったとすれば、持ち分は九・五パーセントに低下し、表示値より六四パーセント低いことになる。

・所有者が別の固定資産税課税住所を持っている
・所有者が家産免税を利用していない
・所有者が三軒以上の住宅を持っている
・直近の返済から差し押さえまでの期間が通常より短い
・売買手続きの完了から六カ月たっても所有者が請求書送付先住所を変更していない

これらの点を調べた結果、主たる住まいではないローンは九九件のみとされていた一四九八件のローンのプールで、五九八件が主たる住まいではないと判定され、そのほとんどが二つ以上の項目で検証不合格だった。すべての証券について、ほぼ同様の結果が出た。

4．社内ガイドラインの順守　シュワブは自社が購入した証券に組み込まれている住宅ローン債権のオリジネーターが二〇〇一年から二〇〇七年の間に貸し付け、その後証券化されたすべてのローンについて、早期のデフォルトに関するデータを集めた。きちんと審査された住宅ローンの場合、早期デフォルト率、すなわち最初の半年以内のデフォルトの割合は、ゼロに近いほど小さいはずだ。シュワブはバブルの間に早期デフォルト率が変化したかどうか、変化したとすればそれはいつだったか、また同じ時期に目論見書の与信ガイドラインの説明に変化があったかどうかを調べた。

どの貸付機関も、この期間に目論見書の与信ガイドラインの説明を変えてはいなかった。にもかかわらず、すべての貸付機関で、早期デフォルト率はある時点で急上昇し、以後一貫して高レベルで推移していた。だが、急上昇した時期は貸付機関によって異なっていた。たとえばカントリーワイドの場合、早期デフォルト率は二〇〇五年第一・四半期に突然、四倍にはね上がり、以後ずっと高止まりしていた。他のすべての貸付機関で同様の急上昇が見られたが、その時期は二〇〇三年半ばから二〇〇七年半ばまでとまちまちだった。

貸付機関によって時期がちがうのだから、この急上昇は経済全体の状態に起因したものとは考えにくい。むしろ社内の方針変更の結果だったと思われるが、そうした方針変更は、投資家に公式に示された与信ガイドラインにはまったく反映されていなかった（与信ガイドラインの説明は、通常詳細かつ具体的だった）。これはつまり、個々の貸付機関がそれぞれ独自に、より多く儲けるために低所得者対象の市場に積極的に進出することを選び、その一方で公式には、そんなことは行なっていないと主張していたということだ。

シュワブに提訴された銀行は、もちろん、自分たちもシュワブと同じくだまされたのだと主張できるし、実際に主張してきた。だが、目論見書では、すべての証券化実行者がオリジネーターから買い取る債権は慎重に審査したと断言していた。目論見書の説明は、証券化実行者自身の審査プロセスの質について述べたものであって、オリジネーターの与信プロセスに関するものではなかった。それに、シュワブのような最終投資家とは異なり、債権を買い取る銀行は、詳しいバックアップ記録をすべて見ることができた。そのうえ、こうした銀行のほとんどが、いくつかの大手貸付機関と緊密に協力していた。貸付機関に資金を提供したり、貸付機関の株式や社債の売り出しを取り仕切ったりしていたのである。

最後に指摘しておくと、証券化を行なっていたすべての銀行が、目論見書の説明を正当化するために、外部の会社を雇って自社が買い取る債権の質を再調査させていた。こうした調査会社のうち、最も大規模で、業務内容が最も包括的だったのはクレイトンホールディングスで、同社は五大投資銀行を含む二三の証券化実行者のために、二〇〇六年一月から二〇〇七年七月の間に九一万一〇〇〇件の住宅ローン債権を調査した。クレイトンの上級幹部たちが金融危機調査委員会（ＦＣＩＣ）に対する証言と提出文書で明らかにしたところによると、調査した債権の二八パーセントが証券化実行者自身の社内ガイドラインさえ満たしていなかった。それなのに、こうした質の悪い債権の三九パーセントが、いずれにしても買い取られて証券化されたのだ。これは最終商品を買う投資家には決して開示されなかった事実である。(4)

実際のところ、投資銀行はずさんで受動的な単なる媒介機関だったのか、それとも積極的な共謀者だったのか？　投資銀行の幹部やトレーダーたちは、自分たちの行為の意味合いを完全に理解していたのだろうか？　それを明らかにするためには、投資銀行の内部を調べる必要があるが、これはほとんど行なわれていない。連邦政府が本気で取り組んでこなかったからだ。召喚権限を大々的に使って関係者に宣誓証言させる刑事訴追は、一件も行なわれていない。行なわれているのは民事訴訟だけで、銀行は召喚に激しく抵抗し（応じずにすませられることが多い）、内部文書を隠し通すことに概して成功している。オバマ政権が設立したＦＣＩＣでさえ、召喚権限はきわめて小さく、予算も少ない。本当に真剣な調査が行なわれることがもしもあるとしたら、現在わかっていることよりはるかに多くのことが明らかになるにちがいない。

だが、現在わかっていることだけでもかなり衝撃的だ。

ベアー・スターンズ

ベアー・スターンズは住宅ローン債権の証券化を最も積極的に行なっていた投資銀行の一つだった。二〇〇四年から二〇〇六年までの三年間で一〇〇万件近い住宅ローン債権を証券化し、その合計額は一九二〇億ドルにのぼった。ウォール街の基準でも結構な額だ。

同社は住宅ローン債権の証券化を二〇年近く行なっていたが、証券化していたのはもっぱら質の高い債権だった。だが、二〇〇一年にEMCモーゲージという新しい媒介機関《コンデュイット》を設立して、オルトAローンの証券化に乗り出した。EMCは二〇〇三年にサブプライム・ローン、所得自己申告ローン、「ノー・ドック」ローン〔「ノー・ドキュメンテーション・ローン」の略。所得を証明する書類がまったく必要ないローン〕の証券化を開始し、さらに二〇〇五年には、アンジェロ・モジロでさえこれまでに目にした「最も有毒な」商品と呼んでいた第二抵当権のローンを証券化するようになった。

ベアー・スターンズは、一流投資銀行がボイラー・ルーム〔違法な、もしくは違法すれすれの強引な手法で高リスクの投資商品を売りつけようとする業者〕と化し、あらゆる方法でバブルからカネを引き出そうとした生々しい姿の典型だ。われわれがそれを知っているのは、今では倒産した債券保険会社アムバック・ファイナンシャル・グループが起こした訴訟のおかげである。ベアー・スターンズと同社を買収したJPモルガン・チェースを相手取ったアムバックの訴訟は、原告が証拠として使うために被告の社内文書や電子メールや融資ファイルを入手できた数少ない例の一つなのだ。(5)

この訴訟の経緯は、投資銀行がどのような戦略をとり、自社の行為を暴こうとする動きにどれほど激しく抵抗してきたかをよく示している。アムバックは二〇〇八年一一月に提訴したのだが、本書を書いている二〇一二年二月現在、この事件はまだ公判に至っていない。ベアー・スターンズとその新オーナーのJPモルガン・チェースは、数々の手続き上の小細工を弄して、公判開始を遅らせようとしてきた。また、最終的には失敗したのだが、アムバックによる文書の押収や証言録取をあらゆる手段を使って阻止しようとした。ベアー・スターンズとJPモルガン・チェースは、アムバックの破産管財人がそのうちにあきらめるか、カネが尽きて訴訟を続けられなくなるだろうとおそらくは期待して、今なお公判を遅らせようとしている。

もちろん、次に述べることは、アムバックの代理人弁護士が集めた資料にもとづく一方的な説明だ。バブルの間、アムバックや他の大手保険会社（ＭＢＩＡやＡＩＧ）は、自身も決して天使ではなかった。これらの企業の（とっくの昔にやめた）元幹部や元営業社員は、他のみんなと同様、有害なインセンティブによって動き、自分自身の会社をつぶしたのだ。だが、現在は、裁判所に任命された独立した立場の破産管財人が、失ったカネをできるだけ多く回収しようとしている。アムバックの訴訟は、いくつもの会社が自身も非倫理的な行動で提訴されていながら、その一方で失ったカネを取り戻そうとしている、危機後の巨大な争奪戦の一部なのだ。だから、アムバックの訴訟に対するＪＰモルガンの返答が入手可能になったときには、このあとの引用は別の見方をする必要があるかもしれない。だが、これらの言葉は、正確さに異議が唱えられたことはないし、内容的にも興味深い。

アムバックはベアー・スターンズの証券化商品のデフォルトによって保険金の支払いを余儀なくされ、その損害を回収するために提訴している。これらの証券に保証をつけることに同意したのは、ひとえにベアー・スターンズの目に余る不実表示のせいだったと、同社は主張している。証券化商品に組み込まれていた債権の多くが、アメリカン・ホーム・モーゲージ（ＡＨＭ）という、やはり今では倒産している悪質な会社から買い取られたものだった。住宅融資に対するＡＨＭの積極的な姿勢については、同社の「チョイス」というローン・プログラムの公式な説明から、その一端をうかがい知ることができる。

このプログラムはより深刻な信用上の問題を持つ借り手に融資を提供し、住宅ローンの返済が二カ月以上遅れている人、最近破産したり差し押さえを受けたりした人、従来型のローンはほとんど、もしくはまったく借りられない人、五〇〇点という低いＦＩＣＯスコアの人たちに解決策をもたらします。さらに、標準的なチョイス・プログラムの与信基準を満たさない借り手のために、あらゆるドック・タイプ［「ドック」はドキュメンテーションの略。所得等の証明書類がどの程度必要かによって、ノー・ドック、ロー・ドック、フル・ドックのローンに分類される］で一〇〇パーセントの融資を提供します。(6)

ベアー・スターンズに話を戻すと、同社の住宅ローン証券化プログラムは、四人の幹部によって運営されていた。モーゲージ金融部門の共同責任者メアリー・ハガーティとバロン・シルバースタイン、それにモーゲージ・トレーディング部門の共同責任者ジェフリー・バーシュライザーとマイケル・ニーレンバーグである。ハガーティとシルバースタインはオリジネーターから買い取る住宅ローン債権の適切性を審査し、買い取った債権を証券化商品に仕立てていた。バーシュライザーとニーレンバーグはベアー・スターンズ自身が保有する債権の売買を行なうとともに、証券化商品の組成も行なっていた。彼らは悪事を行なっても経営陣に気づかれずにすむような、目立たない事務員では断じてなかった。四人とも上級執行役員で、そのレベルにいたのは、ベアー・スターンズの全社員一万四〇〇〇人のうち、わずか九八人だった。彼ら全員が、年間何百万ドルもの報酬を支払われていたはずだ。

彼らがまず行なったのは、もちろん大量のクズ証券を組成し、（クズであることを隠して）販売することだった。記録が示すところでは、ローンの延滞率は二〇〇五年初めにはすでに急上昇していた。モーゲージ金融部門のデューディリジェンス［投資対象の適格性を把握するために行なう詳細な調査］担当マネージャーで、したがってハガーティとシルバースタインの部下だったジョン・モンジェルッツォは、もっと厳格な基準を使ってもっと厳しい審査を行なうべきだと強く主張していた。これに対する上司の反応は、バブル期のアメリカの投資銀行業界で倫理的であることがいかに無益だったかをよく示している。二〇〇五年二月、メアリー・ハガーティは基準を厳しくするどころか、「より大手のサブプライム証券販売機関との入札競争でわが社がより競争力を持てるようにするため」として、デューディリジェンスの簡略化を命じたのだ。そして、その方針どおり、オリジネーターが融資基準等を順守しているかどうかを調べるための債権サンプルの規模を縮小し、おまけにデューディリジェンスを先送りして、ベアー・スターンズが債権を買い取ったあとで、それどころか往々にして債権が証券に組み込まれたあとで行なうことにしたのである。(7)

この手順変更はひそかに行なわれた。一年後の二〇〇六年三月、コンデュイットのあるマネージャーは次のように記した。「買い取り後にDD（デューディリジェンス）が行なわれていたなんて、われわれは昨日までまったく知らなかった。……［債権は］適切に仕分けられていなかったわけで、われわれは今なお審査をパスしていない債権を大量に証券化したわけだ」。つまり、審査がまったく行なわれないまま、債権が証券化され、販売されていたのである。(8)

その年の夏がくる前に、モンジェルッツォはシルバースタインに次のようなメモを送った。「AHMとのどんな取引についても、取引完了後に［デューディリジェンスを］行なうことには強く反対します。［それを続けたら］大量のリパーチャスを抱えるはめになるでしょう」「リパーチャス」とは販売した証券化商品を買い戻すことで、これは例外なく高くつく。だが、この進言は無視された。一六〇〇件の債権で構成された二つのプールがAHMから買い取られ、ただちに証券化されたのだ。翌年行なわれた調査で、六〇パーセントが延滞債権になっており、一三パーセントがすでにデフォルトしていることが明らかになった。(9)

バーシュライザーのほうは、ローンの買い取りを増やすよう部下に強く迫っていた。コンデュイットのあるマネージャーは自分の部下に次のような電子メールを送った。

なぜもっと多くのローンに資金を提供しないのかと詰問する……「バーシュライザー」からのメールをもう受け取りたくありません。われわれが毎日少なくとも五〇〇件のローンに資金を提供する責任は、みなさん一人一人にあります。……われわれが資金提供するローンが五〇〇件を超えたら、われわれはそれを審査し、買い取る方法を見つけなければなりません……資金提供件数を見て、ニューヨークはこれでは満足しないだろうと思うと、憂鬱《ゆううつ》でした。

同じ年のうちに、このマネージャーは部下たちにさらに次のような電子メールを送った。「週末に残業したにもかかわらず、なぜもっと多くのローンを買い取らなかったのか、私には理解できません……われわれは今月、二〇億ドルの資金提供を達成する必要があります……今度の週末はすべての社員が残業して目標額を達成することを期待しています(10)」

質の低下に関する早期警報は、ベアー・スターンズが最初の九〇日以内の返済延滞と定義していた早期延滞が二〇〇五年に急増したことだった。ベアー・スターンズは、以前は債権の質を確保するために、買い取った債権を九〇日間保有し、それから証券化するという方針をとっていた。だが、二〇〇五年に、早期延滞が発生する前に債権を証券に押し込めるよう、保有期間を短縮することにした。バーシュライザーは部下たちに、「一二月に買い取ったすべてのサブプライム・ローン」が一月には――事実上、買い取りから一カ月足らずで――証券化商品になっていることを期待すると述べた。二〇〇六年半ばには、「買い取りから一カ月で、つまり早期延滞期間が終わる前に確実に証券化」してもらいたいと、その方針を部下たちにあらためて念押しした。のちには、早期延滞となった特定の債権について、それがなぜ「プールから取り除かれ、早期延滞期間終了前に証券化されなかった」[11]のかと、厳しく問いただすようになった。

その当然の結果が、証券化された債権の早期延滞の急増だった。早期延滞は通常、重大な欠陥がある債権であることを示すサインだったので、ベアー・スターンズは投資家に、早期延滞を注意深く監視すると約束していた。また、アムバックに対する目論見書では、証券化された債権が売買取引の完了からほどなく不良化した場合には、投資家に代わってオリジネーターに補償を請求しますと、積極的なフォローアップ・サービスをうたっていた。これは通常、その不良債権を投資家から買い戻して、オリジネーターに同等の価値を持つ良質の債権と交換させるか、購入代金を返還させるという形で行なわれるとされていた。

だが、優れた投資銀行家は必ず新機軸を編み出すものだ。ベアー・スターンズは二〇〇六年にもう一つ、すばらしいアイデアを思いついて、二つ目の詐欺を始めた。ベアー・スターンズが債権のデフォルトに気づいたときは、投資家からその債権を買い戻すのではなく、ベアーとオリジネーターの間だけで割引レートで現金清算するようになったのだ。投資家にはデフォルトのことも現金清算のことも知らせずに、だ。ベアーは清算金を自社の懐に入れ、何も知らされなかった投資家は後になってデフォルトに気づくことになる。だが、そのときには契約で定められた投資家の債権返却の権利は失効している可能性が高かった。ベアー・スターンズのあるマネージャーが、デフォルトした債権に投資家に対するわが社の説明や保証に反した点がなかったかどうかを確認せずに貸付機関から清算を受けるということかと質問すると、上司はそうだと答えた[12]。

相次ぐ債権のデフォルトに最初は打ちのめされたものの、ベアー・スターンズはまもなくデフォルトを効率的に処理して一二億五〇〇〇万ドルの清算金を生み出すシステムを築き上げた。そのカネはすべてベアーの懐に入り、投資家は自分の持っている証券が、ベアーが正式に「デフォルト」と判定していた何千件もの債権に裏付けられたものであることを、のちに知るはめになった。早期延滞期間の短縮や清算による現金の取得は、ベアーの最上層の幹部たちに事細かに報告されていた。だから、彼らは投資家との契約が破られていることを完全に認識していたし、裏付け債権がどれほどひどいものかもよく知っていた。ベアーの監査人と法務責任者は、どちらも最終的には、一方の側だけと清算する慣行はやめるよう指示した。だが、現場はその指示のあとも数カ月はそれを続けたようだ[13]。

自分たちが何を売っているのかをベアーのマネージャーたちがはっきり理解していたことを裏付ける話がある。二〇〇六年八月に売り出された証券化商品の担当マネージャーが、その商品を「プンプン臭うクソ商品」、「クソ袋」と呼んだのだ。このマネージャーは証言録取で、あの呼び方は「親愛表現[14]」のつもりだったと釈明した。

すべての投資銀行が、法律上の理由からも販売上の理由からも見せかけの適切性を維持しようとしていた。だから、ベアー・スターンズも他のすべての投資銀行と同じく、買い取る債権のデューディリジェンスを完全に無視していたわけではなく、例によって外部の調査会社に委託していた。だが、ベアーの社員たちは社内電子メールで調査の質の低さをばかにしていたし、マネージャーたちは調査の厳格化を求める提案を一貫してつぶしていた。ベアーと契約していたある調査会社のトップは証言録取で、二〇〇六年の調査では、債権プールから取り除くべきだという自分の提言の六五パーセントが無視されたと述べた。別の調査会社の幹部は、「除去するよう勧めた債権の七五パーセントが、それでもプールに入れられて、販売された」と証言した[15]。

ベアーは二〇〇六年に第三の外部調査会社と契約して、すでに調査済みの債権のサンプル調査を行なわせた。だが、この調査には厳しい制約がついていた。居住状況の表示違反（すなわち主たる住まいと表示されているにもかかわらず、実際には所有者が居住していない事例）は勘定に入れないこと、雇用状況の確認は行なわないこと、信用調査報告の検証は行なわないこと、鑑定評価の見直しは行なわないこと、といった制約だ。こうした制約の下で行なわれた調査でも、抽出された債権の四二・九パーセントが証券化の条件を満たしていないと判定された。ベアー・スターンズはこの調査結果を投資家には知らせなかった(16)。

二〇〇七年半ばには、サブプライム住宅バブルの崩壊が近いことが明白になりつつあった。そのため、モーゲージ部門の戦略の第三段階が開始された。モーゲージ部門は、顧客や投資家に警告するどころか、在庫一掃――あるマネージャーの表現では「店じまいセール」――に総力をあげて取り組み始めたのだ。営業停止中の貸付機関やすでに廃業した貸付機関の債権は証券化しないというルールが、投資家には知らされないままただちに破棄された。四分の三の債権が証券化ガイドラインを満たしていなかった七三〇〇万ドル分の債権プールについて、バーシュライザーは部下をこうののしった。「これが一つも証券化されていないのはどういうわけだ……どうして外されたんだ。どうして早期延滞期間が終わる前に証券化されなかったんだ」。別の上級トレーダーはこうわめき立てた。「二〇〇五年に買った第二抵当の債権でどうしてうちが損をかぶってるんだ!!!　二〇〇五年に証券化できたはずじゃないか(17)!!!」

二〇〇七年末、アムバックのマネージャーたちは、自社が保証をつけている証券に入れられている債権のデフォルトが増えていることに気づいて、詳細な融資ファイルを見せてくれとベアー・スターンズに要求した。ベアーはアムバックには内緒で、外部調査会社の一つに債権の調査を依頼した。その結果、五六パーセントが事実上デフォルトしていることが明らかになったが、ベアーはこの調査結果をアムバックには伝えなかった(18)。

それから、ベアー・スターンズのモーゲージ部門の戦略の第四段階が開始された。のちほど見ていくように、これはそれまでの段階よりはるかに大々的に実行された。バブルが終わったら大量の債権が一斉にデフォルトし、それに保証を与えているアムバックに壊滅的な打撃を与えるということを、バーシュライザーは理解していた。彼の考えでは、これは災厄どころか、大きなチャンスだった。アムバックの破綻に賭ける、つまり同社の株式を空売りすることで、大儲けできるのだ。彼は二〇〇七年の自己評価に次のように記した。

> 一〇月末にリスク委員会にわれわれの部門の業務について報告したとき、私は委員たちに、二、三の金融保証会社はＣＤＯやＭＢＳの起こりうる評価損に対して脆弱であるから、わが社は私がはいている下着《ショーツ》の何十倍もの空売り《ショート》を行なうべきだと進言した……三週間足らずのうちに、わが社はその二度の取引だけで約五五〇〇万ドルの利益を得た。[19]

経営陣は彼の進言を受け入れ、バーシュライザーは二〇〇八年には、ベアー・スターンズが不良債権の売買で利益をあげられるよう、他の銀行のアムバックへの与信枠について他のトレーダーたちと情報交換するようになっていた。実際、債権の質が悪ければ悪いほど、ベアー・スターンズが手にする利益は大きかった。同社の株価は二〇〇七年半ばにピークに達し、一株一五九ドルという過去最高値をつけた。

だが、よいことには必ず終わりがある。二〇〇八年三月一六日にはベアー・スターンズは倒産の危機に瀕《ひん》しており、同社の取締役会は一株あたり二ドルで（株主たちの抗議を受けて、のちに一〇ドルに引き上げられた）同社をＪＰモルガン・チェースに売却することに同意した。

それにしても、幹部たちがこれほど不正に長けていたのなら、ベアー・スターンズはなぜ破綻したのか？　答えはある意味では単純で、資金切れになったのだ。バブルがいつ終わるかを、また、さまざまな市場参加者——銀行、格付け会社、投資家、保険会社、経営幹部——がそれをいつ察知するかを、正確に予測するのはきわめて難しい。そのためベアー・スターンズは、クズ資産——不良債権、証券化商品、やはり危機によって大打撃を受けた他の金融機関の株式や債券——を大量に抱えた状態でバブルの終わりを迎え、破綻を免れるだけの迅速さと価格でそれを処分できなかった。他のみんなも同時に我に返った（そしてよろよろになった）からだ。そのうえ、すべての投資銀行と同じく、ベアー・スターンズもレバレッジ比率がきわめて高く、マネー・マーケット・ファンドや大手銀行からの大量の超短期の借り入れに依存していた。この借り入れは毎週、場合によっては毎日借り換える必要があった。これらの資金供給源が問題に気づいて貸し出しを停止したとき、ベアー・スターンズはまたたく間に資金切れに陥ったわけだ。

そもそも、ベアー・スターンズはなぜあれほど大量のリスク資産を抱えていたのだろう。リスクを熟知し、巨大なバブルは必ず終わることを知っていたのに、なぜあれほど大量のクズ資産を買い続け、持ち続けていたのだろう。また、なぜあれほど巨額の短期資金にあれほど依存していたのだろう。一つ言えるのは、バブルを利用し、バブルから直接利益を得ていた現場の人々には、バブルを終わらせたり、誰かに警戒を呼びかけたりするインセンティブはほとんどなかったということだ。クズ商品が売れているかぎり、彼らは利益を得ることができた。事態が悪化し始めたときでさえ、彼らの多くがバブルの崩壊に賭けることで——特定の証券のデフォルトやABX指数［サブプライム・ローンを裏付けとする証券の価格の推移を示す指数］の暴落や特定の企業の倒産に賭けることで——利益を得た。そして、彼らがこぞって利益を手にしていた間は、損失はすべて他の誰かの問題だったのだ。

だが、この論法が当てはまるのは、主として年次現金ボーナスの恩恵を最も直接的に受けていて、しかも他の会社に転職できた人々だ。ベアー・スターンズだけでなく他の崩壊した企業――リーマン、メリルリンチ、AIG、シティグループ、それにワム、ワコビア、カントリーワイドなどの住宅ローン貸付機関――も含めて、経営幹部や取締役の場合はどうだったのか？　倒産という事態になったら、CEOや取締役は簡単には取り戻せない職と富を確実に失うのだ。この問いに対する答えは多くのことを明らかにしてくれるが、この問題についてはもう少し後で検討することにする。さしあたっては、引き続きウォール街の行動を見ていこう。

政府の調査不足と民事訴訟の遅れのせいで、ベアー・スターンズ以外の投資銀行についてはさほど多くのことはわかっていない。だが、他の銀行についても、悪質な行為が広く行なわれていたことを裏付ける資料は十分そろっている。いくつか実例を見ていこう。

ゴールドマン・サックスとGSAMP

大手銀行ではもう一社、ゴールドマン・サックスについても、上院常設調査小委員会が入手した社内文書のおかげで十分な資料がある。ゴールドマンの行動の最も興味深い部分は、バブルが終わった後に起こったことに関連しているので、次章で取り上げる。さしあたっては、ゴールドマンが他のみんなと同じくクズ商品を生み出したことを明確にするために、実例を一つ紹介するにとどめたい。

『フォーチュン』の二〇〇七年一〇月一五日号に、「ガラクタの会社」と題したアラン・スローンのすばらしい記事が掲載された。ゴールドマン・サックスが二〇〇六年に販売した四四五億ドル分の住宅ローン担保証券のうち四億九四〇〇万ドル分を占めていたGSAMP　Trust　2006-S3シリーズを取り上げたものだった。GSAMPは二〇〇六年四月（CEOのハンク・ポールソンが財務長官に転身する三カ月前）に、フレモントやロング・ビーチなど、最も悪質なサブプライム・ローン会社から調達した第二抵当の住宅ローン債権から組成され、売り出された。すべて第二抵当の債権だったということは、デフォルトが発生しても貸付機関は担保の差し押さえができないということだった。債権プールの平均ローン資産価値比率は九九・二九パーセントで、これは担保住宅に対する借り手の持ち分が基本的にゼロということだった。また、プール中の債権の五八パーセントが、所得を証明する書類がほとんど、もしくはまったくない状態で貸し付けられていた。こうした特性にもかかわらず、二大格付け会社のムーディーズとスタンダード・アンド・プアーズは、どちらもこのシリーズの証券の九三パーセントに投資適格級の格付けを与え、しかも六八パーセントには最高ランクのAAAを与えていた。それなのに、二〇〇七年一〇月には、一八パーセントの債権がすでにデフォルトしており、このシリーズのすべての証券が大幅に格下げされていたのである[20]。

だから、これはクズ証券だったわけだ。だが、それがクズであることを、ゴールドマン・サックスは知っていたのだろうか？　まちがいなく知っていた。同社は二〇〇六年末にこの証券の値下がりに賭け始め、二〇〇七年末には住宅ローン担保証券の値下がりに賭けるビジネスからすでに純益を得るようになっていたのである。ゴールドマン・サックスについては、後ほどバブルの終わりと危機、それに危機後の環境に金融部門がどのように対処したかを見ていく際に、あらためて触れることにする。これは興味深いテーマだが、十分取り上げられてはこなかった。

モルガン・スタンレー

モルガン・スタンレーは、証券化を積極的に行なっていたグローバルな金融機関の一つだった。二〇〇七年第一・四半期だけで、住宅ローン債権や他の資産を裏付けとする仕組み証券を四四〇億ドル分生み出した。同社が世間知らずの機関投資家、バージン諸島公務員年金基金に販売した少量の証券は、二一世紀の銀行業の倫理規範を示す好例だ[21]。

この証券は、合成CDOと呼ばれるとくに有毒なものだった。合成CDOは実際の債権によって裏付けられてはおらず、他の証券に対するサイドベット［ゲーム本来の進行とは独立して行なわれる賭け］を集めて、それらの証券のパフォーマンスを模写するように組成された、一種のバーチャルな模造CDOだ。あらゆる賭けと同様、この賭けにも二手《ふたて》の参加者――それらの証券が値上がりするほうに賭けるロング側の参加者と値下がりするほうに賭けるショート側の参加者――が必要だ。

くだんの合成CDO、リベルタスは、住宅ローン担保証券を主体とする約一二億ドル分の証券を参照資産としていた。つまり、これらの証券に対するサイドベットを集めたものだったわけだ。参照資産の大部分が、ニュー・センチュリー、WMC、オプション・ワンなどの悪評高いサブプライム・ローン会社から調達されたものだった。バージン諸島公務員年金基金は、リベルタスの一部を構成するAAAの証券を八二〇〇万ドル分購入した。この取引は二〇〇七年三月下旬に成立し、その年の終わりにはこの証券はほとんど無価値になっていた。だが、世の中、悪いことばかりではない。

モルガン・スタンレーはこの賭けのショート側をまるまる引き受けていた。つまり、この証券を組成し、販売した連中が、その証券が値下がりするほうに賭けていたのである。だから、年金基金が買った証券が数カ月後にデフォルトしたとき、モルガン・スタンレーは大儲けした。ショートの側にいたので、年金基金の投資額八二〇〇万ドルが全額同社のものになったのだ。結構な商売ではないか。証券を売って販売手数料を取り、その後その証券がデフォルトしたら顧客が投資したカネを全額自分のものにできるのだから。

あまり争点になっていないが、証券のデフォルトから利益を得ることを目的に証券を組成、販売すること——投資銀行業界が広く世に知らしめようとは思っておらず、ましてや変えようとは思っていない現状——は、驚くべきことに、それ自体は違法ではない。だから、バージン諸島年金基金の訴訟の最大の争点は、モルガン・スタンレーが証券の質を故意に偽って表示したのか否かである。ことの成り行きを年金基金の側から見ると、次のようになる。

モルガン・スタンレーは長年、ニュー・センチュリーの最大の「ウェアハウス・レンダー」だった。すなわち証券化する債権を集めるためにニュー・センチュリーに住宅ローンの原資を融資していた。したがって、ニュー・センチュリーの経営状態を細かく観察していたはずだ。バブルが終わって会計上の問題が表面化すると、ニュー・センチュリーがまたたく間に倒産したことは、前章で見たとおりである。

モルガン・スタンレーはリベルタスの目論見書で、ニュー・センチュリーがトレーディングと会計に関する法令違反で告訴されたことがあるという事実は開示していたが、保証違反で山ほどの損害賠償請求を受けている事実には触れていなかった。また、「数本の既発表レポートが、［ニュー・センチュリーは］破産保護の申請もしくは清算という事態に至るだろうと予測している」と述べていたが、それでも、すべての証券化実行者と同じく、債権はわが社が厳しく吟味したもので、標準的な品質ガイドラインを満たしていると主張していた[22]。

だが、モルガン・スタンレーは開示していた情報よりはるかに多くの情報を持っていた。同社は三月六日に開かれたニュー・センチュリーとその債権者たちとの電話会議に参加していた。そして、この会議のあと、ニュー・センチュリーに対する債権者の権利を行使することにしたのである。バージン諸島の年金基金にリベルタスを販売する契約が成立してからおよそ一週間後、モルガン・スタンレーはニュー・センチュリーの資産、二五億ドル分を差し押さえた。それからまもなくニュー・センチユリーは破産を宣言した。破産管財人はのちに訴状にこう記した。「ニュー・センチュリーが創出するローンがますます高リスクのものになったことが時限爆弾を生み出し、それが二〇〇七年に爆発したのである[23]」

訴訟の争点は、モルガン・スタンレーが重要な情報を故意に伝えなかったのか否かである。だが、意図的な情報隠しは同社にとっていつものことだった。他のすべての証券化実行者と同じく、モルガン・スタンレーもクレイトンホールディングスに債権の調査を委託していた。クレイトンの調査では、例によって債権の多くがモルガン・スタンレーの社内ガイドラインさえ満たしていなかったが、多くの欠陥債権がいずれにしても証券化されていたのである。

二〇一〇年六月、モルガン・スタンレーは、マサチューセッツ州司法長官が起こした訴訟を和解で解決するために、一億二〇〇万ドル払うことに同意した。また、不正行為は認めなかったものの、数々の不適切な行為を明記し、過去のいくつもの悪質な慣行を列挙した「停止確約書」を提出した。

和解合意書によれば、モルガン・スタンレーは、与信基準を維持するか、それともニュー・センチュリーの債権の買い取りを続けるかという選択に直面したとき、与信基準を捨てることを選んだ。そして、マサチューセッツ州の「最善の利益」法に適合しない債権を受け入れるようになり、他の社内品質規定も徐々に破棄していった。ニュー・センチュリーをデフォルトと判定したあとも、モルガン・スタンレーはニュー・センチュリーの住宅ローン融資の原資を提供し続けた。もっとも、案件ごとに決済口座に送金され、融資実行の時点で初めて引き出せるという形での資金提供だったのではあるが[24]。

では、オプション・ワンについてはどうだったか？　同社はH&Rブロックの子会社で、「最悪中の最悪」のサブプライム・ローン会社の一つだった。二〇〇七年初めには、リベルタスに使われたオプション・ワンの債権の不良化率は、リベルタスの販売が完了する前ですら、同社のかつてのデフォルト率の二倍以上になっていた。モルガン・スタンレーはその情報を投資家に伝えなかったようだ。[25]

バブルの間、モルガン・スタンレーは他の金融機関と同じく史上最高の利益をあげていた。危機の際はというと、二〇〇八年に崩壊の瀬戸際までいきはしたが、なんとか生き延びた。だが、ホウイー・ハブラーというシニア・トレーダーがいなかったら、モルガン・スタンレーの業績ははるかにましになっていただろう。住宅ローン市場に対するハブラーのまちがった賭けが、モルガン・スタンレーに九〇億ドルの損失を負わせたのだ。

ハブラーの賭けの性質は、とりわけモルガン・スタンレーの他の人々の行動と比べると、損失の規模よりはるかに多くのことを物語っている。ハブラーが損失を出したのは、世間知らずにも住宅ローン担保証券が価値のあるものだと思っていたためではない。その正反対だったのだ。

ベアー・スターンズの連中と同じく、ハブラーも決して目立たないはみ出し者のトレーダーではなかった。彼は五〇人のグループを指揮しており、彼の決定をチェックしていたのは経営上層部だった。住宅市場は巨大なバブルであり、いずれ破裂するということを、また、破裂した場合には、質の悪いサブプライム債権を裏付けとする膨大な数の住宅ローン担保証券がデフォルトするということを、ハブラーは二〇〇四年末には認識していた。彼はその認識を経営陣に伝え、経営陣はそれに同意した。

モルガン・スタンレーはそれから顧客に警戒を促したか？　促さなかった。何百億ドル分もの質の悪いサブプライム担保証券の販売を停止したか？　しなかった。審査基準を厳しくしたか？　しなかった。それどころか、先ほど見たように基準を引き下げた。規制当局に通報したか？　しなかった。悪質なサブプライム・ローン会社への資金提供を停止したか？　しなかった。

では、何をしたかというと、ホウイー・ハブラーがサブプライム担保証券のデフォルトに大々的に賭けることを許可したのである。ハブラーはクレジット・デフォルト・スワップ――これについてはおっつけ説明する――を使って、きわめて質が悪く、それなのに高い格付けを得ている証券のデフォルトに巨額のカネを賭け始めた。[26]だが、一つ、問題があった。モルガン・スタンレーの予想よりはるかに長くバブルが続いたのだ。二〇〇四年が二〇〇五年になり、それから二〇〇六年になるにつれて、ハブラーの賭けを維持するコストは莫大になった。だが、ハブラーはバブルがやがて破裂することを確信しており、とりわけ最も質の悪いサブプライム担保証券に対する賭けはなんとしても維持したいと思っていた。

そのため、上層部の承認を得たうえで新たな行動に出たのだが、それが大きな誤りだった。最も質の悪い住宅ローン担保証券のデフォルトに賭けるコストをまかなうために、ハブラーは比較的質が高いとされていた住宅ローン担保証券――デフォルトするとしても、それは最も質の悪い証券がデフォルトしてからずいぶん後のことだろうと、ハブラーが思っていた証券――に対する保険を引き受け始めたのだ。だが、こうした比較的質の高い証券の保険料はハブラーが払っていた質の悪い証券の保険料よりはるかに安かったので、賭けのコストをまかなえるだけの保険料収入を得るためには、莫大な数の証券に対する保険を引き受けねばならなかった。

この戦略はしばらくは成功し、二〇〇七年第一・四半期にはモルガン・スタンレーはこの戦略から一〇億ドルの利益を得た。だが、バブルがついに破裂して大混乱になると、比較的質が高いとされていた証券もまたたく間にデフォルトした。モルガン・スタンレーは、バブルの規模と持続期間を過小評価していたように、崩壊の深刻さをも過小評価していたわけだ。社内の勢力争いと女性差別も、おそらく正しい判断を妨げる一因になっただろう。二〇〇八年四月の『ニューヨーク』の記事は、ハブラーをはじめとするトレーダーたちとCEOのジョン・マック、それにモルガン・スタンレーの最高位の女性幹部ゾーイ・クルスがかかわった権力闘争と制度的な女性差別を具体的に描き出していた。もちろん、クルスも決して清廉潔白ではなかった。サブプライム市場の崩壊にひそかに賭ける作戦を彼女も承認したのである。だが、ハブラーの直属の上司だった彼女は、ハブラーの戦略の潜在的なリスクを心配するようになったらしい。

ハブラーは彼女の懸念を無視したようだ。そして結局、モルガン・スタンレーに九〇億ドルの損失を生じさせた。もちろん、彼のそれまでのボーナス——何千万ドルにものぼっていたはずだ——は、一ドルたりとも返す必要はなかった。彼は辞職させられはしたが、正式には解雇ではなかったので、繰り延べ報酬も受け取ることができた。

この上ない皮肉だが、モルガン・スタンレーのCEOは二〇〇八年の同社の危機の間、彼の考えでは金融の安定に対する危険と社会に対する脅威を象徴する一群の人々に対して、怒りに満ちた批判キャンペーンを展開した。激しい論戦ののち、モルガン・スタンレーはSECにこの連中の活動を制限させることに成功した。この有害な連中は誰で、緊急規制が必要だったこの危険な活動は何だったか？

もちろん、空売り筋だ。モルガン・スタンレーの株価の下落に賭けていて、したがって同社を倒産させるインセンティブを持っていた人々である。二〇〇八年の終わりごろ、モルガン・スタンレーの取締役で私の二五年来の友人だったローラ・タイソンが、われわれのおそらくは最後となる会話のなかで、完全にまじめな顔でこう言った。「ヘッジファンドが共謀してわが社を攻撃している。わが社の株を空売りし、その一方でわが社を弱体化させるために悪いうわさを広めたり、資金を引き揚げたりしている」。ローラはさらに、自分とスティーブン・ローチ——バブル期のモルガン・スタンレーのチーフ・エコノミスト——は、バブルはやがて破裂すると経営上層部に忠告していたと主張した。ボーナス制度が危機の一因になったのではないかという私の質問には、それはちがうと答えて、モルガン・スタンレーの損失を引き起こした人々は自身も大変な目にあったではないかと反論した。「彼らはペシャンコにされたわ。何もかも失ったのよ」

彼女が語らなかったのは、自分の会社が証券のデフォルトから利益を得ることを目的に証券を組成、販売していたということだ。また、二〇〇八年のモルガン・スタンレーの損失は、自身も発生に加担したバブルの破裂に大々的に賭けるという戦略――迫りくる危機について顧客や規制当局や一般の人々に警戒を呼びかけない大きなインセンティブを生んでいた戦略――を実行する際の戦術ミスに最大の原因があったということだ。彼女はその戦略を知っていたのだろうか？　それはわからないが、彼女がバブルの間ゾーイ・クルスやモルガン・スタンレーの経営幹部としょっちゅう連絡をとっていたのは確かである。

二〇〇九年初め、私はやはりずいぶん前から（浅い）知り合いだったスティーブン・ローチとも話をした。彼の名誉のために言っておくと、ローチはアメリカの持続不可能な債務レベルややがて訪れる景気後退について公の場で警戒を呼びかけていた。だが、慎重にも自分の会社や業界は決して非難しなかった。彼の理屈では、悪者は超低金利政策を続けたアラン・グリーンスパンだったのだ。金融部門の報酬構造がバブルを助長したのではないかと私が質問すると、ローチはそれを否定し、報酬を規制するのはまちがいだと言った。彼もまた、モルガン・スタンレーが住宅ローン市場の崩壊に賭けていたことには触れなかった。それによって彼の会社が九〇億ドルの損失をこうむったことを考えると、彼がこの戦略のことを知らなかったとは考えにくい。

その他の金融機関

シティグループはモルガン・スタンレーやベアー・スターンズに劣らず非倫理的な行動をとってい

たことが、証拠から明らかになっている。だが、同社は――少なくとも同社の経営陣は――両投資銀行ほど利口ではなかったため、音楽が止まったとき、座るイスはもう残っていなかった。

シティグループは以前はかなり厳しい審査基準を使っていたのだが、バブルが拡大するなかで、オリジネーターが送ってくるものは何でも鼻をつまんで受け入れるようになった。二〇〇六年半ば、シティグループ消費者部門の審査責任者に昇進してまもなく、リチャード・ボウエンは大きな不安を感じるようになった。シティグループが貸付機関から買い取っている債権の六〇パーセントが社内基準を満たしていないことに気づいたためだ。彼は経営幹部を含む周囲のあらゆる人に注意を促した。だが、何も対策がとられなかっただけでなく、事態はむしろ悪化した。二〇〇七年には、彼によると「欠陥債権は……生産量の八〇パーセントを超えていた」[27]。自分も他の審査担当者も上級幹部に繰り返し訴えたと、彼は金融危機調査委員会に証言した。二〇〇七年一〇月には、彼はシティグループの四人の上級幹部に「緊急――今すぐお読みください」と標記した電子メールを送って、同社の社内制御の失敗とその財務的帰結について率直に懸念を訴えた。四人のなかにはCEOはもちろん含まれていたし、取締役会副議長で取締役会の経営委員会委員長でもあった元財務長官のロバート・ルービンも含まれていた。この行動の結果、ボウエンは降格され、彼が指揮していた総勢二二〇人のグループは別の部署に配属されて、彼の下にはたった二人の部下しか残されなかった。

シティグループはバブルの間、莫大な量の住宅ローン債権を買い取って転売していたほか、有毒な住宅ローン担保証券の組成、販売も大々的に行なっていた。同社はこれらの債権や証券の多くを、ファニーメイ、フレディマック、連邦住宅局といったお定まりの被害者に販売していたが、販売せずに保有していたものもたくさんあった。ただし、保有していないように見せかけて、だ。他の証券化実行者と同じく、シティグループもきわめてごまかしの多い会計処理を行なっており、この見せかけのためには、ストラクチャード・インベストメント・ビークル（ＳＩＶ）［投資を目的として設立された特別目的会社］に適用される会計規則の抜け穴を利用していた。実際には、それは当初の意図せぬミスが後に予想外の目的のために利用されるという意味での抜け穴ではなかった。むしろ、銀行がとくにそのために熱心にロビー活動を行なって勝ち取った規定だった。

有毒な住宅ローン担保証券をＳＩＶに売却したという形をとることで、シティグループは当期利益を計上でき、しかも、それらの証券が自社のバランスシートから取り除かれたように一時的に――つまり、証券が損失を出して、シティグループがそれを埋め合わせる必要が生じるまでは――見せかけることができた。その間もちろん、上級幹部を含む多くの社員が巨額のボーナスを受け取っていたのである。最終的に、シティグループが自社で保有していたり損失補塡義務を負ったりしていた証券は五〇〇億ドルを超えていた。だから、同社は連邦政府に救済してもらう必要があったのだ。バブルの末期には、シティグループもたしかにバブルの崩壊に賭け始めた。合成ＣＤＯを組成して間抜けな投資家にウソをついて売りつけ、自身は賭けのショート側に立つことで儲けようとしたのである。だが、こうした合成ＣＤＯの一つが、ＳＥＣから詐欺罪で民事提訴されるという結果をもたらした。(28) おまけに、こうして得た利益は、保有証券の損失とＳＩＶに対する損失補塡義務によって帳消しにされたのだ。

バブル期のシティグループのＣＥＯ、チャック・プリンスは二〇〇七年末に辞任に追い込まれた。その後を受けたビクラム・パンディットは、二〇一二年現在もＣＥＯの座にとどまっている。ルービンは二〇〇九年一月に辞任した。シティグループが連邦政府の救済資金に大きく依存するようになり、同社の株式の三〇パーセント以上を政府が握ったとき、事実上追い出されたのだ。

スイスの三大銀行の一つで世界有数の大手行、ＵＢＳは、加害者でもあり、被害者でもあった。Ｕ

BSのいくつかの部門は大量の住宅ローン担保証券を買って何十億ドルもの損失を出したが、ほかの部門はそうした証券を組成して世間知らずの被害者に販売していたのである。UBSは二〇〇一年に──かなり早い時期だ──「ノース・ストリート4」というハイブリッド型CDO（一部は資産の裏付けがあり、一部は合成のCDO）を組成して、ドイツの小さな地場銀行、HSHノードバンクに販売した。

この銀行がUBSを相手取って起こした訴訟では、UBSとのちに同社に買収されたディロン・リード・キャピタル・マネジメント（アメリカの小さな投資会社）は、目論見書の説明に反して、成績の悪い資産を処分するためにこの商品を販売したと申し立てられている。HSHノードバンクのために行なわれた最後の投資は、二〇〇七年二月にディラン・リードが行なったものだった。この投資はサブプライムCDOの指数でロング・ポジションをとれるように（すなわち指数が上昇するほうに賭ける）というもので、ディラン・リードが反対のポジションをとる（すなわち、指数が下落するほうに賭けられるように）するためだった。訴訟を起こした時点で、HSHは投資額の半分を失っていた。[29]

他の大手証券化実行者──メリルリンチ、ドイツ銀行、クレディ・スイス、リーマン──も、基本的にこれと同じ行動をとったとして提訴されている。これらの銀行のすべてが、同じ数社のオリジネーターから調達した高リスクの住宅ローン債権に裏付けられた証券を販売していた。また、同じ報酬構造を採用していた。そして、この章で取り上げた大手投資銀行に対する訴訟のすべてが、有能な証券化実行者が自社の売っている商品の有毒性を理解せずにオリジネーターに資金を提供し、膨大な数の住宅ローン債権を買い取ったり、証券を組成、販売したり、販売資料に詳細な説明や保証を記載したりしたはずがないという、単純な主張に行き着くのである。

これらの投資銀行が顧客には引き続き購入を勧めながら、自身は市場の暴落や、ときには自社が組成、販売した証券のデフォルトにさえ賭けていた証拠は、ほかにもある。たとえばメリルリンチのトレーダーたちは、バブルの末期に、市場が手を出そうとしない証券を購入する部署を社内に新設するという手まで使った。売りの側に立つことで利益をあげ、ボーナスを手にするためだ。買いのほうは明らかに負けゲームだったので、トレーダーたちは自分たちのボーナスをでっち上げの買いグループと折半していた。彼らは事実上、仲間のトレーダーを買収することでボーナスの原資を調達していたのであり、彼ら全員が株主のカネを盗み取っていたわけだ。

だが、この詐欺に欠かせない重要なプレーヤー・グループが、もう二つあった。格付け会社と保険会社である。

格付け会社

債券格付け業界は、バブルの間も今も、最大手のムーディーズ、スタンダード・アンド・プアーズ（S&P）、フィッチの三社によるカルテルのような寡占体制になっている。これら三社はずいぶん前に、その力を使って異例の法的地位を確立した。SECが少数の「全国的に認知されている統計的格付け機関（NRSRO）」を認定するという規定がつくられ、多くの公務員年金基金がNRSROの高格付けを持つ証券にしか投資できないことになったのだ。格付け会社は、格付けは単なる「意見」であり、合衆国憲法修正第一条で保証されている表現の自由であって、損害賠償請求の対象にはならないと主張することで、数々の判定ミスに対する法的責任を免れてきた。州議会がときおり格付け会社の権限を縮小するぞとか、その法的責任を拡大するぞといった脅しをかけることがあったが、それに対し格付け会社は、その州で発行される債券の格付けを停止すると言って脅し返した。

ここ四半世紀ほどは、格付け会社の手数料は債券の発行者が払っている。投資銀行業界の統合が進むにつれて、投資銀行が次第に主導権を握るようになり、格付け会社は喜んで従うようになった。投資銀行と格付け会社は、ともに腐敗し、駆け引きにまみれ、利己的な行動に走るようになった。バブルの間も、バブルがピークに達し、それからしぼみ始めた二〇〇七年にも、ウォール街は一貫して、迫りくる崩壊に気づかないふりをしていた。格付け会社はＡＡＡの格付けを大量にばらまき続けていた。(30)

ムーディーズでもＳ＆Ｐでも、住宅ローン担保証券の格付け件数は二〇〇四年から二〇〇七年の間に倍増した。住宅ローン関連のＣＤＯの格付け件数は一〇倍に増え、しかもこの商品は年々複雑さを増した。バブルに関連した他の証券――ローン担保証券（ＣＬＯ）、オークション・レート証券（ＡＲＳ）、合成証券、さらに非標準型《エキゾチック》の証券などで、そのすべてが決まってすこぶる高い格付けをもらっていた――でも似通ったブームがあった。その結果、格付け会社は途方もない利益をあげるようになった。ムーディーズの相対的な株価上昇率は、最も業績のよかった金融サービス会社、ゴールドマン・サックスの上昇率さえ一〇倍も上回っていた。バブルの間、ムーディーズはフォーチュン五〇〇社のなかで最も儲かっている会社だったのだ。

格付け件数はというと、Ｓ＆Ｐは二〇〇七年七月第一週に一五〇〇件の新規の住宅ローン担保証券を格付けした。一営業日あたり三〇〇件のペースで、まるで組み立てラインのようだった。クレイトンホールディングスの元社長は、二〇一〇年に金融危機調査委員会で証言したとき、自分は二〇〇七年に三大格付け会社のすべてに接触して、証券化実行者が使っているクレイトンの債権調査結果を買う気はないかと打診したと述べた。三社すべてが断ったという。

二〇〇九年には、二〇〇六年や二〇〇七年にＡＡＡに格付けされていたサブプライム・ローン担保証券の九〇パーセントが、「ジャンク」、すなわち投資不適格に格下げされていた。

だが、さらに衝撃的なのは、格付け会社が投資銀行——格付け会社の主なクライアント——をどのように遇していたかである。ベアー・スターンズやリーマンがはなはだしく過大なレバレッジを抱えたとき、あるいは投資銀行業界が不安定な超短期の借り入れに移行したとき、格付け会社は世の人々に警戒を促しただろうか？　促しはしなかった。ＡＩＧや他の債券保険会社が抱えているリスクの規模について、懸念を示しただろうか？　示さなかった。危機が深まるなかでも、証券化実行者や保険会社は、破綻したところや政府に救済されたところを含めてすべて、引き続き高い投資適格格付けを——ときにはＡＡＡを——もらっていたのである。

二〇〇七年に退職したムーディーズの元執行役員、ジェリー・フォンスは、私のインタビューに対して次のように語った。

ファーガソン　私の記憶が正しければ、ベアー・スターンズは倒産する一カ月ほど前、ＡＡＡに格付けされていましたよね。
フォンス　Ａ２だったと思いますが。
ファーガソン　Ａ２ですか。いいでしょう。Ａ２はまだ倒産ではありませんね。
フォンス　ええ、もちろんです。高い投資適格格付け、申し分ない投資適格格付けです。
ファーガソン　もっと詳しく教えてください。
フォンス　ベアー・スターンズだけじゃない。リーマン・ブラザーズも倒産の数日前までＡ２でした。ＡＩＧは救済される数日前までＡＡでしたし、ファニーメイとフレディマックは救済されたときＡＡＡでした。シティグループもメリルリンチも、どこもみな投資適格格付けでした。破綻したワムでさえ、救済された時点でＢＢＢマイナスかＡＡ３だったんです。

ファーガソン　どうしてそうなるんですか？
フォンス　うーん、それはいい質問です（笑）。とてもいい質問ですよ。

「プロテクション」と金融大量破壊兵器

証券化システムの最後の構成要素については注釈が必要だろう。最後の要素はプロテクション・ビジネス、本書の文脈では住宅ローン担保証券に対する保険を販売して、投資家に自分は安全だとよりいっそう確信させるビジネスだ。この保険は二つの形をとっていた。有害なものともっと有害なものだ。

有害度の低いほうは文字どおりの保険で、モノラインと呼ばれる債券専門の保険会社が販売していた。モノラインの最大手はＭＢＩＡとアムバックで、両社は例によって格付け会社が親切にも与えてくれるＡＡＡの格付けに大きく支えられていた。両社の営業担当者や幹部も、やはりバブルの間に多額のカネを手にし、証券がデフォルトし始めて会社に保険金支払い請求が殺到するようになってからも、そのカネを返す必要はなかった。どちらの会社も壊滅的な打撃を受けた。だが、少なくとも両社は、実在する債券の実際の保有者が買う現実の保険を引き受けることで知られていた。本当の異常さを知るためには、クレジット・デフォルト・スワップ（ＣＤＳ）と呼ばれるデリバティブを売るビジネスを見ていく必要がある。このビジネスを行なっていた最も有名な会社は、もちろんＡＩＧだった。

ＣＤＳは純然たるギャンブルであり、きわめて重要な点で保険とは異なる。ＣＤＳを使えば、どんな証券のデフォルトにも賭けることができ、しかもその賭けを好きなだけ大きくすることができる。逆もまた真実で、頭がいかれた人間なら、保護の対象になる証券の実質価値をはるかに超えて、好きなだけプロテクションを売ることができる。ＡＩＧはおよそ五〇〇〇億ドル分のプロテクションを販売した。そして、それは大成功とはいかなかったのだ。

ＣＤＳはいくつかの理由でとくに危険な商品だった（今なお危険な商品だ）。第一に、ラリー・サマーズやロバート・ルービンやアラン・グリーンスパンが支持した二〇〇〇年商品先物近代化法のせいで、ＣＤＳはまったく規制されておらず、きわめて不透明だった。ＣＤＳの保有やリスクが全体でどれくらいの規模になっており、どのように分布しているかは誰も把握していなかったし、政府にはＣＤＳを規制する法的権限がなかった。第二に、ＣＤＳは危険なインセンティブを生み出した。あなたがある証券に対するＣＤＳを大量に保有していたとすると、その場合あなたには、その証券をデフォルトさせたり、金融システムが抱えているリスクについて口をつぐんでいたりする強いインセンティブがあったのだ。

おまけに、ＣＤＳは、この上なく高リスクで、この上なく危険な金融行動にさえ完全なプロテクションが与えられるという幻想――ときには現実――を生み出した。本物の保険の場合、無責任な行動や不正を防ぐために、自己負担額、補償限度額、実績の悪い人に対する高い保険料などの制約が設けられている。たとえば住宅に対して、その住宅の実質価値の二〇倍の保障がつく保険をかけることはできない。保険をかけようとしている人の家が過去に五回も都合よく焼失しているとなると、なおさらだ。また、そもそも住宅を所有していなければ、住宅を対象とする保険には入れない。飲酒運転で五回も有罪判決を受けた人は、自動車保険に入れないかもしれないし、入れるとしても保険料はべらぼうに高くなるだろう。

本物の保険とは異なり、ＣＤＳは自己負担額も補償限度額もなく、買い手に何の制約も課さない商品だった。カネさえあれば、自分が持っていない証券に対しても好きなだけＣＤＳを買うことができた。それはつまり、その証券の、もしくはその証券を発行している会社のデフォルトに賭けられるということだった。したがって、こうした証券の組成や発行を行なっている者は、クズ証券をつくって販売し、それからその証券のデフォルトに賭けることで大儲けすることができたのだ。

また、クズ証券を買う者も、その証券に対するCDSプロテクションを買えるかぎり、その証券のリスクを無視することができた。ウォール街があれほど多くの有毒な住宅ローン担保証券を販売できたのは、一つにはCDSの売り手、とりわけAIGを指さして、こう言えたからだった。「これはすばらしい証券ですよ。でも、もしも懸念がおありなら、どうぞ安心してください。AIGの頼れる連中のところに行って、年間リターンのほんの数パーセントを払いさえすれば、完全に保護してもらえるのですから」

そのうえ、CDSを使うと、市場で生み出されるリスクの総量が無限大になる可能性があった。もう一度、本物の保険のことを考えてみよう。災害――地震やハリケーンや竜巻――が発生した場合、保険会社の支払い責任はその災害によって生じた実際の被害額に限定される。だが、CDSの場合には、それを売る者がいるかぎり、生じうる支払い責任やリスクの規模に限度はなかったのだ。

もちろん、高リスクの詐欺的とさえ言える証券について、このような「保険」を大量に販売するのは賢明ではなかった。だが、AIGは三つの理由から、その賢明ではないことを行なったのだ。一つは、CDSの市場がAIGの経営陣にとってさえ――「AIGの経営陣にとってはとくに」と、皮肉屋は言うかもしれない――複雑で不透明だったことだ。二つ目の理由は、AIGの経営陣と取締役会がぼんくらだったことだ。バブル末期――とくに二〇〇七年末と二〇〇八年初め――のAIGの投資家向けプレゼンテーションを、同社の前CEO、マーティン・サリバンの危機後の議会証言と比べるといい。投資家向けプレゼンテーションは唖然とするほど楽観的で偽りを含んでいるが、信じがたいほど複雑でもある。それに対し、サリバンはかなり……単純そうだ。彼はモーリス（ハンク）・グリーンバーグに指名されて後継者になったのだが、グリーンバーグは二〇〇五年にエリオット・スピッツァーの不正捜査によって辞任に追い込まれたとき、言いなりになる人物として彼を選んだのだ。AIGの取締役もほとんどがグリーンバーグに選ばれた者で、サリバン同様、言いなりになる愚かな人々だった。

三つ目の理由は、AIGがすべての金融サービス会社を破壊した、あの有害なボーナス制度を採用していたことだ。同社のCDSビジネスは――ある時点までは――驚異的な利益をあげており、「最良の」年には利益率が八〇パーセントを超えていた。このビジネスはロンドンに置かれていた総勢三七五人の独立性の高い子会社、AIGファイナンシャル・プロダクツ（AIGFP）によって遂行されていた。AIGFPはジョセフ・カッサーノという男の私領のようなもので、毎年、利益の三〇パーセントを現金ボーナスとして確保し、残りを親会社に送金していた。バブル期には三五億ドル以上の現金ボーナスを支払って（カッサーノ自身は二億ドル以上もらっていた）、AIGに八〇億ドル送金しており、二〇〇五年にはこれがAIG全体の利益の一七パーセントを占めた。

だが、二〇〇七年にバブルがしぼみ始めると、CDSの買い手が支払いを要求するようになった。カッサーノはそれに応じず、二〇〇七年末には投資家に対して、AIGがCDSで「ただの一ドルでも」損失を出すなどということは考えられないと断言した。彼は監査人が――外部監査人であれ社内監査人であれ――AIGFPの帳簿を調べるのを妨害した。AIGFPの会計方針担当副社長、ジョセフ・セントデニスは、二〇〇七年にCDSとその評価の仕方について強く危惧するようになった。カッサーノは彼に激怒し、君は「この業務を汚す」とののしって、セントデニスからCDSの情報にアクセスする権限を取り上げた。セントデニスは二〇〇七年末、AIGの主任監査人に、CDSに関するAIGFPの会計処理は支持できないと告げて、抗議の辞職をした。カッサーノはというと、二〇〇八年九月にＡＩＧが崩壊するまで、ＡＩＧＦＰのトップの座に君臨し続けた。ＡＩＧは世論の圧力を受けて彼を解雇したが、それからまもなく一月一〇〇万ドルの報酬でコンサルタントとして再雇用した。この契約も、議会公聴会で公にされたあと、やはり打ち切られた。

本書を書いている二〇一二年初め現在、ＣＤＳはヨーロッパの政府債務危機の要因として、また、その危機をアメリカとヨーロッパの銀行部門全体に広げかねない要因として、ふたたび浮上してきている。懲りない人間はどこにでもいるものだ。

バブル期の金融文化と企業統治

投資銀行業界の行動を見てきたが、このあたりで先ほどの問いに戻ろう。ＣＥＯや取締役会はなぜそうした行動を容認していたのか？　とりわけ、それによって自分自身の会社が破壊されるのをなぜ放置していたのか？　それは一つには、彼らにも同じ金銭的インセンティブが作用しており、そのため彼らは自分の会社や社員や顧客の運命に無関心になっていたからだ。だが、なかには、会社を破壊することで、彼らの自己利益が——少なくともある程度——明らかに損なわれる事例もあった。そのような事態を彼らはなぜ生じさせたのか？　というのも、一部の銀行の経営陣が、ある程度ではあるが、本当に理屈に合わない行動をとったのはまちがいないからだ。

この問いを考えるにあたっては、純然たる経済的損得から離れて、富や権力を持ちすぎることの有害な影響、アメリカの投資銀行業界の新しい文化、それにアメリカの新しい寡占勢力の繭《まゆ》のなかで営まれる生活に思いをめぐらせる必要がある。一例として、ジミー・ケインについて考えてみよう。これから述べる話をいささか信じがたいと思う人は、「ジミー・ケイン、ヘリコプター、プラザ・ホテル、ブリッジ、ゴルフ、誇大妄想狂、マリファナ」というような検索ワードでググってみてほしい。

ジミー・ケインは一九九三年にベアー・スターンズのＣＥＯになり、二〇〇一年には会長職も兼任するようになった。二〇〇八年一月にようやくＣＥＯを辞任させられたが、そのときにはもう会社を救うには手遅れになっていた。

多くの人に毛嫌いされていた感のあるケインは、「あなたは自分の会社と世界経済を破壊している」と、周囲の者が気楽にいさめられるタイプの人間ではなかった。ベアー・スターンズの元社員たちは、私の取材に対してさまざまなエピソードを語ってくれた。会社で早朝会議を開くとき、彼はよくウエイターにおいしそうな温かい朝食を運ばせて会議中に食べていたが、彼が食べ終わるのを待っている部下たちには何一つ勧めたことがなかった。誰かを自分の部屋に招じ入れて葉巻を二本取り出してみせ、一本に火をつけてもう一本は自分のポケットにしまうという嫌味なことをよくやっていた。聞くに堪えない言葉を使って人前で部下をののしっていた、等々と。彼の前任のＣＥＯ、エース・グリーンバーグは、彼を「マリファナ中毒の誇大妄想狂」と評した。

だが、これは彼のましなほうの一面だ。バブルによってベアー・スターンズの利益と株価が急上昇すると、ケインは億万長者になり、単に不愉快な男から現実とのつながりを失った男になった。週末の休みは決まって三、四日とっていたし、休暇も規定より長くとっていた。長い週末を過ごすために、ベアー・スターンズ本社からヘリコプターでニュージャージーのゴルフ・クラブに直行することがよくあった。彼はこのゴルフ・クラブの敷地にヘリコプターを着陸させる許可を得ており、クラブの隣に家まで持っていた。会社ではエレベーターを一基、自分専用にしていた。ブリッジの腕はプロ並みで、二人のイタリア人プロに年間五〇万ドル払って試合の相手をさせていた。あちこちのブリッジ・トーナメントに参加し、コンピューター上でのブリッジにもずいぶん時間を使っていた。熱心な共和党支持者であるにもかかわらず、マリファナをバンバン吸っており、ブリッジ仲間や同じホテルに滞在していた客などが、その姿をたびたび目撃したり、マリファナの臭いに気づいたりしていた。

二〇〇七年にバブルがしぼみ始め、ベアー・スターンズが苦境に追いやられ始めたころ、ケインは重要な節目にたびたび職務放棄した。平日でさえ、また二〇〇七年から〇八年に自分の会社が崩壊しつつあったときでさえ、ゴルフやブリッジをしているときは電話も書類も手にとらなかった。この期間にもブリッジ・トーナメントに参加するためにたびたび遠方に出かけ、ときには一週間以上会社に顔を出さないこともあった。電話会議や会議がブリッジの予定とかち合うときは、会議のほうを欠席していた。

ベアー・スターンズの苦難が本格的に始まったのは、二〇〇七年半ば、同社の投資ファンドのうち不動産に集中的に投資していた二つが破綻したときだった。ベアー・スターンズが初めて憂慮すべき決算を発表した二〇〇七年六月一四日木曜日、ケインはニュージャージーでゴルフをしていた。そればかりか、その翌日もゴルフをした。一カ月後の二〇〇七年七月一七日、ベアー・スターンズは二つの不動産投資ファンドが無価値になったことを、投資家に報告した。翌七月一八日、ケインはブリッジ・トーナメントに参加するため、ベアー・スターンズの固定金利商品部門のトップ、アレン・スペクターを連れてナッシュビルまで出かけ、それから一〇日間はほとんどナッシュビルから出ずにブリッジ三昧の時を過ごした。その月の彼の出社日数はわずか一一日だった。電話会議に参加しているときでさえ、彼はときおり何も言わずに席を外したものだった。

こうした行動は取締役会を不安にさせはしなかったようだ。実際、ケインがCEOを辞任させられたのは、彼の仕事ぶりのせいではなく、彼の行動がメディアで広く取り上げられるようになったためだったらしい。とくに二〇〇七年一一月の『ウォール・ストリート・ジャーナル』の記事は、彼のゴルフ・マニアぶりやマリファナ吸引癖、それにそうした楽しみに浸っているときは連絡がとれなくなることを暴いたもので、決定的な要因になった。二〇〇八年一月にCEOを辞任させられたあとも、ケインは取締役会議長の座にはとどまった。二〇〇八年三月初め、彼の会社が破綻してJPモルガン・チェースに身売りする約一週間前に、ケインはプラザ・ホテルの居住区域の隣り合った二区画を二四〇〇万ドルで購入する契約を結んだ。ベアー・スターンズがついに死のスパイラルに突入した三月一三日、彼はデトロイトにいて、やはりブリッジをしていた。ゲームを終えることを優先して、取締役会の電話会議には遅れて参加したのだった。

彼の会社の崩壊から二カ月後の五月一〇日、ケインはプラザ・ホテルで開かれた新規居住者のためのパーティーに出席した。キャビアやコニャックのカウンターがあり、メトロポリタン美術館の特別展「レンブラントの時代」で展示された絵画を再現したビュッフェもあった。

ケインはもちろん愉快な気分ではなかった。なにしろ職を失ったのだ。だが、ベアー・スターンズが崩壊したとき彼は七四歳になっており、いずれにしてももうすぐ引退する年齢だった。それに、気持ちのうえでは、ずいぶん前にすでに引退していたようなものだった。彼の保有していたベアー・スターンズの株式の価値は、ピーク時には約一〇億ドルだったが、JPモルガン・チェースに買収されたときにはわずか六五〇〇万ドルに下がっていた。だが、ケインはそれまでの数年間に用意周到にも多くの保有株を現金に換えていた。そのため、彼の純資産は今でも約六億ドルあると推定され、ゴルフとブリッジとヘリコプターとマリファナの暮らしを維持するにはおそらく十分だろう。彼は今なおプラザ・ホテルに住んでいる（少なくともマンハッタンにいるときはそうだ。ゴルフ・クラブの隣の家を含めて、彼は他に数軒の住まいを持っている）。

たしかにひどいが、このような行動が広く見られたとは、ましてや典型的なものだったとは思えない。みなさんがそうおっしゃるのが聞こえてきそうだ。

だが、こうした例は実はたくさんあったのだ。

だから、バブルと危機がもたらした破壊の一部については、合理的な自己利益や不正に一〇〇パーセント原因があったとは言えないのは確かである。だが、それは残りの部分が罪のない善意のミスによるものだったということではない。むしろ、そうした破壊は、文化や統治システムが制御不能になっていることを示す症状だったのだ。

バブル期には、ウォール街の多くの幹部が自分のまわりに現実から遊離した小世界を築いた。この世界の基本的な構成要素は、一般社員は立ち入り禁止のプライベート空間（リムジン、エレベーター、ジェット機、ヘリコプター、レストラン）で過ごすことによる物理的孤立、へつらってくれる職場の社員や家庭の使用人、それに言いなりになる愚かな取締役会だ。その世界には往々にして、成功の証しとしての若く魅力的な妻、愛人、娼婦、それにドラッグも含まれていた。遊びは世代によって異なり、若いトレーダーやセールス担当者の遊びは、主としてナイトクラブ、ストリップ・クラブ、パーティー、ギャンブル、コカイン、エスコート嬢だった。ニューヨークの投資銀行家たちはナイトクラブやストリップ・クラブで年間一〇億ドル以上のカネを使っており、その多くを、払い戻してもらえて、しかも所得控除の対象になる接待費として、会社に請求している。もっと世代が上の経営幹部はほとんどが既婚者で、ゴルフ、ブリッジ、高級レストラン、チャリティ・イベント、美術品のオークション、カントリー・クラブ、別荘などを好む傾向がある。

専用エレベーターを持ち、ヘリコプター通勤を好んでいたのはジミー・ケインだけではなかった。それどころか、彼は比較的分別があるほうだった。不満の声を受けて、そのエレベーターを自分専用にするのは、毎日午前八時から九時までの一時間だけにすることに最終的には同意したのだから。リーマンのCEO、リチャード・ファルドは別の方式をとっていた。ファルドのリムジンがリーマン本社の近くまできたら、運転手が決まった番号に電話を入れる。すると、特別にプログラムされたエレベーターが駐車場に降りてきて、それを彼が到着するまで守衛がそこに待機させておいてくれるのだ。エレベーターはファルドを三一階まで直通で運んでくれるので、彼は社員の誰とも顔を合わせる必要はない。リーマンの元社員はその様子を次のように言い表した（この言葉の一部は私の映画にも収められている）。

この男はトレーディング・フロアには一度も姿を見せなかった。われわれは彼を見たことがなかったんだ。トレーディング・デスクではよくジョークを言ってたもんだ。H・G・ウェルズの小説ばりの「透明人間」だってね。……ウォール街では多くのCEOが孤立しているが、彼は自分専用のエレベーターを持っていた。わざわざ自分から孤立していたわけだ。

メリルリンチのスタン・オニールも専用エレベーターを持っていた。彼が到着したときたまたま降りてきたエレベーターが、どれであれ彼専用のエレベーターになったのだ。一番早くやってきたエレベーターを守衛がつかまえて、他の人間を乗らせないようにし、そのエレベーターにすでに誰かが乗っていた場合は、彼らを追い出していたのである。

リーマンを筆頭にほとんどの銀行が美術品の収集も行なっており、ときには経営幹部のエネルギーがそれにかなり吸い取られていることもあった。すべての銀行が幹部とゲストしか利用できない優雅なプライベート・ダイニングルームを備え、専属のシェフを雇っていた。こうしたダイニングルームは通常数室あり、幹部の年功やゲストの資産によって使い分けられていた。私はモルガン・スタンレーとJPモルガン・チェースのプライベート・ダイニングルームで食事をしたことがあるが、料理の味はイマイチだった。

運転手つきのリムジンはもちろん当たり前だったが、なかにはすごいおもちゃを持っている銀行もあった。リーマンは倒産したときへリコプター一機と社用ジェット機六機を持っていた。六機のうち二機はボーイング767で、航空会社で使われるときは通常、収容人数一五〇人以上に設定され、新規に買うと一億五〇〇〇万ドル以上する機種だった。それに加えて、リーマンの社長（CEOのファルドに次ぐナンバー2のポジション）、ジョー・グレゴリーは、自分個人のへリコプターを持ち、ハンプトンの豪邸からリーマンまで毎日それで通っていた（天候が悪いときは水上飛行機を使うこともあった）。また、自宅には家事使用人を二九人雇っていた。シティグループは二機のジェット機を持っていたし、破綻して連邦政府に救済されたあと、新たに五〇〇〇万ドルの航空機の納機を受けようとしていた。

おもちゃを持っていたのはわかった。だが、彼らの金銭的インセンティブは何だったのか？　みなさんからそう聞かれそうだ。取締役会はどのような形で彼らに報酬を与え、彼らの行為をチェックし、彼らに褒美や罰を与えていたのか？　他の銀行とその幹部たちも、ベアー・スターンズやジミー・ケインに引けを取らないほどひどかったのか？

そう、ひどかったのだ。ハーバード・ロー・スクールのルシアン・ベブチャック教授は、ベアー・スターンズとリーマン・ブラザーズの最上層の幹部たちが崩壊前の数年間にとった行動を調べ上げた。どちらの銀行でも、最上層の五人は崩壊前の数年間に合計一〇億ドル以上の現金（それぞれの銀行から一〇億ドル以上）を引き出していた。これはこれらの男たちが（ちなみに一〇人とも男性だった）自社の未来に対する限りない信頼もリスクを避ける強いインセンティブも持っていなかったことを示している。

スタン・オニールもひどかった。二〇〇六年末の時点で、彼はメリルリンチのCEOを四年務めており、同社をサブプライム証券の分野に積極的に進出させていた。二〇〇六年のオニールの手取り報酬額は三六〇〇万ドル余りで、うち一九〇〇万ドルが現金で支払われた。だが、これは彼の報酬の全額ではなかった。税金を逃れるために彼の報酬の多くが繰り延べ払いとされ、退職時に支払われることになっていたのである。

二〇〇六年のメリルリンチの売り上げは三三八億ドル、税引き前利益は九八億ドルだった。同社が二〇〇七年一月に支払った年次ボーナスは総額六〇億ドル弱で、その三分の一が住宅ローン担保証券にかかわっていた人々の懐に入った。メリルの確定利付き証券部門のトップで、したがってサブプライム証券を任されていたダウ・キムは、三五〇〇万ドルもらった。六月三〇日を期末とする二〇〇七年第二・四半期にさえ、メリルリンチはまだ儲かっていて、二一億ドルの利益を計上した。だが、二〇〇七年半ばにバブルがしぼみ始めたことで、翌二〇〇七年第三・四半期には、サブプライム債権・証券で八〇億ドル以上の損失を出し、二六億ドルの純損失を計上した。それから、崖を転げ落ちていった。二〇〇七年通年では、売り上げは六七パーセント減少し、損益は八六億ドルの赤字となった。損失額はそれからどんどん膨れ上がっていくのだが、そのほぼすべてが、オニールがCEOだった時代に下された決定から生まれたものだった。では、メリルリンチが崩壊に向かっていた二〇〇七年第三・四半期に、スタン・オニールは何をしていたのだろう。

ゴルフに明け暮れていたのである。第三・四半期の最後の六週間に、オニールはときには携帯電話の電源を切って合計二〇ラウンド、プレーした。ゴルフをするのは通常は週末だったが、いつもそうとはかぎらなかった。それからほどなく、メリルの状態が急速に悪化するなかで、オニールは取締役会の承認を得ずに独断で他の銀行に合併を打診した。これによって取締役会は、ついに彼を解雇することにした。

　ただし、それは本当の意味での解雇ではなかった。取締役会は彼の辞任を認めたのであり、そのおかげで彼は合計一億六一〇〇万ドルの繰り延べ報酬と退職金を――三〇〇〇万ドルは現金で、一億三一〇〇万ドルは株式で――受け取ることができた。彼はビジネスの世界から追放されたわけでもなかった。メリルを辞めたあと、アルコアの取締役として迎えられ、今もその座にとどまっている。そればかりか、アルコアの取締役会の二つの委員会にも名を連ねている。どの委員会かって？　監査と組織統治《ガバナンス》だ。いい仕事をしたご褒美というわけだ。

　最後に、ロバート・ルービンのケースを考えてみよう。ルービンは財務長官として、投資銀行業務と個人向け銀行業務の分離を定めていたグラス・スティーガル法の廃止を監督した。この廃止はシティグループに大きな利益をもたらし、ルービンは財務長官を辞任してまもなく、シティグループの副会長になった。そしてそこで、現実からも倫理基準からも乖離《かいり》した行動を見せた。二〇〇一年にシティグループのために財務省の元同僚ピーター・フィッシャーに電話して、エンロンの信用格付けの引き下げを防ぐ手助けをしてくれと頼んだのだ。エンロンが倒産する直前のことだった（シティグループはエンロンの大口債権者で、エンロンの損失隠しを手助けしたことに対して、のちに罰金を科された）。

　バブル期には、住宅ローンや住宅ローン担保証券の危険性や詐欺性について警鐘が鳴らされ始めてからも、ルービンはシティグループにもっとリスクをとるよう促していた。彼は自分の会社の財務構造や損失補塡義務を認識すらしていなかったらしい。金融危機調査委員会に対する証言で、「流動性プット」のことは崩壊後に初めて知ったと述べたのだ。流動性プットとは、ＣＤＯが損失を出したり売れなかったりした場合には、シティグループが買い戻す義務を負うとした契約条項だ。（シティグループ自身が設立していた）ストラクチャード・インベストメント・ビークル（ＳＩＶ）とのこうした契約のせいで、シティグループの本当のバランスシートは一兆ドル以上拡大し、危機の間に何十億ドルもの損失を出す結果になった。ルービンが自社の財務諸表の脚注を読まなかったのはあいにくだった。読んでいたら、流動性プットに気づいて警戒を呼びかけていたかもしれないからだ。[31]

　ルービンはシティグループに一〇年いて、その間に一億二〇〇〇万ドル以上の報酬を受け取り、二〇〇九年一月、世論の圧力を受けて辞任した。だが、この辞任は彼のその後の活動をあまり妨げはしなかったようだ。彼は今なお外交問題評議会の共同会長の座にあり、ハーバード大学の事実上の理事会、ハーバード・コーポレーションのメンバーでもある。また、息子とともにオバマの政権移行チームに加わって、新しい非倫理的な政策策定者の一団を選定する手助けをしている（結果は、ほとんどが昔の一団からの再登用だったが、これについてはのちほど触れることにする）。

　これらの男たちが自分の会社をわざと破壊したわけではないのは明らかだ。その一方で、個人的なインセンティブや個人的なリスクが、ゴルフやブリッジでは一般に生じないような視野狭窄《きょうさく》を引き起こすことも、同じく明らかだ。彼らは社外に多額のカネを持ちすぎていて、社内で起こっていることに十分関心を向けられなかったのだ。おまけに、心理的雰囲気も重要な作用をおよぼした。愚かな傲《ごう》慢《まん》さ、現実からの乖離、自己陶酔、そしてそれが内包する個人崇拝のなかで、彼らは会社の王様になったのだ。

　それに対し、ヘリコプターでのゴルフという誘惑のせいで思考が曇ったりすることなどなかった投資銀行もあった。とくによく知られているのはゴールドマン・サックスだ。これらの規律ある略奪者たちは、そのおかげでバブルからだけでなく崩壊からも利益を得た。次の章では、警鐘、バブルの終わり、危機とその影響、およびそれに対する政府の対応を見ていくなかで、このような投資銀行の行動と金融の安定にとってのその意味合いを検討する。それは美しい眺めでも安心感を与えてくれる眺めでもないはずだ。

第五章
すべてが崩れ落ちる
――警鐘、略奪者、危機、対応

All Fall Down: Warnings, Predators, Crises, Responses

かなり早い時期にバブルに気づいた者もいた。二〇〇二年、著名なヘッジファンド・マネージャーのウィリアム・アックマンは、大手債券保険会社のＭＢＩＡが実際は砂上の楼閣であることに気づいた。同社は（もちろん）ＡＡＡの格付けをもらっていたが、レバレッジ比率は八〇倍以上で、しかも高リスクの住宅ローン債権に対する保険を引き受け始めており、おまけに疑問の余地のある会計手法を使っていた。アックマンはＭＢＩＡに対するＣＤＳを購入し、その後、もう一つの大手債券保険会社、アムバックに対するＣＤＳも購入した。それから、格付け会社やメディアやＳＥＣとの会談を通じてＭＢＩＡの信用を失墜させる積極的な広報キャンペーンを開始した。格付け会社は彼の話をもちろん無視した。ＳＥＣは後日ＭＢＩＡに事情を聞いたが、ＭＢＩＡは、アックマンは虚偽のうわさを広めているのだと答えた。そればかりか、ＳＥＣを言いくるめてアックマンに対する調査を行なわせた。アックマンの主張は、最終的には全面的に正しいことが明らかになった（彼はバブルの破裂を待つ間、数年にわたって損失を出したが、最終的には賭けに勝って大金を手にした）。

住宅・金融政策アナリストのロバート・グナイズダは、二〇〇四年からアラン・グリーンスパンに直接、警戒を促していた。グナイズダはマイノリティ・コミュニティのためのＮＧＯ、グリーンライニング協会の理事を務めていた関係で、グリーンスパンやFRB理事たちと年に一、二度会っていたのである。有害できわめて詐欺的な住宅ローンが広く出回っていることに気づいていた彼は、グリーンスパンにいくつか実例を示して、住宅ローン融資を抑制するためにHOEPA法にもとづくFRB議長の権限を行使するよう促した。グリーンスパンは関心を示さなかった。

だが、金融システム全体を麻痺《まひ》させるような危険性について、本当に真剣な警告が公の場で初めて発せられたのは、二〇〇五年、カンザスシティ連邦準備銀行主催のジャクソンホール会議でのことだった。毎年恒例のこの会議には、世界各国から著名な中央銀行関係者やエコノミストが参加する。二〇〇五年のジャクソンホール会議はアラン・グリーンスパンがFRB議長として参加する最後の会議だったので、誰もが彼のすばらしい実績を賛美し、称えるものと思われていた。ところが、当時、国際通貨基金（IMF）のチーフ・エコノミストだったラグラム・ラジャンが、恐ろしい未来を暗示する見事な論文を発表して、称賛ムードを台無しにしたのである。(1) 聴衆にはアラン・グリーンスパンもいたし、ベン・バーナンキもティム・ガイトナーもラリー・サマーズも、ほとんどのFRB理事もいた。

ラジャンの論文は「金融システムの発展は世界をより危険にしたか?」と題されていた。そして、彼の答えは「イエス」だった。前置きのあとで、ラジャンは「私の主な懸念はインセンティブに関係がある」と述べ、金融システム全体に見られる報酬構造、リスクをとることを途方もなく儲かる行為にしている報酬構造について、次のように懸念を表明した。「こうした進展は、金融部門発の景気循環増幅効果をこれまで以上に生み出すおそれがある。また、破滅的な崩壊のより大きな（それでもまだ小さいが）可能性を生み出すおそれもある」（論文テキスト、ページ6）

ページ25では、ラジャンは、ジョセフ・カッサーノの部門によるAIGの破壊とそっくりのシナリオを描き出している。「多くの保険会社や年金基金がクレジット・デリバティブの市場に参入して、企業のデフォルトから守られる保証を販売している……この戦略はきわめて高いアルファ値を生み出す（すなわち、低リスクのわりに高リターンを生み出す）ように見え、そのため投資マネージャーにはそれを大量に買い込むインセンティブがある。だが、この戦略はときに失敗に終わる。それでも、マネージャーはそのリスクをとれるかぎりとるだろう。本当のパフォーマンスは、普通のマネージャーのインセンティブによって設定された時間枠をはるかに超えた長い期間でしか評価できないからだ」

ページ31では次のように述べている。「銀行は一般に資産を売却することでリスクの多くをバランスシートから除去できるので、銀行には需要の高い資産をオリジネートし、そうすることでブームを助長するインセンティブがある。それが住宅ブームなら、銀行には需要がありさえすればどんな住宅ローンでも提供するインセンティブがある。リスクの高い『インタレスト・オンリー』ローン〔当初の数年間は金利だけ返済すればよいローン〕でも、だ。ブームのさなかには、銀行はリスク負担能力にあまり余力を残してはいないだろう」

その三ページ後にはこう記されている。「市場間のつながりや市場と金融機関のつながりが、今ではより顕著になっている。このことはシステムが小さなショックを分散する助けになるが、システム全体を揺るがすような大きなショックにシステムをさらす働きもする」

ページ44からは、ラジャンは、この新しいシステムがもたらす危険を抑制する方法について考察している。「投資マネージャーたちが正しいインセンティブを持つような仕組みを築くことに、重点を移すべきかもしれない」……「業界団体がすべてのマネージャーに、報酬の一定の割合を……自分が運用しているファンドに預け入れるよう求めることも一案だ」……「インセンティブが長期的な投資を促すようにするために、マネージャーの出資分は数年間引き出せないという決まりにしてもよいだろう」

ラジャンが論文の発表を終えると、グリーンスパンを含む聴衆の大多数が、ムスッと押し黙るという自己防衛的な反応を示した。だが、ラリー・サマーズは別だった。サマーズは当時ハーバード大学の学長で、そのかたわらヘッジファンド、タコニック・キャピタル・アドバイザーズの顧問も務めていた。一年後には、学長を辞任させられた後、運用資金三〇〇億ドルのヘッジファンド、D・E・ショーの顧問になるのだが、このヘッジファンドが二〇〇八年にサマーズに払った報酬は、週一日の勤務に対して五二〇万ドルだった。どちらのヘッジファンドも、ラジャンがこの論文で注意を呼びかけたまさにそのインセンティブ――マネージャーは年間利益の二〇パーセントを受け取るが、損失に対する責任は一切負わない――を使っていた。

サマーズは彼のトレードマークであるさりげない傲慢さで、ラジャンに身の程を思い知らせるために立ち上がった。彼の反論はカンザスシティ連邦準備銀行のウェブサイトに全文掲載されているが、一部をここで紹介しよう。

「このテーマについて……アラン・グリーンスパンから多くのことを学んできた者として、またこの論文の基本的な、若干ラッダイト［技術革新反対論者］的前提を概してまちがっていると思う者として……意見を言わせてください」

「この［金融イノベーションの］プロセスによって圧倒的に有益な……ことが起こっていると、われわれ全員がほぼまちがいなく思っているでしょう」

「正のフィードバックの可能性やそれが金融市場で引き起こしうる危険について警鐘を鳴らしている点では、この論文は正しいと思いますが、この論文の基調を貫いている制約に向かう傾向は、大いに問題があるように思えます。それは多くの国でさまざまなまちがった政策への動きを勢いづけるように思えます」

だが、ウォール街のインサイダーたちは、サマーズが理解していなかったことをすでに理解していた。本当に深刻なバブルが発生しており、自分たちはそれを利用できるということに、彼らはいつ気づいたのか？　優秀な連中の多くは、二〇〇四年ごろには気づいていた。たとえば、モルガン・スタンレーのホウイー・ハブラーは、二〇〇四年に、経営陣の承認を得たうえで最も質の悪いサブプライム・ローン担保証券のデフォルトに賭け始めた。だが、バブルに逆張りして儲けられるのは、バブルが崩壊するときだけだ。バブルが成長する余地があるうちは、ウォール街は圧倒的にバブルを維持する方向に駆り立てられていた。バブルが終わろうとしていることに気づいたとき、駆り立てられる方向が変わったのだ。だから、ウォール街の多くの者が二〇〇六年末には巨大なバブルの存在を認識していたと言えるだろう。彼らがバブルの崩壊に大々的に賭け始めたのはそのころだったからだ。

ここで、マイケル・ルイスの全体的にはすばらしい本の問題点に簡単に触れておかねばならない。読み物としてとてもおもしろく、しかも勉強になることが多い彼の *The Big Short*（邦訳『世紀の空売り』東江一紀訳、文藝春秋、二〇一〇年）は、ウォール街はやみくもに突っ走って崖から転げ落ち、それに対し、少数の無鉄砲で常道を無視する、ほれぼれするほど変わり者の一匹オオカミたちは、住宅ローン市場を空売り《ショート》してシステムを打ち負かす方法を考え出したという印象を与える。ルイス氏には失礼ながら、実際の展開はそうではなかった。「世紀の空売り《ビッグ・ショート》」は本当に大取引《ビッグ・ビジネス》だったのであり、ウォール街の多くの者は非情なまでにそれに長けていたのである。

まず、いくつかの大手ヘッジファンドが、バブルに逆張りすることを思いついた。だが、投資銀行とは異なり、ヘッジファンドは債権を証券化してCDOを売ることで大儲けすることはできなかったので、バブルが破裂しそうになるまで待って崩壊から利益を得なければならなかった。そして、彼らはそれに成功した。先述したビル・アックマンに加えて、マグネター、トライカディア、ハービンジャー・キャピタル、ジョージ・ソロス、ジョン・ポールソンなどの大手ヘッジファンドは、バブルが終わるとき住宅ローン関連証券のデフォルトに賭けて、それぞれ何十万ドルもの利益を得た。この五つのファンドだけで、住宅ローン・バブルの崩壊に賭けることで、二五〇億ドルをはるかに上回る利益、もしかすると五〇〇億ドルを超えるかもしれない利益を手にしたと思われる。これらのファンドのすべてが、この賭けを行なうにあたってウォール街と緊密に協力していた。実際、まもなく見ていくように、彼らの賭けはウォール街がバブルを長引かせるのに大いに役立ったのだ。

しかも、すでに見たように、ウォール街の多くの者に、たとえ自分の会社をつぶすことになるとわかっていても、クズ証券の組成・販売を最後の最後まで続ける大きな金銭的インセンティブがあった。債権買い取り担当者、証券化担当者、トレーダー、セールス担当者、経営幹部など、ウォール街の何千人もの人間が、バブルが悲惨な形で終わることを明らかに百も承知していた。だが、彼ら個人にはバブルを止める力はなく、しかもバブルが終わっても失うものはほとんどなかったので、バブルが続いている間は大儲けを続けていたのである。

ルイス氏に公正を期すと、いくつかの大手銀行——とくにシティグループ、メリルリンチ、リーマン・ブラザーズ、ベアー・スターンズ——では、経営陣が本当に愚かで現実から遊離していて、社員がいつまでも調子に乗るのを放置し、そのため自分の会社を破壊する結果になったのは確かである。高揚感と闘争本能とマネーが渦巻く全体的な雰囲気も明らかに一役買って、もっと事態を把握していてしかるべきだった銀行内の多くの人に影響を及ぼした。だが、これらの銀行にさえ、無防備な顧客に売りつけることで不良資産を処分し、自社が組成、販売した証券のデフォルトに賭けることで儲けようとした集団がいたのである。二〇一一年にSECがシティグループに対する訴訟を和解で解決しようとしたことがあったが、これはシティグループのCDO部門のシニア・トレーダーが、不良証券の「ショート側」に立つことで利益を得たとして訴えられたものだった。連邦判事はSECの和解案を寛大すぎるとして却下した(2)。

そのうえ、ゴールドマン・サックス、JPモルガン・チェース、モルガン・スタンレーの経営陣に関しては、愚かさは明らかに問題の核心ではなかった。すでに見たように、モルガン・スタンレーは早くも二〇〇四年にバブルの崩壊に賭け始めていた。九〇億ドルの損失を出したのは、単に戦術面でミスをしたためだった。彼らは崩壊の規模を過小評価していたわけだが、その事実は彼らの行為を正当化するものではないし、彼らがバブルの存在を認識していなかったことを意味するものでもない。彼らはバブルをはっきり認識していて、容赦なく利用しようとしたのである。

逆に、JPモルガン・チェースはバブルに乗じるのを控えていた。有害な証券をいくらか売りはしたが、クズ証券のブームから概して慎重に距離を置いていたのである。JPモルガン・チェースの経営陣は、きわめて非倫理的な、違法とさえ言える行動を容認することはあったが、愚かでもなければ無関心でもなく、社員をしっかりコントロールしていた。ジェイミー・ダイモンがJPモルガン・チェースのCEOになったのが二〇〇五年という遅い時期だったことも、彼がシカゴの経営難の銀行を立て直したばかりだったことも、おそらく有利に働いたと思われる。

とはいえ、ダイモンがバブルの先行きに関心を払っていたのは明らかだった。二〇〇七年五月、MBIAの破綻に賭けていたヘッジファンド・マネージャー、ビル・アックマンが、ある投資会議で「誰がババを引くか?」という露骨なタイトルの講演を行ない、バブルとその迫りくる崩壊をこれでもかというほど徹底的に分析してみせた。私はそのテキストを読んだことがあるが、長さが六三ページもあり、しかも想像力に任せる部分は一点もない明快な論考だった。内容は企業統治やインセンティブ構造などの大局的な問題から、格付け会社における利益相反の問題、さらにはどれくらいの額の変動金利型住宅ローンが翌年金利リセット［ティーザー金利期間終了後の金利見直し］の時期を迎え、必然的にデフォルトの大波を発生させるかという詳細な分析まで、多岐にわたっていた。アックマンの講演テキストは投資銀行家の間で広く読まれた。その二、三カ月後、アックマンは全米オープン・テニスの会場でジェイミー・ダイモンにばったり会った。「僕の講演を読んだほうがいいよ」とアックマンが言うと、ダイセンは「もう読んだよ」と答えたという。

だが、ゴールドマン・サックスは別格だった。自社がわずか一、二年前に販売して大儲けしていた、まさにその証券のデフォルトに賭け、AIGやモルガン・スタンレーの愚かさにつけ込み、また、伝えられるところによると、リーマン・ブラザーズの愚かさにもつけ込んで、何十億ドルも稼いだのだ。ゴールドマンについては次に見ていくが、その前に少し脇道にそれることにする。

迫りくるバブルの終焉《しゅうえん》は、とてつもなく有害な究極の金融イノベーションを生み出した。それが編み出され、広く使われたという事実は、ウォール街の多くの者が、何が起こっているかを正確に知っていたことを示している。

世間知らずと間抜けだけをねらった新商品

二〇〇五年末か、まちがいなく二〇〇六年には、最も詐欺的なサブプライム・ローン債権でさえ、簡単には見つけられなくなっていた。借り手は借りられるカネはすべて借り尽くしていたので、最も悪質な住宅ローン仲介業者でさえ、貸せる相手はまもなく死人とペットとエイリアンだけになりそうだった。だが、世の中には不良証券を買う気が十分ある世間知らずで欲深い投資家がまだ大勢いた。

さて、どうするか？　ウォール街はすばらしい案を思いついた。このたびも救いの神はデリバティブだった。銀行家たちの慧眼《けいがん》は、多くの投資マネージャーが世間知らずか強欲か間抜け、もしくはそのすべてなので、住宅ローン証券化商品の金利が実際の住宅ローンからではなくその証券のデフォルトに賭けている利口な連中から出ていることがわかっていても、喜んでそうした証券を買うはずだと気づいたことだった。

ここで新商品、合成ＣＤＯが登場する（これについては、モルガン・スタンレーがバージン諸島の年金基金を食い物にするのに使った商品として、すでに簡単に説明した）。合成ＣＤＯのおかげで、サブプライム・ローン債権の供給が底をついても、銀行は無から何千億ドル分もの新しい高リスク証券を生み出せるようになった。そのために必要なのは、コンピューターと数学の才能と道徳観念の完全な欠如だけだった。

借り手をだます面倒な手順を経なくても、銀行は既存の住宅ローン担保証券を参照資産もしくは指標として使って、相対立する二つの側で構成される賭けを生み出せるようになった。一方の側では、投資家が合成ＣＤＯの「ロング・サイド」を買って、なんらかの「実物」ＣＤＯ（もしくはＣＤＯの価格を指数化したＡＢＸ指数）のパフォーマンスに近似した金利を受け取る。だが、投資家に支払われるこの金利は現実の住宅ローン債権から生まれるわけではない。賭けの反対側、すなわち参照資産とされている証券がデフォルトした場合に保証額を受け取る権利と引き換えに、喜んで金利──概して驚くほど低い金利──を支払う者が負担するのである。したがって、合成ＣＤＯを買うということは、事実上、参照資産もしくは指標として使われている証券に対するＣＤＳを売るということであり、投資家の「受け取り金利」は、実際には参照資産のデフォルトに賭けている反対側が払う賭け金なのだ。

この商品の興味深い――そしてきわめて危険な――点は、住宅バブルが終わって住宅ローン債権の供給が底をついてからも、投資銀行は合成CDOを売ることで金融バブルを長引かせる（そして、そのあとに来る危機を悪化させる）ことができた点だった。投資銀行は合成CDOを使って、モルガン・スタンレーがリベルタスでやったように、またゴールドマン・サックスが繰り返しやったように、自社が組成、販売した証券のデフォルトに賭けた。また、市場全般の崩壊に賭けた。さらに、間抜けを狡猾なサメ（たとえばヘッジファンド）と組み合わせて、取引の両方の側を売ることで手数料を稼いだ。合成CDOは「ロング・サイド」の反対側に喜んで賭ける者がいないかぎり存在しえない証券だ。したがって、この証券が急増したことは、ウォール街がバブルの存在だけでなく、その終わりが近いことにも気づいていた明白な証拠である。二〇〇六年に住宅価格の上昇が頭打ちになってから合成CDOが力強い伸びを示したのは、偶然ではないわけだ。

それに、これは変わり者で逆張り好きの少数の個人を相手にする小規模なビジネスでは断じてなかった。二〇〇六年末には、合成CDOやハイブリッドCDOの販売額は一〇〇〇億ドルに近づきつつあり、「従来型の」CDOに組み込まれる資産もおよそ四分の一が合成証券になっていたというのが、妥当な推定だろう。二〇〇七年上半期、つまり市場が崩壊する直前には、合成CDOはほぼまちがいなくCDO市場全体の過半数を占めていた。

そして、このビジネスについて誰よりもよく理解していたのが、ゴールドマン・サックス、ジョン・ポールソン、マグネター、それにトライカディアだった。

ゴールドマン・サックス、本当にビッグな空売り、危機に乗じた大儲け、議会に対する虚偽証言

上院常設調査小委員会によって集められ、二〇一〇年四月の同委員会公聴会の記録などによって補完された九〇〇ページ余りの文書と電子メールは、ゴールドマン・サックスがどのようにして崩壊から利益を得たかという注目すべき経緯を明らかにしている。二つの結論がとくに重要だ。

一つは、ゴールドマンの経営陣はしたたかで有能だったということだ。ジミー・ケインやスタン・オニールやチャック・プリンス（シティグループのCEO）は、自社のトレーダーが何をしているかを把握していなかったし、気にかけている様子もなかったが、ゴールドマンの幹部たちはちがった。彼らは市場全体の動きも自社のポジションも細かく観察し、理解していた。ヘリコプターでのゴルフやブリッジ・トーナメントを優先させたりはしなかった。バブルの終わりを正確に見きわめ、その崩壊に賭ける戦略に切り替え、見事な規律とスピードと先見性をもってそれを実行したのである。

二つ目の重要な結論は、彼らが「クソ」資産を処分し、業界を操作し、迫りくる危機を規制当局に知らせず、のちには自社の行動についてウソをついた、そのやり方から言えることで、彼らは徹底的に冷酷な悪党になることができ、往々にして一線を大きく超えて、少なくとも素人目には詐欺や偽証のように見える行動をとったということだ。ここでは、まず二〇〇六年〜〇七年の彼らのトレーディング戦略と資産処分戦略を、それから二〇〇七年〜〇八年の彼らの鮮やかで非情な業界操作を、そして最後に二〇一〇年の彼らの正直とは言いがたい議会証言を見ていくことにする。

電子メールの通信記録を見ると、ゴールドマンの戦略の変化がよくわかる。第一段階は、二〇〇六年一二月半ばに行なわれた、同社の住宅ローン関連資産全体の徹底的な「掘り下げ」だった。作業グループが自社の住宅ローン関連資産のポジションとそれに対するヘッジをすべて洗い出して、ポジションごとの損失リスクを計算したのである。それを足し合わせた結果、ゴールドマンは八億七〇〇〇万ドルの潜在的損失を抱えていることが明らかになった。

ゴールドマンの最高財務責任者《CFO》、デイビッド・ビニアールは、一二月一四日にモーゲージ・チーム全体を集めた会議を開いて方針を決定した。目標は「リスク資産を縮小し……新しいローン債権の証券化によって生み出された証券をできるかぎり多く売り払って、これまでのポジションを解消する」こととされた。

そのわずか四日後、ロンドン支店の三一歳の上級会計マネージャー、ファブリス・トゥールが、特定の証券の購入について本社に問い合わせのメールを送った。「わが社が大量にショートしている」（傍点は著者による）ことに気づいたので、と彼は記していた。(3) ゴールドマンは新しいローン債権に対する入札額を引き下げ、ABX指数を大量に空売りし、個々の証券に対するCDSプロテクションを買い集めた。自社の戦略がバレないように、引き続き買い手側《バイサイド》市場に積極的に参加していたが、落札件数をできるだけ少なくするために入札額は意図的に引き下げた。

それからほどなく、住宅ローン市場は急激に悪化した。一二月末には中堅のサブプライム・ローン会社オウニットが破産を申請し、二〇〇七年二月第一週には大手のHSBCとニュー・センチュリーが重大な問題を明らかにした。HSBCはサブプライム・ローンでの多額の損失を明らかにし、一方、最も重要なサブプライム・ローン会社の一つ、ニュー・センチュリーは、二〇〇六年の利益を修正すると発表したのである。大幅な黒字と思われていたものが大幅な赤字に変わったことで、ニュー・センチュリーの株価は急落し、同社はまもなく破産を申請した。サブプライム・ローン担保証券のリスク指標として広く使われていたABX指数のスプレッド、すなわちリスク・プレミアムは、三パーセントから一五パーセントにはね上がった。

だが、そのころには、ゴールドマンのモーゲージ・トレーディング部門の責任者、ダン・スパークスは、自分の「ポジションは基本的に解消した」と――つまり、八億七〇〇〇万ドルの損失リスクはほぼ消え去ったと——上司に報告することができた。ただし、「証券に関する信用上の問題は悪化しており、痛みは広範囲に及んでいる（わが社が発行した特定の証券を買った投資家も含まれる）」と付け加えた。また、彼のグループの計算では、ゴールドマンの保有資産の実質価値は市場価格よりさらに急速に下落しているということも、経営陣に報告した。

その理由は、他の投資銀行の大多数が、市場の悪化に対してゴールドマンと同様の対応はとっていなかったことにあった。他の投資銀行は事実上すべて、保有資産の評価額をゴールドマンよりはるかに高いレベルに据え置いていたのである。おかげでゴールドマンの市場からの脱出は、それだけたやすくなった(4)。ゴールドマン・サックスと他の投資銀行とのこの行動のちがいは、すでに述べた三つの要因があいまった結果だった。一つは、多くのトレーダーがシステムを操作して、自分の個人的利益のためにバブルをできるだけ長続きさせようとしていたこと。二つ目は情報の細分化。そして三つ目は、もちろん一部大手銀行の経営陣の無関心さで、そのため社員たちが無謀な行動を長く続けすぎたことだった。

スパークスはショート戦略をとり続け、自分のグループが簿価を積極的に引き下げてきたことは、「わが社にとってはポジション的によいことだが、その［ＣＤＳ］プロテクションを引き受けている会社にとっては具合の悪いことだ(5)」と、社内電子メールに記した。ゴールドマンはＣＤＳプロテクションがまだ安いうちに買えるかぎりのプロテクションを買い込み、自社を守る手はずが整った時点でただちに証券の簿価を引き下げて、プロテクションの売り手に支払いを要求したようだ（これについてはＡＩＧの項であらためて詳しく説明する）。一週間後、市場が崩壊しつつあるなかで、スパークスは自分のチームにポジションを手じまいするよう命じた。これは彼らが少額ではあるが確実に得られる利益を確定したということだ。プロテクション契約から得られる利益はまだ待たなければならないが、確定した利益はただちにその年の利益に計上することができる。「今はとにかくそうするときだ。リスクに敬意を払い、堅実な指示を聞きとって実行する能力を示すときだ。……君たちはとてもうまくやっている(6)」

スパークスは上司に「われわれのポジションは売り越し《ネット・ショート》(7)」だが、まだ心配は残っていると報告した。だが、心配する必要はなかった。二〇〇七年第一・四半期には、モーゲージ・トレーディング部門は二億六六〇〇万ドルという過去最高の売り上げを記録し、同時にポジションの大幅な縮小を達成したのである。住宅ローン関連資産の在庫総額は一一〇億ドルから七〇億ドルに減少し、とくにサブプライム関連資産は正味で四八億ドル減少した。その時点からは、ゴールドマンはもう安全だった。ただし、金融システム全体が崩壊しないかぎり、という条件つきであり、のちほど見ていくように、ゴールドマンはその非常事態に対して備えを整え始めた。二〇〇七年七月末、住宅ローン関連資産に投資していたベアー・スターンズの二つのヘッジファンドが破綻したのち、ゴールドマンの共同社長ゲイリー・コーンがCFOのデイビッド・ビニアールに、一気に大虐殺相場になるかもしれないなと言うと、ビニアールはこう答えた。「ショート・ポジションをどっさり持っていない連中がどうなるか、見てのお楽しみですよ(8)」

ゴールドマンは住宅ローン関連証券をショートすることで大儲けしたが、やり方によってはそれよりはるかに大きな利益を得ることもできたはずだった。だが、最上層の幹部たち——ビニアール、コーン、それにCEOのロイド・ブランクファイン——は、本当に大々的なショート戦略をとるのは控えることにした。彼らは競争相手をやっつけるのは大好きだったが、安全を損ないたくはなかったので、危機が拡大するにつれてグローバル金融システム全体に広がる不安や不確実さや破壊によるリスクから身を守るために、少額ではあっても当面の利益を確定するほうがよいと判断したのである。ゴ

表1

ゴールドマン・サックスのモーゲージ関連業務の実績
2005年度～2007年度

（売上／単位：100万ドル）

	2005年度	2006年度	2007年度 第1～第3四半期
住宅ローン	277	311	(389)
商業用不動産ローン	197	167	139
資産担保証券	45	40	102
仕組み商品のトレーディング	245	401	955
その他	121	110	210
計	885	1,029	1,017

出所：ゴールドマン・サックス取締役会に対するプレゼンテーション資料、モーゲージ部門、2007年9月17日

ールドマンのトレーダー、ジョシュ・バーンバウムは、のちにこう嘆いた。経営陣がやらせてくれてさえいたら、自分のデスクはジョン・ポールソンの伝説的な「史上最大の取引」より大きな利益をあげていたはずだ。[9] しかし、そのためには、ショート・ポジションを買うためにかなりの額を投資する必要があり、しかもそこから得られる利益の計上を先送りする必要があった。この戦略には、二〇〇七年か二〇〇八年にゴールドマンが赤字を計上したら、投資家がパニックに陥るというリスクがともなっていたのである。

経営陣の慧眼と慎重さのおかげで、二〇〇七年はゴールドマンのモーゲージ部門にとって史上最高の年となった。第三・四半期の終わりには、表1が示すように、モーゲージ部門の売り上げは、それまでの最高記録だった二〇〇六年通年の売り上げにほぼ等しくなっていた。売り上げの伸びはショート・ポジションによるもので、これは仕組み商品のトレーディング・デスクに集中していた。住宅ローン関連業務の損失は、残っていたロング

・ポジションの簿価を引き下げたことによるものだった。

公正を期すために言うと、ゴールドマンのマネージャーたちが自社の住宅ローン関連業務を「ささやか」と表現したとき、それは本当だった。二〇〇七年通年のモーゲージ部門の売り上げは約一二億ドルだったのだから。だが、それこそが、ゴールドマンの実績を見事なものにした要因だった。デリバティブと巨額のレバレッジという新しい金融世界では、何の備えもないまま市場の激変にみまわれたら、ささやかなビジネスでさえ、たちまち何十億ドルもの壊滅的損失をもたらしうるということを、彼らは理解していたのである。これをたとえばシティグループの行動と比べると、ましてやベアー・スターンズのジミー・ケインの行動と比べると、ちがいはあまりにも大きい。シティグループははるかに大きなリスク・ポジションをとっていたが——同社の帳簿には五〇〇億ドル以上の高リスクの住宅ローン債権があった——経営幹部は市場が崩壊するまで自社が問題を抱えていることに気づいてさえいなかったのだ。

というわけで、ゴールドマンの賢明さには満点がつく。だが、同社の戦略は住宅ローン市場をショートすることだけではなかった。最もリスクの高い資産については、保険料を払って保険をかけるよりも売り払うほうが得になる場合があったからだ。この作戦もやはり、目を見張るほど効率的に、しかも倫理や誠実さや顧客の幸福はほぼ全面的に無視して実行された。彼らの行動が詐欺罪の基準を満たしているかどうかは、完全に判明することはないかもしれないし、証明不可能かもしれない。だが、私にはまちがいなく詐欺のように見えるし、いずれにしてもとびきり汚い行動だったことに疑問の余地はない。

次の項は、ゴールドマンの行為を同社のこれ見よがしの倫理規範と照らし合わせながら読むとおもしろいかもしれない。倫理規範にはこう記されている。「誠実さと正直がわが社のビジネスの核心をなしている。わが社は社員に、あらゆる行為で高い倫理基準を維持するよう要求する」[10]

在庫一掃セール

高リスク資産を売り払うという方針を決めるのはたやすいが、二〇〇六年末や二〇〇七年の時点でそうした資産をまだ喜んで買う人間を見つけられるかとなると、話は別だった。利口な連中はすでに問題外で、間抜けだけが買う可能性があった。二〇〇六年一二月、ファブリス・トゥール（自称「すばらしい《ファビュラス》・ファブ」）は、販売目論見書のリストをこう言ってはねつけた。これは「百戦錬磨のヘッジファンドに偏りすぎている……ヘッジファンドはほとんどの場合われわれと同じサイドに立つだろう……それに、彼らはこれがどういう仕組みになっているかを正確に知っている」[11]。

ありがたいことに、まだ間抜けが残っていた。セールス・チームは二〇〇六年一二月に「アックス」（優先販売のお知らせ）を送り始めた。その二、三カ月前、あるトレーダーは社内電子メールにこう記していた。「セールスの連中はわれわれが以前使っていた『アックス』メールを、初回のオファーで買うような間抜けは一人もいないクズ商品を売りさばく手段とみなしている」[12]

二〇〇七年三月の社内電子メールによれば、「カギは新しい顧客／資本をこのチャンスにすばやく引き入れること」だった。新しい顧客とは、事実上、愚かな投資家《ダムマネー》のことであり、別の電子メールの表現では「非従来型の買い手」のことだった。ゴールドマンの最も有害な商品の一つを韓国人の顧客に売り込んでいた、あるセールスマンは、販売を拡大できると思うが、「私たちは人間関係にもとづいて売り込んでいるのだから」コミッションを上げてもらいたいと要求した（友人をだますのは十分な報酬をもらえる場合にかぎります、というわけだ）。スパークスはこの要求を受け入れた[13]。

最も早い時期に行なわれた在庫一掃作戦の一つは、ハドソン・メザニン・ファンディング２００６

－1と名づけられた二〇億ドル分の合成CDOの組成、販売だった。この商品の販売説明書は、ほぼ一〇〇パーセント誤解を与える内容になっていた。説明書にはこう記されていた。ゴールドマンが目指しているのは、「魅力的な独自投資商品」を生み出すことによって「精選されたパートナーと長期的な関係を築くことです」。ゴールドマンは「インセンティブを投資家のそれと一致させました」。「ゴールドマン・サックスのCDOデスクが、ポートフォリオに組み入れるのに適格かという観点から資産を事前に選別、評価し……それぞれのモーゲージ・トレーディング・デスクと協力して個々の資産を審査します」。これはある意味では本当だった。処分したい資産を選んでいたのはCDOデスクだったからだ。[14] だが、「ウォール街から調達された資産。ハドソン・メザニン・ファンディングはバランスシート型CDO［金融機関が不良資産を処分することでバランスシートを改善するために発行するCDO］ではありません」という記述の最後の一文はウソだった。それは、銀行は不良在庫を売り払おうとしているのではないかと、すでに疑うようになっていた投資家たちを安心させるための言葉だったのだ。[15]

ゴールドマンが行なっていたのは、まさにその不良在庫の処分だった。売買手続きが完了したときには、トレーディング・グループの全員が歓声をあげ、拍手喝采した。彼らはリスクの大幅な縮小を達成し、しかも八五〇万ドルの利益をたたき出したのだ。数カ月後、この証券をさらに販売してリスクをさらに減らしたあと、スパークスはチームをこうねぎらった。君たちは「死にもの狂いで証券を組成し、世界中を駆け回り、休むまもなく働いて、大きな古いレモンからレモネードをつくり出した」。[16]

だが、ゴールドマンはハドソンを買った投資家たちをさらにいたぶった。二〇〇七年一〇月、ハドソンの事実上すべての証券が大幅に格下げされ、それによって清算事由の基準が満たされた。ゴールドマンは清算代理人として、それらの証券を可能なかぎり高い価格で売却し、投資家に対する清算金の支払いを監督することになっていた。ところが、ゴールドマンは投資家たちに、もっと経験豊富な代理人が見つかるまで清算を先送りすると告げたのだ！　証券の価格は下がり続け、一〇月には額面一ドルにつき六〇セントの価値があった証券が、一月には額面一ドルにつきわずか一六セントになっていた。モルガン・スタンレーの資産マネージャー*は、二月にゴールドマンにこう書き送った。「われわれのポジションの価値を下げること以外に、清算を遅らせる正当な理由は見当たりません。実に残念です……御社が私にこのような仕打ちをしておられる本当の理由を、いつの日か知りたいものです」。ゴールドマンが彼にそのような仕打ちをしていた本当の理由は、もちろん、ゴールドマンがその証券をショートしていたことにあった。価格が下がれば下がるほど、それだけ多くの富が投資家からゴールドマンに移転する結果になったのだ。(17)

ハドソンに加えて、ティンバーウルフという合成CDOも一〇億ドル分あった。これは上院公聴会のおかげで広く名を知られるようになった証券で、先述したコミッションの引き上げ要求があったのも、この証券についてだった。ティンバーウルフの一部を額面価値の六五パーセントで売る契約が成立したというセールス部門からの知らせに対して、あるトレーダーは次のような電子メールを返した。

*ここで不可解なのは、モルガン・スタンレーはなぜハドソンでロング・サイドに立ったのかという点だ。同社もまた、在庫処分のために投資家に有害な商品を売りつけていたからだ。だが、これはゴールドマン・サックスのようなしっかりした社内規律を持つ金融機関がいかに少なかったかを示しているにすぎない。モルガンにもゴールドマンにも、顧客に代わって投資を行なう大規模な資産運用部門があった。モルガンの資産運用部門のうぶなマネージャーにとっては、ゴールドマンが売り出した投資適格格付けの証券は悪くない投資対象に見えたのだろう。ゴールドマンの資産運用部門には、その証券を買おうとした者は一人もいなかったにちがいない。

トレーダー　これは一〇セントの価値しかない。ひどい代物だ……うちの帳簿には入れたくないね。
セールス　そこまでひどくはないよ。
トレーダー　ＣＤＳ市場はあの証券を今年の一番ひどいものの一つと見ている……その見方がまちがいだといいけどね。(18)

ゴールドマンの経営陣は、ティンバーウルフを処分できたことに大いに満足した。二〇〇七年三月二八日のセールス部門への電子メールには、こう記されていた。「すばらしい仕事ぶりだ……ティンバーウルフのシングルAを全部売り切ってくれたんだから」(19)

その年の六月には、まだ三億ドル分のティンバーウルフが残っていたのだが、ダン・スパークスの上司トム・モンタグは、スパークスに宛てた電子メールに、のちに上院公聴会で引き合いに出された感想を記した。「いやはや、あのティンバーウルフはクソ証券だったな」(20)だが、もちろんゴールドマンはそれを売り続けた。

同じ年の九月には、潜在的クライアントにヘッジ戦略の手本として勧められるゴールドマンの証券を教えてくれと、トゥールがトレーディング部門に依頼してきた。それを受けて、二人のトレーダーが次のような電子メールを交わした。

トレーダー1　正確にはどのクラスがいいかな。

トレーダー2　よくわからないが、一月には額面に近い価格だったのに今では一五［セント］前後に下がっているクラスだろうな。

トレーダー1　うーん、［ティンバーウルフは］〇七年三月二七日まで存在していなかった……

おおまかな流れをまとめると……

〇七年三月三一日　九四—一二
〇七年四月〇七日　八七—二七
〇七年五月三一日　八三—一六
〇七年六月二九日　七五—〇〇
〇七年七月三一日　三〇—〇〇
〇七年八月三一日　一五—〇〇
現在　一五—〇〇

トレーダー2　三月二七日——この日は恥辱の日として記憶に残るだろう(21)［真珠湾攻撃翌日のルーズベルト大統領の言葉をもじったもの］。

だが、トゥールの依頼はよく考えると変だ。セールス担当の人間がなぜこんなひどいパフォーマンスの商品を売り込もうとしていたのだろう。

実際、なぜだったのか？　残念ながら、この電子メールのやりとりの残りの部分は明らかになっていないが、それでもファビュラス・ファブは何をしていたのかという、大いに納得のいく説明はつけられる。彼は、そしてゴールドマンは、間抜けと取引するだけでなく利口なやつらとも取引したいと思っていたのである。ショートする対象を探していた連中、デフォルトするように特別に仕立てられた証券をゴールドマンにつくってもらいたいと思っていた連中、ジョン・ポールソンのような連中とだ。

SECは二〇〇八年末にポールソンのショート戦略について調査し始めたが、ゴールドマンがポールソンにショート・ポジションをとらせることだけを目的に証券を組成した事実が広く知られるようになったのは、二〇〇九年、グレッグ・ザッカーマンの *The Greatest Trade Ever*（邦訳『史上最大のボロ儲け』山田美明訳、阪急コミュニケーションズ、二〇一〇年）の刊行によってだった。ゴールドマンの社内ではAC1と呼ばれていたアバカス2007－AC1は、主としてポールソンが選んだ証券で構成されていた。ポールソンの選定の基準は、「不良」が標準だった市場で、とくに不良であることだった。

ポールソンの案件

ジョン・ポールソンよりずっと早くから住宅市場の暴落に賭けていたファンド・マネージャーもいた。すでに見たように、モルガン・スタンレーは二〇〇四年にこの戦略をとり始めた。だが、同社が思い知らされたように、市場のバブルは弱気筋の資力より長く続くことがあり、時間がたってバブルとその必然的な崩壊がインサイダーの目により明白になるにつれて、住宅市場の暴落に賭けるために必要なコストは増大した。

ポールソンはいくつかのヘッジファンドを経営しており、長期にわたって損失に耐えられるだけの資力があった。また、やがて訪れる「サブプライム・ローン担保証券の全滅」を確信していたが、その彼でさえ、住宅ローン関連証券の不透明さや複雑さには不安を感じていた。そこで彼は、こうした証券をカスタムデザインしてくれる投資銀行を探し始めた。カスタムデザインなら、何が組み込まれているのかを正確に把握できるし、組み込む証券を自分で選ぶことさえできるからだ。住宅ローン関連の取引では決して倫理感の塊ではなかったベアー・スターンズでさえ、ポールソンの要請は「不適切[22]」と思われたので断った。すでに見たように、ベアー・スターンズはとてつもなく非倫理的な行動をとっており、倫理については気にしていなかったが、詐欺罪で訴追されることを恐れたのだ。ポールソンにとって幸いなことに、ゴールドマンにはそのような罪の意識はまったくなかった。

この証券を設計し、投資家と連絡をとり、売り出し資料の作成を監督したのは、ファビュラス・ファブ・トゥールだった。ロング・ポジションを好む投資家、またの名をカモにより売りつけやすい証券にするために、トゥールは独立した立場の担保選定・管理会社をマネージャーに任命して、組み入れる資産の選定はこの会社が行なったという体裁を整える必要があった。社内の電子メールのやりとりを見ると、ゴールドマンのトレーダーたちは、そのような会社は「ポールソンが使いたがるような銘柄には同意」しないだろうとか、「質の悪いポートフォリオを組んで……自社の名前をリスクにさらす」のは拒否するだろうと心配していた。結局、ゴールドマンの他のいくつかの案件でマネージャーを務めたことがあったACAマネジメントが、その役目を任された[23]。

ACAはこの証券の本当の目的は聞かされていなかった。ポールソンがかかわっていることは認識していたが、彼の本当の目的がそのデフォルトに賭けることだとは気づいていなかった。ポールソンがゴールドマンに、自分がショートしたいと思っている一二三の証券のリストを渡し、そのリストがACAに渡された。それからACAとポールソンとゴールドマンの間で何度かミーティングが開かれた。ACAはポールソンがひどい銘柄を推奨したり、優良銘柄を拒否したりすることにときおり困惑したものの、九〇銘柄についてなんとか合意が成立した。うち五五銘柄が、ポールソンのリストにあったものだった。こうしたミーティングの最中に、トゥールはゴールドマンの同僚に次のような電子メールを送った。「今ACA・ポールソン・ミーティングに出てる。これ、すごいよ[24]」

すべての販売資料でACAの役割が強く打ち出されており、ポールソンの役割には一言も触れられていなかった。また、ロング・ポジションを好む投資家にとってこの証券がいかに魅力的なものであるかが力説されていた。たとえば、販売説明書の核をなしていたのは、ACAの債券選定能力に関する一八ページの説明だった。何カ所か引用してみよう。「債券のファンダメンタルズにもとづく……資産選定」……「経済的利益を投資家のそれと一致させ」……「ACAのCDOは一度も格下げされたことがありません」。この調子で延々と続いており、ACAのきわめて厳しい債券審査プロセスの詳細な説明も盛り込まれていた。[25]

最終的に生み出された証券は、参照債券のほとんどが質の悪さゆえに選ばれた二〇億ドル分の合成CDO、アバカス2007-AC1だった。格付け会社のマジックによって、この合成CDOの過半数がAAAに格付けされた。ゴールドマンはのちに、この証券で九〇〇〇万ドルの損失を出したと主張した。だが、この主張は信じがたい。ほかならぬゴールドマン自身の社内文書に、この証券でわが社がとるリスクはまったくないだろうと記されているからだ。とはいえ、もしかしたらゴールドマンでさえ、ときには自社の社員に手玉にとられることがあったのかもしれない。ゴールドマンはその証券を全部は売り切れなかったのかもしれないし、一部について買い戻しの要求に応じざるをえなかったのかもしれない。あるいは、なんらかの形の損失補塡義務を負っていたのかもしれない。[26]

標的にされた顧客はIKBドイツ産業銀行だった。デュッセルドルフに本店を置く小規模行で、典型的なダムマネーだった。IKBはCDOを積極的に買いあさっており、同行傘下のヘッジファンド、ラインブリッジ・キャピタルは、二〇〇七年夏という最も早い時期に破綻するファンドの一つになる。IKBは四月にアバカス2007-AC1のAAAの証券を一億五〇〇〇万ドル分購入した。

その年が終わるずっと前に、AC1はほとんど無価値になり、IKBの一億五〇〇〇万ドルは基本的に全額ポールソンの懐に入った。それから複雑な従属取引によって、ロング・サイドの一部はロイヤル・バンク・オブ・スコットランドの債務になった。ＡＣＡはその年の終わりに破綻し、二〇〇八年初めに一部清算が行なわれたが、清算金の一部はおそらくゴールドマンに行き、そこからポールソンに渡ったのだろう。二〇〇八年八月、ロイヤル・バンク・オブ・スコットランドはデフォルトした証券の自社の債務分について、ゴールドマンに八億四一〇〇万ドルの清算金を支払ったが、これもポールソンの手に渡ったものと思われる[27]。

ＳＥＣは二〇〇八年八月にポールソンの案件についてひそかに調査を始め、二〇一〇年四月、ゴールドマンを詐欺罪で連邦裁判所に民事提訴した。バブルと危機の間の行動についてＳＥＣがゴールドマンを訴えたのは、この一件だけだった。ゴールドマンは、わが社は不正なことは一切行なっていないと陳述したのち、二〇一〇年七月、五億五〇〇〇万ドルの罰金を払うことに同意して、和解した。和解合意書には、「ポールソン・アンド・カンパニーの役割を開示せずに」ＡＣＡがポートフォリオを選定したと述べたのは「誤り」であり……「販売資料にその開示が含まれていなかったことをゴールドマンは遺憾に思う」と明記された[28]。

ＡＩＧを相手にしたゴールドマンの本当に真剣な賭けに移る前に簡単に述べておく必要があるが、ゴールドマンとポールソンの行動は恥ずべきものではあったが、このような行動をとったのは彼らだけではなかった。ドイツ銀行や他のいくつかの大手投資銀行も、ポールソンや他の大手ヘッジファンドと組んで、似通った証券を組成し、似通った成果を得たのである。だが、ＳＥＣがドイツ銀行を追及することはまずないだろう。なぜならオバマ政権の発足以来、ＳＥＣの法執行局長はロバート・クザミが務めており［二〇一三年一月退任］、彼はバブルの間ずっとドイツ銀行の南北アメリカ担当法務責任者だったからだ（ある意味では、これはなかなかよい人選かもしれない。彼は自分自身から証言を録取し、自分自身を召喚し、訴追し、自分自身と和解すればよいのだから）。

ポールソンと同様の行動をとった他のヘッジファンドとしては、マグネターとトライカディアの二社が最もよく知られている。

マグネターの案件

マグネターはポールソンの戦略と似通った戦略を編み出したシカゴのヘッジファンドである。同社に関する以下の説明は、非営利オンラインメディア、プロパブリカの優れた連載調査記事と、イーブス・スミスの本 *Econned*[29] の、より専門的な分析にもとづいている。

先ほど取り上げたゴールドマン・サックスのアバカスの案件では、ポールソンはロング投資はまったく行なわなかった。ショート・サイドを買っただけであり、証券がデフォルトしたとき莫大なカネを手にするにはそれで十分だった。だが、マグネターは、またポールソンもドイツ銀行と組んだ案件ではときおり、さらに賢い手を使った。まず、本当に質の悪い証券を見つけるか、投資銀行に組成させるかして、そのほぼすべてについてショート・サイドを買う。その一方で、一見逆説的に見えるが、いわゆるエクイティ・ピース——証券化案件全体の最も質の悪いトランシェで、真っ先にデフォルトするもの——のロング・サイドも買うのである。なぜそうするのか？

それはモルガン・スタンレーで哀れなハウイー・ハブラーが直面した問題に、はるかに賢い方法で対処するためだった。証券が実際にデフォルトするまでは、合成CDOのショート・サイドを持っている者はロング・サイドの投資家に金利を払い続けなければならない。この金利は、場合によってはかなりの額になる。マグネターは（またときにポールソンも）エクイティ・ピースから得られるきわめて高い金利（一般に年間二〇パーセントで、ときにはさらに高いこともあった）で、自分の支払う金利をまかなっていたのである。ポールソンとマグネターが理解していて、モルガン・スタンレーが理解していなかったことは、バブルは概して長期間続くが、崩壊は通常またたく間に起こり、すべてをなぎ倒すということだ。だから、エクイティ・ピースは、崩壊が訪れるまで金利を生み出し続けて、ポールソンとマグネターの大量のショート・ポジションのコストをまかなってくれた。たしかにエクイティ・ピースは真っ先にデフォルトするが、他のすべてのトランシェもそれからすぐにデフォルトするはずだと、彼らは考えたのだ。この戦略には、彼らの本当の意図を、少なくともうぶな投資家の目からは隠し通すことができるという利点もあった。

彼らのリターンは途方もない額にのぼった。これはちまちましたビジネスではなかったのだ。マグネターの案件の一部を扱ったヨーロッパのある銀行の幹部は次のように語った。

活発なCDO引き受け部門を持つ大手の投資銀行で、マグネターと組んで〝いない〟ところがあったかね。君が一社でも名前をあげられたら……私は腰を抜かすよ……繰り返し行なわれていたんだ。組み込まれる債券は重要じゃなかったし、彼らが契約するマネージャーも本当のところ重要じゃなかった。……コマがそろったら、彼らはまた持ち込んできたものだ。[30]

ジェイミー・ダイモンにしては珍しいミスだったが、JPモルガン・チェースはこうした案件の一つ、「スクエアード」と呼ばれる証券の組成に深くかかわり、その結果、損失を出した。マグネターの行動は、アバカスでのポールソンの行動とほぼ同じだった。スクエアードのデフォルトに賭けるために、この証券に組み入れる資産の選定に一役買ったのだ。JPモルガン・チェースはこの証券を組成し、それがデフォルトするように設計されたものであることも、マグネターがかかわっていることも伏せたまま、その一部を顧客に販売した。だが、十分な量を売りさばくことができず、そのため八億八〇〇〇万ドルの損失を出す結果となった。

マグネターは一件一〇億ドルから一五億ドルの証券化案件を三〇件生み出した。ごくおおまかな推定では、二〇〇六年にはマグネター一社のショート・ポジションの支払いで、サブプライム・ローン関連証券市場の四分の一の金利がまかなわれていたのではないかと思われる。（ファビュラス・ファブのようなタイプの）投資銀行家たちは、証券の組成を手助けし、マグネターの賭けの相手になる愚か者を見つけ出すことで多額の手数料を得た。マグネターは、クソ証券とそれを持っている愚か者から何十億ドルもの利益を引き出す方法を見つけた少数の頭の切れる人間の集団だった。彼らの行動のせいで、愚かな融資や投資が一〇〇〇億ドルないし二〇〇〇億ドル増えたとしても、それは彼らの知ったことではなかった。* トライカディアのやり口もこれとほぼ同じだった。

だが、このあたりでゴールドマン・サックスに戻ることにしよう。ゴールドマンの最も見事な手口はこれから登場するのだから。

ゴールドマン・サックスとＡＩＧ

自社の大量のクズ資産をさまざまな愚か者に売り払った後、ゴールドマンはグローバル金融システムをそれと知りつつリスクにさらした。住宅ローン市場の崩壊に賭けるにあたってＡＩＧを大きなカモとして利用していたので、ゴールドマンは二〇〇八年には、自社が買ったＣＤＳだけでＡＩＧを崩壊させるに十分な額であることを認識していた。その認識を踏まえて、ゴールドマンは何をしたか？　ショート戦略をさらに推し進め、同時にＡＩＧ株を空売りしたのである。その間に、自社の元ＣＥＯで財務長官のヘンリー・ポールソンに電話を入れて、手に負えない事態が今にも起こりそうだと注意を促しただろうか？　いや、それはし忘れたようだ。

市場全体のリスク資産はもちろん、AIGのリスク資産についてさえ、全体的な規模を把握している企業や政府機関は一つもなかったのではあるが、ゴールドマンはいくつかの理由で他のほとんどの組織よりはるかに有利な立場にいた。第一に、ゴールドマンはAIGがロンドンのCDS部門、AIGファイナンシャル・プロダクツ（AIGFP）を通じて保険を付与していた六二〇億ドル分のCDOのうち、一七〇億ドル分を販売していた。[31] CDSという保険をかけることで、潜在的投資家がゴールドマンのCDOは基本的に無リスクだという安心感を強めてくれるよう、投資家をわざわざAIGFPに紹介することもあった。一部のCDOについては、ゴールドマンは販売後にそのCDOの裏付け資産を入れ替える権利を持っており、自社の有害資産をさらに処分するためにこの権利を乱用したと非難されてきた。だが、この権利のおかげで、同社は自社のCDOのパフォーマンスについて、したがってAIGFPのCDSのパフォーマンスについても、さらに多くの情報を得ることができ、さらに大きな支配力を持つことができた。第二に、ゴールドマン自身がAIGから直接、大量のCDSプロテクションを買っており、その一部は自社がかつて販売した証券に対するCDSだった（ゴールドマンのCDOの一部はAIGのCDSポートフォリオのなかで最も質の悪いものだったことが、のちに明らかになった）。第三に、AIGの別の部門――証券投資・融資部門――が愚かにも購入しており、価値が急落し始めていた七五〇億ドル分の住宅ローン関連CDOの一部は、ゴールドマンが組成、販売したものだった。第四に、バブルが崩壊するなかで、AIGが同社のCDSの保有者からの

＊イーブス・スミスはマグネターが誘発した融資を一二八〇億ドルと控えめに推定している。この期間に生み出されたキャッシュ・サブプライムCDO［合成ではない、つまり資産の裏付けのあるサブプライムCDO］の総額は、約四五〇〇億ドルだった。マグネターの影響については、二五〇〇億ドルという高い推定値もある。

支払い要求によって急速に体力を奪われていることを、ゴールドマンは知っていた。誰よりもよく知っていた。すでに見たように、ゴールドマンは有害資産の簿価の引き下げをウォール街で最も積極的に行なっていた。いち早く簿価を引き下げ、その引き下げにもとづいて最も早くから最も強くAIGに支払いを要求していた。だから、自社の支払い要求だけで近々数十億ドルに達する可能性があることを知っていたのである。最後の理由として、ゴールドマンの株式調査部門はAIGも調査対象にしており、AIGの財務状態に関する調査報告を定期的に他の部門に提供していた。

二〇〇七年に入ると、ゴールドマンは大々的なショート戦略の一環として、AIGFPから住宅ローン関連の証券や指数に対するCDSプロテクションを一気に二〇〇億ドル以上購入した。プロテクションの価格は安かった。これらの証券はまだ高い格付けを得ていたし、市場でもゴールドマン自身の帳簿でも額面かそれに近い価格がついていたからだ。だが、CDSプロテクションを確保したゴールドマンは、それからまもなく保有証券の簿価を積極的に引き下げ始め、引き下げのたびに、それによって生じた損失分をただちに支払うようAIGに要求した。二〇〇八年二月、一つにはゴールドマンの要求の結果として、AIGは次第に不安を募らせた外部監査人に迫られて、損失が出たこととCDSポートフォリオの評価に関する自社の会計処理に「重大な弱点」があったことを発表せざるをえなくなった。二〇〇八年を通して、ゴールドマンは支払い要求を大幅に加速させ、証券の価値をめぐる、したがって必要な支払い額をめぐるゴールドマンとAIGの激しい論争が展開された。

二〇〇八年半ばには、いや、もしかしたらそれ以前から、ゴールドマンは自社のCDS支払い要求だけでAIGを楽々と破綻させられることを認識していた。それに加えて、AIGは保有証券やCDS部門を通じて保険を付与している他の証券でも損失をこうむると思われた。これらの証券の多くがゴールドマンによって組成、販売されたものだったので、ゴールドマンはこれらの証券やそのデフォルトの可能性について、ＡＩＧよりはるかに詳しい情報を持っていた。こうしたさまざまな情報を手にしていたのだから、ゴールドマンはＡＩＧが苦境に陥っていることをまちがいなく知っていたはずだ。ゴールドマンはそれをどの規制機関にも通報しなかったし、自社の顧客やＡＩＧにももちろん知らせなかった。だが、対策をとることは忘れなかった。第一に、受け取るべきカネを他のＣＤＳ保有者より先に、しかもＡＩＧが破綻しないうちに受け取れるよう、ますます強く支払いを要求するようになった。そして第二に、約一億五〇〇〇万ドル払って、ＡＩＧに対する二五億ドルのＣＤＳプロテクションを購入した。ＡＩＧがデフォルトもしくは倒産した場合には、ゴールドマンは二五億ドル受け取ることになるわけだ。このＣＤＳ契約は少なくともゴールドマンをリスクから隔離してくれ、そのうえ、正確な契約条件や支払い事由によっては、ゴールドマンにＡＩＧの破綻を引き起こす積極的な動機まで与えた可能性がある。たとえば、ＡＩＧが倒産する直前に、ゴールドマンが自社の保有する住宅ローン関連のＣＤＳに対して満額支払いを受けられた場合には、ゴールドマンはＡＩＧが健全であり続けるより、倒産したり倒産が危惧される状態になったりするほうが多額のカネを得られるのだ。そして結局、実際に起こったことはこれにきわめて近かった。通常なら、ゴールドマンがそれを事前に予測できたはずがないのだが。

　ＡＩＧの深刻な状態に関するゴールドマンの見解が同社の調査アナリストによって初めて発表されたのは、二〇〇八年八月一八日というずいぶん遅い時期だった。ＡＩＧは大きな信用リスクであり、格下げされる可能性が高く、追加資本の調達を緊急に必要としていると、このレポートは述べていた。そう、ゴールドマンは知っていたのである。ＡＩＧが崩壊する直前の二〇〇八年九月一二日には、ＡＩＧは住宅ローン関連のＣＤＳの支払いをすでに一八九億ドル実行させられていた。うち七六億ドル、すなわち四〇パーセント以上がゴールドマンに直接支払われていたが、ゴールドマンはさらに支払うよう要求していた。それから数日後、ゴールドマンにさらに数億ドル支払ったのち、AIGは資金繰りがつかなくなって破綻した。連邦政府からの八五〇億ドルの「融資」によって救済されたものの、それによって株式の七九・九パーセントを政府に握られることとなった。[32]

それからまもなく、財務省とニューヨーク連邦準備銀行の指示により、AIGは救済資金のうち六〇〇億ドル以上を使って、自社の住宅ローン関連CDSの保有者に対する保証を満額支払った。この支払い契約には、AIGがのちに相手を詐欺罪で提訴することを禁じる条項も含まれていた。ゴールドマンは一四〇億ドル受け取った。以来、ニューヨーク連銀と財務省は、ブッシュ政権下でもオバマ政権下でも、これらの支払いとその契約条件に関する情報の開示に激しく抵抗してきた。皮肉なことに、情報開示を要求したのはAIGの新しい経営陣だった。

ゴールドマンがAIGに対する二五億ドルのCDSプロテクションをどうしたのかは公にはされていないが、二〇〇八年の終わりか二〇〇九年の初めにほぼまちがいなく売却して、かなりの利益を得たはずだ。おそらく一〇億ドルを超える利益だったたと思われる。

二〇一〇年四月、SECによる提訴と上院による調査ののち、カール・レビン上院議員率いる上院常設調査小委員会が、ゴールドマンの行為に関する公聴会を開いた。焦点が当てられたのは、二〇〇六年から〇七年にかけてのゴールドマンのショート戦略だった。モーゲージ・トレーディング部門のトップ、ダン・スパークスの証言を手始めとして、公聴会での証言の抜粋をいくつか紹介しよう。これらの証言は何よりも雄弁な証拠である。何人かの議員が指摘したように、証人たちは驚くほどわかりが遅く、多くの重要なことを知らず、彼らがあれほどうまく遂行していた業務、社内メールであれほどよく話題にし、あれほど容赦ない感想を述べていた業務について、ほとんど覚えていなかったからだ。

レビン上院議員　あなた方にはクライアントにとっての対立利益を開示する義務もあるのではありませんか？　その義務がありますか？

スパークス氏　とおっしゃいますと？

レビン上院議員　あなた方にクライアントの利益と対立する利益がある場合、あなた方にはそれをクライアントに開示する義務がありますか？

スパークス氏　会社がどういう立場にあるかというご質問でしょうか、それともわれわれモーゲージ・デスクの立場のことでしょうか？

レビン上院議員　クライアントに証券を売ろうとしているとき、あなた方にそのクライアントの利益と対立する利益がある場合、あなた方にはそのクライアントにその対立利益のことを伝える責任がありますか？

スパークス氏　委員長、私はただ対立利益が何を意味するのか、理解しようと——

レビン上院議員　いや、あなたは理解しています。答えたくないんでしょう。

少しあとには次のようなやりとりがあった。

レビン上院議員　私は質問してるんです。そこの最後のパラグラフを見てください。最後の二行です。「フレモント［ゴールドマンにローン債権を供給していたサブプライム・ローン会社］は前向きな発言は一切しようとしなかったので、今売りに出されているクズ債権プールについて、彼らからは本当に何の情報も得られなかった」。そこを読みましたか？

スパークス氏　はい。
レビン上院議員　よろしい。では、あなたは当時、フレモントの評判がよくないことを知っていましたか？
スパークス氏　この電子メールは――
レビン上院議員　思い出しましたか？　あの会社の評判がよくないことを当時知っていたかどうか、思い出しましたか？
スパークス氏　一一月にあの会社の評判がよくなかったかどうかを、ですか？
レビン上院議員　ええ、デフォルト率が高くてね。
スパークス氏　フレモントはサブプライム・ローンをオリジネートしていました。それはみんな知っていました。
レビン上院議員　イエスかノーで。あの会社の評判がよくないことやデフォルト率が高いことを知っていましたか？
スパークス氏　当時のことは思い出せません。

さらに、次のようなやりとりもあった。

レビン上院議員　お宅のセールス・チームはティンバーウルフについてこう言っていたんですよ。「いやはや、あのティンバーウルフはクソみたいな証券だったな」。彼らはそのクソみたいな証券を売ったわけです。
スパークス氏　委員長、この電子メールは部門責任者から来たもので、セールス部隊からではありません。これは――

レビン上院議員　何であれ、ゴールドマンの社内文書です。

スパークス氏　これは六月末に私に来たメールです。

レビン上院議員　そのとおり。そして、あなた方は――

スパークス氏　取引のあとです。

レビン上院議員　いや、あなた方はこのあともティンバーウルフを売りました。

スパークス氏　そのあとに取引を行ないました。

レビン上院議員　そうです、よろしい。あとの取引は――

スパークス氏　少し背景を説明したほうがよいかもしれません。

レビン上院議員　背景は、いいですか、背景はこの上なくはっきりしています。六月二二日がこのメールの日付です。「いやはや、あのティンバーウルフはクソみたいな証券だったな」というメールの、ね。二〇〇七年六月二二日のあと、そのクソみたいな証券をどれだけ顧客に売ったんですか？

スパークス氏　委員長、私にはその答えはわかりません。ですが、価格は顧客がそのとき投資したいと思っていた水準を反映していたはずです。

レビン上院議員　あなた方は、自分たちがそれをクソみたいな証券だと思っていることを顧客に伝えませんでしたね？

スパークス氏　えーと、私は伝えませんでした。

次はＣＦＯのデイビッド・ビニアールの証言だ。

レビン上院議員　社員がそれはクズだ、それはクソ証券だと思っている場合、ゴールドマン・サックスはそれを顧客に売るべきだと思いますか？　しかも、会社はショート・サイドにいて、その証券のデフォルトに賭けていたんですよ。これはきわめて明確な利益相反だと思います。対処する必要があると思います。ところが、あなたはどうやらそうは思っておられないようだ。

ビニアール氏　私は必ずしもそれが——

レビン上院議員　社員が電子メールでこの証券についてこう言っている。「やれやれ、なんというクソ証券だ」「やれやれ、なんというクズなんだ」。社員がそう言うのを聞いたとき、あるいは電子メールでそうした言葉を目にしたとき、あなたはどう思いますか？

ビニアール氏　電子メールに書いたのはとても残念だと思います。

（笑い）

レビン上院議員　電子メールに書いたことが？

ビニアール氏　どうか、誤解しないでください。

レビン上院議員　どう思うのですか？

ビニアール氏　誰がどんな形で言ったのであれ、そう言ったのはとても残念だと思います。

最後に、ＣＥＯのブランクファインの証言を紹介しよう。

レビン上院議員　あなた方がクズだと思っているものを彼らに売り、それからその破綻に賭けていることを、彼らが知っていると思いますか？

ブランクファイン氏　これについても、「彼ら」が誰のことかわかりませんし――

レビン上院議員　それは今日ずっと見てきたはずです。

ブランクファイン氏　いや、わかります。わかります、上院議員。個々の電子メールが抜き出されていて、人によってはいろんなことを思っていたでしょう。でも、申し上げますが――

レビン上院議員　私は質問してるんです。社員が証券をクズだと思っていて、それなのにそれを売っているとしたら、おまけに会社がその証券の破綻に賭けているとしたら、あなたはそれを信頼するに値する行為だと思いますか？

ブランクファイン氏　上院議員、一つはっきりさせたいのですが、われわれが証券を売り、それから顧客がその破綻に賭けるとおっしゃるとき――

レビン上院議員　ちがいます。あなた方がその破綻に賭けるんです。

ブランクファイン氏（続き）　われわれがその破綻に賭けるとき、われわれはプリンシパル［自己資金による投資業務を行なう会社］です。証券を売れば、われわれは自動的にクライアントがとるポジションの反対側のポジションをとることになります。クライアントがわれわれに値付けを求めて、われわれがその証券を彼らから買った場合、次の瞬間からそれはわれわれのものになります。もう彼らのものではありません。彼らがわれわれから証券を買いたいと言ってきたら、次の瞬間からそれは彼らのものになり、われわれのものではなくなります。われわれはそのリスクをカバーする［証券会社が、顧客の注文を受けて自社に発生したポジションのリスクを回避するために、そのポジションと反対の取引を行なうこと］ことはできます。でも、プリンシパル投資業務とマーケット・メイキングの本質は、われわれがクライアントの望む側と反対の側に立つということです。

レビン上院議員　あなたの会社がクライアントに証券を売ったとき、あなたの会社の人々はおそらく、それを処分したと思うでしょう。それはもう会社の在庫から消えたと。
ブランクファイン氏　必ずしもそうではありません。
レビン上院議員　……誰かに証券を売り、それからその証券の破綻に賭けることにしていて、それなのにその証券を売る相手にそれを伝えない場合、利益相反はありませんか？　問題があるとは思いませんか？
ブランクファイン氏　マーケット・メイキングの文脈では、それは相反ではありません。

次のようなやりとりもあった。

レビン上院議員　あなたの会社がその証券の破綻に賭けることは、あなたの会社の顧客、あなたの会社がその証券を売っている相手には関係のないことだと思っている。関係のないことであり、開示する必要はないと思っている。それが結論ですか？
ブランクファイン氏　はい。それに、わが社でそれを売っている者たちは、会社のポジションなど知らないはずですし――
レビン上院議員　とんでもない、彼らは知っていました。
ブランクファイン氏　上院議員、わが社には三万五〇〇〇人の社員がいて、マーケット・メイクをしているトレーダーが何千人もいます。彼らは知っているかもしれませんし、知らないかもしれません。
レビン上院議員　知っていますよ。これらの事例では、知っているどころではありません。ですが、それは脇に置くとして、自社の社員がクズだと思っている証券を売ることを、あなたはどう思いますか？　嫌な気分にはなりませんか？

ブランクファイン氏　私が思いますには、彼らは――これについても、仮定の話として――

レビン上院議員　いいえ、これは現実の話です。

ブランクファイン氏　いや、その場合は、私は――

レビン上院議員　われわれは今日知ったわけです。これはクソ証券だ、これはクズだという発言を。

ブランクファイン氏　いや、上院議員――

レビン上院議員　四件か五件ありましたよ。それについてあなたはどう思いますか？

ブランクファイン氏　証券がその証券の市場全体と比べてどのようなパフォーマンスを見せるかについては、いろいろな意見があると思います。

さらに、次のようなやりとりも。

レビン上院議員　あなたの会社が証券の破綻に賭けている場合、そのことは開示されるべきだと思いますか？　自分たちが売っているまさにその証券の破綻に賭けている場合、そのことは開示されるべきか、否か。はっきり答えてください。

ブランクフライン氏　上院議員、「破綻に賭ける」という言葉を何度も使っておられますが――

レビン上院議員　ええ。あなたの会社がショート・ポジションをとり、それを維持している。それを維持するつもりである。それがその証券の破綻に賭けて、その賭けが――

ブランクファイン氏　もしも誰かが――

レビン上院議員（続き）　首尾よくいっているということです。

ブランクファイン氏　マーケット・メーカーとして――

レビン上院議員　そうじゃない。質問に答えてください。

ブランクファイン氏　私がする必要があるのは――

レビン上院議員　ちがう。質問に答えてください。あなたの会社が証券を売る取引で、あなたの会社はその取引のショート・サイドを持ち続けるつもりでいるとき――それはこれらの取引の多くで実際に起こったことですが――あなたの会社には、自分たちがその取引でショート・ポジションをとり続けるつもりであることを、その証券を売る相手に告げる義務があるとは思いませんか？

ブランクファイン氏　市場でそれをカバーするつもりはないということを、ですか？

レビン上院議員　つまり――

ブランクファイン氏　いや、思いません――

レビン上院議員　あなたの会社がそのショート・ポジションを維持するつもりだということを、です。永遠にではないにしても、そのショート・ポジションを維持することを意図しているということを、です。

ブランクファイン氏　いいえ、伝える必要はないと思います。わが社がこの先何をするかがわれわれ自身にわかるかどうかさえ、わからないのですから。仮にわが社が――

レビン上院議員　私は、あなたの会社がショート・ポジションを維持するつもりでいる場合、と言ったんです。

ブランクファイン氏　伝えないと——それを伝えないと思います。よくわかりませんが——もう一度言いますが、マーケット・メーカーの意図はきわめて——

議会で証言するときこれほどのらりくらりの返答に終始できるとは、まったくもって見事ではないか。だが、ゴールドマンについてはこれくらいにして、次は政府に目を向けよう。

素人政権のばらまき政策——あなたの税金はどのように使われたか

発生しつつあった危機に対するブッシュ政権の対応は、ごくまれに有能さを見せたときでさえ、風変わりでギョッとさせるものだった。二〇〇八年は、一方では、ヘンリー・ポールソンとベン・バーナンキの、金融の安定に対する疑問の余地なく深い心からの懸念が際立った年だった。ポールソンもバーナンキもグローバルな崩壊を防ぐために超人的なほど懸命に働いた。だが、ブッシュ政権の対応全体を見ると、次の点も際立っていた。そのヘンリー・ポールソンとベン・バーナンキが、危機の原因や深刻さや影響に対して唖然とするほど無関心だったこと。ゴルフに明け暮れていたジミー・ケインが異常なほど細かいことまで管理するリーダーに見えるほど、大統領が人任せだったこと。金融部門や政府の行為が人口の下位九九・九パーセントに及ぼす影響を政府が完全に無視していたこと。そして、金融部門のエリートたちが不安と強欲の間で揺れ動いていたこと、だ。

だが、われわれは感謝しなくてはいけない。危機が発生したのがアラン・グリーンスパンの在任中ではなく、ましてやジョン・スノーの在任中ではなかったことに。二〇〇三年から二〇〇六年半ばまで財務長官を務めたスノーは、経済学の博士号と法学の修士号を持っており、狭い学力的な意味ではバカではない。だが、金融部門で働いた経験はまったくなかったし、著しく道徳意識に欠け、驚くほど注意力散漫だったという印象がある。学業を終えると弁護士になり、それから運輸次官補に、さらには鉄道会社CSXのCEOになった。そこからジョージ・W・ブッシュに引き抜かれて財務省のトップに据えられたのだ。

スノーがバブルに関する知識を多少なりとも持っていたという証拠は見当たらない。彼は二〇〇六年に辞任したが、それはCSXからの二四〇〇万ドルの所得についてまったく税金を払っていなかったことが明るみに出たからにすぎなかった。CSXは彼に巨額の融資を行なっており、その返済を免除していたのである。財務省を去ると同時に、スノーは巨大プライベート・エクイティ・ファンド、サーベラス・キャピタル・マネジメントの会長になった。サーベラスはダン・クエール元副大統領も雇っており、同社の投資先企業のいくつかは、政治的影響力によって獲得した連邦政府との契約から利益を得てきた。だが、サーベラスがスノー会長の下で行なった初期の大型投資の主な特徴は、腐敗ではなかった。驚くほどの愚かさだったのだ。サーベラスはゼネラルモーターズの融資部門GMACの株式の半分を取得し、さらにクライスラーの株式の八〇パーセントを取得した。どちらの会社も危機が勃発するとまたたく間に破綻し、二〇〇九年半ばにはサーベラスの出資金のほとんどを使い果たして、政府から二〇〇億ドル以上の緊急支援を受けなければならなかった。

だが、バーナンキとポールソンの指揮下でも、対応はやはりひどかった。彼らはバブルの存在や危機の可能性をぎりぎりまで否定し続けたし、バーナンキは住宅ローン産業を規制しないというグリーンスパンの方針を二年にわたり踏襲し続けた。FRBがようやく一九九四年HOEPA法にもとづく規制の草案を作成したのは二〇〇七年末、その規制が公布されたのは二〇〇八年半ばで、少々遅すぎた。二〇〇八年初頭には、迫りくる危機について至るところで警鐘が鳴らされていたのである。ビル・アックマンの二〇〇七年半ばの講演とアラン・スローンの二〇〇七年一〇月の『フォーチュン』の記事にはすでに触れたが、それに加えてニューヨーク大学の経済学者ヌリエル・ルービニもいち早く警告を発していたし、二〇〇八年二月にはチャールズ・モリスの本、*The Trillion Dollar Meltdown*（邦訳『なぜ、アメリカ経済は崩壊に向かうのか』山岡洋一訳、日本経済新聞出版社、二〇〇八年）も出版されていた。さらに、ドミニク・ストロスカーン専務理事（当時）をはじめとするＩＭＦの幹部たちも警戒を促す発言をしていたし、二〇〇八年六月にはクリスティーヌ・ラガルド（当時のフランス経済・財政相。ストロスカーンの辞任後、ＩＭＦ専務理事に就任）もＧ８財務相会合で危機感を表明した。

先ごろ、ある金融機関の幹部が私的な会話のなかで言ったのだが、ゴールドマン・サックスの幹部たちは、同社の外で活動したときは明らかに玉石混淆の実績しか残していない。この幹部は、ヘンリー・ポールソンのほか、ＭＦグローバルでのジョン・コーザイン、シティグループでのロバート・ルービン、メリルリンチでのジョン・セインを引き合いに出してこう論評した。彼らはしっかり構成された世界でトレーダーやマネージャーとして活躍するように訓練されたのであって、大規模な構造的問題や概念的問題について考えたり、ゴールドマンに比べるとはるかにごちゃごちゃした組織に対処したりする訓練は受けていない。これがポールソンの認識の甘さの主な原因かどうかはわからない。だが、他国の財務相との秘密会談においてさえ、また二〇〇八年半ばの時点でさえ、ポールソンは迫りくる危機について驚くほど認識が甘かった。

ポールソンとバーナンキは、当然受けてしかるべき非難をこれまでのところほぼ免れてきた。それは二〇〇八年九月に危機の強烈な時期が始まってから彼らが示した、疑う余地のない勇気と献身に対する感謝からかもしれない。二〇〇八年の九月と一〇月のあの混乱に満ちた異常なぞっとするような数週間に彼らがとった行動の大部分については、後知恵で批判するつもりはない。だが、危機の前と後の彼らの行動となると、話は別だ。それに、危機の最中に下された決断でさえ、そのうちのいくつかは、投資銀行の利益や彼ら自身の利益が危険にさらされたときは、彼らが冷静かつ慎重に行動できたことを示している。

バーナンキは二〇〇二年にFRB理事に任命されるまで、学問の世界から出たことのない研究一筋の人間だった。優れた外交的・政治的手腕を備えているのは確かだが、FRBに加わる前は銀行家としての経験も規制官としての経験もまったくなかった。彼がFRB議長に就任したのは、二〇〇六年初め、すでにバブルがピークを迎えようとしていたときだった。危機の間、バーナンキはほぼ一貫してポールソンの意見を尊重し、彼の命令に従ったように見える。

ポールソンにはたしかに申し分ない経験があったが、少々特異な、あまり自慢できない経歴もあった。彼はイリノイ州の田舎町で健全な、いかにもアメリカ的な少年時代を過ごした。イーグル・スカウト〔アメリカのボーイスカウトにおける最高位の章の保持者〕で、フットボール選手、それにクリスチャン・サイエンス〔キリスト教系の新宗教〕の熱心な信者でもあった（自分に都合のよいことだけを書いた不誠実で独善的な回顧録 *On the Brink*（邦訳『ポールソン回顧録』日本経済新聞出版社、有賀裕子訳、二〇一〇年）で、ポールソンは医療に対するクリスチャン・サイエンスの考え方をわざわざ擁護している）。だが、一九七二年から七三年にかけて、ポールソンはやはりクリスチャン・サイエンスの熱心な信者で、ホワイトハウス法律顧問や内政担当大統領補佐官を務めたジョン・アーリックマンの個人秘書として働いた。アーリックマンがウォーターゲート事件での自分のきわめて犯罪的な活動を隠蔽するために精力的に動き回っていたころのことだ。ポールソンがアーリックマンの事務所で何を見聞きしたかはわからないが、一九七三年初めには、アーリックマンが不法侵入や政治活動の妨害を指揮したり、ウォーターゲート事件の隠蔽を幇助したりと、きわめておぞましい行為を行なったことを示す明白な証拠が、すでに明らかになっていた。それでもポールソンはアーリックマンの事務所で働き続けた。一九七三年四月、世論の圧力が高まるなかでニクソンはアーリックマンを辞任させ、アーリックマンは一九七五年、共謀罪、司法妨害罪、偽証罪で有罪判決を受けた。

ポールソンは一九七四年にゴールドマン・サックスに入社した。精力的に働いてスピード出世し、最高執行責任者（COO）を経て、一九九九年にCEOの座についた。クーデターを起こして前任者のジョン・コーザインを追い出したのだ。ポールソンの経歴を考えると、バブル真っ盛りの二〇〇四年〜〇六年にゴールドマンの住宅ローン関連CDOがますます詐欺的かつ不健全になっていたことに彼が気づかなかったとはとうてい思えない。二〇〇六年五月に彼がゴールドマンを辞めるころには、同社はますます高リスクになる住宅ローン関連証券を何百億ドル分も発行し、きわめて悪質な住宅ローン会社数社と大々的に取引していたのである。ゴールドマンが「世紀の空売り」作戦を開始したのは、ポールソンの退職からわずか七カ月後のことだった。

ゴールドマンをはじめとする金融業界が一九九〇年代から二〇〇〇年代にかけて推進した数々の規制緩和の動きを、ポールソンは全面的に支持し、ときには主導した感がある。たとえば、グラス・スティーガル法の廃止、店頭デリバティブに対する規制の禁止、住宅ローン関連CDOの情報開示要件の緩和（二〇〇四年にゴールドマンとモルガン・スタンレーのCEOが連名でSECに要望書を送った）、二〇〇四年の投資銀行に対するSECのレバレッジ規制の緩和、FRBが長らく住宅ローン産業を規制しようとしなかったことなどだ。財務長官になってからも、ポールソンはSECの権限と予算を縮小するために各方面に働きかけた。

二〇〇七年から〇八年にかけて暗雲が立ち込めてきても、ポールソンもバーナンキも、金融システムに対する体系的な監視プロセスを築く真剣な動きは見せなかった——そのような動きがあったら、もちろん、ポールソンの古巣をはじめとする金融業界が猛烈に抵抗していただろう。ポールソンとバーナンキに公正を期すと、彼らはひどく時代遅れの弱体化した規制制度を引き継いだのだと言える。だが、それは規制制度を骨抜きにするための彼ら自身の意図的な行為が招いたことでもあった。バーナンキの場合は、FRB理事としての、それからブッシュ大統領の経済諮問委員会委員長としての、そして最後にFRB議長としての行為の結果と言え、ポールソンの場合はゴールドマン・サックスの経営者としての行為の結果と言えた。なにしろゴールドマン・サックスは、規制緩和をますます拡大するよう求めて猛烈かつ継続的にロビー活動を行なっていたのだから。

情報隠しや虚偽の説明を促進する業界のインセンティブ、弱い情報開示規定、規制制度の漸進的な弱体化、それにバーナンキとポールソンの無知や不正直は、きわめて破壊的な四点セットだった。実際、この危機で暴き出された明白な問題点は、金融部門の大多数の者に、正直に行動したり規制当局に通報したりするインセンティブがなかったことだ。システムを操作していた者たちにはなかったし、システムの崩壊に賭けていた者の大多数にもなかった。自分自身が破滅しかけていた者たちにさえなかったのだ。二〇〇八年が進むにつれて、ポールソン、バーナンキ、それに世界全体が、きちんと監視していたら予測できたはずの展開に何度も不意打ちを食らった。それどころか、（CDO市場の崩壊やAIGの破綻のように）実際に予測されていた展開に対してさえ——とくにゴールドマン・サックス、住宅ローン市場の崩壊に賭けていたヘッジファンド、それにさまざまな経済学者によって予測されていた展開に対してさえ——備えができていなかった。こうした展開を正確に見定め、制御するためには、十分な情報が不可欠だが、ポールソンとバーナンキが十分な情報を持っていたことは一度もなかったように思われる。危機についてのさまざまな叙述から明らかになっているように、ベアー・スターンズ、リーマン・ブラザーズ、メリルリンチ、AIG、ワシントン・ミューチュアル、シテイグループなどの大手金融機関の迫りくる崩壊を、ポールソンとバーナンキはたいてい二、三日前まで知らなかったのだ。コマーシャル・ペーパー市場やマネー・マーケット・ファンドの大混乱についても同様だった。これらの出来事のほとんどは、それよりはるかに早い時点で予見できたはずだった。ポールソンとバーナンキの自ら招いた情報の欠如が生んだもう一つの問題が、大手金融機関が破綻したら何が起こるかという分析やそれに対する備えが事実上皆無だったことだ。たとえば、リーマン・ブラザーズが倒産したとき、イギリスや日本の法律ではリーマンの現地子会社の資産は凍結され、リーマンの顧客は自分のカネを引き出せなくなるということを、ポールソンもバーナンキも知らなかった。また、リーマンの倒産はコマーシャル・ペーパー市場やリーマンの短期社債を大量に保有していたマネー・マーケット・ファンドにただちに重大な影響を及ぼすということも、理解していなかった。

ブッシュ政権の備えの欠如は、政府機関の多くの高官の無能さや経験不足のせいでさらに深刻になっていた。たとえばSEC委員長のクリストファー・コックスは元企業弁護士で、共和党の下院議員でもあったが、金融サービス産業での経験も規制官としての経験もまったくなかった。また、バブルの後期に重大な健康問題にみまわれ、二〇〇六年一月に癌の手術を受けた。コックスはSECのリスク監視部門と法執行部門を骨抜きにしていたので、彼の在任中、SECは住宅ローン・バブルに関連した訴訟を一件も起こさなかった。だが、このような高官は彼だけではなかった。

私は元FRB理事のフレデリック・ミシュキンにもインタビューして、その一部を映画で紹介したが、彼は二〇〇六年九月から二〇〇八年八月までFRBの七人の理事の一人だった（というより四、五人の理事の一人だった。危機の間、FRB理事のイスはたいてい二つか三つ空席になっていたからだ）。彼が理事を辞任したのは二〇〇八年八月三一日、つまりリーマンやメリルリンチやAIGの破綻の二週間前だった。われわれはそれに怒るべきか感謝するべきか迷うところだ。彼のこれまでの行動は、詐欺的行為を行なっていたアイスランドの銀行を二〇〇六年にカネをもらって持ち上げたことから、破綻しかけていた大手銀行が二〇〇八年九月に依然として高格付けをもらっていた事実を知らなかったことまで、ときに不正直が加わった愚かさを何度も示している。

二〇〇七年七月、ポールソンはデイビッド・マコーミック——彼にも映画のための取材を行なった——を、ホワイトハウスのスタッフから引き抜いて財務省国際問題担当次官に据えた。それはとても奇妙な人選で、もしかしたら国際問題の分野でポールソンの地位を脅かす人物が現れないようにするためだったのかもしれない。私はデイビッド・マコーミックとはずいぶん前からちょっとした知り合いだ。もっとも、私の映画『インサイド・ジョブ』（この映画は彼をとてもみじめな気分にさせたにちがいない）が公開されてからは、一度も言葉を交わしていないけれど。デイビッドはウエストポイント［陸軍士官学校］で工学を学んだ知性と教養のある男で、第一次湾岸戦争に従軍し、その後ビジネスマンとして、まずコンサルティング業界で、それからソフトウェア業界で成功した。ブッシュ政権に入ってからは、目の前のあらゆるものから目を背けることにエネルギーを使いすぎたが、基本的にはまともで思慮深い男だと私は思っている。

だが、デイビッド・マコーミックは、大恐慌以来最悪の金融危機のとき国際問題担当財務次官を務めるのに適した人物だっただろうか？　決してそうではなかった。彼には国際金融の経験はなかったし、分野を問わず国際経験そのもの﹅﹅﹅が（湾岸戦争を除いては）ほとんどなかった。また、金融機関や金融規制機関で働いた経験も一度もなかった。リーマンについて、また危機に関連したさまざまな国際問題について、私が彼と交わしたやりとりの抜粋を紹介しよう。

ファーガソン　クリスティーヌ・ラガルドが、リーマンの倒産は事後に知ったと言ったときは、少なからず驚きましたよ。

マコーミック　そうだったと思います。彼女が知ったのは月曜もしくは日曜の夜だったでしょう。つまり、さまざまな政策オプションについて政府内で賛否が分かれているとき、政府内の考えを他国の政府に必ず知らせるかというと、一般的にはそんなことはしません。

ファーガソン　あなた方は当時ご存じだったのですか。他国の破産法はアメリカとは異なるということを。他国、とりわけイギリスでは、リーマンが倒産したらロンドンの口座が凍結されて、取引ができなくなるということを。

マコーミック　ええと、その取引の細部にかかわっていた人のなかには、知っていた人がいたかもしれません。私は知りませんでした。

　ポールソンがマコーミックを蚊帳の外に置いていたようにも思われる。

ファーガソン　私の理解しているところでは……バークレイズはその取引を行なう［リーマン・ブラザーズを買収する］意思があった。でも、それには条件があった。第一に、イギリスの規制当局から承認が得られること。そして第二に、およそ三〇〇億ドルのリーマンの負債、すなわちきわめて問題があるとみなされていて、実際に問題があったリーマンの資産について保証が得られること。ＦＳＡ［イギリス金融サービス機構］がその取引を承認しなかったのは、ポールソン長官とバーナンキ議長がリーマンの資産に対する保証を与えようとしなかったからだ。この理解で正しいですか？

マコーミック　その件に関する事実関係は知りません。
ファーガソン　あなたはそれにかかわっていなかった？
マコーミック　かかわっていませんでした。
ファーガソン　国際問題担当だったのに――
マコーミック　私はバークレイズとの仲介役ではなかった。
ファーガソン　ＦＳＡとの仲介役でもなかった？
マコーミック　その件についてはね。
ファーガソン　本当に？
マコーミック　ええ。あいにくですが、事実関係はまったく知りません。

だが、どんな欠点があったにせよ、少なくともポールソンとバーナンキは危機が始まってからはシステムの崩壊を防ぐことに一〇〇パーセント集中していた。必ずしもすべての政府高官に同じことが言えるわけではない。たとえば、ジョン・セインはどうだったか。私は彼とも何年も前から面識があるが、彼は二〇〇四年までゴールドマン・サックスの社長兼共同ＣＯＯを務め、それからニューヨーク証券取引所のＣＥＯになった。二〇〇七年一一月には、一億六一〇〇万ドルの退職金をもらって退任したスタン・オニールの後任として、メリルリンチのＣＥＯに就任した。

映画の制作中、私はジョン・セインに何度も会って詳しく話を聞いた。彼は話の内容をオフレコにするという条件で取材に応じてくれたので、詳細には触れられないが、彼は個人的責任を認めようとしないとは言える。インターネット・バブルのときのゴールドマン・サックスの行動についても、規制緩和を求めるゴールドマンの大規模なロビー活動についても、ＦＩＮＲＡ（この自主規制機関の前身組織は二〇〇七年までニューヨーク証券取引所の傘下にあり、ジョンは当時、同取引所のCEOだった）がバブル期の投資銀行の行動を放置していたことについてもだ。だが、彼自身の考え方だけでなく銀行業界全体の文化も最もよく表していたのは、メリルリンチに入るときの彼の行動だろう。彼はメリルで働き始める前に、入社時現金ボーナス一五〇〇万ドルと巨額の初年度報酬パッケージを受け取ったのだ。このとき獲得したストック・オプションは、メリルの株価が回復していたら、彼に八〇〇〇万ドル以上の現金をもたらしていただろう。あいにく、メリルは危機の間に八〇〇億ドル近い損失を出したため、株価はもちろん回復しなかったのではあるが。

ジョンは、ポールソンに招集されて二〇〇八年九月一二～一四日の週末にニューヨーク連銀での会合に参加したCEOの一人だった。ポールソンがリーマンを救済してくれる銀行を見つけようとして、結局失敗に終わった、あの会合だ。リーマンを買収する可能性があった銀行は二つあった。バークレイズとバンク・オブ・アメリカだ。だが、リーマンの崩壊は誰の目にも明らかで、しかもポールソンがジョンに直接「買い手を探したほうがいい」と言ったことで、ジョンはわが身に迫る危機を察知した。彼は――自分の意図をポールソンには知らせずに――会合を中座して電話をかけた。バンク・オブ・アメリカのCEOに電話したのであり、それからすぐにバンカメはリーマンへの関心を失った。これがリーマンの運命を決定づけたのかもしれない。バークレイズはイギリスの規制当局の承認を得られず買収を断念したからだ。

それから四八時間足らずのうちに、ジョンはメリルリンチをバンカメに売却する最終契約書にサインしていた。この種の買収では過去に例がないほど短時間でまとめられた契約だったにもかかわらず、契約書の内容は用意周到で、二〇〇九年一月に買収が完了するまではメリルが、ひいてはジョン・セインが、ボーナスの支払いに関する決定権を保持するとされていた。メリルの買収とリーマンの倒産から一カ月後の二〇〇八年一〇月一三日、ヘンリー・ポールソンはジョン・セインを含むアメリカの大手九銀行のCEOを招集して、ワシントンで秘密会合を開いた。そしてCEOたちに、二五〇〇億ドルの緊急資本注入を受け入れるよう命じた。それは実際に銀行を強化するためでもあったし、国民に安心感を与えるためでもあった。ジョンは一つだけ気がかりなことがあったので、ポールソンに質問した。これは各銀行のボーナスを支給する自由に影響を及ぼすのか、と。答えは「ノー」だった。

二カ月後の一二月、ジョンは実際にボーナスを支給した。バンカメが支配権を握る前に支払うために、支給時期を一カ月早めたのだ。メリルはすでに約五〇〇億ドルの損失を出していたにもかかわらず、総額四〇億ドル近いボーナスが現金で、しかも最上層に大きく偏った配分で支払われた。七〇〇人余りがそれぞれ一〇〇万ドル以上のボーナスをもらい、なかには数千万ドルもらった者もいた。ジョンは自身のボーナスとして一〇〇〇万ドル要求していたが、それは拒否された。これらのボーナスを支払えたのは、ポールソンの気前のいい支援のおかげだった。連邦政府の支援がなかったら、メリルは（さらに言うとバンカメも）倒産していたと思われるからだ。私はジョンに、つい先ごろ何百億ドルもの損失を生じさせ、おまけに世界の歴史に残る金融危機まで引き起こした人々にそのようなボーナスを与えることの倫理性について問いただした。

一カ月後——例年どおり一月に——他の投資銀行もそれぞれボーナスの額を発表した。総額は約一九〇億ドルだった。ポールソンとバーナンキは、その時点で数千億ドルに達していた金融部門への支援に、条件も報酬制限もつけていなかった。また、住宅ローンの債務不履行や差し押さえや失業の急増に対しても、何の対策もとっていなかった。彼らの本分は銀行を救うことであって、国民を救うことではなかったのだ。

第六章　罪と罰
——犯罪事業としての銀行業とバブル

Crime and Punishment: Banking and the Bubble as Criminal Enterprises

悪徳バンカーを含むすべての銀行家が何のためらいもなく言うように、金融システムの健全さにとって信頼と信認ほど大切なものはない。

だから、規制緩和以降、主要産業のなかで銀行業が最も頻繁に最もひどく法を破ってきたことは、なおさら憂慮すべきことだ。おまけに、そうした行為が罰せられることは、今ではめったになくなっている。過去二五年間は、きわめて犯罪的な行ないでさえ、せいぜい民事で訴えられるだけで、しかもそうした訴訟はたいてい和解で決着してきた。金融機関は一切非を認める必要はなく、その行為を二度としないと約束して罰金を払えばよいのである。そして、すぐにまた同じ行為をするわけだ。個々の幹部が訴えられたり罰金を科されたりすることはめったになく、ましてや刑事訴追されることはほとんどない。罰金は、科されたとしてもたいてい微々たる額で、取るに足りない必要経費であり、組織によって支払われるか、よくあるケースとして保険によって支払われる。したがって、住宅バブルと金融危機は、金融部門の犯罪行為の最も大規模な最新の事例を含んではいるが、決して孤立した出来事ではないのである。

もちろん誠実なバンカーは大勢いるし、バブルや危機の間でさえ、銀行取引の大部分が適切に行なわれていた。人々は依然として給与を預金し、請求書の支払いをし、クレジットカードを使っていたし、企業は株式や債券を発行していた。だが、その一方で、消費者金融から機関投資家相手の取引までの幅広い金融市場で、高位の者による組織的な犯罪行為が著しく増大してきた。こうした行為は今ではきわめて大規模かつ頻繁に行なわれているので、もう突発的な異常とか例外として片づけることはできなくなっている。一九八〇年代以降、アメリカの（また世界の）金融機関の多くが犯罪集団と化し、組織的な不正を容認し、さらには奨励までする業界風土を生み出してきたと言っても過言ではない。住宅ローン・バブルと金融危機を引き起こした行動は、なんらかの偶発的な経済事件ではなく、こうした傾向の当然の結果であり延長だったのだ。

こうした行動が本当は重大な犯罪であることを理解することも重要だ。ここで言っているのは、うっかりおカネを払わずに店を出てしまったとか、公共の場所にゴミを散らかしたとか、形式的な手続きをし忘れたというような行動のことではない。テロ活動や核兵器の拡散や大規模な脱税を支援する金融取引を意図的に隠すとか、大規模な金融詐欺や犯罪がらみの資産の隠匿を手助けするとか、大恐慌以来最悪の金融バブル・金融危機を大幅に悪化させるような不正を行なうといった行動のことだ。

こう言うと大げさすぎるように聞こえるかもしれないが、決してそうではない。それを明確にするために、（一）金融犯罪の増加とそれに対する処罰の減少、（二）バブルと危機の間に行なわれた違法行為の性質、重大性および結果、（三）こうした行為に対する実際の対応と取りうる対応、の三点を見ていこう。

規制緩和後の金融犯罪の増加

規制緩和時代の金融犯罪が初めて大々的に発生したのは、レーガン政権が貯蓄貸付組合（S&L）

産業に対する規制を緩和した直後のことだった。S&L事件は一つのパターンを確立し、そのパターンはそれ以後、ますますはっきりしてきた。一九八〇年代初め以降、金融部門の犯罪行為はとりわけ投資銀行業や資産運用業で急増し、その一方で訴追や処罰はゼロに近いところまで減少しているのである。政治的な力を持つ大手銀行に雇用されている者は、犯罪行為を行なっても訴追されることはほとんどなく、刑務所に入れられる可能性は事実上ゼロだ。また、同一の犯罪でも、実行者が組織に属しているか否かによって、また属している場合はそれがどのような組織かによって、扱い方に著しいちがいがある。金融部門の違法行為で刑事訴追されるものの圧倒的多数は、資産運用マネージャーやヘッジファンド・マネージャー、インサイダー取引の情報提供者、もしくは個人投資家が犯したものだ。つまり、バーナード・マドフやラジ・ラジャラトナムやマーサ・スチュワートは訴追され、ゴールドマン・サックスやJPモルガン・チェースやシティグループの幹部、さらにはリーマン・ブラザーズの幹部でさえ訴追されないというわけだ。

一九八〇年代のS&L事件、レバレッジド・バイアウトがらみの事件、それにインサイダー取引事件は、政治的力を持つバンカーがかなり大勢訴追された珍しい例だった。数千件の刑事訴追が行なわれ、チャールズ・キーティングやマイケル・ミルケンなど、著名で富裕な金融機関幹部が実刑判決を受けた。だが、あのときでさえ、金融産業の中核部分に対する訴追はほとんど行なわれなかった。それは中核部分がまださほどひどい犯罪行為には手を染めていなかったからでもあった。最も悪質な違法行為は業界の周縁部で行なわれていたのであり、ほとんどの訴追は周縁部を対象とするものだった。キーティングは倒産したウエスト・コーストS&Lの経営者だったし、ミルケンは彼が登場するまでは小さな二流投資銀行だったドレクセルで働いていた。とはいえ、当時でさえ、憂慮すべき兆候はあった。たとえば、一流会計事務所のアーンスト・アンド・ヤングは、S&Lの大規模な不正会計処理を故意に見過ごして合計三億ドル以上の罰金を科されたし、名門とされていた投資銀行のなかにも、グリーンメーラーや不正行為を行なっていたS&Lにサービスを提供していたところがあった。

だが、きわめて規模が大きく伝統がある、きわめて重要な金融機関が一九二〇年代以降では初めて犯罪集団と化したのは、一九九〇年代後半だった。九〇年代の金融部門の拡大と統合、インターネット・バブル、政治におけるマネーの力の拡大、それに規制緩和のいっそうの進展があいまって、金融機関が不正な方法でカネ儲けできるかつてない機会を生み出したのであり、バンカーたちはこの新しい機会を驚異的な熱意でつかみとったのだ。

二〇一一年一一月七日、『ニューヨーク・タイムズ』は、一九九六年以降の大手銀行のSEC訴訟における和解について、独自の調査にもとづく記事を掲載した。同紙の分析によると、かつて証券法違反で提訴され、二度と違反しないとSECに誓約していた大手銀行が、同じ証券法違反で提訴され、和解した事例が五一件あった。[1] しかも、同紙が調査したのはSECによる証券法違反訴訟だけだった。刑事訴追も被害者による個別訴訟も州司法長官が提訴した事例も含まれていなかったし、贈賄、マネー・ロンダリング、脱税、違法な資産隠しなど、銀行が何度も重大な法律違反を犯してきたあらゆる分野の訴訟も含まれていなかったのだ。主な事例をざっと紹介しよう。

エンロン

二〇〇一年にアメリカ史上最大の倒産にみまわれたエンロンは、一九九〇年代後半には株式市場の寵児《ちょうじ》だった。また、政界、とりわけ共和党議員との間に太いパイプを築いていた。テキサスに本社を置き、ジョージ・W・ブッシュ知事を強く支持していた。すでに述べたように、同社の取締役会（および監査委員会）には、ウェンディ・グラムが名を連ねていたが、彼女は当時上院銀行委員会委員長だったフィル・グラムの妻で、彼女自身、元商品先物取引委員会（ＣＦＴＣ）委員長だった。

エンロンは、かつてはガス・パイプラインの運営・管理を行なう地道な企業だったが、一九九〇年代に発電、電気通信、金融サービスの規制緩和から利益を得るために、エネルギーや帯域幅、それにデリバティブの取引に進出した。財務面でも業務面でもきわめて詐欺的な活動を行なっていたが、同社は成長を続け、最盛期には二万二〇〇〇人の社員を擁していた。帯域幅取引やエネルギー取引をでっち上げたり、価格を吊り上げるために電気の供給を故意に抑えたりして、二〇〇〇年から二〇〇一年にかけてカリフォルニアを悩ませた深刻な電力不足の大きな一因をつくった。また、架空の利益を生み出して負債や損失を隠すために、大規模な粉飾会計も行なった。

だが、エンロン事件のとくに注目すべき点は、同社の不正が、五大会計事務所の一つとアメリカ最大手の銀行数行からの長年の協力に支えられていたことだった。

エンロンが財務面の不正で使っていた主な手口は、特別目的会社（ＳＰＥ）と呼ばれる簿外組織をつくり、その会社との架空の取引をでっち上げて借入金を売り上げのように見せかけるという方法だった。二〇〇一年に破綻する直前の数年間は、同社の利益は一〇倍も水増しされていた可能性がある。(2)世界で広く名を知られているいくつかの銀行は、エンロンが何をしているかを正確に知ったうえで、同社の不正を手助けする特権を競って得ようとした。これらの銀行はみな、基本的には同じことをした。架空の取引をでっち上げて、売り上げや資産を水増ししたのである。

今ではＪＰモルガン・チェースの一部になっているチェース銀行は、一九九七年からエンロンがでっち上げのガス販売の売り上げを計上する手助けをしていた。これらの取引には架空のオフショア会社二社が関与していたが、両社の名目上の取締役は同じ人物で、名目上の株主も同じだった。そのうちの一社マホニアは、チェースから融資を受けてエンロンからガスを「買い」、その代金を現金で支払っていた。もう一つの会社ストーンビルは、同じ量のガスを同じ価格でエンロンに「売り」、その代金をエンロンの長期無利息手形で受け取っていた。つまり、チェースがエンロンに資金を貸し付け、共謀してそのカネを売り上げに見せかけていたわけだ。この詐欺は数年間で二三億ドルのでっち上げのガス売り上げとそれにともなう利益を生み出した。

シティグループは、エンロンが予想売上とキャッシュフローの大幅な不足をごまかそうとしていた一九九九年に同じことをやり始めた。シティグループがエンロンの力になることに同意すると、不思議や不思議、エンロンの帳簿に五億ドル近い正の営業キャッシュフローが現れた。エンロンはこの手を何度も使い、これによって生み出された架空のキャッシュフローの総額は、チェースとマホニアがかかわった詐欺とほぼ同じ規模に達していたと思われる。この場合も、記録を突き合わせると、詐欺の片棒をかついでいることをシティグループが認識していたことは明白だ。(3)

最後にあげると、メリルリンチも承知のうえで不正を手助けした。エンロンはメリルにナイジェリアの発電船二隻を(そう、ナイジェリアの発電船だ)水増し価格で買ってくれと頼んだ。後日買い戻すという約束で、だ。メリルはそれが架空取引であることをはっきり理解していたが、良心の呵責《かしやく》は二二パーセントの手数料によって消し去られた。エンロンはのちにこの取引から逃れようとし、そのためメリルと激しいのしり合いになった。メリルはやがてカネを取り返したが、エンロンは現金を生み出すために別の架空取引をでっち上げねばならなかった。ほぼ同じ時期に、発電所の売却と買い戻しというエンロンの純然たる架空取引を、メリルの別のチームが手助けした。現実には何の取引も発生しなかったのだが、メリルはエンロンがニセの売り上げと利益を生み出す手助けをしたことで一七〇〇万ドルの現実の手数料を得たのである。(4)

エンロンの監査を行なっていた会計事務所アーサー・アンダーセンは刑事訴追され、解散に追い込

表2

エンロン関連の訴訟の和解金額		
	（単位：100万ドル）	
	集団訴訟	SECによる訴訟
CIBC*	2,400	80
JPモルガン・チェース	2,200	135
シティグループ	2,000	120
メリルリンチ	不明	80
リーマン・ブラザーズ	222	不明
バンク・オブ・アメリカ	69	不明
ゴールドマン・サックス	11	不明

出所：集団訴訟の和解金額はwww.enronfraud.comより。SECによる訴訟の和解金額は同委員会のプレス・リリース（2003年3月17日、2003年7月28日、2003年12月22日）より

*カナディアン・インペリアル・バンク・オブ・コマース

まれた。エンロンの幹部数人は刑務所に送られた。社長のジェフリー・スキリングは禁固二四年の判決を受けて今なお獄中にあり、一方、CEOのケネス・レイは量刑評議が始まる直前に病死した。エンロン、アーサー・アンダーセン、および関与した銀行に対する集団訴訟も起こされた。表2に、集団訴訟とSECによる訴訟で銀行が支払った和解金の額を一部示しておく。

だが、エンロンが利益をでっち上げるのに手を貸した銀行や個々のバンカーに対する刑事訴追はまったく行なわれなかった。詐欺を幇助することが今や容認されるようになったのだ。[5]

インターネット・バブル——エリオット・スピッツァーの孤独な闘い

銀行がエンロンの粉飾会計を手助けしていたちょうどそのころ、インターネット・バブルがアメリカの株式市場、とりわけナスダックを押し上げていた。長い伝統を誇る一流投資銀行を含めてほぼすべての投資銀行が、業務を獲得するためにインターネット

・バブルを不当に大きく見せようとした。インターネット・バブルを境に、主流の金融部門全体に不正直という新しい文化が登場したのである。

メリルリンチのあるブローカーと同社のIT業界担当の若手アナリスト、ヘンリー・ブロジェットとの一九九八年のばかげたやりとりは、それをよく表している。自分の推奨銘柄の一つを取り上げた社内電子メールで、ブロジェットは個人的見解を言うとその会社は〝pos〟だと言った。ブローカーはブロジェットに、なぜ〝positive（有望）〟と思うのかと質問した。その会社の業績数字はかなり弱いと、そのブローカーは思っていたからだ。ブロジェットはご丁寧にも〝pos〟は positive ではなく、piece of shit（クソ）だと説明したのである。(6)

やはりIT業界担当の花形アナリストだったモルガン・スタンレーのメアリー・ミーカーは、同社がアマゾンから投資銀行業務を獲得する手助けをしたことで莫大なボーナスをもらったと言われている（彼女も銀行もこの利益相反によってのちに提訴された）。ミーカーはAOLとタイム・ワーナーの合併をタイム・ワーナーの取締役会に売り込む作戦にも深くかかわっていた。モルガン・スタンレーは、この取引が成立したら莫大な手数料を得る立場にいた。そして、成立した合併は、史上最悪の企業合併の一つとなった。(7)

ブロジェットやミーカーよりさらにひどい利益相反行為を行なっていたのが、ソロモン・ブラザーズ（のちのソロモン・スミス・バーニー）の通信業界担当アナリスト、ジャック・グラブマンだった。彼はグローバル・クロッシングとワールドコムを何年も推奨していたが、どちらの会社も不正会計処理を行なっていたことが明らかになり、最終的には破綻した。グラブマンはワールドコムの当時のCEOバーニー・エバーズととくに親しく、他のアナリストに対する説明の仕方を彼に指導していた。エバーズはのちに不正会計処理で有罪判決を受け、今なお獄中にいる。グラブマンはグローバル・クロッシングの株価が「六〇ドルからどんどん下げてついに一ドルになるまで」同社についての「買い」評価を変えなかったと、あるブローカーは怒りを込めて語った。

バブルがピークに達したころ、グラブマンは自分が担当していた六社の評価を引き下げることにしたが、その後、投資銀行部門からの要請で引き下げを取りやめた。また、AT&Tに対する評価を、長年の低評価ののち一九九九年に「強い買い」に変更した。AT&Tの新しいケーブル戦略を考慮したものと説明されていたが、本当はソロモンの新しい親会社シティグループがAT&Tから投資銀行業務を獲得したばかりだったからだ(8)。

インターネット・バブルの間には、こうした行動が広く見られた。とりわけドットコム企業、すなわちインターネット関連のベンチャー企業については、投資銀行の公式な説明とアナリストの個人的見解との開きがきわめて大きいことがよくあった。投資銀行の調査部門と投資銀行部門の間には「チャイニーズ・ウォール」、すなわち情報隔壁があるとされていたが、それは見え透いた茶番だった。アナリストの好意的なレポートは投資銀行サービスを売るための重要な販促ツールであり、アナリストの報酬は彼らが生み出した投資銀行業務の売り上げにはっきり左右されていた。だから、彼らは主人の笛に合わせて踊ったのであり、それは住宅ローン・バブルのときの格付け会社の行動と同じだったた。

インターネット・バブルは莫大な利益をもたらした。私募債の発行、新規株式公開（IPO）、合併、買収の取扱高は、ウォール街がそれまでに経験したどんなビジネスをもはるかにしのいでいた。そのきわめて大きな部分が詐欺的なもので、二〇〇〇年から二〇〇二年にかけて損失、倒産、買収の失敗、評価減を大量に発生させた。エクサイト、インフォスペース、ペッツ・ドットコム、ワールドコム、コバド、グローバル・クロッシング、ブー・ドットコム、スタートアップス・ドットコム、ウェブバン、イー・ドット・デジタルなど、多くの企業が破綻直前まで銀行から高い評価を受けていた。銀行は業務を獲得するために、個々の企業幹部を露骨に買収することもよくあった。大手投資銀行はみなIPO業務を獲得したいと思っていたし、ほとんどのIPO案件でシンジケートを組んで業務を分かち合っていたので、アナリストの調査報告に正直な評価を載せるインセンティブはどの銀行にもなかったのだ。

投資銀行のこうした行動に対して、クリントン政権は何の措置もとらなかった――SECも司法省も他のどの機関も動かなかったのだ。ブッシュ政権も同じく無策だった。SECがようやく関心を示したのは、ニューヨーク州司法長官エリオット・スピッツァーが主要銀行に対して一連の訴訟を起こしてからだった。世論の圧力を受けてSECはこの訴訟を支持せざるをえなくなったのだ。二〇〇二年末、投資銀行一〇社との包括的和解が成立し、投資銀行は「詐欺的な調査レポート」、「監督不足」、およびアナリストを投資銀行部門からの「不適切な圧力」にさらしたことに対して、合計一四億ドルの罰金を支払うこととなった。最も多額の四億ドルを支払ったのはシティグループで、メリルとクレディ・スイス・ファースト・ボストンがそれぞれ二億ドル、ゴールドマン・サックスが一億一〇〇〇万ドル支払った。少数の――ごくごく少数の――中位のアナリストが訴追された。ブロジェットとグラブマンは証券業界から永久追放され、ブロジェットは四〇〇万ドル、グラブマンは一五〇〇万ドルの罰金を支払った。ミーカーは罰金を科されることもなく、その後モルガン・スタンレーのIT調査部門のトップに昇進した。(9)

次にエリオット・スピッツァーに対する私のインタビューの抜粋を紹介しよう。

スピッツァー　実は、投資銀行の多くが行なった抗弁は「申し立てはまちがっている」ではありませんでした。「みんながそれを行なっており、みんながそれを知っている。だから、これらのアナリストにはいずれにしても頼るべきではない」という論法だったのです。

ファーガソン　本当にそう言ったんですか？

スピッツァー　もちろんです……そう言ったんです……こうも言いましたね。「はい、申し立てのとおりです。でも、わが社は競争相手ほど悪質ではありませんよ。みんながやってるんですから、あなた方はまず彼らをつかまえようとするべきです」。つまり、アナリストと投資銀行部門の者とのこの接触が有害な結びつきを生んだということを否定する努力は、まったく行なわれなかったわけです。「どうしてわれわれを追い回しているのか？」という反応でした。これもやはり権限の問題で、いわゆるスピッツァー修正〔規制機関や法執行機関の権限を縮小するための法律修正〕が議会で提案されていました。モルガン・スタンレーは下院金融サービス委員会に出向いて――当時この委員会は共和党に支配されていました――われわれの尋問権限や尋問能力を制限もしくは除去する修正案を通すために、SECの支持を受けながら精力的に活動していました。われわれはかなり積極的な広報活動でそれを跳ね返しました。

私はそれから刑事訴追について質問した。

ファーガソン　彼らのうちの誰かを刑事訴追することを考えたことはありますか？

スピッツァー　考えすぎるぐらい考えましたよ。

ファーガソン　なぜ訴追しなかったんですか？

スピッツァー　なぜかと言うと……この刑事訴追の現実的な訴追対象はアナリストだけです。アナリストは基本的に投資銀行の中位の社員です。ですから、こう思ったわけです。「たしかに中位のアナリストは刑事訴追できるだろう。だが、アナリストは、こうした結果を生み出すシステムを築いた者たちに命じられたことをやっていただけだ」。もっと上位の連中に対しては、刑事訴追はおそらくできないでしょう。

ファーガソン　彼らは有罪だと、あなた方が思っていても？

スピッツァー　システムのせいで欠陥のある分析結果が生み出されていることを彼らが認識していたとしても、CEOが承知のうえで虚偽の説明をするよう指示したと立証するのは不可能でしょう。電子メールのやりとりが残っているというだけではね。CEOに事情を聞きに行ったら、彼はこう言うでしょう。「ええ、もちろんわが社にはアナリストがいますし、もちろん、彼らは真実を述べています。彼らがどれだけの投資銀行業務を獲得したかによって彼らの報酬を決めているか、というご質問ですね。ええ、そうしています。でも、私は彼らに『ウソをつけ』と言ったことは一度もありませんよ」。ウソは彼らが築いたシステムからほぼ必然的に生まれていたのですが。

ファーガソン　あなた個人としては、上層部の連中は本当は有罪だと思っていましたか？

スピッツァー　私の見方を言うと、投資銀行内部の人間なら誰でも知っていたと思います。アナリストの仕事が投資銀行業務を獲得したいという欲求によって汚染されていることを。そして……ビジネス・モデル全体がそれに支えられていることをね。

ですから、「有罪」という言葉を包括的な意味で使うならば、ええ、彼らは不正が行なわれていることを知っていたという意味で有罪でした。刑事裁判で有罪を立証できるという意味で有罪だったかどうかは、まったく別の問題ですが。

ファーガソン　おそらく立証できないでしょうね。私の質問はそうではなく……立証についてのお考えはよくわかります。でも、立証の問題と、彼らに本当に責任があったかどうかについてあなたがどう考えておられるかは別問題です。

スピッツァー　投資銀行業務を獲得したいという欲求によってアナリストの仕事が汚染され、損なわれていることを知っていたという意味で有罪だったか、ということですね。ええ、有罪でした。

スピッツァーが訴追に二の足を踏んだのは、一つには彼が置かれていた状況の厳しさのせいだったかもしれない。投資銀行の捜査を行なっていた検事は二〇人足らずだったが、投資銀行は少なくともその一〇倍の弁護士を抱えていたのである。ブッシュ政権とSECは控えめに言ってもやる気がなかった。おまけに、これらの違法行為とその打撃は当時の基準では重大だったが、それ以後の違法行為に比べれば取るに足りないものだった。立証できるか否かはもちろん重要な問題であり、住宅ローン・バブルと金融危機について検討する際、あらためて触れることにする。

地方自治体を食い物にしたJPモルガン・チェース

地方自治体の債券の発行は、サブプライム住宅ローンがかつてそうであったように、金融部門の最もうさんくさい不透明な分野の一つである。腐敗がひどいことでも有名で、バーミングハム市を含むアラバマ州ジェファーソン郡では大きな破壊の爪痕を残した。[10]

一九九〇年代末、ジェファーソン郡は大規模な下水道改良工事を実施することで、環境保護庁との長年の紛争に終止符を打つことにした。この工事の費用は、金利五・二五パーセントの長期固定利付債を二九億ドル分発行することでまかなわれた。二〇〇〇年代初めに金利が低下すると、銀行がやってきて、債務を再編して支払い利息を数百万ドル節約するようアドバイスした。ＪＰモルガン・チェースが一三行からなる銀行団の主幹事を務め、案件の構成や構成要素の配分を取り仕切った。銀行団は手数料を増やすために、より低金利の固定金利債で借り換えるという単純な案件ではなく、わざわざ複雑な案件を組成した。さまざまな変動利付債を三〇億ドル分発行し、金利上昇のリスクは金利スワップで相殺することにしたのである。発行された変動利付債のなかには、二〇〇八年に多くの自治体に何十億ドルもの損失を生じさせたオークション・レート証券（ＡＲＳ）［数週間おきに実施されるオークションで金利が決定される債券］も含まれていた。

ブルームバーグによれば、銀行団はオークション・レート証券を販売することで五五〇〇万ドルの手数料を得た。金利スワップ契約によってさらに一億二〇〇〇万ドルの手数料を稼いだが、のちにジェファーソン郡に雇われたアナリストによれば、この額は市場の標準のおよそ六倍だった。ＪＰモルガン・チェースがこの案件を組成できたのは、一つには現地の政府高官や証券会社に八二〇万ドルの賄賂を贈ったからだった。だが、賄賂の贈り先はそれだけではなかった。競争から撤退することに同意してくれた他の金融機関に対しても、ゴールドマン・サックスに三〇〇万ドル、自治体発行債券を専門にしているニューヨークの金融サービス会社ライス・ファイナンシャル・プロダクツに一四〇万ドルという具合に、さらに多額の賄賂が贈られたのだ。こうした違法な支払いのすべてが、ジェファーソン郡のために集められた資金から手数料として差し引かれた。当然ながら、債券の目論見書ではこうした支払いは一切開示されていなかった。

水増しされた銀行手数料と賄賂を脇に置くと、この案件全体は最初はうまくいくように見えた。ジェファーソン郡の郡政委員は自分たちの金融の手腕を自慢し、ＪＰモルガン・チェースは彼らが他の郡のためにセミナーを開く手助けをした。だが、ＪＰモルガン・チェースが勧めたエキゾチック債券が二〇〇八年の金融危機で暴落すると、取引は大失敗と化した。そのためジェファーソン郡が契約の解除を宣言すると、ＪＰモルガン・チェースは同郡に六億四七〇〇万ドルの解約料を請求し、おまけに提訴すると脅しをかけた。＊

本書を書いている時点で、ジェファーソン郡はその債務のほとんどについて履行できなくなり、破産を宣言している。下水道改良工事は中断されたままになるかもしれず、おまけに上下水道料金は大幅に引き上げられて、貧しい住民は暖房か水かの二者択一を迫られるほどになっている。ＳＥＣはＪＰモルガン・チェースに解約料を引き下げさせるとともに、一〇〇〇万ドルの罰金に加えて、ジェファーソン郡に対する損害賠償金五〇〇〇万ドルの支払いを命じた。ジェファーソン郡の検察官は腐敗した郡政委員たちを訴追して禁固刑を勝ち取った。

だが、ＪＰモルガン・チェースに対してはどうだったか？　贈賄は明らかに犯罪だし、上品なスーツに身を包んだ富裕な男たちが、大多数が貧しい郡の公共料金納付者から一億七五〇〇万ドルの手数料を搾り取ることは——おまけに彼らの政府に莫大な損害を与えることは——とくに醜悪な行為である。だが、ＪＰモルガン・チェースは訴追されていない。この案件を指揮していた同社の二人の幹部は罰金を科され、証券業に従事することを禁じられたが、彼らも訴追されはしなかった。そのうちの一人は同様の違法行為の前科があったにもかかわらずだ。

ジェファーソン郡の例はとくにひどかったが、似通った事例は他にもたくさんあった。二〇〇八年

＊スワップ契約にはほとんどの場合解約料の規定が盛り込まれており、解約料の額は契約の残存期間中に被解約者が受け取るはずの純利益の現在価値として算出される。

には、州や地方の何千もの政府機関が発行したオークション・レート証券の残高は、三〇〇〇億ドルから三五〇〇億ドルに達していた。こうした証券を買っていたのは機関投資家やハイエンドの個人投資家〔豊富な金融知識と巨額の投資資金を持つ投資家〕で、彼らは短期金融市場並みの流動性がありながら、それより若干高い利回りが得られることに魅力を感じていたのである。個人投資家の最低投資額は通常二万五〇〇〇ドルだった。

オークション・レート証券の不思議

オークション・レート証券（ARS）はウォール街がとくに好むタイプの複雑な商品だ。債券の発行者が通常より有利な条件で資金を調達できるように見せかける証券で、そのため発行者は行く手に潜むリスクを理解せずに通常より高い手数料を支払うことになる。この証券は債券保有者に、一見通常より低い変動金利で長期の債券取引を提供する。だが、この取引の「長期」の部分は偽りだ。実際には、銀行が数週間ごとにこの証券をオークションにかけて金利をリセットし、投資家がこの証券を売却できるようにするのである。だが、オークションで誰も入札しなかったらどうなるか？　ARSのオークションは危機の前もごくまれに失敗することがあった。そのような場合には、その証券を引き受けた投資銀行が、市場が落ち着くまで短期の買い手として介入していた。ところが二〇〇八年には、投資家が一斉に安全資産への逃避をはかり、国債以外のあらゆる商品から資金を引き揚げたため、何千件ものオークションが失敗した。入札者がいなかった何十億ドル分もの証券で銀行のバランスシートが膨れ上がり始めると、銀行は一斉に介入を停止し、ARS市場は暴落した。(11)

そのため、発行者は突然、法外に高い金利を支払わねばならなくなり、多くの発行者がデフォルトに陥った。その結果生じたARS市場の崩壊により、アメリカ全土の投資家が流動性のないデフォルト債券を抱え込むはめになり、彼らの蓄えは消え去った。いくつもの州の司法長官が訴訟を起こし、集団訴訟やSECによる訴訟も起こされた。銀行の販売資料や説明資料はほぼ例外なく、ARSを「完全に流動性のある商品」とか「現金も同然」とか「短期金融商品」と言い表していたし、銀行の販売部隊は、ARS市場全体の崩壊が迫っていることに業界が気づいてからも、ずいぶん長くこうした説明を続けていたからだ(12)。

二〇〇八年から二〇〇九年にかけて二一の銀行と和解が成立した。UBSは二二〇億ドル分のARSを買い戻すことに同意し、メリルリンチは一九五億ドル分、ワコビアは九〇億ドル分、モルガン・スタンレーは四〇億ドル分、JPモルガン・チェースは三〇億ドル分の買い戻しに同意した(13)。

だが、ARSでの失敗は自治体債券市場のはなはだしい略奪と腐敗の一例にすぎない。州司法長官と司法省とSECの合同チームは、一〇〇以上の自治体と大手銀行数社がかかわった長期にわたる贈賄・不正入札事件を追及してきた。これまでのところ、JPモルガン・チェース、バンク・オブ・アメリカ、ワコビア、UBSと、他の銀行や自治体職員との共謀について、また債券引き受け契約をこれらの銀行が落札できるよう取り計らった腐敗した入札管理者との共謀について、和解が成立している(14)。銀行は罰金を科されただけで訴追されてはおらず、低位の社員は数人訴追されたものの幹部は一人も訴追されていない。地方政府や州政府の年金基金を運用する市場でも、似通った贈賄事件が発生している。ニューヨーク州のこうした事件には、民主党の資金集めに貢献し、一時はオバマ政権の財務長官の有力候補とされていた著名なヘッジファンド・マネージャー、スティーブン・ラットナーがかかわっていた。ラットナーは一六〇〇万ドルの罰金を払うことに同意して、SECおよびニューヨーク州司法長官と和解した。GMとクライスラーの倒産後、オバマは彼を政府の自動車業界救済チームの責任者に任命した。

プライベート・エクイティ投資会社がクライアント（および株主）を食い物にする手助けをしたバークレイズ

二〇一〇年、バークレイズ・キャピタル（倒産したリーマン・ブラザーズの投資銀行部門を買収した証券会社）は、デルモンテ・フーズの依頼を受けて、同社をプライベート・エクイティ投資会社に売却する話をまとめることとなった。ところが、バークレイズはデルモンテの利益だけを代表するのではなく、プライベート・エクイティ投資会社のKKRやベスターとひそかに協力して、両社が競争を避けて共同入札する手助けをした。これはデルモンテとの契約の条件に違反する行為であり、KKRとベスターはこのおかげで、競争があった場合よりはるかに安い価格でデルモンテを買収することができた。バークレイズがこのような行動をとったのは、プライベート・エクイティ投資会社の買収資金の調達を取り仕切るという、多額の手数料をもたらす業務を獲得するためだった。実際、いったん買収交渉がまとまったら、バークレイズは買収する側に鞍替えして、最終的にデルモンテを獲得したプライベート・エクイティ会社連合――KKR、ベスター、およびセンタービュー――のために働き始めた。デラウェア州衡平法裁判所の判事は、バークレイズは「明らかに一線を越えた」と判断した。[15]

同様の行為が広く行なわれているのではないかという疑惑はずいぶん前からある。投資銀行は繰り返し仕事をくれるプライベート・エクイティ投資会社のほうを向いていて、資金調達、合併、買収、部門の売却を望んでいる実体経済の企業に不利になるように行動しているのではないかという疑惑である。だが、この行為に対する刑事訴追は、デルモンテの事例でも他の事例でも一件も行なわれていない。

脱税や犯罪資産の隠匿

違法行為を行なっているのはアメリカの銀行だけではない。大型脱税の分野ではスイスの銀行が突出している。スイスが銀行の守秘義務を武器に長年逃避資本や犯罪資産を引き寄せてきたことを考えると、これは当然だろう。スイスに加えて、リヒテンシュタイン、チャネル諸島、カリブ海諸国などの十数カ国は、それぞれ自国の銀行法で脱税や資産隠しを容易にしている。大手の銀行は、富裕な個人や企業がそうした目的のためにこれらの国の銀行を利用するのを概して積極的に手助けしてきた。これによる歳入損失は、アメリカだけで年間一〇〇〇億ドルと推定されている。[16]

これから述べる脱税の話はUBSについてだが、クレディ・スイス、HSBC、ジュリアス・ベアーなど、ヨーロッパの他の銀行も同様の行動をとっていることが、捜査によって暴き出されている。ごくまれに刑事訴追も行なわれてきた。もっとも、被告は企業であれ個人であれすこぶる寛大に扱われてきたのだが。

UBSのアメリカ人社員ブラッドリー・バーケンフェルドは、富裕なアメリカ人の脱税幇助を専門とする部門で働いていた。UBSは一〇年以上にわたり、上層部が許可した組織的な活動として、秘密口座をつくったり、ペーパー・カンパニーを経由したオフショアへの送金を手配したり、（たとえば、外国で豪勢な休暇を過ごすときに使う）オフショア銀行発行のクレジットカードを提供したりしてきた。出張でアメリカに来るUBSの社員は、ファイルを隠すために特別に暗号化されたパソコンを持参していた。カネの受け渡しは電信送金ではなく小切手を持参するという方法で行なわれていた。社員たちはときにはダイヤモンドなどの貴重品を密輸することもあった。彼らは同じホテルに連泊しないよう指示されており、UBSのレターヘッドを使ってクライアントと連絡をとることは固く禁じられていた。

ところが、ブラッドリー・バーケンフェルドが二〇〇七年に内部告発を行なった。司法省とIRS（内国歳入庁）に、UBSはアメリカ人の脱税口座に「二〇〇億ドル」預かっており、年に推定二億ドルの利益をあげていると通報したのである。IRSはのちに、これらの口座に預けられているカネを合計一八〇億ドルと推定した。この数字からすると、バーケンフェルドの利益の推定値はおそらく実際より低いだろう。

二〇〇八年の一連の上院公聴会はUBSの行動を広く知らしめた。同社の幹部たちはテレビ中継されるなかで恥をさらしながら証言したが、脱税しているアメリカ人クライアントの名前を明かすことは拒否した。公聴会からほどなく、司法省はUBSと同社の数人の幹部を告訴した。UBSグローバル・ウェルス・マネジメントのCEOで、UBS経営会議に名を連ねているラウール・ワイルもその一人だった。ワイルは告訴後も出頭しなかったため、逃亡犯とみなされることになった。別の上級幹部は有罪を認めて五年間の執行猶予付きの判決を受けた。二〇〇九年、司法省とUBSは訴追延期の合意に至った。この合意によってUBSは、少なくとも一万件の脱税について脱税者の身元特定に協力することと、七億八〇〇〇万ドルの罰金を払うことを義務づけられたが、刑事訴追は免れた。それからほどなく一万五〇〇〇人近いアメリカ人が、未申告の海外資産を自発的に申告すれば罰金を軽減するというIRSの申し出に応じた。

バーケンフェルドは自発的に名乗り出てUBSの脱税のカラクリを暴露したのだが、彼は訴追され、現在獄中にいる。これまでのところ、この件で刑務所に送られたのは彼だけだ。

テキサス選出の元上院議員で、共和党が上院の過半数を占めていた時代に上院銀行委員会委員長を務めていたフィル・グラムは、二〇〇二年に政界を引退した直後にUBSに入り、今では同行の副会長におさまっている。上院議員時代、グラムはマネー・ロンダリングや銀行の秘密主義を規制しようとする動きに猛烈に反対していた。

他にも多くの調査が継続中だ。ドイツ政府とイギリス政府はUBSを提訴している。二〇一一年七月、司法省はクレディ・スイスに同社が同様の調査の対象になっていると通知し、クレディ・スイスは同年一一月、訴追の脅しに屈して脱税しているクライアントの情報をIRSに開示する作業を開始した。ヨーロッパやアメリカの他の内部告発者たちは、ジュリアス・ベアーやリヒテンシュタイン・フュルステン銀行に幇助された大型脱税の事例をすでに暴露している。すでに調査が開始されている隠匿資産の総額は、おそらく一〇〇〇億ドルを超えるだろう。

ならず者国家や麻薬王を手助けする銀行

秘密口座を利用したりマネー・ロンダリングや資産隠しを行なったりするのは、脱税者だけではない。[17] 国の資源を略奪している政治指導者も、犯罪組織や麻薬カルテルも、核兵器の開発やテロ活動に関与している、ならず者国家も、資金の規模や出所を隠したり、決済システムをひそかに利用したりするために、銀行の秘密主義を必要としている。アメリカや他国の世界最大手に入る銀行の多くが、喜んでそれを手助けしてきた。

なかでも最もあきれた事例は、クレディ・スイス、バークレイズ、ロイズ、それに他の七つの（未確認の）国際銀行が、核兵器の開発やテロ支援で国際的な制裁を受けているイランや他の国々のために何十億ドルものカネを洗浄したことだろう。これらの銀行は国連の制裁やアメリカの法律に反して、アメリカに送金されるイランのカネの洗浄を手助けしたのであり、こうした送金にはイランの弾道ミサイル計画や核開発計画に関連した支払いや、中東のテロリスト集団に送られたと思われる資金も含まれていた。なかには電信送金伝票から不都合なデータを削除するための社内マニュアルを作成していた銀行もあった。

公になっている最も詳しい記録は、こうしたサービスを最も積極的に売り込んでいたクレディ・スイスに関するものだ。この銀行は一九九五年にアメリカの対イラン制裁を破り始めた。違法な送金を望む顧客向けの特別パンフレット、「米ドル決済・送金の手引」をつくり、個々の違法取引を手作業で精査する特別「調査室」を設けて、こう請け合ったのだ。「あなたの支払い指示が、チューリッヒのクレディ・スイスの特別決済チームによる事前精査を受けずに実行されることは絶対にありえません。チームのメンバーは全員、意識の高いプロフェッショナルであり、このような支払いには特別な注意を払う必要があることを心得ています」（傍点は原文のまま）。この銀行は追加業務として、軍閥リーダーや他の大規模犯罪者のような「特別指定市民」への送金も手がけていた。[18]

二〇〇九年から二〇一〇年にかけて銀行と司法省ならびにマンハッタン地区担当連邦検事の間で和解が成立し、銀行は合計一二億ドルの罰金を支払うこととなった。クレディ・スイスが五億三六〇〇万ドル、バークレイズが二億九八〇〇万ドル、ロイズが三億五〇〇〇万ドルだ。これらの銀行は少なくとも一〇年にわたり、リビア、イラン、スーダン、ビルマ（ミャンマー）、北朝鮮などのために資金洗浄を行なうことで、組織的に犯罪活動にかかわっていた。[19] こうした活動が上層部に報告され、承認されていたのは明らかだ。だが、三社はいずれも容疑について争わず、送金記録を開示したので、罰金と訴追延期合意で和解という結末になった。どの銀行も有罪を認める必要はなかったし、刑事訴追された者も個人として罰金を科された者も一人もいなかった。

ここでみなさんに質問してみたい。あなたが銀行の幹部としてではなく個人として、イランの核兵器開発計画のために資金洗浄を行なったことが露見したら、あなたはどうなるだろう？　銀行の幹部よりほんの少し厳しい扱いを受ける？　実は、この問いについてはおもしろい比較データがある。二〇一一年にイラン系アメリカ人のレザ・サファーラーが、アメリカの経済制裁に反してイランに三〇万ドル送金したとして起訴され、裁判で禁固一〇カ月の有罪判決を受けた。彼は盗品のオフィス機器を末端で売りさばいていた人間で、イラン政府とは、ましてや同国の核兵器開発計画やテロ支援とはまったく関係のない男だった。

さらに唖然とするのは、イランからの移民で、アメリカの大学で博士号を取り、アメリカのコンサルティング会社で働いていたマフムード・レザ・バンキの事件である。彼はイランの家族から数年にわたって合計三四〇万ドルの送金を受けた。そのカネは彼の家族が合法的に取得したもので、彼はそれを納税申告書にきちんと記載していた。制裁に違反したことを除けば、彼が犯罪を行なったと推定させる要素はまったくなかった。家族への私的送金は制裁の対象外だったので、その送金が実質的な制裁違反であるかどうかさえ定かではなかった。それなのに、バンキは二〇一〇年に逮捕、起訴されて、禁固二年半の有罪判決を受けたのだ。彼の有罪判決は上訴によってくつがえされ、本書を書いている現在、彼は事実審理のやり直しを待っている。彼に対して訴追延期合意が提案された様子はまったくない。[20]

これらの銀行の対イラン制裁違反はとくにひどかったが、決して類例のないものではなかった。JPモルガン・チェースもほぼ同じころマネー・ロンダリングに手を染めた。二〇〇五年から二〇〇六年にかけて、キューバ国民からの明らかに違法な電信送金を一億七八五〇万ドル処理したのである。財務省は同社がスーダンへの違法な電信送金を処理したことも突き止めた。同社は最初はそれを否定したが、追及された結果、そうした取引を裏付ける文書を提出した。財務省はJPモルガン・チェースの行動を「言語道断」と断じはしたが、結局八八三〇万ドルの罰金で和解した。[21]

政治腐敗に関連したマネー・ロンダリングで最も有名なのは、ラウル・サリナスとその妻が一九九〇年代にメキシコから一億ドル持ち出して主としてスイスに隠すのを、シティグループが手助けした一件だろう。ラウル・サリナスは元メキシコ大統領カルロス・サリナス・デ・ゴルタリの実兄だ。一九八八年から一九九四年まで大統領を務めた弟は、大規模な腐敗行為で悪名高かった。この違法な資金持ち出しが露見し、おまけにマネー・ロンダリングや政治的暗殺を含む国内の巨大スキャンダルが発覚した結果、ラウル・サリナスは一九九五年、殺人の容疑で逮捕された。だが、シティグループは訴追されずにすんだ。ジョン・グレン上院議員のために作成された会計検査院の報告書は、シティグループが適切な手順に従わなかったことを明らかにしたが、資金の持ち出しが組織としての方針だったのか現地の幹部の独断だったのかについては、あいまいな結論しか出さなかった。[22]

腐敗した支配者がかかわっていた事例は他にもある。二〇〇四年と二〇〇五年に、アメリカ最古の最も伝統ある銀行の一つ、リッグス銀行が、サウジアラビアの外交官や赤道ギニアの唖然とするほど腐敗した独裁者、それにチリの元軍事独裁者アウグスト・ピノチェトのためにマネー・ロンダリングを行なったとして訴追され、有罪を認めて、合計四一〇〇万ドルの罰金を支払った。ピノチェトはリッグス銀行に一〇〇〇万ドルを超える秘密個人資産を預けていたことが明らかになった。リッグス銀行は執行猶予付きの判決を受け、営業を続けている。幹部は誰一人訴追されなかった。[23]

だが、これらの事例は、衝撃的ではあったが、アメリカの銀行が中南米の麻薬カルテルのために行なっていたマネー・ロンダリングに比べれば実は小規模だった。近年の最も大規模な事件は――これはとんでもなく大規模だった――ワコビアが関与したものだった。ワコビアはアメリカ第六位の貸付機関だったが、バブル期のきわめていかがわしい不動産融資の結果、三〇〇億ドルの損失を出し、二〇〇八年に破綻した。それからまもなくウェルズ・ファーゴに買収された。だが、ワコビアにはもう一つ問題があった。

破綻前の三年間に、連邦大陪審はワコビアに六七〇〇通の召喚令状を送達していた。メキシコの両替商とアメリカの間の三七八〇億ドルもの資金移動——そのほとんどが現金での送金だった——における同社の役割について問いただすためだった。これらの資金移動にはうさんくさい点が多々あったにもかかわらず、ワコビアはそれを当局にまったく報告していなかった。それどころか、二〇〇四年以降は、きわめてうさんくさい資金移動に関する社内警報を無視したり抑え込んだりしており、おまけに警報を発していたコンプライアンス担当者をのけ者扱いしていた。たとえば、元ロンドン警視庁捜査官のコンプライアンス担当者は、同じ場所で同じときに手続きされたメキシコからの何件もの送金が、それぞれ別個のものとされているにもかかわらず、連番のトラベラーズ・チェックで行なわれており、合計すると莫大な額になることに気づいた。彼は上司からこの取引に関する調査をやめるよう指示され、おまけにワコビアのコンプライアンス部門のトップから、君の「パフォーマンスは容認できる基準に達していない」と警告する手紙を送られた。彼はワコビアを提訴し、ワコビアは彼に——彼が同社を辞めることを条件に——額は明かされていないが賠償金を支払った。[24] アメリカの麻薬販売組織から代金を受け取る麻薬カルテルにとって、両替商は理想的な資金洗浄機関だった。ワコビアやバンク・オブ・アメリカが二〇〇四年から二〇〇七年にかけて処理した資金は、大量のコカインを密輸するために使われる十数機の大型商用ジェット機の購入などに使われたことが突き止められている。[25]

ワコビアを買収したウェルズ・ファーゴは捜査に協力し、一億六〇〇〇万ドルの罰金を支払うことと強力な資金洗浄検知体制を確立することに同意した。バンク・オブ・アメリカやアメリカン・エキスプレス（アメックス）の二つの子会社も、同様の違反について同様の和解に至った。アメックスは、エッジ法にもとづく子会社AEBIが一九九九年から二〇〇四年にかけてメキシコの闇両替商と協力してコロンビアの麻薬王の資金洗浄を手助けしていたことが露見したとき、五五〇〇万ドルの罰金を支払った[26]。

これらの事例に加えて、バーニー・マドフの事件が——というより、彼に対する銀行の姿勢が——ある。

バーニーと同じ船に乗る

慈善家、信頼できる友人、ナスダックの元会長、電子取引のパイオニアなど、いくつもの顔を持っていたバーナード（バーニー）・L・マドフは、史上最大の純然たるポンジ・スキームを三〇年にわたって実行し、一九五億ドルの損失を生じさせた人物でもある[27]。

二〇〇八年末にこの詐欺が崩壊してマドフが罪を認めてからほどなく、大手の商業銀行や投資銀行がマドフは詐欺師ではないかと長年強く疑っていたことを示す証拠が明るみに出てきた。どの銀行もその疑いを当局に通報してはいなかった。なかにはマドフを利用して儲けることにした銀行もあった。もちろん、自社のカネはまったくリスクにさらさずにだ。マドフがどのような不正を行なっているのかについては、さまざまな見方があった。「フロントランニング」を行なっているのだと、つまり電子取引システムを通じた顧客からの注文を検討し、この情報を使って、顧客の注文を出す前に自己売買しているのだと思っている者もいたし、インサイダー情報を得ているのだろうと思っている者もいた。だが、かなり多くの者がマドフはポンジ・スキームを行なっているのだと思っていた。

マドフ自身は、S&P五〇〇種株価指数の構成銘柄を指数と同じ割合で保有し、さらにオプションを使ってリターンを若干増大させ、ポートフォリオの価値の変動率を低下させているのだと主張していた。

だが、この主張にはちょっとした問題がいくつかあった。たとえば次のような問題だ。

・マドフの戦略を再現したり過去の市場の動きに当てはめたりしようとしたとき、人々が気づいたのは、マドフが出している結果は、つねに底値かそれに近い価格で買い、つねに最高値かそれに近い価格で売る――そんなことは不可能だ――ことでしか実現できないということだ。マドフは、一五年運用してきたなかで月次リターンがマイナスになったのは五回だけだと主張していた。二〇〇二年にS&P五〇〇が三〇パーセント下落したとき、マドフは自分のファンドは六パーセント上昇したと主張した。そのような運用成績は彼がとっているとされていた戦略と矛盾しており、しかも投資ファンドの運用では前例のないものだった。

・マドフが主張していた戦略では、株式とオプションの両方で大量の取引が必要だったが、彼の取引相手が誰なのか誰も知らなかったし、市場での彼の動きを示す明白なしるしも見当たらなかった。それどころか、彼の戦略を実行するためには、往々にして市場にあるすべてのオプションより多量のオプションを取引しなければならなかった。

・マドフは同時に三つの役割を果たしていた。取引を実行するブローカー、投資アドバイザー、それに資産管理者だ。このような仕組みはチェック・アンド・バランスを明らかに欠いており、不正につながりやすい。これはマドフのファンドのような大型ファンドでは前例のない仕組みであり、危険のサインだと繰り返し指摘されていた。おまけにマドフのファンドは、彼の弟、姪《めい》、甥《おい》、それに二人の息子を雇用していた。

・マドフが監査人として使っていたのは、郊外のショッピング・モールにある総勢三人のまったく無名の会計事務所だった。しかも、三人のうち一人は秘書で、もう一人はフロリダ在住の半ば引退した公認会計士だった。この事務所は会計監査を行なう専門的資格を備えておらず、監査法人とは名乗っていなかった。

・取引報告書はコンピューターから印刷されたものではなくタイプされていたし、取引伝票は紙のものしか使われていなかった。どちらもマドフの戦略に必要な大量取引とは矛盾していた。投資家は自分の口座情報にコンピューターからリアルタイムでアクセスすることはできず、紙の取引報告書を郵便で受け取っていただけだった。

・途方もない成功を収めていると言われていたにもかかわらず、マドフは運用手数料をまったくとっていなかった。自社の取引プラットフォームにすべての取引を処理させることで利益を出しているのだと彼は主張していたが、これは信じがたい主張だった。利益の二〇パーセントというヘッジファンドの一般的な手数料をとらなかった本当の理由は、できるだけ長く詐欺を続けるために新規マネーを引き寄せる必要があったからだ。

これらの問題やまもなく触れる他の多くの問題は、マドフと取引していたり取引することを検討したりしていた銀行やヘッジファンドによって、危険信号として繰り返し取り上げられていた。ゴールドマン・サックスの幹部たちは、マドフに直接会って、顧客に彼のファンドを勧めるべきかどうか見きわめようとした。あるパートナーがのちに語ったところによると、「マドフはわが社が彼のファンドに関するデューディリジェンスを行なうことを全面的に拒否したし、彼の会社の投資戦略について質問しても納得できる説明は得られなかった。ゴールドマンはマドフを資産管理部門のブラックリストに入れただけでなく、証券仲介部門にも彼の会社と取引することを禁止した」(28)。メリルリンチ、シティグループ、ＵＢＳ、ＪＰモルガン・チェースのプライベート・バンキング部門など、他の銀行のリスク管理者も同じことをしていた。たとえば、メリルは一九九〇年代からマドフと取引することを明確に禁止していた[29]。これらの銀行はみな、なんらかの不正が行なわれていると思っていたわけだ。したがって、ほとんどの大手銀行は自社のカネをマドフに投資しようとはしなかった。だが、自社の顧客には投資させることもあった。メリルリンチ、シティグループ、ＡＢＮアムロ、野村など、多くの銀行や投資銀行が、不正が行なわれていると思っていたにもかかわらず、マドフのリターンと同じリターンを生み出すためにさまざまな連動型ファンドをつくった*。

だが、ＵＢＳとＪＰモルガン・チェースはさらに深くかかわっていた。ＵＢＳは資産をマドフのファンドに送り込むために、「フィーダー・ファンド」という新しいファンドを次々に設立した（マドフはこうした「フィーダー・ファンド」を通じて資金を預かることを好み、直接投資は通常受け入れなかった）。ほとんどのフィーダー・ファンドは一時保管所のようなもので、マドフのファンド以外への投資はほとんど行なっていなかった。証拠が示すところでは、これらのファンドのマネージャー

＊たとえばメリルは、連動対象のマドフ・ファンドの四倍のリターンを得るチャンスを投資家に提供していた。投資家はたとえば一〇〇万ドル預けて、引き換えにメリルの預かり証をもらい、さらに三〇〇万ドルの融資を受ける。その見返りとして、メリルは投資手数料だけでなく高額の融資手数料も得ることができる。投資家への配当を確保するために、メリルはその四〇〇万ドルを通常、連動対象のマドフ・ファンドに投資していた（そうする義務はなかったにもかかわらず、だ）。メリルは毎月、顧客がマドフ・ファンドに四〇〇万ドル預けていたら受け取っていたはずの配当を、そこから二〇パーセントの成功報酬を差し引いて支払っていた。メリル自身はまったく投資リスクをとる必要がなかったこと、また顧客の資金がマドフ・ファンドに直接投資されたわけではないことに注意してほしい。

のなかにはマドフが詐欺師であることを知っていた者もいた。だが、マドフは実質的には何もしていなかった彼らに年間約四パーセントの手数料を払っていたので、彼らは喜んで見て見ぬふりをしていたのである。

ＵＢＳは、自社のカネや顧客のカネをマドフのファンドに投資することを本社から禁じられていたにもかかわらず、マドフ・フィーダー・ファンドを設立したり他のフィーダー・ファンドと協力したりしていた。フィーダー・ファンドはデューディリジェンスを行なうことを法律で義務づけられており、あるフィーダー・ファンドはクリス・カトラーというデューディリジェンスの専門家を雇い入れた。カトラーは入社四日後にそのファンドに次のように書き送った。「これが新しい投資商品だとすると、これはデューディリジェンスの基準をまったく満たしていないだけではありません。投資家はそれを突き返すと思われます。取引伝票にきわめてずさんなミス、もしくは重大な遺漏《いろう》が見受けられます」。カトラーは、たとえば、マドフが主張している戦略で高いリターンを生み出すためには、シカゴ・オプション取引所で実際に取引されているオプションの総量をはるかに上回るオプション取引を行なう必要があることに気づいたのだ。[30] カトラーの指摘にもかかわらず、このフィーダー・ファンドはマドフのファンドに投資し続けた。[31]

ＵＢＳは社員にマドフとかかわらないよう明確に指示していた。二〇〇五年にフィーダー・ファンドの一つに送ったメモには「してはならないこと」という項があり、そこに大きな太字体で「バーナード・マドフと直接接触することは絶対にしてはならない!!!」と記されていた。新しいファンドの設立にかかわっていたＵＢＳの幹部の一人は、その件で本社から問い合わせを受けた。彼はそのファンドの予想運用利益に言及して、「ビジネスはビジネスだ。三億ドルをみすみす失うわけにはいかない」と返答した。[32] ＵＢＳは結局ファンドの設立を進め、ＵＢＳがこのフィーダー・ファンドの保管者、運用者、管理者として行動すると説明した目論見書を発行した。だが、実際には、そのような役割は果たさないことでマドフとすでに合意していた。マドフに出資したすべての投資家と同じく、UBSも月次運用結果の書面による概要報告以外は、何の情報ももらえなかった。

JPモルガン・チェースはさらに不正直だった。プライベート・バンキング部門の幹部からの「[マドフが]どうやって儲けているのか結局、解明できなかった[33]」という明確な警告にもかかわらず、同社はメリルリンチやシティグループと同じく、マドフのファンドに連動するファンドを設立した。だが、この銀行は二〇年以上にわたりマドフの主力取引銀行だったのだから、*メリルやシティバンクよりさらに多くの証拠を持っていた。マドフの口座にアクセスできる者なら誰でも、たとえば次のような不審な点に気づいていたはずだ。

・何千人もの個人顧客を持つ投資会社なら、入ってくる出資金は当然、会社の口座とは別個の顧客口座か複数の他のサブ口座に入れるべきだった。だが、入ってくるカネはたいてい一つのナべに放り込まれていた。

・九・一一後、法人口座の本人確認（KYC）ルールが大幅に強化された。JPモルガン・チェースは本人確認義務をきわめて真摯に受け止めていると主張しており、あらゆる業務部門に本人確認担当部署が置かれている。だが、マドフの口座の本人確認を担当したとされる人物は、マドフの破産管財人と面談したとき、自分がその職務に任命されていたことを知らなかった

＊マドフのもともとの口座は一九八六年にケミカル銀行に開設されたが、ケミカル銀行はのちにチェースと合併した。チェースとJPモルガンの合併は、マドフがめざましい成長をとげようとしていた二〇〇一年のことだった。

し、その職務には何が求められるかを理解していなかった。

・JPモルガン・チェースはマドフがSECに提出した財務報告書の写しを受け取っていた。これらの書類はたいていまちがっており、しかもひどくまちがっていることが多かった。ある年の報告書では銀行の現金取引口座の残高は五〇〇〇万ドルとされていたが、JPモルガン・チェースが実際に預かっていた額は二億九五〇〇万ドルだった。別の年の報告書では未返済の銀行借入はゼロとされていたが、実際には九五〇〇万ドルの借入があった。取引手数料がマドフの主な収入源とされていたにもかかわらず（彼は口座管理料や成功報酬は受け取っていなかった）、財務報告書には長年、取引手数料収入は記載されていなかった。その後、ある年の財務報告書に突然一億ドルを超える手数料収入が記載されたが、彼の戦略の中心をなすとされていた商品カテゴリーでの手数料収入はゼロとされていた。マドフの目論見書では余剰資金はつねに短期国債に投資されると説明されていたが、それがほぼすべて翌日物預金に預け入れられていることを、JPモルガン・チェースは知っていた。

・マネー・ロンダリング規制はかなり厳しい規制であり、疑わしい活動を報告する義務を銀行に負わせている。JPモルガン・チェースは自動警報システムを設けており、警戒すべき事象が発生したら必ずこのシステムが作動して、調査・報告が行なわれるとされている。どれもみなきっかり九八万六三一〇ドルの入金を一年に三一八件受けた顧客、しかも一日に数件受けることもよくあった顧客についてはどうなのか？　何の問題もなく、警戒する必要はなかったというわけか？

・マドフの大口顧客のなかにはJPモルガン・チェースのプライベート・バンキング部門の顧客もいた。そのため、この銀行は取引の両方の側について知ることができた。実際、この銀行の社員たちは、何億ドルものカネがクライアントの口座とマドフの口座の間を行ったり来たりするのをたびたび目にしていた。こうした送金は、ときには融資として行なわれることもあったが、たいてい何の説明もなしに行なわれていた。この銀行にマドフの口座があった間、マネー・ロンダリングに関する自動警報システムが作動したことは一度しかなく、しかもその警報は無視された。

これらの不審点から、JPモルガン・チェースはなんらかの不正を疑っていたにちがいないし、実際、疑っていた。マドフの破産管財人が同社を相手取って起こした訴訟の証拠資料を見ると、驚くべきことがわかる。JPモルガン・チェースの一〇人以上の幹部社員が、会話のなかではもちろん電子メールやメモでも数々の疑惑について語り合っていたのである。たとえば、二〇〇七年六月一五日に、ある社員が別の社員に次のようなメールを送った。「今［削除］と昼飯を食ってるところだが、彼はマドフには広く知られた疑惑があると言ってるよ。マドフのリターンはポンジ・スキームの一環とみなされてるってね」。同じころ——二〇〇七年六月——JPモルガン・チェースの経営委員会のメンバー三人が、この可能性について会議で率直に議論した。投資銀行部門の最高リスク管理責任者ジョン・J・ホーガン、トレーディング部門の幹部マシュー・E・ザメス、投資銀行部門の株式セクションのトップ、カルロス・M・ヘルナンデスだ。マドフの逮捕後、ホーガンの補佐役のブライアン・サンキーは、この会議の議事録が「決して表に出ない」ことが望ましいと言った[34]。数々の疑惑にもかかわらず、マドフは長年の間にJPモルガンに五億ドルの手数料収入をもたらしていたので、波風を立てることは明らかに同社の利益にならなかった。

SECはマドフに関する申し立てを長年無視していたことで、受けて当然の批判を受けてきた。申し立ての多くがボストンの投資家ハリー・マーコポロスから出されたもので、SECは彼を変人扱いしていた。SECはマドフについて独自の調査を行なうことも怠った。だが、ゴールドマン・サックスかUBSかJPモルガン・チェースの上級幹部がSECの法執行部長に電話して、こう言っていたら、どうなっていただろう？「バーナード・マドフをよく調べる必要がありますよ。彼は詐欺を行なっているにちがいありません。証拠はありませんが、かくかくしかじかのきわめて疑わしい事実があります。あなた方が探すべき文書をお教えしましょう」。大手投資銀行の幹部からこう言われていたら、SECは、クリントン、ブッシュ両政権下で権限を縮小され、牙を抜かれた哀れな状態になっていても、関心を払わざるをえなかっただろう。だが、マドフに疑惑を持っていたどの銀行も、このような電話を入れはしなかった。それどころか、彼は詐欺師だと思っていながら、そのまま放っておいたか、喜んで彼から利益を得ていたのである。

金融危機は金融部門の犯罪集団化の当然の結果

これまで述べてきたことを総合すると、アメリカをはじめとする世界の銀行業と、規制当局や法執行当局の銀行業界への対処の仕方が大きな文化的変容をとげたことがわかる。一九八〇年代以降、金融部門はより傲慢に、より非倫理的になり、次第に犯罪的になってきた。一九九〇年代末以降は、露骨な犯罪行為を容認する姿勢が金融部門に幅広く、しかも構造的に組み込まれて、金融部門の収益性と利益に大きな役割を果たしてきた。金融部門の犯罪行為は、本当に重大な犯罪（たとえば核兵器の拡散）を手助けしたこともあれば、金融不安定や景気後退（S&L危機、インターネット・バブルなど）の大きな要因になったこともある。

それなのに、こうした行為が実質をともなう形で処罰されたことは一度もない。こうした行為に対して科された罰金の総額は、九〇年代末以降の金融部門の利益やボーナスの一パーセントをはるかに下回ると思われる。アメリカの大手金融機関やその幹部が刑事訴追された例はほとんどなく、刑事裁判で有罪判決を受けた例は皆無である。大手銀行と関係のない個人が同様の違法行為を行なった場合は、はるかに厳しい扱いを受けてきた。

こうした背景を考えると、住宅ローン・バブルと金融危機は、規制緩和だけでなく、大規模な金融犯罪を容認する、それまでの二〇年間の姿勢によっても促進されたという結論に至らざるをえない。刑事訴追が行なわれなかったことで、第一に、非倫理的で犯罪的な行動を文化的に容認する姿勢が、金融部門の奥深くに徐々に埋め込まれていった。そして第二に、個人は刑事罰を受けずにすむという感覚が生まれた。犯罪行為をもくろむ銀行家が刑事訴追という脅威によって抑止されることは、もうなくなったのだ。

この問題を検討したあとの私の結論はこうだ。インターネット・バブル、エンロンや他の企業の不正の幇助、それにマネー・ロンダリング事件で金融機関の幹部が禁固刑に処せられていたら、政策レベルで金融規制緩和が同じように進んでいたとしても、金融危機ははるかに軽度ですんでいただろう。法律には危険で非倫理的な行動を許容する余地が今なおかなり残っているが、バブルに乗じた悪行はその多くが明らかな犯罪だった。

犯罪が処罰されなかったそれまでの二〇年間がバブルのゴーサインになったように、バブルと危機に対してアメリカがきちんと対応しなかったことが、次の一〇年の金融部門の行動の基調をつくりつつある。したがって、バブルを生み出した行動は犯罪だったのか、刑事訴追は可能なのか、金融機関の幹部を大量に刑務所送りにすることは倫理的に正しく、経済的に有益なのかといった問題を検討することは、単なる正義の問題を超えた重要性を持っているのである。

オバマ政権は、バブル関連の犯罪について一人も（文字どおり一人もだ）訴追しなかったことを、ウォール街の行動は多くが思慮に欠けていたり倫理に反したりしていたものの、違法ではなかったという理屈で正当化してきた。二〇一一年一〇月六日のホワイトハウスでの記者会見で、オバマ大統領は次のように述べた。

さて、まず、ウォール街の訴追という問題についてお話しします。リーマンの崩壊とその後の金融危機、それにサブプライム融資全体の失態に関する最大の問題の一つは、そうした行為の多くが必ずしも違法ではなく、単に不道徳、不適切、もしくは無謀だったということです。だからこそ、こうした慣行の一部を禁止するために、ドッド・フランク法を成立させる必要があったのです。金融部門はきわめて独創性があり、カネ儲けの方法をつねに探しています。それが彼らの仕事です。そして、抜け穴や曲げられるルールや裁定機会があれば、そこにつけ込みます。ですから、特定の訴追案件には触れずに言うと――それは明らかに私の仕事ではなく司法長官の仕事ですから――人々のフラストレーションの一部、私のフラストレーションの一部は、許されるべきではなかった慣行の多くが必ずしも法律に反してはいなかったことだと思います。(35)

大統領や政権幹部は、この発言を含む多くの発言で、自分たちをフラストレーションを感じながらも手出しできない身として描き出してきた。危機を引き起こした連中を処罰したいのだが、彼らの行為は違法ではなかったし、連邦政府には彼らに制裁を科す十分な権限がないので処罰できない、というわけだ。下品な言葉を使って申し訳ないが、これはまったくのクソ説明だ。

連邦政府が何かを本当に真剣にやろうとしたら――それが九・一一のようなテロ事件の再発防止で

あれ、犯罪組織の大物幹部の追跡であれ――使える手段はたくさんある。盗聴器や電子情報盗聴システムもあれば、捜査官が犯罪者を装って標的をわなにかけるおとり捜査もある。また、ほとんどの電子情報をひそかに入手することを可能にする「国家安全保障状」という強力な行政召喚状もあり、これには召喚された者がそれを口外することを違法とする口外禁止命令をつけることもできる。特別検察官制度や大陪審制度もあるし、特別捜査班を設けることもできる。一九七四年にパティ・ハーストが過激派グループ、シンバイオニーズ解放軍に誘拐されたときは、ＦＢＩはこの事件に何百人もの捜査官を割り当てた。

組織犯罪の捜査では、ＦＢＩと連邦検察官は、組織のトップに行き着くために往々にしてまず下っ端を取り調べる。下っ端を逮捕して、兄貴分について情報を提供したり証言したりすれば罪を軽くしてやるという取引を持ちかける。それから、その兄貴分を逮捕して同様の取引を持ちかける。これを繰り返して最終的にトップにたどり着くのである。主な容疑について立証できない場合は、立証可能な別の違法行為で逮捕するという方法もある。アル・カポネは密輸や贈賄や殺人で有罪判決を受けたことは一度もなかった。脱税で有罪とされたのだ。

このような観点から、バブルに関連した訴追の倫理性、適法性、実際性について、私の考えを述べてみたい。

第一に、バブルの多くの部分が正真正銘の重大な犯罪だった。正確にどの部分が犯罪で、どの部分が灰色かとか、そのうちのどれだけが立証可能かといった点については、さまざまな意見があるだろう。だが、それがゼロでなかったのは確かである。これを念頭に置きながら、のちほど金融業界についてもう一度簡単に検討してみたい。

第二に、大手銀行の幹部を本当に訴追したいと思っているのなら訴追できるはずだ。全員は無理かもしれないが、まちがいなく多くの幹部を訴追できる。バブル関連の違法行為のなかには、強力な証拠書類がある明白なものもある。十分な数の関係者から事情聴取すれば、自社の経営幹部が何を知っていたかについて、興味深い話を聞かせてくれる者がまちがいなくいるだろう。バブルを引き起こした連中の多くは、先ほど見てきた九〇年代末以降の犯罪、真剣に捜査も処罰もされなかった犯罪にかかわっていた連中だ。彼らの多くが、個人としてもさまざまな違法行為を行なってきた。薬物乱用、買春、脱税、インサイダー取引、私的支出を経費として不正請求することなどだ。彼らの多くが今なお同じ仕事についており、したがって規制機関の監視や圧力を受ける立場にいる。つまり、本当にそうしたいと思うなら、彼らを捜査し、処罰し、彼らが奪ったカネを取り返すために利用できる手段、裁判地、組織、規制、それに民事、刑事両方の法律はたくさんあるわけだ。連邦政府はそれらをまったくと言っていいほど使っていない。

第三に、処罰すべきだという道徳面からの主張はきわめて強力で、積極的な法的追及を正当とする根拠を十二分に与えてくれる。バブル期の銀行の行為のどれだけの部分が犯罪だったにせよ、それはまちがいなく大きな部分だったし、法律上はともかく現実には、カネをだまし取ることを意図した完全に非倫理的な行為だったことに疑問の余地はない。金融危機からこのかた、それを引き起こした人々は正直に語ることをまったくしてこなかったし、反省もしていない。責任逃れをし、ウソをつき、自分を正当化して、従来どおりの利己的な行動にできるだけ早く戻ろうとしてきた。彼らの行動は人的にも経済的にも途方もない被害をもたらした。彼らの悪事の結果はとてつもなく大きいので、真の抑止力を生み出すことでこのような危機の再来を防ぐ措置なら、どんな措置でも正しいと言えるほどだ。金融産業という重要な産業、その幹部がよく政府高官に転身する産業の全体的な倫理基準を引き上げることには、無形の大きな便益もあるはずだ。

こうした背景を踏まえて、刑事責任の問題と訴追の実現可能性について考えてみよう。

私は告発する

バブルと危機、およびその直後の期間に金融サービス会社が行なった訴追可能な犯罪を列挙するとしたら、妥当なリストは次のようになるだろう。

- 証券詐欺（さまざまな形の証券詐欺）
- 不正会計処理（さまざまな形の不正会計処理）
- 誠実なサービス条項（郵便詐欺防止法）違反
- 贈賄
- 偽証および連邦捜査官に対する虚偽陳述
- サーベンス・オクスリー法違反（虚偽の会計報告書の監査証明を行なったこと）
- ＲＩＣＯ法（事業への犯罪組織等の浸透の取り締まりに関する法律）違反、および故意による独占禁止法違反
- 政府援助の開示規定に対する違反（ＦＲＢからの緊急融資に関して）
- 私的違法行為（薬物乱用、脱税など、さまざまな違法行為）

さらに、金融部門の会社や幹部は数々の民事上の不法行為も行なっており、それについては立証のハードルが刑事訴訟より低い民事訴訟で追及することができる（刑事訴訟では検察側は犯罪事実を合理的な疑いの余地なく証明する必要があるが、民事訴訟では証拠の優越性、すなわち証拠の証明力が

相手側のそれより優越しているか否かが事実認定の基準になる)。こうした不法行為には、サーベンス・オクスリー法に対する民事上の違反、民事詐欺、さまざまなSEC規則、とりわけ開示義務関連の規則に対する違反などがある。

いくつかの実例を見ていこう。

証券詐欺

これについては適用できる法規が山ほどあるが、最も重要なのは一九三四年証券取引所法にもとづいてSECが公布した規則10b-5である。

SEC規則10b-5

州際通商の手段、郵便、もしくは国法証券取引所の施設を使って直接もしくは間接的に下記の行為を行なうことは、行為者がいかなる人物であれ、違法であるものとする。

(a)詐欺行為を行なうための仕掛け、企み、もしくは策略を用いること

(b)重要な事実について虚偽の陳述を行なうこと、および行なわれた陳述が、その陳述がなされた状況に照らして誤解を与えないようにするために必要な重要な事実を述べるのを省略すること

(c)証券の購入もしくは販売に関連して、いかなる人物に対してであれ、現在もしくは将来、詐欺またはペテンとして作用するビジネス上の行為、慣行、もしくは方針に従事すること

10b-5に対する違反にはいくつかの必須要素がある。虚偽の陳述もしくは省略が、投資家の考えに影響を及ぼすに十分な重要度を持っていること、故意になされていること、投資家が決定を下すにあ

たって判断材料にしたものであること、現実の損失の直接的な原因になったこと、だ。SEC規則のこの条項は、SECが民事訴訟を起こすためにも、司法省が民事、刑事両方の訴訟を起こすためにも、また民間の当事者が民事訴訟を起こすためにも使うことができる。当該証券が目の肥えた職業投資家に販売される場合でも、投資家にウソをついてはならないのである。

さて、証券詐欺の実例だが、どこから始めればよいだろう。

すでに見たように、二〇〇五年から二〇〇七年にかけて販売された住宅ローン担保証券の目論見書や販売用資料は、すべてと言っていいほどウソの塊だった。だが、ウソは証券化の食物連鎖のもっと前の段階から始まっていた。これもすでに見たことだが、住宅ローン貸付業者は、債権プールを証券化実行者に売却した（そして証券化実行者から資金を受け取った）とき、債権プールの特質や、債権プールに関する自社のデューディリジェンスの質や程度について虚偽の説明をすることで証券詐欺を行なった。証券化実行者の大多数もしくはすべてが（つまりほぼすべての投資銀行や主要金融コングロマリットが）、自社のCDOの裏付け債権の特質や自社が組成した住宅ローン担保証券の特質について、また、それらのCDOを組成する際の自社のデューディリジェンスの質や結果について虚偽の説明をすることで証券詐欺を行なった。証券化実行者は、それらのCDOについて保証を行なう保険会社やCDSプロテクションを販売する会社に対しても、同様の虚偽の説明をしたが、これも証券詐欺に該当する。

ローン貸付業者と証券化実行者の幹部たちは、自社の財務状態を投資家や公衆に説明する際にも、別の形の証券詐欺を行なった。彼らは自分たちがいつかは終わらねばならない詐欺を働いていることを認識しており、バブルがピークに達して崩壊し始めたとき、自社の財務状態について繰り返しウソをついた。また、他の重要な情報を隠したこともあった。たとえば、彼らが自分の保有していた自社株をどれくらい売却したりヘッジしたりしていたかということを、だ。なにしろ彼らは自社が今にも破綻しそうなことを知っていたのだから。

次に、一部の投資銀行は、最も質の悪い債権やCDOを処分するために組成した証券や、自社と自社の顧客であるヘッジファンドがデフォルトに賭けて儲けるために、わざわざデフォルトするように設計した証券を販売していることを開示しなかったが、これも証券詐欺にあたる。ゴールドマン・サックスが販売し、上院常設調査小委員会公聴会で注目を浴びた合成CDO、ハドソンとティンバーウルフは、訴追のきわめて強力な根拠を与えてくれる。ゴールドマンのトレーディング部門は、自社の最も危険な資産を見つけ出して世間知らずの機関投資家——ドイツや韓国の中堅銀行や小規模な公的年金基金など——に売り払うことでリスクを縮小せよと、責め立てられていた。ハドソンの販売用資料の重要な説明——裏付け資産はゴールドマン自身の在庫から調達されたものではないという説明——はウソだった。投資家は銀行が不良在庫を売りつけるのを警戒するようになっていたので、これは重大なウソだった。電子メールの通信記録によると、上級幹部たちはゴミ資産の処分状況をつぶさにチェックしており、ティンバーウルフの資産を処分できたことを大喜びした。喜んだはずだ。ティンバーウルフに組み込んだ資産は数カ月もしないうちにほぼ無価値になったのだから。この件についても訴追は一件も行なわれていない。

銀行だけでなく会計事務所、格付け会社、保険会社など、アメリカの多くの大手金融サービス会社が、バブルの間に他の形の証券詐欺にもかかわった。オークション・レート証券の安全性や流動性について銀行が虚偽の説明を行なったことはすでに述べたが、これについても誰一人刑事訴追されていない。また、シティグループは簿外のストラクチャード・インベストメント・ビークル（SIV）に売却した大量の証券について、値下がりした場合は買い戻すか損失を補償する契約上の義務を負っていたが、その事実を投資家向け説明資料で開示しなかった（この事例では、シティグループは法律上弁明が可能かもしれない。投資家向け説明資料では触れられていなかったが、SECに提出した年次財務報告書の脚注ではSIV関連の債務があることが開示されていたからだ）。また、AIGなど、住宅ローン証券に対する保険を販売していた企業も、バブルが崩壊し始めて自社の財務破綻が迫っていたとき、投資家向け説明資料で大ウソをついていた。

一部の事例では、上級幹部がこうした不正を認識し、関与していた明白な証拠がすでに存在している。たとえば、投資家に対する四半期決算説明はほぼ例外なくCEOかCFOによって行なわれるので、その説明にウソや重大な事実の省略があったら、その責任は経営幹部にあることになる。また、ベアー・スターンズなどの事例では、目論見書にウソや省略があった証券の組成・販売に最上層の幹部たちが直接関与していた証拠が、民事訴訟ですでに出てきている。さらに、上級幹部の関与を示す直接的な証拠はまだ出てきていないが、関与した可能性が高い事例もある。こうした証券の組成・販売に直接責任を負っていた人々に検察が強制的に証言させれば、彼らの多くが経営幹部の関与をほのめかす証言をするのはまちがいないと私は思っている。そう思う理由はいくつかある。第一に、関係した資金の量が莫大だった。ほとんどの会社で大量の証券の発行には経営幹部の承認が必要だった。そして第三に、一部の証券化実行者の経営幹部は、かつて同様の活動に深くかかわっていたのだから、当然そうした活動をつぶさに観察し、理解していたはずだ。

不正会計処理

この分野でも、不正が行なわれた可能性が高い多くの事例に加えて、すでに露見している事例で訴追可能なものがいくつかある。ファニーメイとフレディマックが二〇〇三年と二〇〇四年に露見するまで長年、大規模な不正会計処理を行なっていたことは、もちろんすでに周知の事実である。この事件では刑事訴追は一件も行なわれず、軽い民事罰が科されただけだった。これによって利益を得た個人のなかには、不法に得た利益をまったく吐き出す必要がなかった者もいた。いずれにしても、不法な利益を上回る罰金を科された者は一人もいなかった。これらの違法行為は今ではもう時効になっている。

だが、重大な法律違反の可能性が高い他の行為も明らかになっている。最もよく知られているのは、リーマン・ブラザーズがバブル期に自社の本当のレバレッジ比率を隠すために使っていた「レポ105」という手法である。同社の監査を行なっていたアメリカの会計事務所アーンスト・アンド・ヤングは、こうした手口が使われていることを知っていた。そのため、レポ105の取引は形のうえでは外国の子会社を経由して行なわれたことにしてくれと要求することで、わが身を守っていた。そうすれば、連結数値を出すとき気づかなかったと、言い逃れができるからだ。これは明らかにでっち上げの取引だったにもかかわらず、誰一人訴追されていないし、罰金を科されてさえいない。

リーマンをはじめとする多くの証券化実行者が、保有資産の価値の水増しも行なっていた。リーマンの場合、最もひどく過大評価されていたのは商業用不動産のポートフォリオで、このポートフォリオの何十億ドルもの過大評価については、同社が破綻する前年に経営幹部によってあからさまに議論されていた。メリルリンチやシティグループなど、他の銀行も住宅ローン関連資産――これから証券化される債権、これから販売されるCDO、売れ残ったCDO、保有することにしていたCDO――の価値を水増ししていた。すでに述べたように、たとえばメリルリンチのトレーダーは、公開市場で買い手がつかなかったCDOを、自社の別のグループのトレーダーにカネを払って水増し価格で買い取ってもらっていた。多くの場合、こうした過大評価は社内で広く知られ、話題にされていた。これについても経営幹部がある程度関与していた可能性が高い。そしてやはり、誰一人訴追されていない。

ジョセフ・セントデニスが、ＡＩＧの財務諸表には重大な欠点があるという監査人の指摘を受けて、ＡＩＧファイナンシャル・プロダクツのＣＤＳポートフォリオを正確に評価しようとしたとき、ジョセフ・カッサーノとＡＩＧの財務担当上級幹部はそれを強引に阻止した。カッサーノもＡＩＧの経営幹部も、二〇〇七年から二〇〇八年にかけて、投資家や投資アナリストにきわめて不正確で誤解を与える説明を何度も行なった。ＡＩＧは二〇〇七年末や二〇〇八年上半期にも、自社のＣＤＳや住宅ローン関連証券のポジションの水増し評価額を修正しなかった。ゴールドマン・サックスが自社の保有する住宅ローン関連証券の評価額を大幅に切り下げて、ＡＩＧにＣＤＳ契約にもとづく多額の支払いを要求し、獲得していたというのにだ。この件についても訴追は一件も行なわれていない。

銀行の監査を行なっていた会計事務所がこうした不正にまったく気づかなかったとは思えない。レポ１０５やＡＩＧのＣＤＳポートフォリオの会計処理など、一部の事例では、不正が行なわれていることを会計事務所がその時点で認識していた証拠がすでに公になっている。それでも、バブル関連でのアメリカの会計事務所の刑事訴追は一件も行なわれていないのだ。

誠実なサービス条項違反と贈賄

連邦郵便詐欺防止法の一九八八年修正法には、次の文言が盛り込まれている。「詐欺を行なうための企み、もしくは策略には、誠実なサービスを受ける無形の権利を他者から奪うための企みもしくは策略も含まれる」。この法律は多くの贈賄事件や金融詐欺事件の訴追に使われてきた。だが、先ごろの最高裁判所の判決は、この法律は憲法に反してあいまいであるとして、贈賄やリベートにかかわる事件への同法の適用を制限した。

それでも、いくつかの事例は同法違反に該当すると思われる。住宅ローン会社の経営幹部が承認し、ときには命令までしたイールド・スプレッド・プレミアムは、誠実なサービスを受ける権利の大規模な侵害をまちがいなく発生させた。これらの住宅ローン会社のなかには銀行の子会社もあったし、より高金利の債権をより大量に供給するよう銀行から明らかに圧力をかけられたり、そうした供給を促すインセンティブを与えられたりしていたところもあった。バブルに関連して住宅ローン会社やその幹部が誠実なサービス条項違反で訴追された例は皆無である。そのうえ、ジェファーソン郡の事例では、ＪＰモルガン・チェースは郡の職員に賄賂を贈っていたし、おまけにゴールドマン・サックスにこのプロジェクトへの入札を取りやめさせるためにゴールドマンにも賄賂を贈っていた。ＪＰモルガン・チェースでもゴールドマン・サックスでも誰一人訴追されていない。

最後にあげると、格付け会社の行為は、誠実なサービス条項の適用範囲が狭められた今でも、この条項に対する違反で十分訴追できるように思われる。格付け会社は合衆国憲法修正第一条の言論の自由を持ち出して抗弁することで、さまざまな民事責任から逃れられるかもしれないが、刑事責任からは逃れられない。三大格付け会社のすべてが、露骨さの程度は異なるものの、投資家に腐敗したサービスを提供していた。手数料を払ってくれる証券発行者に有利になるように格付けを歪めていたし、証券発行者から多額のコンサルティング料をもらっていたことを開示していなかった。経営幹部が社員に不当に大量の証券を格付けさせて、まともなデューディリジェンスを不可能にしていた事実を開示していなかった。格付けの正確さを高める情報を（たとえばクレイトンホールディングスから）提供してもよいと言われたとき、それを断った事実を開示していなかった。詐欺的な証券に往々にして流れ作業的に高格付けを与えていただけだったのに、公正な格付けサービスを提供していると説明していた。それなのに、大手格付け会社やその幹部は、誠実なサービス条項違反でも他の不正行為でもまったく刑事訴追されていない。

偽証および連邦捜査官に対する虚偽陳述

宣誓証言でウソをつくことは、民事訴訟の証言録取においてであれ、民事裁判においてであれ、議会で証言するときであれ、重大な偽証である。連邦捜査官にウソをつくことも、やはり重大な罪だ。

これについては訴追のチャンスはたくさんある。多くの事例が証明は難しいかもしれないが、金融部門の多くの幹部が議会で証言するときウソをついたのはまぎれもない事実である。アンジェロ・モジロは、詐欺的融資をすることは自分の利益にも自社の幹部の利益にもならないと証言した。だが、実際には、すでに述べたように、その行為は彼の会社はつぶしたものの、彼自身には金銭的利益をもたらしたのであり、モジロはそれを明らかに認識していた。

それから、ロイド・ブランクファインの証言もあった。ブランクファインは、機関投資家の購入決定で格付けがどれほど重要な役割を果たすかを認識していなかったなどと証言した。彼は一九八一年にゴールドマン・サックスに入社して以来、一貫して商品・証券のトレーディング業務に携わっていた。CEOになる前のほぼ一〇年間は、債券業務を含む部門の上級幹部の座にあった。機関投資家のCDOの購入で格付けがどれほど重要な役割を果たすかを認識していなかったという主張は、はっきり言ってお笑い草だ。私の考えでは、この証言は偽証だった。では、それを証明できるか？　断言してもいいが、彼の電子メールを丹念に調べ、彼の周囲のあらゆる人間から証言を録取すれば、格付けの重要性を彼が熟知していた証拠が山ほど出てくるはずだ。上院常設調査小委員会での彼の証言は、ゴールドマンが「マーケット・メイク」をしていたと主張した点でも偽証の疑いがきわめて強い。実際には、ゴールドマンはその時期、クズ資産の処分をそれと知りつつ行なっていたのであり、しかもその目的のために組成・販売した証券のデフォルトに賭けていたのだから。彼の同僚たちの証言はさらにひどかった。ダン・スパークスはティンバーウルフが「クソみたいな証券」と評される前にその証券を売り切っていたと証言し、それから文字どおり一〇秒後に、小委員会委員長のレビン議員に事実を暴かれて、その言葉のあともティンバーウルフを売ったことを認めたのだ。

もう一つ、今度は金融危機調査委員会の公聴会（そう、これは宣誓証言だった）から例をあげよう。シティグループの元CEOチャック・プリンスが、彼とロバート・ルービンに尋問した委員と交わしたやりとりだ。(36)

ミューレン委員による尋問

ミューレン委員　自己資本比率はきわめて重要だとおっしゃいましたが、シティグループは自己資本比率の問題を避けるために特別に設計された商品をつくったことがありますか。

ルービン氏　そのご質問に対する答えは承知しておりません。

ミューレン委員　では、あなたはどうですか、プリンスさん。単に――というか、少なくとも商品を設計する主な目的の一つが自己資本比率の問題を避けることだったという、そのような商品をつくっていましたか？

プリンス氏　えーと――答えはノーだと思います。商品はクライアントがほしがるものになるように設計する必要がありますから。つまり、社内事情に目を向けた商品はつくらないということです。ご質問が、チームの――チームが商品をつくるか――そして商品をつくる過程で資本負担を最小化しようとするかということでしたら、答えはイエスではないかと思いますが、確かなことはわかりません。

ミューレン委員　では、新商品の――この場合は流動性プットですが――新商品の組成に関する会議の議事録に、このような仕組みをつくれば自己資本比率の問題を回避できるという事実にはっきり言及した記述があることを知っても、驚きはしないわけですね？

プリンス氏　その文書を読んで文脈を理解しなければ、答えられません。

「流動性プット」とは、簿外のSIVに移した住宅ローン証券で損失が出た場合は、シティグループがその損失を負担することを保証する仕組みだった。この仕組みに合理的な経済的意味はなかった。シティグループがバランスシートをごまかして、証券のデフォルトにともなう正真正銘のリスクを抱えている事実を隠すためにのみ存在していた仕組みだったのだ。

この種の例はまだいくらでもあげられる。

議会の公聴会は多くの人に、嫌悪感だけでなく、ウソだらけの証言が行なわれているという感覚もはっきり抱かせた。だが、偽証についての刑事訴追は一件も行なわれていない。

サーベンス・オクスリー法違反（民事上および刑事上の違反）

サーベンス・オクスリー法（上場企業会計改革および投資家保護法）は、CEOや上級幹部の行為に関するさまざまな要件を定め、さらに特定の違反に対する刑事罰も定めている。上場企業のCEOやCFOは、自社の財務諸表や税務申告書の正確さを保証し、さらに正確な財務報告を行なうための内部統制の妥当性を保証することを、この法律で義務づけられている。SECはこれらの分野の規制を定める責任を負い、その規制に違反した者に対して民事訴訟を提起できるとされている。だが、この法律は、不正確な財務諸表をそれと知りつつ正しいと保証したり、記録を破棄したり、法執行機関と接触したことを理由に内部告発者に報復したりする行為に対して、最高一〇年の禁固刑を含む刑事罰も定めているのである。

債権ポートフォリオ、目論見書、投資家向け説明資料などで、どれほど多くの虚偽記載が行なわれていたかはすでに見てきた。債権の質に関して、また社内基準を満たしていない債権の扱い方に関して——こうした債権の多くが、基準を満たしていないことを承知のうえで証券化された——社内のデューディリジェンスが不十分だったり、往々にして故意に差し止められたりしていたことも見てきた。これが十分な内部統制と言えるだろうか？　さらに、住宅ローン会社も証券化実行者も債権やCDOや自社の財務状態の評価をひどく不正確に行なっていたことも、われわれはすでに知っている。これらの会社のCEOは、これをどの程度知っていたのだろう？　まったく知らなかったということはありえない。それどころか、その正反対だったことを物語る証拠が、すでにかなり明るみに出ているのである。

一例としてシティグループについて考えてみよう。リチャード・ボウエンがシティグループの四人の上級幹部——四人のなかにはCFOと副会長のロバート・ルービンも含まれていた——に注意を促す電子メールを送った後、シティグループの当時のCEOチャック・プリンスは、サーベンス・オクスリー法で義務づけられている財務諸表の正確さを保証するサインを行なった。三カ月後、通貨監督庁はプリンスに代わってCEOの座についていたビクラム・パンディットに書簡を送って、シティグループの財務報告と内部統制には大きな欠陥があるとはっきり警告した。その八日後、パンディットはサーベンス・オクスリー法でCEOに義務づけられている保証のサインを初めて行なった。その後の二年間で、シティグループは、それまでの証券の評価額が不正確だったことが判明してさらに何十億ドルもの損失を計上したのである。

もう一つの例はＡＩＧだ。二〇〇七年末から二〇〇八年にかけてのＡＩＧの内部統制は、とりわけＡＩＧＦＰの社内監査人がＡＩＧ本社の監査責任者に警告したのち、抗議の辞職をしてからは、とうてい妥当とは言えないものだった。また、リーマン・ブラザーズのリチャード・ファルドＣＥＯとエリン・カランＣＦＯが二〇〇八年に同社の財務諸表に正確さを保証するサインをしたことも、サーベンス・オクスリー法に明らかに反する行為だった。

実際、リーマンについては、レポ１０５という会計処理の手口が暴き出されたことに加えて内部告発者のおかげもあって、きわめて直接的な証拠がたくさんある。マシュー・リーはリーマンのグローバルなバランスシートを監督する責任を負っていた同社の上級副社長だった。二〇〇八年五月一六日、リーはリーマンの四人の幹部——マーティン・ケリー監査責任者、ジェラルド・ライリー資本市場商品管理責任者、クリストファー・オメーラ最高リスク管理責任者、エリン・カラン最高財務責任者——に手紙を手渡した。(37) この手紙で彼は、自分は一九九四年からリーマンで働いており、「忠実で献身的な社員」であり続けてきたと述べ、それから次のように続けている。

しかしながら、みなさんにお知らせしなければならないと感じる行為や慣行に気づくに至りました……

会社の経営幹部の特定の行為は［社内倫理］規定に違反していると思います。私の考えを簡単に申し述べます。

1．毎月最終日には、会社が実際に管理している額を約五〇億ドル上回る資産が帳簿に記載されています……このパターンは、会社の経営幹部が自社の資産を十分には——会社の財務諸表が公衆や政府機関に「公正、正確、かつタイムリーに」提示されていることを世間に認めさせられるほど十分には――把握していないことを示していると思います……帳簿から抹消される可能性がある資産が……最低でも約五〇億ドルあり、会社がこの資産をこのように計上していることは、公衆や各種政府機関に誤解を与えるおそれがあると思います……

2. 会社にはバランスシートのそれぞれの勘定を確認するという定着した慣行があります……会社は何百億ドルもの未確認の債権残高を保有しており、これは不良・不稼働資産、すなわち実質的な負債かもしれませんし、そうでないかもしれません。いずれにしても、会社の経営幹部は、これらの勘定のすべてが［社内倫理］規定に定められているように本当に「公正、正確、かつタイムリーに」記載されているかどうかを確認できないかもしれません……

3. 会社はどの公認市場でも現在記載されている時価ではおそらく売買できない在庫を何百万ドル分も抱えています……

4. 会社はこの拡大したバランスシートに対処するために必要な財務システムや人員に十分投資してこなかったと思います……

5. インドのムンバイの財務部門には業務に精通した管理者が十分配置されていないと思います。重大な事実の虚偽記載が生じるきわめて現実的な可能性があります……

6. 最後に……上級レベルの社内監査人のなかには、自分が任されている監査業務を適切に遂行するための専門知識を備えていない者がいます……

ここに述べた諸点について経営幹部のみなさんと議論できれば幸いですが、いずれにしても私は、道徳的にも法的にもこれらの問題をみなさんにお知らせする義務があると思った次第です。

リーの指摘は大部分が正しかったことがのちに判明する。この手紙から約一カ月後、リーはリーマンの監査を行なっていたアーンスト・アンド・ヤングにも、レポ105のトリックについて通報した（だが、これは不要だった。アーンスト・アンド・ヤングはすでにそれを知っており、それなのに一年以上も何もせずに放置していたのである。[38] この会計事務所も訴追されていない）。したがって、エリン・カランとリチャード・ファルドがその四半期のリーマンの財務諸表に保証のサインをしたことは、明らかにサーベンス・オクスリー法に反する行為だったのだ。

では、アンジェロ・モジロがカントリーワイドの財務諸表や内部統制の妥当性を保証したことはどうだったのか？　社員が他の社員を買収していた時期に、スタン・オニールがメリルリンチの財務諸表に保証のサインをしたことは？　なにしろ、メリルリンチは彼の退任の二年後には黒字から八〇〇億ドルの赤字に転落したのである。同様の例はまだたくさんある。それなのに、サーベンス・オクスリー法違反にもとづく訴訟は民事も刑事も一件も起こされていないのだ。

ＲＩＣＯ法違反と独占禁止法違反

事業への犯罪組織等の浸透の取り締まりに関する法律（ＲＩＣＯ法）も独占禁止法も共同謀議を訴追する手段になる。ＲＩＣＯ法は犯罪組織を運営することに対して厳しい刑事罰（および民事罰）を定めている。この法律を使えば、とくに犯罪組織のリーダーを、他者に犯罪行為を命令したり他者の犯罪行為を幇助したりした罪で訴追することができる。また、犯罪行為によって得た不正利得を全額没収できるし、連邦検察官が公判前差止命令を取得して被告の資産を差し押さえることもできる。さらに、ＲＩＣＯ法違反者を雇用している企業を刑事訴追することもできる。

ＲＩＣＯ法はマフィアや麻薬カルテルのような暴力的犯罪組織だけでなく、組織的な金融犯罪も対象にすることを明確に意図してつくられたものだ。実際、この法律の草案作成に深くかかわった法学者G・ロバート・ブレイキーは、かつて『タイム』誌にこう語った。「ブルーカラー労働者や移民に適用される規則と、アイビーリーグの卒業証書を持つホワイトカラー労働者に適用される規則が別々であるのは望ましくない」。RICO法はカトリック教会の性的虐待事件からマイケル・ミルケンの事件まで、多岐にわたる事件で使われてきた。実際、ミルケンと彼の雇用主のドレクセル・バーナム・ランバートに対して起こされた刑事訴訟は、RICO法にもとづくものだった。これまでの章で取り上げたバブル期の行動の多くが、RICO法違反に該当するように思われる。そのうえ、公判前の資産差し押さえは、組織犯罪との戦いで広く用いられ成功してきた手法であり、今では年間一〇億ドル以上の収入を連邦政府にもたらしている。だが、金融危機に関連しては、RICO法にもとづく訴追は一件も行なわれていないし、バンカー個人や会社の資産を差し押さえるための差止命令も一件も出されていない。

連邦政府による資産差し押さえは犯罪者にとって当然の報いであるだけでなく、被害者にある程度の救いをもたらすものでもあることを、ここで指摘しておきたい。連邦法は差し押さえた資産を被害者への補償のために使うことを認めている。この事例では、差し押さえの経済的影響はとてつもない規模になる可能性がある。バブルと危機に途方もなく大きな責任があった七人（アンジェロ・モジロ、リチャード・ファルド、ジミー・ケイン、ジョセフ・カッサーノ、スタン・オニール、ヘンリー・ポールソン、ロイド・ブランクファイン）の個人資産を差し押さえるだけで、被害者補償に使えるカネが二〇億ドル以上生まれるだろう。連邦政府がバブルに関連した投資銀行業界のボーナス（および犯罪行為）全体の大きな割合を占めていた、たとえば五〇〇〇人程度のバンカーの資産を差し押さえることにしたら、何百億ドルもの被害者補償資金が生み出される可能性がある。このような措置をとれば、不当な住宅差し押さえに対して四九州の司法長官が起こした訴訟の合計和解金額、二六〇億ドルを上回る被害者補償を提供できるだろう。

独占禁止法も刑事訴追の手段としても金銭的補償を引き出す手段としても使える法律だ。この法律には一九七五年以降、違反者に対する厳しい刑事罰が盛り込まれている。また、民事判決での三倍賠償［実際の損害額の三倍の損害賠償］の規定も盛り込まれており、この判決は刑事裁判での有罪判決の証拠にもとづいて下せるものとされている。

金融産業では共同謀議や独占禁止法違反が広く行なわれていたと判断する理由はあり余るほどある。この業界の著名な観察者たち——サイモン・ジョンソン、エリオット・スピッツァー、それに金融ジャーナリストのウィリアム・コーハンなど——は、アメリカの銀行業界に対しては独占禁止法違反での本格的な捜査が必要だと主張してきた。本書執筆の時点で、アメリカ、ヨーロッパおよび日本の規制当局と検察当局によって大規模な独占禁止法違反捜査が進められているが、これは金利、とりわけ多くの短期金利の指標として使われるロンドン銀行間取引金利（ＬＩＢＯＲ）の操作に焦点を当てたものだ。地方債市場における価格操作や入札談合についても、前述したように一連の民事訴訟が提起され、和解で解決されている。

より広い観点から言うと、金融産業は極度に集中化が進んでおり、すべての大手金融機関が、競争しているとされる市場においてさえ、互いに取引し合っている。アメリカの証券引き受け、非上場企業のエクイティ・ファイナンス［株式発行による資金調達］、合併・買収、およびデリバティブ取引の圧倒的多数が、今ではゴールドマン・サックス、ＪＰモルガン・チェース、モルガン・スタンレー、シティグループ、バンク・オブ・アメリカ、ウェルズ・ファーゴによって支配されている。最大手のプライベート・エクイティ投資会社（ＫＫＲ、ブラックストーン、テキサス・パシフィック・グループなど）は、企業買収の入札で往々にして談合しており、互いの間で協力するだけでなく、レバレッジド・バイアウト（LBO）の資金調達計画の作成では大手銀行とも協力している。

すべての大手銀行が主なサービスについては同一の手数料を設定している。たとえば、新規株式公開の引き受けは七パーセント、ジャンク債の引き受けは三パーセント、協調融資《シンジケート・ローン》は一パーセントである。[39] そのうえ、株式の公開・発行も債券の発行も、引き受けは往々にしてシンジケートを組んで行なわれる。その場合、引き受け業務を受注した銀行は、その一部を競争相手であるはずの他の銀行に下請けに出すことになる。銀行は多くの合弁会社も設立・運営しており、金融バブルと金融危機に深くかかわっていたMERSとマーキットはその代表格だ。

主要銀行が株式委託売買のために使っている顧客との契約書は、なんたる偶然の一致か、すべて同じ条項を含んでおり、顧客はブローカーを不正行為で訴える権利を放棄させられている。顧客は訴訟という手段ではなく、業界のひ弱な自主規制団体FINRAが監督する仲裁手続きを使わなければならないのだ。この仲裁条項は効率を高めることを意図したものではない。それどころか、FINRAの仲裁は時間がかかり、おまけに高額の弁護士費用や仲裁人への支払いが必要で、きわめて高くつく。業界がこの条項を盛り込んだのは、FINRAの仲裁が業界に有利な結果になる傾向があるためであり、さらに重要な点として、厄介な情報が公になるおそれのある訴訟とはちがって非公開だからである。なぜすべての銀行が自然発生的に同一の契約条件を使うことにしたのかは、いまだかつて説明されたことがない。

銀行はクレジットカード取引を処理するための「売上交換手数料《インターチェンジ・フィー》」を決める際にも、ビザやマスターカードとともに、同一の結論に至ったようだ。ヨーロッパやオーストラリアのインターチェンジ・フィーは、一般に取引額の〇・六パーセントか、それ以下だ。アメリカのインターチェンジ・フィーは一律に二パーセントである。二〇〇五年九月、小売業団体の大きな連合組織が、ビザとマスターカード、それにアメリカの大手銀行一三社を独占禁止法違反で訴える集団訴訟を起こした。[40] 二〇一二年初めの現在、この訴訟はまだ決着がついていない。損害賠償が認められるとしたら、どれくらいの額になるかについては、数十億ドルから数百億ドルまでのさまざまな推定値が出されている。だが、連邦政府の独占禁止当局は、インターチェンジ・フィーについては一度も訴訟を起こしていない。

実際、このような業界の共同謀議は広く見受けられるにもかかわらず、アメリカで大手銀行やバンカー個人が重大な独占禁止法違反容疑で有罪判決を受けたことは、過去三〇年の間に一度もないのである。

政府援助の開示規定

二〇一一年一一月二七日、ブルームバーグ・ニュースは、情報公開法にもとづく開示請求の結果、危機の間にFRBが大手銀行に与えた融資などの援助は、それまでの推定額よりはるかに大きいことがわかったと報じた。FRBはこの情報を隠していたので、それまでは当時の入手可能な資料にもとづいて、援助の総額は二兆ドルから三兆ドルと推定されていたのである。開示請求によって資料を入手したブルームバーグは、融資、債務保証、証券の買い取り、その他の援助を合わせた実際の援助額は、七兆八〇〇〇億ドルという驚くべき額にのぼり、危機の最も深刻な時期には、常時、数千億ドルの融資残高があったことを発見した。[41] ブルームバーグは、この低利の融資のおかげで銀行は一三〇億ドルの追加利益を得たと推定したが、私の同僚の一人は、銀行の利益はそれよりずっと大きかったにちがいないと思っている。

一九八九年以降、上場企業はSEC規則によって重要な政府援助の開示を義務づけられている。だが、FRBからの融資の規模やそれが利益に及ぼした影響を開示した銀行は一社もなかった。[42] これは民事の違法行為であって刑事犯罪ではない。だが、銀行が巨額の政府援助に大きく依存していたまさにそのとき、一部の銀行はわが社の財務状態は健全だと主張していたのである。これは証券法違反と解釈できる。この件についてSECによる民事訴訟は一件も起こされていないし、刑事訴追も行なわれていない。

私生活での違法行為

刑事訴追の対象になる私行は多岐にわたり、マリファナ、コカインなどの薬物の所持・使用から、買春、売春斡旋、私的サービスや違法サービス（性的サービス、ストリップ・クラブやナイトクラブの利用）の費用の会社への不正請求、会社の資産やサービスの私的使用や流用（たとえば社用ジェットの使用）、個人税の脱税などがある。

ここではっきり述べておく必要があるが、私はマリファナの所持や使用で人を訴追することにはあまり乗り気ではない。マリファナは合法であるべきだと思っているからだ。また、一般論としては、二人の健全な大人が合意のうえで行なうことは、売買春を含めて何であれ合法であるべきだと、どちらかというと思っている。だが、コカインについては立場を決めかねている。コカインは実際に有害らしいし、その一方で、それが闇取引されることも社会に途方もなく大きな害を及ぼすからだ。全体的に言うと、普通の状況なら、私は法執行機関の資源をこの分野に使えとは主張しないだろう。

だが、ここで取り上げている状況は普通ではない。第一に、これについても、法執行機関の普通の人間に対する扱いとインベストメント・バンカーに対する扱いには大きなちがいがある。ニューヨーク市では毎年約五万人がマリファナの所持で逮捕されるが、そのほとんどが犯罪者ではなく普通の市民である。彼らの唯一の罪は、たまたま警察官の巡回圏内に入ってしまったことだ。逮捕者のなかにジミー・ケインという名の人物がいたことはなかった。ケインがマリファナを常用していたことは全米向けのメディアでたびたび報じられたにもかかわらず、だ。ニューヨークの誰もが知っていることだが、投資銀行業界はおそらく地上最大のコカインの販売市場であり、言うまでもなくストリップ・クラブ産業やエスコート産業を支える柱の一つである。エスコート嬢を呼んだことでＦＢＩは誰を逮捕したか？　エリオット・スピッツァーだ。

この件についてはもう一つ、もっと深刻な問題がある。訴追できない理由とされているのが立件の難しさだとすると、それなら多くのバンカーに証言させる実に簡単な方法がある。それは組織犯罪事件でしょっちゅう使われている手法である。これは組織犯罪以外の何物でもないではないか。

時間がたつにつれて、バブル期の不正の刑事訴追はさらに難しくなり、不可能にさえなるだろう。これらの犯罪の多くは訴追期限が短い——三年ないし五年——からだ。そのため、犯罪者に当然の報いを与え、人々を啓蒙する大きなチャンスはまもなく失われるだろう。状況によっては、新しい証拠が出てきたら、訴追期限が過ぎていても捜査を開始したり再開したりできるだろうが、新しい証拠を見つけることも時間がたつにつれて難しくなるだろう。おまけに、オバマ政権が訴追に関心を持っている様子はまったく見受けられない。

だが、犯罪行為についてはこれくらいにしておこう。次は大規模な経済的無駄と不安定化に目を向けよう。規制緩和された現代の銀行業はそれも得意としているからだ。

第七章 痛みをもたらす負の産業 ——野放しの金融部門

Agents of Pain: Unregulated Finance as a Subtractive Industry

この章では、金融部門の行動が経済全体に及ぼす影響を見ていきたい。第一の影響は、ならず者産業と化した金融部門は非倫理的で犯罪的でさえあるだけでなく、国の経済の健全さにとってきわめて危険なものにもなっていることだ。

アメリカでは（ときには他国でも）、金融規制緩和は、金融サービス産業の「比較優位」を維持するためにはそれが不可欠だという主張によって擁護される。金融部門は多くの人間を雇用しており、富の創造者であり、経済成長のエンジンなのだから、というわけだ。だが、実際はその逆で、規制緩和された金融部門はアメリカ経済に、ひいてはグローバル経済に莫大な純コストを負担させる。金融部門の変容と規制緩和は、資金を生産的な用途に回すという、この産業のあるべき役割を促進するどころか、経済に破壊的な——とてつもなく破壊的な——影響をもたらしてきたのである。

このコストは二つの形で現れる。一つは、金融産業が今では金融システムだけでなく経済全体にとっても本質的に不安定化要因になっていることだ。これは基本的には二〇〇五年のジャクソンホール会議でラグラム・ラジャンが指摘した問題で、今ではさらに大きく、さらに危険な問題になっている。レバレッジ、ボラティリティー、業界の集中化、有害なインセンティブ、それに（多くの場合、故意の）虚偽情報が、ますます破壊力を増し、往々にして不正の蔓延によってさらに深刻化する金融バブル・金融危機を繰り返し発生させてきたのである。とくに一九八〇年代以降は、危機は深刻さを増し、「メイン・ストリート」、すなわち実体経済にますます波及するようになって、莫大な経済的・人的被害をもたらしてきた。実際、今では金融部門内のシステムのリスクではなく、金融部門というシステムのリスクについて心配しなければならなくなっている。

金融産業によって引き起こされる経済の破壊の二つ目の形は、市場が一時的に安定しているときでさえ、金融部門はますます寄生的になっていることだ。金融部門の売上高や（利益がある場合は）利益の大きな割合が、今では洗練された形のピンハネや略奪や腐敗、すなわち何の経済的価値も生み出さない非倫理的な活動によるものだ。これらの活動の収益性は（ときにはこれらの活動の存在自体さえ）、法や税制の抜け穴、情報の隠蔽、新規参入を阻む人為的な法的障壁、被害者の保護や償還請求権の欠如、カルテルのような共謀、それに政治腐敗——金融業界の富と力によって生み出された状況——に支えられている。それにもかかわらず、これらの活動は莫大な利益を生み出すので、大量の資本や情報システム投資に加えて、アメリカの最も教育程度の高い人々の多くも引き寄せている。その結果、格差が拡大しているだけでなく、別の分野に投入されればもっと有効に使われるはずの資産や人的努力が大量に浪費されているのである。

規制緩和された金融部門とアメリカ経済のパフォーマンス

現代の経済は高度な金融サービス産業をまちがいなく必要としている。グローバリゼーションには通貨交換やリスクヘッジや決済のシステムが欠かせない。豊かになった市民は、より多様な貯蓄商品や投資商品、ローン商品や年金商品を求めるようになっている。ベンチャー・キャピタルはグーグル、アップル、シスコ、インテル、イーベイ、アマゾンなど、きわめて生産性の高いハイテク企業に資金を提供してきた。金融イノベーションのなかにはきわめて有益なものもある。たとえば、デビット・カード、ATM、マイクロ融資、インデックス・ファンド、インターネット・バンキング、アメリカのベンチャー・キャピタル・システムなどだ。

だが、規制緩和された金融部門に経済が圧倒的に支配されるようになるのは深刻な問題だ。アメリカの金融部門は、過去三〇年にわたり悪性腫瘍のように急成長してきた。最近の「イノベーション」の多くは規制や課税や法の執行を逃れるための小細工にすぎず、その一部は経済に深刻な打撃を与えるものであることが実証されている。GDPに対する金融部門のささやかな貢献とは対照的な、この部門の負債と利益の激しい増減は、この部門が大きな不安定化要因になっていることを示している。

そのうえ、アメリカの金融部門の急成長は、実質的な経済成長をともなってこなかった。むしろ、その逆だったのだ。次の二つの図は、近年の金融産業の膨張には、一九二九年以降では最悪となるGDP成長率の着実な低下と所得格差の急激な拡大がともなってきたことを示している。過去二〇年のアメリカの生産性とGNPの実質的な伸びは、大部分が情報技術（IT）産業、とりわけインターネット革命のおかげだった。IT産業を除くと、この期間のアメリカの経済成長は実に貧弱だった。そのうえ、経済全体の賃金や所得の伸びに対する金融部門の貢献は、この部門がもたらした損害を無視したとしてもささやかだった。

金融部門を除外すると、アメリカの実質賃金は低下している。また、金融部門の内部を見ると、この部門の所得の伸びは業界の上位一パーセントの人々に集中していることがわかる。金融部門の内部においてさえ、上位一パーセントによる残り九九パーセントの幸福に対する貢献は、せいぜいよく言ってささやかだった。そのうえ、のちほど見ていくように、金融部門の活動の一部——とりわけ投資

GDP、国内債務残高、企業利益に占める金融部門のシェア

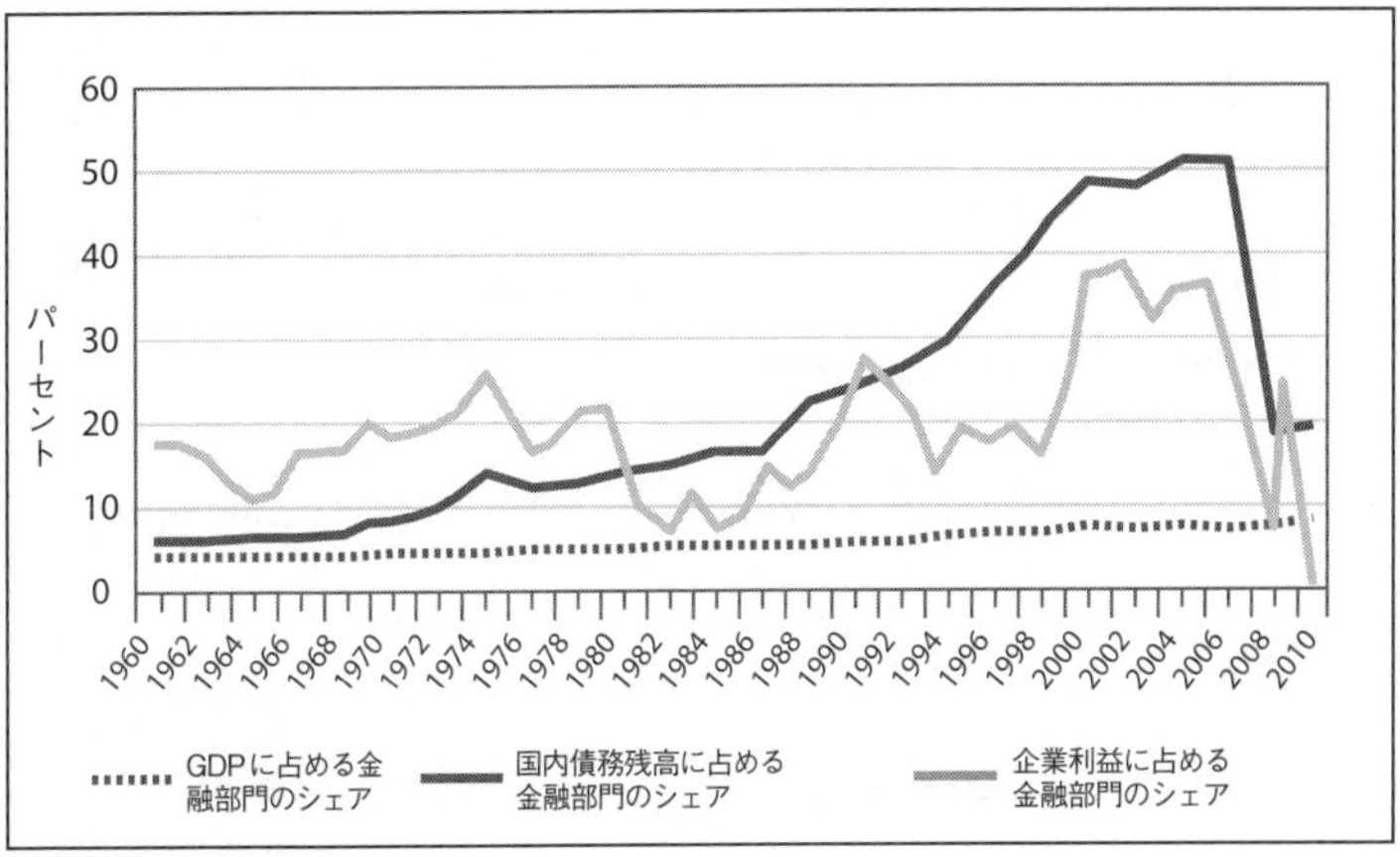

出所：商務省経済分析局

銀行業務、資産管理業務、プライベート・エクイティ投資業務——は、普通のアメリカ人の所得や投資を犠牲にして利益をあげているのである。

だが、一九八〇年代以降の金融規制緩和が経済に及ぼしてきた影響全体を評価することは可能なのだろうか？　ある意味では可能だが、それは決して心地よい眺めではない。たしかにいくつかの便益はあった。株式や債券の売買手数料が下がったし、州際銀行業務が可能になったことで、そうしたサービスを必要とする人々にとっては便利になった。また、一部の消費者向け融資で金利が若干低下した（クレジットカードはもちろん別だ）。だが、こうした便益のほとんどは、規制をほんの少し変えるだけで実現できていたはずだ。それに対し、規制緩和のコストは実に膨大だ。

たとえば、先ごろの住宅バブルと金融危機のコストを考えてみるといい。エバレット・ダークセン上院議員の言葉（はるか昔に軍事費について言った言葉で、単位は一〇億ドルだった）をもじって言うと、ここで一兆ドル、あそこで一兆ドルとばらまいて、

GDPの伸びと金融部門の成長、および格差の拡大

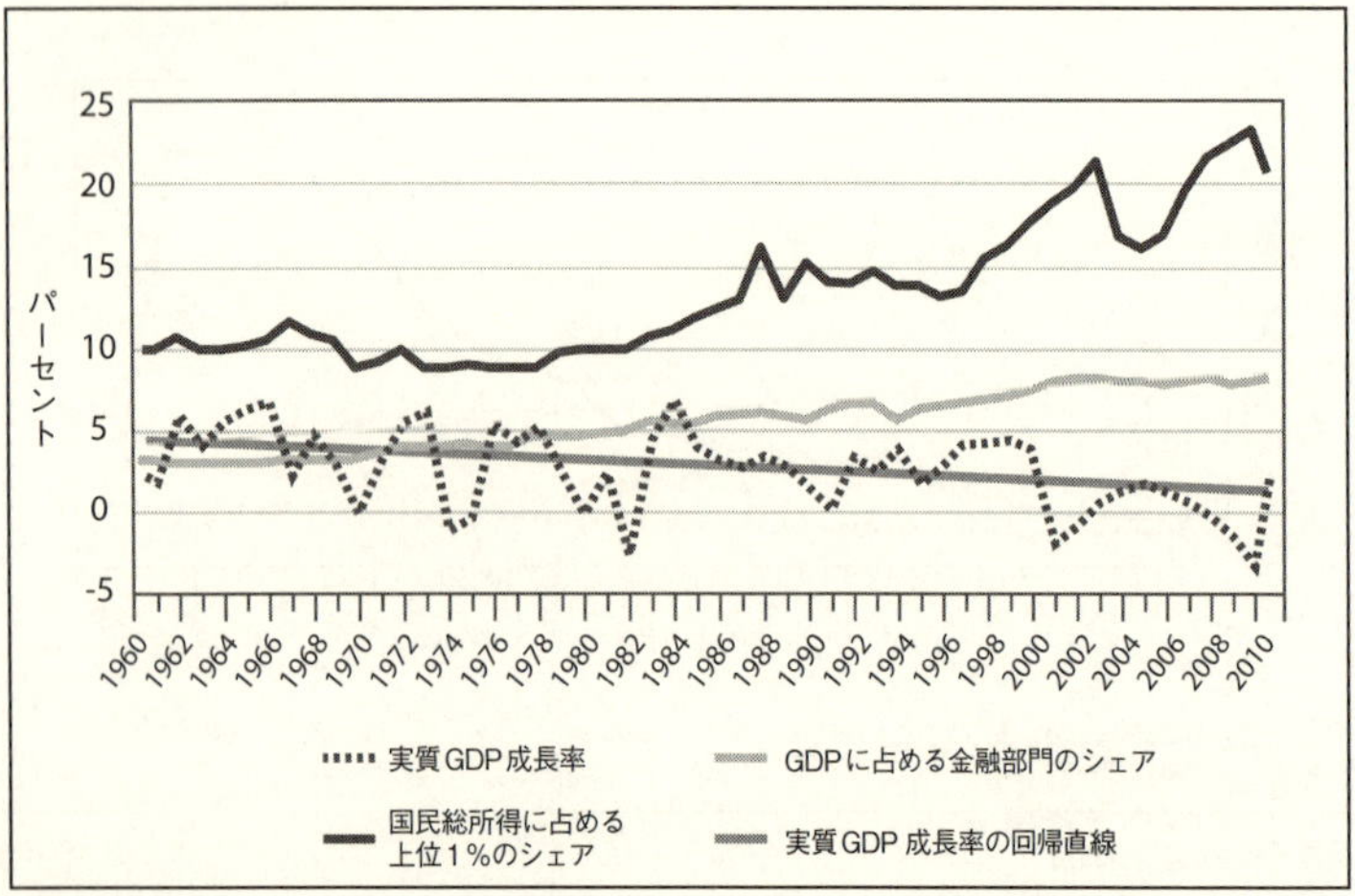

Facundo Alvaredo, Tony Atkinson, Thomas Piketty, and Emmanuel Saez, World Top Incomes Database, http://g-mond.parisschoolofeconomics.eu/topincomes/

すぐに実際にカネを工面しなければならないときがくるのである。

まず、住宅ローン・ブームがもたらした損害から見ていこう。アメリカ人の住宅正味持ち分の価値は、二〇〇一年から二〇〇五年の間に六兆ドルから一三兆ドルへと、数字上は二倍以上に増大した。それはもちろん実質的な価値の増大ではなかったが、アメリカ人はそれを理解せず、住宅の価値の増大分とされるものを担保にどんどん借金した。それから暴落が訪れて、彼らの持ち分の価値は低下したが、彼らの借金の額は減らなかった。バブル崩壊後の五年間に、アメリカ人の住宅持ち分の価値は下落の一途をたどり、ついに六兆ドルに落ち込んだ。これは二〇〇一年とほぼ同じで、二〇〇五年のピーク時の半分以下だ[1]。二〇一二年初めの時点では、アメリカの住宅ローンのおよそ二〇パーセントが今なお「アンダーウォーター」の状態にある。つまり、住宅ローンの残高が住宅の価値を上回っているのである。それがもたらす経済的打撃

はきわめて大きく、回復には何年もかかるだろう。

貸し手が抵当権第二順位のホーム・エクイティ・ローン――「あなたの住宅の価値を引き出そう」という類のローン――を積極的に貸し付けていたことで、この打撃はそれだけひどくなった。二〇〇〇年から二〇〇七年にかけて、アメリカの消費者は住宅から四兆二〇〇〇億ドルの現金を引き出した。一九九〇年代の四倍だ。このカネの多くが輸入消費財に使われて、アメリカの貿易赤字を悪化させた。アメリカの貿易赤字はこの期間に四兆ドル以上増大し（二七六ページの図参照）、二〇〇〇年代の貿易赤字の総額は一九九〇年代の五倍になった。[2]

二〇〇五年には、住宅産業と家具や家電などの住宅関連産業がアメリカの経済成長の半分を占めるようになっていた。この活動の多くが純然たる浪費だったのであり、アメリカは立地が悪く、しかも多くがエネルギー効率のきわめて悪い住宅を過剰に抱えるはめになった。広い敷地に住宅を建てるためには、大きなコストがかかる上下水道の延長工事が必要だ。広い室内空間とお粗末な断熱は、当然、エネルギー効率を悪くする。さらに、スプロール化［市街地が郊外に向かって拡大すること］によって、一つの世帯に二台以上の車が必要になる。何百万軒ものこうした住宅が今では差し押さえられたり、空き家になったり、建設費を下回る価格で売却されたりしている。[3] ふたたび人が住むようになったとしても、こうした住宅は余分な光熱費や水道料金がかかるだろう。

だが、コストはこれで終わりではない。バブル崩壊は住宅所有者と不動産開発業者だけに打撃を与えたわけではなかった。連邦政府は金融システムを崩壊から守り、さらに経済を金融部門から守るために、巨額の資金を投入した。推定値は計算の仕方によって（たとえば、ＦＲＢが証券の買い取りに使った二兆ドルを勘定に入れるかどうかで）大きく異なるが、納税者が負わされた金融部門救済のコストはまちがいなく数千億ドル単位だった（ファニーメイ、フレディマック、ＡＩＧの三社だけで、

ホーム・エクイティ純引出額と貿易赤字：2000年−2007年

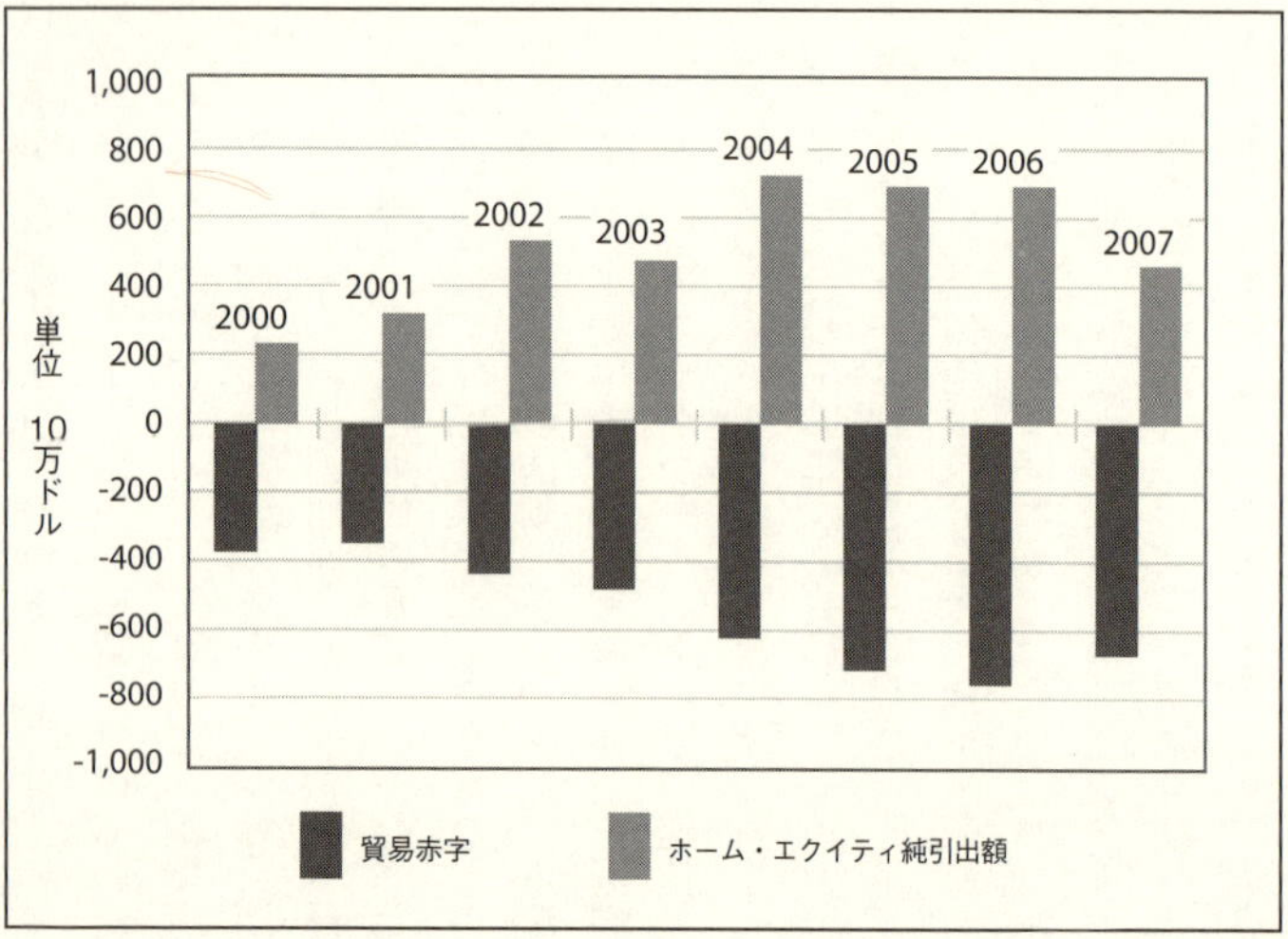

出所：商務省経済分析局、FRB

二〇〇〇億ドルを優に超えるコストがかかっている）。また、AIG、リーマン・ブラザーズ、メリルリンチ、ベアー・スターンズの株式を保有していた人々は、もちろんそのほぼすべてを失った。そのうえ、住宅市場と住宅ローン市場の崩壊に打ちのめされて、経済全体が景気後退に陥った。金融危機が始まってから一年後には、GMとクライスラーが倒産し、アメリカの公式失業率は一〇パーセントという大恐慌以来最悪のレベルに達した（実際の失業率はおそらく一五パーセントに達していただろう）。失業と住宅価格の急落になんとか対処したとしても、アメリカの家計は二〇〇一年を八〇パーセント上回る債務負担に苦しむようになっていた。けた外れに富裕なニューエリートだけが打撃を免れたのだ。

さらに、連邦政府は税収が大幅に落ち込むなかで緊急景気対策に八〇〇〇億ドルつぎ込み、その一方で、富裕層の税率をブッシュ減税前の水準に戻す動きは共和党に阻止された。そのため、財政赤字は拡大し続け、政府債務残高は危機の結果、約五〇パーセント増大した（この数値も何を勘定に入れるかによって変わってくる）[4]。おまけに、連邦政府の景気対策支出が終了すると多くの州の財政が危機に陥って、教育や保育など、経済的幸福にとってきわめて重要なサービスの予算が大幅に削られた。しかも、痛みはまだ続いている。アメリカの貧困率は急上昇しており、何百万軒もの住宅が差し押さえられている。また、何百万人ものアメリカ人が「アンダーウォーター」の状態に陥っている。二〇一二年初め現在、公式失業率は依然として八パーセントを超えており、アメリカの経済成長は弱く、ヨーロッパは景気後退に陥りつつある。

ヨーロッパ諸国も大規模な景気対策支出を余儀なくされ、それが債務負担を増大させて、ヨーロッパの政府債務問題の大きな要因になった。実際、アメリカの住宅バブルと金融危機の影響は、ヨーロッパの政府債務危機に関する議論で今よりはるかに大きな関心を払われてしかるべきだ。EUというシステムやユーロ圏の多くの国がさまざまな構造的硬直性を抱えており、それが成長を弱め、債務を増大させてきたのは事実である。これらの国の一部、とりわけアイルランドとスペインで不動産バブルが発生していたことも事実である。だが、ギリシャを例外として、危機に陥っている国のほとんどが（今では膨大な債務を抱えている国を含めて）、金融危機までは難なく対処できる債務レベルだったことも、また事実なのだ。

二〇〇八年初めには、政府債務残高の対ＧＤＰ比がユーロ圏で最も高かったギリシャでさえ、その比率は一一〇パーセント足らずだった。イタリアはそれより若干低い一〇〇パーセント強、アイルランドは七〇パーセント弱、スペインは約四〇パーセント、ポルトガルに至っては約二五パーセントにすぎず、アメリカやドイツ、それに他のほとんどの先進国よりはるかに低かった。ところが、二〇一二年初めには、ギリシャの債務レベルはＧＤＰの一七〇パーセント、アイルランドは一〇〇パーセント強、スペインは六〇パーセント強、そして驚くべきことにポルトガルは四倍以上の一一〇パーセントに上昇していたのである。この破滅的な上昇は、これらの国が突如として一斉に浪費するようになった――たとえばバブル期のアメリカのように借金して使いまくった――からではなかった。大不《グレート・リ》況《セッション》にみまわれ、経済の全面的崩壊を防ぐために（赤字）財政出動による緊急刺激策を余儀なくされたからだった。要するに、アメリカの金融部門のせいだったのだ。

　本書執筆の時点では、ヨーロッパの政府債務危機がどのように展開するかはまだわからない。だが、その影響はすでにぞっとするような形で現れている。ギリシャ国民の多くが今では窮乏生活を強いられており、暴動がますます頻発するようになっている。ギリシャ、スペイン、ポルトガルの若者の失業率は今や五〇パーセントを超えている。ハンガリー、ラトビアなど、一部の東欧諸国の経済は大打撃を受けており、ハンガリーでは極右政党が躍進して同国の民主主義国という地位を危うくしている。極右政治運動は他のヨーロッパ諸国でも驚異的な勢いで勢力を拡大しており、フランスはもちろん、フィンランドをはじめとする北欧諸国においてさえ、めざましい躍進を見せている。

　アジアはさほど大きな影響は受けなかった。それでも中国では、二〇〇八年から二〇〇九年にかけて一〇〇〇万人の移住労働者がまさに一夜にして職を失った。だが、中央政府による五〇〇〇億ドルの緊急景気対策のおかげもあって、中国は他の国々より早く回復した。

　これらすべての影響のコストについて確定的な数字を出すのは不可能だが、その額はまちがいなく数兆ドル単位であり、もしかしたら数十兆ドル単位かもしれない。経済的コストに加えて、人々の多大な苦しみもあったし、アメリカとその金融・経済機関は世界の信用を失った。

　それと引き換えにアメリカ人が得たものは何か？　アメリカの金融部門の略奪的膨張から誰が利益を得たのか？　主として金融部門の比較的少数の人々――おそらく五万人程度、多くても一〇万人程度——が、普通のアメリカ人の痛みの陰で大金持ちになったのだ。バブルのピーク時には、ゴールドマン・サックスの社員の平均年収は六〇万ドルだった。また、投資銀行業界の内部においてさえ所得は最上層に大きく偏っている（メリルリンチのＣＥＯジョン・セインのボーナスの決め方を思い出していただきたい。メリルではボーナス総額の約半分が上位一〇〇〇人に配分されていた）。バブルの間に幸運や小さな不正や投機によってある程度のカネを——おそらく一人平均五〇万ドル程度だろう——手にした者は、もっと大勢いた。比較的低位のバンカー、不正直な不動産鑑定士、住宅ローン仲介業者、住宅転売者、サブプライム・ローンの貸付担当者、バブルに沸いた地域の不動産仲介業者などで、おそらく全部で五〇万人程度だろう。だが、アメリカの金融産業の膨張は、何百万人もの正直な普通のアメリカ人に利益をもたらすものではなかった。苦しみだけが広く分配されたのだ。

　何はともあれ、二〇〇〇年代の経験は、規制緩和された金融産業は資本を必ず最善の用途に回すとか、バンカーは信用を大切にするので単なるカネのために自分の会社や顧客をリスクにさらしたりはしないといった幻想をたたきつぶすはずだ。

　それにしても、住宅バブルと金融危機は一〇〇〇年に一度の天災のようなもの——予測も制御もできない、あのランダムな大嵐の一つ——だったのか？　それとも、無謀な行為や不正行為が一時的に大発生した結果であり、今ではみんなが教訓を学び取ったので二度と発生することはないものだったのか？

　そのどちらでもなかった。まず、規制緩和が始まってからの歴史を振り返ってみるといい。一九八〇年代のＳ＆Ｌとジャンク・ボンドのバブルとその後の危機、一九八七年の株式市場の暴落、ロングターム・キャピタル・マネジメントのデリバティブ取引の失敗による破綻、一九九五年から二〇〇〇年にかけてのインターネット・ハイテク株バブル。同様の規制緩和を行なった他の国々を入れると、アイスランドやイギリスなど、数カ国のバブルとその崩壊をこれに加えることができる。だから、住宅バブルと金融危機は、他の事例より深刻ではあったが、決して類例のないものではなかった。

第二に、二〇〇五年にラジャンがやり始めたように丹念に検証していくと、新たに野放しにされた現代のアメリカの金融サービス産業は本質的に危険なものであることがわかる。不安定や不正、バブルや危機は偶発的に起こったわけではない。公的費用で私的利益を得ようとする野放しの強欲、情報技術に支えられた取引の高速化と投機の拡大によって増幅された強欲の当然の結果なのだ。

だが、アメリカの金融部門がこれほどまでに本質的に危険な存在になった正確な理由は何なのか？現代の規制緩和された金融部門の破壊リスクの主な要因は五つある。ボラティリティー、レバレッジ、業界の集中化、システムの相互依存、有害なインセンティブだ。この五つの要因が重なったら、きわめて強力な爆弾ができる。いや、青酸カリ入りのカクテルができると言ったほうがいいだろう。

まず、短期資金への依存度の大幅な高まりという金融産業の近年の変化にとくに注目して、ボラティリティーから見ていこう。

借り換えのルーレット

規制緩和が始まってから、銀行——とりわけ投資銀行——は、金融市場からの短期借入にますます依存するようになってきた。それに対し、従来型の商業銀行は消費者から預金を受け入れることで資金を調達している。これもやはり借入であって、原則的には預金者はいつでも預金の払い戻しを請求することができる。だが、現実には、消費者の預金は（銀行取り付け騒ぎにつながるパニックが発生しないかぎり）おおむねきわめて安定している。

投資銀行を含むすべての金融機関が、従来は長期社債の発行という形でも資金を調達していた。だが、金融危機に至る過程の特筆すべき特徴の一つは、金融部門の債務の平均償還期間が著しく短くなっていたことだった。投資銀行は長期社債を発行する代わりに、マネー・マーケット・ファンドなどの短期の貸し手からますます多額の資金を借りるようになった。債務構造がこのように大きく変わった最大の理由は単純だった。短期金利は長期金利より安いので、短期借入を利用するほうが儲けがずっと大きかったのだ。

だが、それはリスクの高い、不安定を招く手法でもあった。こうした短期借入はしょっちゅう借り換えなければならないが、金融システムが問題にぶつかったら借り換えができなくなって、システムは数週間か、ときには数日で危機に追いやられてしまうのだ。二八二ページのグラフは、こうした短期借入の急増を示している。

この短期借入の増加の大きな部分がアメリカの大手投資銀行によるものだった。投資銀行は短期借入を利用してリスクをとっていた。つまり、転売したり、高いリターンが得られそうな場合は保有したりするために、資産を買い取っていたのである。二八三ページの表3は、危機が始まった二〇〇七年末の時点で最大規模の投資銀行・トレーディング部門を持っていた、アメリカの六つの金融機関の「トレーディング勘定」――すなわち資産保有高――と短期借入のレベルを示している。

大きな数字に対するわれわれの感覚は危機のせいで麻痺《まひ》してしまった。二〇〇七年度末の六社のトレーディング資産は二兆一〇〇〇億ドルで、二〇〇六年度末より五〇〇〇億ドル増えていた。短期借入残高は一兆七〇〇〇億ドルで、二〇〇七年のアメリカのGDPの一二パーセントに相当する額だった。これは毎日、場合によっては毎週もしくは毎月借り換えなければならない借入だ。したがって、短期金融市場におけるこれら六社の資金需要の総額は、当然この数字よりはるかに大きかった。平均償還期間が一カ月だったとしても――おそらくもっと短かったはずだ――年間資金需要の総額は、こ

グローバル金融機関の借入（償還期間別）

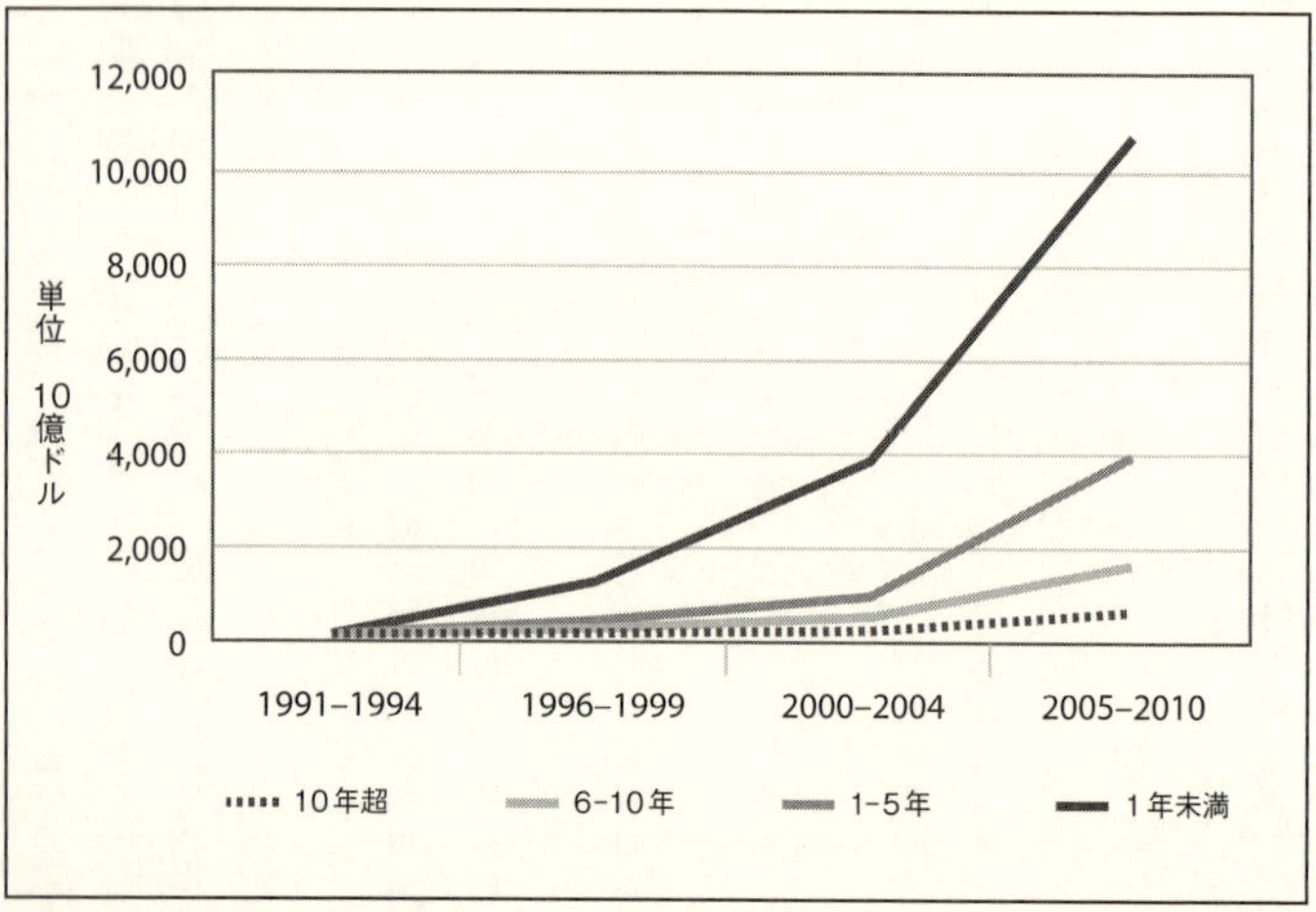

出所：イギリス金融サービス機構

の六社だけで二〇兆ドルを超えていただろう。この資金の供給がごく短期間でも途絶したら、悲惨な事態になるはずだった。

さらに、営業キャッシュフローが三五七〇億ドルものマイナスになっていたことに注目してほしい。その大部分が資産を買い取り続けたことによるものだった。だが、もう一つの理由は、銀行はトレーディング資産の含み益を当期利益として計上できるので、帳簿上の利益と実際のキャッシュフローの間に概して大きな開きがあることだった。これもまた不安定を招く要因だ。平時には、銀行は資金が必要になったら資産の一部を売却すればよい。だが、その資産が、バブルの間に過大評価されていたために突然価値が下落したらどうなるか？　危機のせいですべての銀行が一斉に資産を売却せざるをえなくなり、供給過剰になって価格が下落したらどうなるか？　銀行はバブル期にはいわゆる時価会計を好んでいたが、その後、危機が訪れてからは、躍起になって時価会計から逃れようとしたのである。

表3

大手米銀の財務状況（2007年末）

（単位：10億ドル）

	トレーディング勘定	前年からの増減	短期借入	営業キャッシュフロー
ベアー・スターンズ	122.5	13.0	130.3	11.1
リーマン・ブラザーズ	313.1	86.5	263.1	(-45.6)
シティグループ	539.0	145.1	450.7	(-71.4)
JPモルガン・チェース	491.4	125.7	232.8	(-110.6)
メリルリンチ	234.7	30.9	316.5	(-72.4)
ゴールドマン・サックス	406.4	118.0	325.1	(-68.2)
計	2,107.1	519.2	1,718.5	(-357.1)

出所：各社の年次報告書

短期借入のほとんどは安全措置として担保で保証されていた。安全とされていた証券を銀行が保証として差し出していたのである。銀行が借金を返せない場合、貸し手は担保を没収して売却することができた。もともとは担保にできる証券はアメリカ国債だけだったが、バブル期には貸し手は住宅ローン関連証券も担保として受け入れるようになった。なにしろ、AAAの証券なのだ。その安全性はアメリカ国債と同等のはずだった。

これはいつ事故が起こってもおかしくない状況で、実際に事故が起こることになる。短期融資の量は膨大になり、しかも急速に拡大していた。「担保」は次第にいかがわしい証券で構成されるようになり、ときには詐欺的な証券も含まれるようになった。バンカーたちはハムスターに糸車を回し続けさせることで莫大なカネを生み出していた。糸車はどんどん速く回るようになり、ついにバラバラになって四方に飛び散ったのだ。

短期金融市場がついに崩壊したのは、二〇〇八年の晩夏から初秋にかけてだった。マネー・マーケット・ファンド（ＭＭＦ）をはじめとする短期資金の出し手のマネージャーたちが、バブルの崩壊に次第に神経をとがらせるようになったのだ。彼らは銀行への融資を停止し、それによってグローバル金融市場全体に巨大な心臓発作を起こさせた。発作はリーマンから始まった。同社は短期借入にほぼ全面的に依存していたので、貸し手がＡＡＡの住宅ローン関連証券でさえ担保として受け入れなくなると、たちまち資金切れに陥ったのだ。リーマンの破産申請によって、ＭＭＦが貸し付けていた何百億ドルもの資金は回収不能になった。そのためＭＭＦの運用会社は、ＭＭＦの信用の根幹をなす一株一ドルという額面価格を維持するために引当金を取り崩さねばならなくなった。最大手の一つでＭＭＦのパイオニアだったリザーブ・ファンドは、ついに額面割れを起こした。これはポールソンとバーナンキが予想していてしかるべき展開の一つだったが、彼らは予想していなかった。リザーブ・ファンドの額面割れによって、預金者は泡を食って資金の引き出しに走り、ＭＭＦに対する大規模な取り付け騒ぎが発生した。そのためＭＭＦは銀行や企業への融資を停止した。これによってすべての主要投資銀行の支払い能力が一挙に危うくなり、ついにＦＲＢが介入して銀行システムに大量の資金を注入した。(5) 財務省も、ＭＭＦに預けられている資産は連邦政府が全額保証すると、初めて宣言した。

つまり、短期借入への過度の依存は危険だということだ。危機の際にはもちろん、一時的な金融逼迫のときでさえ、システムをまたたく間に危険にさらす高いボラティリティーを生み出すからだ。この危険は過度のレバレッジによって指数関数的に増幅されていた。バブル期の途方もない資産の拡大を可能にしていたのは、莫大な借金だったのだ。

過度のレバレッジ――表の負債と隠れた負債

規制緩和が始まって以来、金融サービス部門の負債の総額は、しばしば規制当局や顧客や貸し手に見えない形で天文学的に増大してきた。
　商業銀行業務と証券業務を分離していたグラス・スティーガル法という壁が取り去られると、ＪＰモルガン・チェース、シティグループ、バンク・オブ・アメリカなどの金融コングロマリットは、その利点を生かすようになった。これらの金融機関の投資銀行・トレーディング部門にとって、トレーディングを支える資本基盤がそれまでよりはるかに大きくなったのだ。さらに二〇〇四年に、投資銀行のレバレッジ比率に関する厳しい制約が廃止されて、銀行独自の判断にゆだねられるようになった。この変更だけで五大投資銀行はレバレッジを約五〇パーセント増やせるようになったのであり、この点は当時でさえ危ぶまれていた。この変更を満場一致で承認したＳＥＣの会議で、ある委員がこう言ってひきつった笑いを浮かべたと言われている。「なんというか、知ってのとおり、これらの銀行は図体がデカい。だから、うまくいかなかったら、本当に大混乱になるだろうな」[6]
　だが、銀行のバランスシートに記載されたレバレッジは金融システムの本当のレバレッジの一部にすぎなかった。これにはいくつか理由があった。第一に、エンロンからヒントを得たのかもしれないが――エンロンは簿外組織を使ってリスクを隠していた――銀行は特別目的事業体（ＳＰＥ）、ストラクチャード・インベストメント・ビークル（ＳＩＶ）などの簿外組織をたくさん設立して、高リスクの資産をそこに移すことで帳簿から消し去った。また、これらの簿外組織が財務会計基準審議会（ＦＡＳＢ）や監査人や規制当局から会計上有利な扱いを受けるように積極的にロビー活動を行なって、それに成功した。
　こうしたごまかしは、二〇〇〇年代半ばには日常的に行なわれるようになっていた。ごまかしの規模だけで言うと、シティグループがトップを占めていた。同社の二〇〇七年末のバランスシートでは、総資産は二兆二〇〇〇億ドルとされ、うち一兆五〇〇〇億ドル――ローン債権、トレーディング資産、および金融投資――が「リスク」資産とされていた。だが、脚注をよく読むと、シティにはバランスシートに記載されているものに加えて、さらに一兆一〇〇〇億ドルのリスク資産があったことがわかる。したがって、シティの本当のバランスシートは帳簿上の額より五〇パーセント大きく、同社のリスク資産は帳簿上の額より七三パーセント多かったことになる。そのうえ、簿外の一兆一〇〇〇億ドルの資産の多くは、バブル期に生み出された最も質の悪い部類の資産だった。

簿外扱いの論理は、銀行はその資産を別の組織に「売却」しており、デフォルトのリスクはその組織が負担しているというものだった。だが、バブル期の銀行の会計処理の多くがそうだったように、これも偽りだった。第一に、シティは投資家を安心させるために、これらの会社の損失を概して保証していた。同社の財務諸表の脚注には、「流動性プットもしくは他の流動性手段……［および］保証、信用状、クレジット・デフォルト・スワップ、もしくはトータル・リターン・スワップを引き受けること」によって実行される約定に言及した文言が埋め込まれていた。これによってリスクは、見せかけの組織からシティグループに戻っていたのである。また、法的保証がなくても、ファニーメイやフレディマックに対する連邦政府の暗黙の保証と似通った形で損失を補塡してもらえるものと、シティグループに誘導されて、投資家がすっかり思い込んでいた事例もあった。

メリルリンチはさらにひどかった。同社の会計士を信用するとすれば、金融バブル最盛期の二〇〇五年と二〇〇六年は同社史上最高の年で、二〇〇五年には二六〇億ドル超、二〇〇六年には三四〇億ドル超の売り上げを記録した。メリルは総売上の約半分を社員の報酬にあてていたので、この二年は現金報酬もそれぞれ一二四億ドル、一七〇億ドルと、同社史上最高となった[7]。

ところが、次の二年で、メリルは二〇〇三年以降のすべての年の利益を足し合わせた額を上回る損失を出した。保有していた大量の有毒資産の価値が危機によって暴落したのである。結局、二〇〇三年から二〇〇八年までの期間全体では、メリルリンチは合計一〇〇四億ドルの売り上げを記録し、八〇四億ドルの報酬を支払い、累積で一四六億ドルの損失を出した。実質売上の八〇パーセントを報酬として支払ったわけだが、それはこの期間の初期の「売り上げ」なるものは多くが帳簿上だけの見せかけの数字で、したがって消え失せたのに対し、それにもとづくボーナスは実体のあるもので、現金で支払われたからだった。

二〇〇七年一〇月、メリルとシティはどちらも巨額の損失を計上し、どちらもCEOの「辞任を承認した」。どちらの場合も、損失は主としてSPEやSIVを簿内に戻さねばならなかったためだった。ほとんどの事例で両社に選択の余地はなかった。損失保証をつけていたので、そうせざるをえなかったのだ。

リーマンをはじめとする他のいくつかの銀行も、ありふれた会計トリックを使ってレバレッジの程度を隠していた。リーマンは先述したレポ105というトリックを使って、各四半期末の直前に資産を「売却し」、直後に「買い戻して」、レバレッジが実際より小さいように見せかけていた。同社はイギリスの実にありがたい法律事務所、リンクレーターズを使っていた。この法律事務所は、こうした取引がヨーロッパで行なわれているかぎり喜んでその妥当性を保証してくれたのだ。だが、それは基本的には不正会計処理であり、リーマンはそれを認識していた。バブルの終わりには、リーマンは自己資本の三〇倍以上のレバレッジを抱えていることを認めていたが、レポ105のトリックやさまざまな簿外組織のせいで、同社の本当のレバレッジはさらに大きかった。二〇〇八年のアメリカの投資銀行業はこのような状態になっていたのである。

業界の集中化――往々にして「大きすぎて成功できない」に等しい「大きすぎてつぶせない」銀行

規制緩和が進むなかで、アメリカの金融部門は、同一市場内でも市場の垣根を越えても集中化を進めていった。バブルが始まるころには、アメリカの金融サービス産業は五つの投資銀行、四つの巨大金融コングロマリット、三つの保険会社、および三つの格付け会社に支配されていた。そのうちの数社――ゴールドマン・サックス、AIG、JPモルガン・チェース、バンク・オブ・アメリカ、シティグループはまちがいなく入るだろうし、リーマン・ブラザーズ、ウェルズ・ファーゴ、モルガン・スタンレーなど、より小規模な金融機関もいくつか入るかもしれない――は、そこが破綻したら金融システム全体が危険にさらされるほど大きかった。つまり、大きすぎてつぶせない組織だったのだ。

この状態をさらに悪化させていたのが、多くの市場が業界全体よりさらに集中化していたことで、この状態は今も続いている。五つの機関が世界全体のデリバティブ取引の九五パーセント以上を握っており、とくにそのうちの二社――ゴールドマン・サックスとJPモルガン・チェース――は半分近くを握っている。アメリカの三つの格付け会社が世界の格付け市場を支配している。一〇社余りの銀行がLIBOR――ほぼすべての短期金利の指標として使われる金利――をコントロールしており、共謀してこの金利を操作していると糾弾されている。上位五社の投資銀行が新規株式公開の市場を支配しており、通常その業務を互いに分かち合い、まったく同じ手数料をとっている。すべての主要投資銀行が合同で設立した合弁会社が、バブルに関係したいくつかの市場を支配している。たとえば、多くの合成CDOの組成で参照資産として使われるABX指数の市場である。こうした集中化は他にもたくさんある。その結果、多くの重要な市場がカルテル的行動に支配されており、それもまた市場を不安定化させる要因になっている。

そのうえ、最大手の銀行の一部は大きすぎて成功できないのではないかとも懸念されている。(8) きわめて大きく、きわめて複雑で、種類の異なるきわめて多くの活動を行なっているので、しっかり取り組もうとするCEOでさえそのすべてを監督することは不可能になっているのである。シティグループはおそらく最も明白な例だろう。チャック・プリンスがシティグループに迎えられたのは、何よりもインターネット・バブル時代からの同社の法律上・規制上の問題を片づけるためだった。彼はそれをやり遂げた。だが、彼はもともと弁護士であり、インベストメント・バンカーたちが住宅ローン市場で行なっていることをしっかり観察したことはなかった。その役目はロバート・ルービンに任せていたのかもしれないが、ルービンはひどくぐうたらだったか傲慢だったかで、それを怠った。また、潜在的リスクではなく売上高で見ると、シティグループの住宅ローン関連業務は同社の業務全体のごく一部にすぎなかったので見過ごされやすかった。したがって、ベアー・スターンズやメリルリンチの破綻が経営や企業統治のぶざまな失敗のせいだったのに対し、シティグループが破綻の危機に瀕したのは一つには純然たる規模のせいだったのだ。同じく巨大な金融コングロマリット、JPモルガン・チェースは、ジェイミー・ダイモンが引退したらどうなるのか、また、カントリーワイド、USトラスト、メリルリンチを買収してアメリカ最大の民間金融機関になったバンク・オブ・アメリカは、はたしてうまく経営できるのかと、思わずにはいられない。

密結合

情報技術とグローバリゼーションは、多くの点で途方もなく有益だが、マイナス面も持ち合わせている。この二つは多くの別個の組織の間に経済行動ではかつて目にしたことがないほど緊密な協力を生じさせ、したがって相互依存を生じさせてきた。これによって実現された超高効率の代償は、システムのもろさである。それは日本の津波がアメリカの電子機器メーカーや自動車メーカーの操業を中断させたことや、二〇人のテロリストがアメリカを一週間麻痺状態にできたことに表れているが、金融の分野でも同様だ。インターネットが登場する前の規制緩和以前の金融システムでは、一つの金融機関なり市場なりの破綻が他のあらゆる金融機関や市場を危険にさらすことはほとんどなかった。だが、今ではそうは言えなくなっている。

驚いたことに、連邦政府の高官たち――ハンク・ポールソン財務長官、ベン・バーナンキFRB議長、ティム・ガイトナー・ニューヨーク連銀総裁――は、グローバル金融システムがどれほど緊密につながり合っているかを、二〇〇八年九月のリーマンの倒産まで認識していなかったようだ。彼らは自分たちのプロパガンダを信じ込んでいたのかもしれない。われわれはリスクの多くを富裕な投資家やヘッジファンドや年金基金などに移転したと、銀行は長年主張していた。クレジット・デフォルト・スワップなどのデリバティブは、リスク縮小にとくに役立つと言われていた。だが、リスクの移転は幻想だった。マネーとリスクはシステムのなかを巡り巡って、最終的には銀行に戻っていたのである。また、危機はいったん始まったら、人間の理解力や管理能力をはるかに超えるスピードと激しさでシステム全体を駆け巡った。

金融とリスク管理の分野で深い経験を持つエコノミストのリチャード・ブックステーバーは、この現象を「密結合」と呼んだ。密結合したシステムとは、管理者がとうてい対応できない速度で問題が伝播し、システムの相互依存ゆえに混乱がまたたく間に大惨事に発展しうるシステムを言う。危機の前に書かれ、二〇〇七年に出版された名著、*A Demon of Our Own Design*（邦訳『市場リスク 暴落は必然か』遠藤真美訳、日経BP社、二〇〇八年）で、ブックステーバーは、現代の電子金融取引はこの点で危険をはらんでいると警鐘を鳴らした。彼は金融分野の惨事と他の分野の惨事を調べて、両者に共通する特徴を見つけ出そうとした。そして、スピードと効率が高まることで、事態の進展が人間の規制官の対応能力を上回る危険性が生まれることを発見した。また、システムの一つの機関や部署の安全性を高めるための措置が、システム全体にはその正反対の影響をもたらす場合があることも発見した。彼が検討した実例の一つは、一九八七年の株価大暴落に「ポートフォリオ・インシュアランス」が果たした役割だった。最近の例としては、クレジット・デフォルト・スワップとＡＩＧ、パニックが始まった時点での住宅ローン関連資産の売却、二〇〇八年九月のマネー・マーケット・ファンドからの資金の引き出しなどが考えられる。

二〇〇八年九月の財務省やＦＲＢの人々の行動を事後に批判するのは、おそらく無意味だろう。彼らは情報が乏しいなか、とてつもない重圧の下で決断を下していたのだから。非難されるべきは、大惨事の前と後の彼らの行動だ。グリーンスパン、バーナンキ、ポールソン、ガイトナーらが、二〇〇六年から二〇〇八年にかけておめでたい満足感を持ち続けていたとしたら、それは危険を示す大量の証拠を意図的に無視することによってのみ可能だった。アメリカが一九八〇年代初め以降に経験していた危険な金融危機はさほど昔のことではなかったし、よく知られた出来事でもあった。それに、グリーンスパンらはそれ以後、銀行にどんな助言をしてきたか？　たいした助言はしてこなかったのだ。

次の図は、きわめて単純化した形でではあるが、現代の金融システム内部に密結合を生じさせる関係の一部をとらえている。

実際には、銀行と影の銀行は、バブル期には大きなレバレッジを抱えた単一の有機体を構成していた。だが、規制当局の監視対象とされていたのは二つの構成要素のうちの一つだけで、しかも、規制されているはずのその要素でさえ、実際にはほとんど規制を受けていなかった。二つの要素の間で資産の移転が繰り返されるなかで、レバレッジは概して急増し、二つの要素のつながりは緊密になった。システムの一つの構成要素にひびが入ったことで、原子力発電所の安全装置が冠水したときのように、

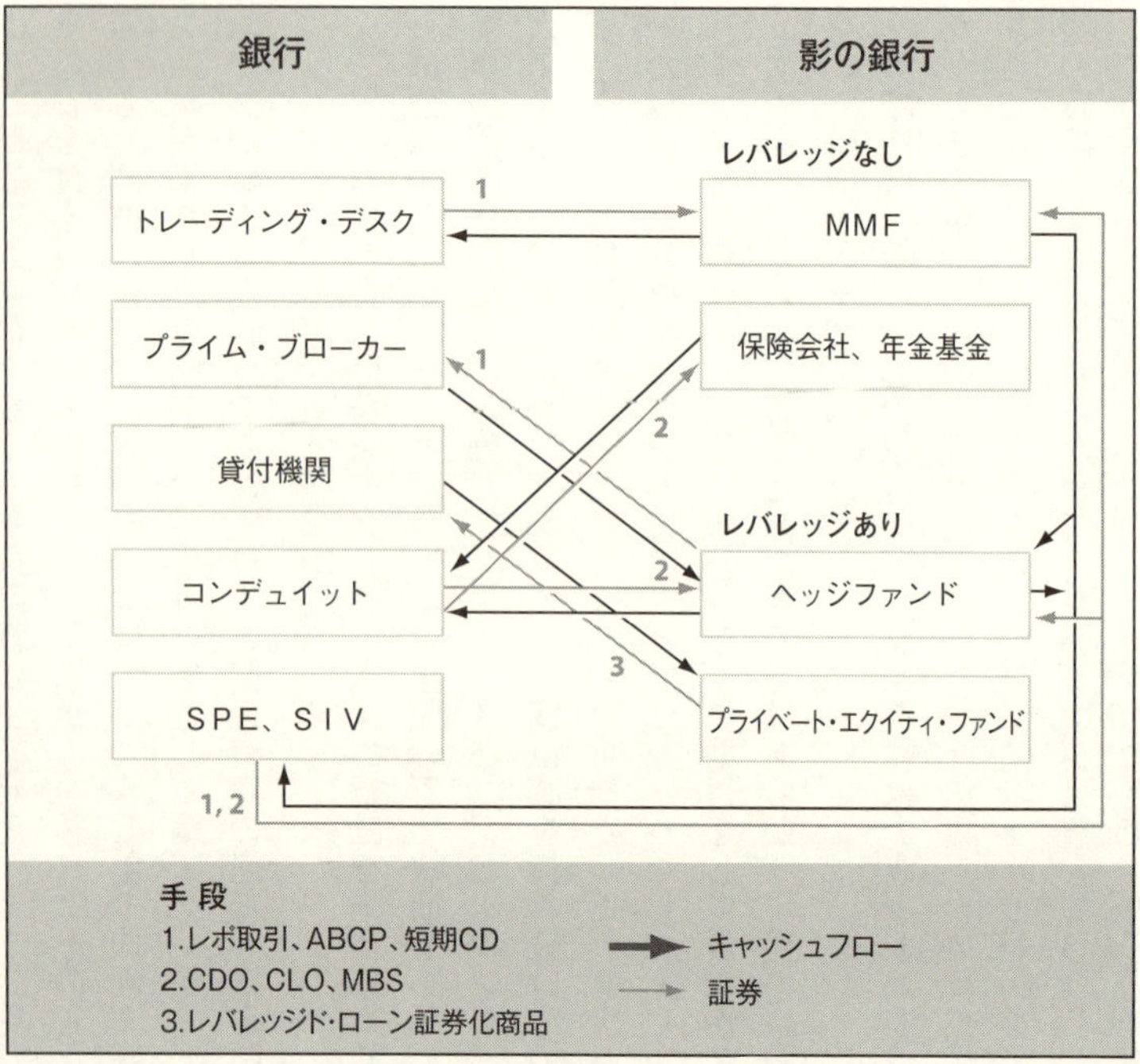

出所：アデア・ターナーとイギリス金融サービス機構が作成した図を簡略化

監視員が気づかないうちにグローバルなメルトダウンが進行した。リーマンの倒産に反応して短期金融市場が機能を停止し、崩壊が始まったのだ。[9] また、AIGが倒産していたら、「保護《プロテクション》」を提供するはずのクレジット・デフォルト・スワップが、すべてただの紙くずになっていただろう。

有害なインセンティブ

ポールソンとガイトナーが二〇〇八年にAIGを救済し、マネー・マーケット・ファンドの元本を保証し、一カ月後に銀行強化のために二五〇〇億ドル投入したことは、もちろん正しかった。彼らの罪は、バブルが膨らむのを放置していたことと危機に対する備えを怠っていたこと、それに問題を生み出した者たちに何の罰も与えずに銀行を救済したことにある。この最後の問題は、おそらく将来に最も禍根を残すものだろう。危機を引き起こした者たちを無罪放免にしたことは、道徳的に許しがたいだけでなく、次も処罰されずにすむというシグナルを送ったのだから不安定化を招く要因にもなる。飛行機のパイロットは墜落したら自分も死ぬことになるので慎重に操縦する必要があり、乗客はそこから安心感を得ることができる。だが、アメリカの金融産業には、その正反対が当てはまる。飛行機がエンジン・トラブルを起こしたとき、一つしかないパラシュートでパイロットが脱出したのをわれわれは目の当たりにしたのである。だが、アメリカ人が投資のための資金を借りる先は金融部門しかない。われわれはアメリカの金融部門の「囚われの聴衆［嫌でも聞かなければならない聴衆。他に選択肢がないため嫌でもそこに頼らざるをえない身であること］」なのだ。

本書で取り上げてきたリスクテイキングや不正の多くは、これで説明がつく。ボラティリティーやレバレッジや業界の集中化やシステムの相互依存がこれほど危険なものだとすると、合理的な人間がなぜこのような産業を築くのだろう？　その理由はいくつかあるが、最大の理由は、建築家や建築業者はその家に住む必要がないことだ。だから規制が必要なのだが、規制が必要な理由は他にもある。危険なことをしたがる人間はいつだっており、そのような人間は操縦席から遠ざけておく必要がある。みんながやるから自分もやるという問題もある。個人にはシステムを変える力はないので、人々は自分も仲間に加わったほうがよいと思うのだ（たとえば、ニューヨークが何かを禁止していて、カリフォルニアはそれを禁止していないとすると、それはカリフォルニアに──もしくはロンドンに──移るだけだ）。これはつまり、広い範囲を対象にした規制しか効果を持ちえないということだ。だが、リスクテイキングや不正を促進する最も強力な要因を一つあげるとすれば、それは明らかに、便益はすべて金融システムを運営している人々のものになり、その一方でコストは他のみんなが負担するという事実である。

すでに述べたように、金融サービス会社の有害な報酬体系は、トレーダーたちが自分の会社を破壊することにつながった。システムのレベルでも似通ったことが言える。第一に、二〇〇八年以降の出来事から得られる教訓は、システムを破壊する人々が救済され、処罰されないということだ。第二に、彼らを救済しないとしても、また刑事訴追のような細かいことは脇に置くとしても、金融部門の金銭的痛みとこの部門が社会全体にもたらした痛みはまったく釣り合いがとれていない。金融危機によって生じた何兆ドルものコストのうち、当の金融産業が負担したのはごく小さな割合――まちがいなく五パーセント未満――にすぎなかったのだ。

つまるところ、金融産業を規制しないのは、医療、航空機の整備、海底油田の掘削、高性能爆薬の製造といった産業や、原子力産業（これは規制されていても危険かもしれないが）、兵器産業などを規制しないことと大差ないのである。誰でも自由に医者を名乗れる国に――そのような国があるとしたら、だが――住みたいと思う人がいるだろうか。実質的な警察部隊が存在せず、誰もが攻撃用の武器や爆弾を持っている国についてはどうだろう。イラクかアフガニスタンかソマリアで数年暮らすことを想像して、その暮らしを好きになれるかどうか考えてみよう。

現代の金融部門は寄生産業か？

現代の金融部門は危機を生み出していないときでも社会のお荷物なのではないか？　こう問いかけるエコノミストや金融専門家が次第に増えてきている。その一人がイギリス金融サービス機構長官のアデア・ターナーで、他にプリンストン大学教授のバートン・マルキール、バンガード・グループの創業者で元ＣＥＯのジョン・ボーグルなどがいる。マルキールもボーグルも、投資信託のファンド・

マネージャーの圧倒的多数が、ダーツを投げて投資先を決める人間と同程度の運用成績しかあげていないと指摘している。

問題は投資信託にかぎった話ではない。ターナーは一連の講演や論文で、現代の金融産業は「レント・エクストラクション」産業になっているのではないかという問いを提起している。レント・エクストラクションとは「寄生」の経済学用語である。経済学者が「レント」という言葉を使うとき、それは本当の経済的貢献からではなく、他者の行動を妨害したり他者を食い物にしたりできる立場から引き出す利益のことだ。カルテルによる余剰利益、政府に認可された独占、有力者がもらう賄賂、内部情報から得る利益などが、経済学上の「レント」の例だ。

現代の金融部門の大部分がこの定義に当てはまるように思われる。一部の業種、とりわけプライベート・エクイティ投資産業や租税回避産業では、金融部門の利益は税制の抜け穴や勤労者の搾取に大きく支えられている。いくつか実例を見ていこう。

ファンド運用業

低コストのインデックス運用〔市場の代表的な指数を運用の基準とし、そのパフォーマンスと連動することを目指す運用スタイル〕は必ずと言っていいほどアクティブ運用〔市場平均を上回る運用成績をあげることを目標とした運用スタイル〕より高い運用成績をあげることが、ずいぶん前から知られている。近年はインデックス運用が浸透してきたとはいえ、年金基金や寄贈基金、それにほぼすべての個別指図投資口座では、依然としてアクティブ運用が優勢だ。大勢の小口投資家が高い手数料を払っている事実は、おそらく詐欺的な広告や業界の集中化によって増幅された情報の失敗もしくは市場支配力、もしくはその両方の明白な実例だ。富裕な投資家や機関投資家しか利用できないヘッジファンドでさえ、業界全体の運用成績はさほどパッとしない。ヘッジファンドがとる高い手数料を差し引くと、この業界の過去二〇年の運用成績は国債の利回りをかろうじて上回る程度である。もちろん例外はある。ウォーレン・バフェット、ジョージ・ソロスなど、何人かの名前が頭に浮かぶ。だが、大多数のマネージャーが高い収入に見合う成績をあげていないのだ。

高頻度取引

ニューヨーク州立大学ストーニーブルック校の人気数学教授からヘッジファンド・マネージャーに転じたジム・シモンズは、強力なコンピューターと独自の取引手順を使って、人間には感知できず、たいてい数分の一秒しか続かない微小な市場トレンドを利用することで、何年もけた外れのリターンをあげている。取引は一〇〇パーセント自動的に行なわれる。コンピューターがすべての決定を下し、すべての取引を実行するのである。この取引は事実上、市場全体に少額の負担を負わせるもので、いわば市場からのピンハネだ。巨大なコンピューター・システムを持っていない普通の投資家たちは、株式取引に対して本来の額より若干高い手数料を払い、本来の額より若干低い投資リターンを受け取ることになる。その一方でシモンズと彼の模倣者たちは、微々たる儲けを何十万回も積み上げていくのである。

高頻度取引は何の社会的便益も生み出さない。ポジションはたいてい数ミリ秒しか続かず、経済的効用はまったくもたらさない。微小なものではあるが、迷惑メールと同じく経済にとって純然たる阻害要因だ。この戦略には膨大な取引高が必要であるため、主としてコンピューター・システムの構築に莫大なコストがかかる。そのうえ、高頻度取引は「瞬間暴落《フラッシュ・クラッシュ》」と呼ばれる市場の混乱を、少なくとも二度引き起こしたことがある。

シモンズ自身の収入は数十億ドル単位にのぼり、彼は世界で最も多額の収入を得ているヘッジファンド・マネージャーの一人となっている。当然、すべての大手ヘッジファンドがこの戦略をまねするようになり、高頻度取引は今では総取引高の半分以上を占めている。実際、ヘッジファンド業界のますます大きな部分が、微小で短命な市場の不完全さを利用して富を積み上げる一方で、何の社会的便益ももたらさないこの種のゲームを行なっているのである。

国や企業の債務の隠蔽

新聞の金融面を読んでいる人なら誰でも、ギリシャが債務危機に陥っていることを知っているだろう。この問題で最初に確認すべきことは、当然、ギリシャの借金の額は本当はいくらなのか、だった。EUの金融当局が派遣した調査チームは、二〇一〇年にギリシャの債務について「完全かつ信頼できる情報［を得ること］……は困難」と報告した。それは当然だった。ゴールドマン・サックスが先にギリシャに入り込んでいたのだから。

ゴールドマンはギリシャにきわめて有利な一連の通貨スワップを組み、これによってギリシャは二四億ユーロの目先の利益を得て、統計上の債務を減らすことができた。普通なら、こうした取引ではその利益をカバーする額をギリシャからゴールドマンに支払うことになるはずだった。だが、ゴールドマンは簿外でもう一つのスワップ、支払いを繰り延べできる長期スワップを組むことで、それをカバーした。この取引全体が、ギリシャの財政を粉飾し、ゴールドマンに手数料をもたらすという目的以外には、何の役にも立たないものだった。他のいくつかの投資銀行も、アメリカ内外のさまざまな企業や地方政府のために基本的に同じことを行なったとして非難されてきた。

租税回避

アメリカの税務弁護士やファイナンシャル・アドバイザーには、租税回避というただ一つの目的のために富裕層や企業から多額の報酬を支払われている者が大勢いる。税制がきわめて複雑になっていることや、当然払うべき税金を払わずにすませるために使える条項がたくさんあることは、彼らにとってきわめて有利である。

租税回避の動きとその影響は、経済格差の拡大、法や税制の抜け穴、それに法執行の緩和傾向があいまって、過去四半世紀の間に大幅に拡大した。一九八〇年代初めには法人税は企業利益の四〇パーセントを超えていたが、二〇一〇年にはそれが二六パーセントになっていた。富裕な個人にとっての影響はさらに劇的だった。内国歳入庁（IRS）の発表によると、アメリカの最も富裕な四〇〇世帯——そのほとんどが億万長者である——の実効税率は、一九九五年には三〇パーセントだったのに、（二〇一二年初頭の時点で）データが入手できる最新年度の二〇〇五年には、わずか一八パーセントになっていた。納税額のこうした減少は、一部は税率の変更——たとえばブッシュ減税——によるものだが、個人の場合も企業の場合も大部分は租税回避の結果である。

二〇一一年一一月二七日、『ニューヨーク・タイムズ』は、大富豪ロナルド・S・ローダーの租税回避策に関する長文の記事を掲載した。ローダーは化粧品会社エスティローダーの創業者だった両親から巨万の富を相続したが、彼自身がアメリカ経済にどれだけ貢献してきたかは、なんというか……定かではない。三〇億ドルを超える純資産があるにもかかわらず、ローダーとその一族は弁護士やファイナンシャル・アドバイザーにきわめて積極的な税金逃れ戦略を実行させてきた。具体的には、租税回避地《タックスヘイブン》のオフショア法人、在庫を長期間非課税で保有できる信託、現金を即座に無税で得られる在庫先渡し契約、つなぎ売りなどのデリバティブ戦略、売れ残り在庫を担保にした非課税の借入、自分に所有権がある芸術作品の一部の分割贈与などだ。それは一族がこぞって行なってきたことだ。エスティローダーが一九八〇年代に上場して以来、同社とそのオーナー、それにその相続人たちは、積極的な租税回避戦略を使ってきたのである。

多くのアメリカ企業が今では同様の行動をとっている。アメリカの金融部門の変貌が始まった一九八〇年代には、子会社をオフショアのタックスヘイブンに登記するというような、当時すでに利用できた租税回避策でさえ、使っている企業はほとんどなかった。そのような行動は、はっきり言って見苦しいし、必要もないとみなされていたのである。ところが今では、ほとんどの大手多国籍企業がこれをやっている。ゼネラル・エレクトリックのように、租税戦略を大きな利益押し上げ要因とみなし、租税回避だけに取り組む弁護士やファイナンシャル・プランナーの大集団を常時抱えている企業もある。こうした企業は、それに加えて投資銀行や外部の法律事務所ももちろん積極的に使っている。

税率についてあなたが何を思おうと――億万長者の税率を引き下げるべきだと思うとしても――それは無意味で無駄なことだ。億万長者や何十億ドルもの利益を出している企業は建設労働者や秘書よりたくさん税金を納めるべきだと思うとしたら、その場合、それは無駄であるだけでなく、さらなる租税回避を誘発するきわめて破壊的なことでもある。

プライベート・エクイティ投資産業

プライベート・エクイティ（ＰＥ）投資会社は、世界で最も効率的にマネーを追い求める有機体かもしれない。マット・タイッビはゴールドマン・サックスを、「人間の顔に張りついて、その血液をカネの匂いのするものなら何にでも絶え間なく送り込む巨大な吸血イカ」と評した。そのとおりかもしれない。だが、ゴールドマンのロイド・ブランクファインが四四〇〇万ドルの報酬を得てウォール街で最も高給取りのインベストメント・バンカーになった二〇〇六年に、ブラックストーンのスティーブ・シュワルツマンは三億九八〇〇万ドルの所得を得た。ゴールドマンの上位五人の報酬を合わせた額の二倍である。おまけに、成功報酬はキャピタルゲイン扱いにするという税制の抜け穴のおかげで、シュワルツマンの所得のほとんどは一五パーセントしか課税されなかった。所得税の最低税率区分に入る普通の労働者の税率と同じだったのだ。ブラックストーンをはじめとする大手PE投資会社は、どこもみな同じ料金体系を使っている。運用資産の二パーセントの年間手数料と運用益の二〇パーセントの成功報酬をとり、しかも、損失には一切責任を負わないのだ。

PE投資会社について最大限の褒め言葉を言うとしたら、その悪辣さは株式上場企業の多くと大差ないかもしれないといったところだろう。PE投資会社は一般社員に対してきわめて厳しい扱いをするが、今日では多くの企業がそうだ——それは一つにはPE投資会社からの圧力のせいかもしれない。PE投資会社はたしかにコストを——少なくとも営業経費を——削減する。だが、自社が所有している企業の財務費用はたいてい大幅に増額する。オフショアの利用に並はずれて長けており、業務をどんどんアウトソースする。PE投資会社の案件のなかには、真の経済的利益を生み出したものもたしかにあるだろう。たとえば、無能な経営者が買収によってすげ替えられるといった場合である。だが、それが標準ではないことは、山ほどの証拠が示している。

PE投資会社の成功の大きな部分が、さまざまな隠れた政府補助金や税制の抜け穴を利用することで生み出されている。PE投資会社に買収された企業の相当数が、買い手のPE投資会社は利益をあげているのに倒産する。これは重要な点だ。ミット・ロムニーがCEOを務めていた時代にベイン・キャピタルが買収した大手企業一〇社のうち、四社がベインは利益をあげていたにもかかわらず倒産した。PE投資会社は買収した企業の債務には責任を負わないので、背負うリスクは比較的小さい。

そのため往々にして、その企業に多額の借金をさせ、そのカネをPE投資会社への手数料や配当の支払いにあてさせるのだ。結果はというと、その企業は資金切れになり、たいてい倒産する。だが、話はそれで終わりではない。倒産した企業は配当を支払うことを法律で禁じられているが、「手数料」は支払える。そのうえ、債務の多くが削減されたり再編されたりしたのち、その企業を同じPE投資会社がふたたび買い取って再建することも珍しくないのである。

PE投資会社は買収した企業の社員年金基金にその企業の株式を買い取らせることがあり、ときには会社全体を買い取らせることさえある。そうすれば、その企業が倒産しそうな場合でも（その場合はとくにそうかもしれない）PE投資会社は買収資金を回収することができる。これは、たとえばシモンズ・ベッディング社で起こったことだ（同社の事例は少しあとで詳しく説明する）。その企業がのちに倒産した場合、PE投資会社には社員に年金を支払う義務はなく、社員の退職後の所得は失われることになる。ただし、その企業が政府機関の年金給付保証公社（PBGC）に保険料を支払っていれば、社員の年金はPE投資会社ではなくPBGCによって支払われる。二〇一〇年には、PBGCは破綻した年金プランに五六億ドル支払い、二三〇億ドルの累積赤字を抱える結果になったが、その赤字のどれだけの部分がPE投資会社のせいかは不明である。

政府の補助金を食い物にしている近年のもう一つの例は、連邦政府の学生ローン・プログラムにほぼ一〇〇パーセント支えられて授業料収入を得ている営利大学だ。二〇〇六年にゴールドマン・サックスのPE投資部門を中心とするPE投資会社グループが、営利大学運営会社エデュケーション・マネジメントを三四億ドルで買収し、ゴールドマンは同社の株式の四一パーセントを手中に収めた。[10] この買収は下院院内総務ジョン・ベイナーが推進していた法律改正と同時期に行なわれた。この改正によって、連邦政府の学生ローンは学生の過半数が物理的なキャンパスで学んでいる大学に限定されるという、それまでの規定が廃止された。その結果、物理的にはほとんど存在していない大学や学生の大多数がオンラインで学んでいる大学の学生でも、連邦政府の学生ローンを受けられるようになった。

この買収と法律改正の直後から、エデュケーション・マネジメントはきわめて積極的な勧誘活動を開始した。その結果、オンライン学生の数は急増し、学生の中退率も急上昇した。二〇〇六年には一五億ドル弱だったエデュケーション・マネジメントの売り上げは、二〇一一年には二八億ドルに増大した。勧誘の仕方はきわめて巧妙になり、伝えられるところによると、詐欺的とさえ言える手口が使われることもあった。たとえば、重罪の前科がある学生は、刑事司法の学位を取ったら法執行機関で働けるようになるという虚偽の説明を受けたという。リクルーターには、住宅バブルのとき住宅ローン仲介業者に支払われていたイールド・スプレッド・プレミアムと似通ったボーナスが支払われていた。学生がローンを受け取って授業料を払いさえすれば、その学生が卒業しようとしまいと、エデュケーション・マネジメントにはカネが入ってくるわけだ。学生ローンの多くが債務不履行になったとしても、エデュケーション・マネジメントにはローンを返済する義務はまったくなかった。

二〇一〇年に、フロリダ州とケンタッキー州の司法長官がエデュケーション・マネジメントに対する調査を開始した。二〇一一年には内部告発者訴訟が提起され、司法省と四つの州がこれに加わって、不正な勧誘を行ない、連邦政府の学生ローンで支払われた授業料を合計一一〇億ドル詐取したとして、エデュケーション・マネジメントを告訴した。だが、この訴訟はエディケーション・マネジメントだけを相手取ったもので、ゴールドマン・サックスは提訴も告訴もされていない。(11) 二〇一二年初め現在、刑事訴追されている者は一人もいない。

ＰＥ投資会社の取引は、配当や過度のレバレッジが税制上有利な取り扱いを受けることにも大きく支えられている。ＰＥ投資会社が所有している企業はほぼ例外なく法人税を払っていない。巨額の利子を支払っているためで、これはＰＥ投資会社が（次段落で説明する）きわめて不純な動機から保有企業に膨大な借金をさせているからだ。金利は何年も前から超低水準で推移しているので、現状はＰＥ投資会社とその保有企業にとって理想的な環境だ。低金利のおかげで、これらの企業は借金を継続的に借り換えることができ、オーナーのＰＥ投資会社は、金利負担への影響を最小限にとどめながら、ますます多くの現金を引き出すことができる。住宅バブルのときの借り換えブームとよく似た構造だ。二〇〇五年にブラックストーンを中心とするグループがフリースケール・セミコンダクタを買収したとき、この半導体メーカーの債務はまたたく間に八億三二〇〇万ドルから九四億ドルへと、一一倍に膨れ上がった。

ＰＥ投資会社は買収した企業の債務をなぜこれほど増やすのか？　自分たちに「特別配当」を払うためにそうするのである。この配当はときには一〇億ドル以上にのぼり、ＰＥ投資会社のパートナーと買収に参加した有限責任投資家の間で分配される。ＰＥ投資会社のパートナーは通常、買収に自分自身の資金はほとんど、もしくはまったく使わない。資金は有限責任投資家から集められ、借金で支払われる「特別配当」から通常最初の数年以内に完全に返還されるのだ。この手法にはもう一つ利点がある。ＰＥ投資会社は通常、買収した企業の少数の上級幹部に株式を与える。したがって、これらの幹部も配当を受け取ることになるが、配当には「普通の所得」に適用される税率よりはるかに低い一五パーセントしか課税されないのだ。

そのうえ、ＰＥ投資会社の利益のかなりの部分が、買収した企業の社員を締めつけるというきわめて露骨な方法で生み出される。アメリカでは労働者に対する保護はおおむねきわめて弱く、その弱い保護でさえ十分には実行されてこなかった。ＰＥ投資会社は賃金カットに加えて、通常、付加給付、とりわけ年金や退職後の医療保険の削減や廃止を行なうのである。

二〇〇九年末、『ニューヨーク・タイムズ』は、シモンズ・ベッディング社が新オーナーのPE投資会社と彼らが連れてきた経営者によっていかに略奪されたかを伝える優れた連載記事を掲載した。(12) PE投資会社トーマス・H・リー・パートナーズ（略称THL）は、別のPE投資会社からシモンズを買収したのち（シモンズはすでに他のPE投資会社によって数回転売されていた）、シモンズに一〇億ドル以上の資金を借り入れるよう指示した。シモンズはこの借入金から莫大な額――三億七五〇〇万ドル――を「特別配当」という形でTHLに支払い、さらにこの借入をとりまとめた投資銀行とTHLに多額の取引手数料を支払った。社員の賃金や年金などの付加給付は、勤続二〇年以上のブルーカラー労働者の場合でさえ、大幅に削減された。実は、社員の年金基金は、シモンズが別のPE投資会社に保有されていた時代に、その会社のオーナーの行為によってすでに被害を受けていた。そのオーナー、ウィリアム・サイモン（ニクソン政権の財務長官）は、自分の持っていたシモンズ・ベッディングの株式を社員年金基金に水増し価格で買い取らせたのだ。株価が下落したとき、シモンズは別のPE投資会社にそれよりはるかに低い価格で買収され、社員年金基金は大きな損失をこうむった。

シモンズ・ベッディングがTHLに保有されていた時代には、（THLによって承認、任命された）同社のCEOはほとんどの期間、チャーリー・アイテルという男だった。彼はワイオミング州ジャクソンホールとフロリダ州ネイプルズにある自宅や「アイテル・タイム号」と名づけた自分のクルーザーから、シモンズを遠隔経営していた。また、シモンズに自分の息子を採用させた。アイテルは四〇〇〇万ドル以上の報酬を受け取り、シモンズが倒産に追い込まれたときでさえ、そのカネを一ドルたりとも返しはしなかった。それに対し、シモンズの社員や社債保有者は、倒産によって巨額の損失をこうむった。社員全体の二五パーセント以上に相当する一〇〇〇人が解雇され、そのなかには勤続二〇年以上のベテランもいたが、退職金も年金もほとんど支払われなかった。THLは倒産によってダメージを受けなかったばかりか、むしろシモンズで大儲けした。シモンズを倒産に追いやった借入金から巨額の特別配当や取引手数料をとり、倒産のずっと前に現金で支払わせていたからだ。

これはすべて合法だったのか？　「違法だったが、何の罰も与えられなかった」という答えと、「アメリカではこれはすべて完全に合法だった」という答えのどちらがよりひどいかは、判断しがたい。当該証券のデフォルトに賭けることを意図して証券を組成、販売することも、どうやら完全に合法らしいのだから。

ＰＥ投資会社が自社の利益のために使ういかがわしい手口はこれだけではない。ＳＥＣは二〇〇六年に、いわゆる「クラブ・ディール」に関してＰＥ業界に対する調査を行なった。クラブ・ディールとは、競争しているはずのＰＥ投資会社が、企業の買収価格を押し下げるためにひそかに共謀することを言う。ＳＥＣは告発しないまま調査を終了したが、数人の投資家が大規模な独占禁止法違反訴訟を起こしており、この訴訟は二〇一二年現在、まだ係争中だ。ＳＥＣは二〇一二年初めに、ＰＥ投資会社に対する別の調査を開始した。これはＰＥ投資会社が新規の投資家を呼び込むために自社の資産の価値を水増ししているのではないかという疑惑に焦点を当てたものだ[13]。

ＰＥ投資会社は租税回避にも明らかに長けている。ミット・ロムニーが年間二〇〇〇万ドル以上の所得――その多くが一〇年前に辞めた会社ベイン・キャピタルからの収入だ――に対して一四パーセントの税金しか払わなくてもよいのは、決して偶然ではないし、珍しいことでもない。そのため、ＰＥ投資会社がどのような小さな経済的貢献を行なっていようと、経営者の関心を最大限の金銭的報酬をかすめとることに向けるという慣行のせいで、その貢献はすっかりかすんでしまうのだ。

こうした実例はいくらでもあるが、ここから先は金融取引の量の増大に関するデータを紹介することにする。過去数十年の間に、証券化取引はほぼゼロの状態から年間数兆ドル規模に増大した。外国為替取引は世界のGDPの伸びの三〇倍のペースで拡大してきた。原油先物の一日の取引量は、かつては実物の供給量とほぼ同じ水準で推移していたが、今では実物の供給量の一〇倍になっており、そのうえ市場のボラティリティーが増大したようだ(14)。

つまり、われわれは不愉快な状況に立ち至っているようなのだ。最も頭がよくて弁の立つアメリカ人のかなりの部分が、ブルームバーグの端末と向き合っているか、でなければ高価な注文仕立てのスーツに身を包んで世界中を飛び回り、近年の実績から判断すると彼ら自身の懐にさらに多くのカネを入れるという以外に何の意味もなく、差し引きすると他のアメリカ人にとって経済的に有害な「取引をまとめて」いるという状況に。

アメリカの人材面での損失は大きい。ハーバード大学は二〇〇八年に、「有給で雇用された」新規卒業生の二八パーセントが金融部門の職を選んだと発表した。イェール大学では、この割合は二六パーセントだった。二〇一一年でさえ、金融部門に就職する新卒者の割合は依然として驚くほど高く、ハーバード大学が一七パーセント、イェール大学が一四パーセントだった。プリンストン大学はアイビーリーグのなかで最も高く、四〇パーセントにのぼっていた。アイビーリーグの教育が生み出す価値(および倫理観)についてわれわれがどんな冷ややかな見方をしていようと、金融部門がより生産的な仕事から膨大な人的能力を奪ってきたことに疑問の余地はない。

だが、反省や自問は金融部門の得意とするところではないので、自己改革は望めないだろう。二〇一一年一月の世界経済フォーラム(通称ダボス会議)で行なった講演で、ジェイミー・ダイモンはこう不満を述べた。「『バンカー、バンカー、バンカー』――絶えず繰り返されるこの非難の声は、人間に対する実に非生産的で不公正な扱い方だ(15)」。ロイド・ブランクファインは別の聴衆に対して、自分は神の仕事をしていると語った。

われわれはハイド氏をジキル博士に戻せるのだろうか？　金融部門を縮小して、堅実な銀行業を復活させ、ゴールドマン・サックスやＴＨＬのような組織が支配している勝者総取りのカジノから世界を解放できるのだろうか？　正直な答えは、おそらくまだできないだろう、だ。金融産業の力は、危機を経験したにもかかわらず、かつてないほど強大になっている。だから、十分な数の人間が十分に大きな怒りを抱くには、もう一度危機が必要なのかもしれない。いずれにしても、この問題は最後の章で検討することにする。

次の章では社会のもう一つの重要な部門、企業献金や回転ドア人事の不健全な影響とは無縁だと長年みなされてきた部門を見ていく。学問の世界は、メディアとともに、経済・政治行動を独立した立場から必要に応じて批判的に分析する重要な拠点と、一般にみなされてきた。残念ながら、これはますます真実ではなくなっている。金融部門や他の富裕な利益集団は、政治家と同様、大学教授もすばらしい投資先になることを知っている。彼らは驚くほど買収しやすいことを実証してきた。金融部門は、リスクを考えるときわめて少額のカネで世界で最も優秀な宣伝者たちを雇ってきたのである。

第八章 象牙の塔

The Ivory Tower

『インサイド・ジョブ』を見た多くの人にとって、この映画の最も衝撃的で気がかりな部分は、大学やシンクタンク、それに金融、経済、ビジネス、政府規制といった分野の著名な学者に広く見られる利益相反を暴いた箇所だったようだ。高名な大学教授に対する私のインタビューを見た人々は、教授たちの口から出た言葉に愕然《がくぜん》とした。それは本当に憂慮すべき言葉で、ときには私自身も愕然とした。

だが、こうした言葉はわれわれにとって一〇〇パーセント予想外というわけではないはずだ。過去二〇年の間に、大学教授を含む医学の専門家たちは、客観的とされる科学の分野でカネがどれほど影響力を持ちうるかをたっぷり示してきたのだから。

ある大規模な調査によると、大学で行なわれる臨床試験を含む医薬品のランダム臨床試験は、製薬会社が費用を負担する場合、被験薬に有利な結果が出る可能性が三・六倍になる。また、画像診断センターから利益を得る立場にいる医師が患者に画像診断を勧める可能性は、そうでない医師の四・五倍である。最近行なわれた上院の調査では、製薬会社のサノフィが、同社の資金提供を受けてきた医学界の団体や個人の協力を得て、同社の製品の一つと同等の効能を持つジェネリック医薬品の承認を阻止しようとしたことが明らかになった。司法省は二〇〇〇年代のわずか数年間に、医師にリベートを払うなどの違法な手段で医薬品を販売していた三つの製薬会社に対する訴訟で、合計一五億ドル以上の和解金を勝ち取った。医学教授が製薬会社のスタッフが書いた論文を自分の名前で発表することは、メディカル・スクールにおいてさえ一般的な慣行になった。たしかに、スタンフォード大学メディカル・スクールは二〇〇六年にこの慣行を禁止した。だが、すべてのメディカル・スクールがそうしたわけではない。全般的には、メディカル・スクールや一流医学誌はこの問題の拡大にかなりしっかり対応している。多くが厳しい情報開示規定を採用しており、なかにはスタンフォードのように、利益相反を生じさせるおそれのある学外組織からの報酬に絶対的な上限を設けているところもある。[1]

だが、経済学、経営学、法学、政治学、公共政策などの大学院は、大きく異なる対応をしてきた。過去三〇年の間に、規制緩和やアメリカの政治におけるマネーの力の増大と並行して、アメリカの学問研究の大きな部分がカネで左右される活動になり下がったのだ。このごろでは、著名な経済学教授が議会で証言したり、テレビの報道番組に出たり、独占禁止法違反訴訟や規制違反訴訟で証言したり、講演を行なったり、『ニューヨーク・タイムズ』に（『フィナンシャル・タイムズ』でも『ウォール・ストリート・ジャーナル』でもよいが）意見記事を寄稿したりしているのを目にしたら、その教授はそこで取り上げられている問題に大きな利害関係を持つ誰かからカネをもらっているのだと思ったほうがよい。これらの教授は公の場やメディアに登場するときこうした利益相反をたいてい開示しないし、彼らの大学はたいてい見て見ぬふりをしている。教授たちは民事、刑事両方の金融詐欺訴訟でも、カネをもらって被告のために証言するようになっている。謝礼は高額で、一時間の議会証言に対して二五万ドル支払われることもある。だが、銀行や規制の厳しい他の産業にとって、それは微々たる経費だ。年間一〇億ドルや二〇億ドルの出費なら痛くもかゆくもないし、政治家の場合と同様、大きな利益をもたらすきわめて有利な投資である。

私は学問の世界にいたとき、この問題が拡大するのを目の当たりにしたし、実を言うと私自身も一度それにかかわったことがある。二四歳の大学院生だったとき、著名な経済学者でMIT教授のピーター・テミンにひと夏、雇われて、彼がAT&Tを弁護する手助けをしたのである。AT&Tは当時はまだ全米規模の独占企業で、司法省から独占禁止法違反で訴えられていた。私は若く世間知らずだったので、自分が目にしたことに愕然とした。AT&Tが電気通信や規制を専門とするアメリカの著名な経済学者の大多数を文字どおり雇っていることに、一カ月もしないうちに気づいたのだ。どの大学を見ても――MIT、ハーバード、スタンフォード、バークレー、イェール――主要な学者はAT&Tのために働いていた。同社がこの訴訟のために使っていたカネは、おそらく司法省の五〇倍か一〇〇倍にのぼっていただろう。私はAT&Tは有罪だという結論に達し、同社にきわめて不利な報告書を書いて――この報告書はもちろん日の目を見なかった――大学院に戻った。ピーター・テミンは実はとてもいい人間で、その夏雇った私と他の六人の大学院生に本当に親切にしてくれた。だが、この経験は私に苦い後味を残した。

この経験で敏感になった私は、その後の年月の間に、この問題が拡大していること、それも急速に拡大していることに気づいた。有力な産業から、主としてコンサルティング料を教授に直接支払うという形で、(学問の世界の基準では)大量のカネが流れ込むようになった。この問題は今ではずいぶん広がっているので、経済学、経営学、公共政策学、法学などの学問分野は、それぞれの分野に固有の利益相反によってひどく歪められている。最も深刻な影響を受けているのは、金融論、規制経済論、産業組織論、企業統治論、独占禁止分析、法律の経済分析、政府の政策の影響を受ける特定の産業の分析などだ。関与している主な産業は、エネルギー、電気通信、医療、アグリビジネス、それにもちろん金融サービスである。医学研究の分野にも、また気がかりなことに安全保障政策の分野にさえ

（この章の後半でリビアに関する興味深い事実を見ていく）、深刻な問題がある。

産業界からカネをもらっている学者や彼らにカネを払っている利益集団は、今ではきわめて数が多く力も大きいので、大学や職業団体や学術誌が強力な利益相反対策を採用したり実行したりするのを阻止することができる。また、いくつかの分野の学術研究や政策分析に対して、ぞっとするような支配的影響力を持っている。アメリカの一流大学のほとんどが、金銭的な利益相反を制限したり、その開示を義務づけたりはしておらず、この問題を調査することに強く抵抗している。これにはいくつか理由がある。面目を失いたくないこと、学長や学部長が個人として利益相反を抱えていること、企業や企業幹部からの寄付に依存していること、開示や改革によって収入や名声を失うおそれのある教授が大勢おり、彼らが学内で大きな力を持っていること、などだ。

政府の政策や裁判や世論に影響を及ぼすために学術的「専門知識」を売るという行為は、今では数十億ドル規模のビジネスになっている。経済・金融・規制分野の学術コンサルティングや法律・規制・政策コンサルティングは、六つのコンサルティング会社といくつかの講師派遣会社、それにカネを払えば政策・規制論争で喜んで業界の利益を擁護してくれる学者たちの大きなネットワークを持つ、さまざまな業界のロビー団体に支配されている。

これらのコンサルティング会社は、マッキンゼーやボストン・コンサルティング・グループなどとは異なり、企業がよりよい製品をつくったりコストを削減したり需要を予測したりする手助けをするために存在しているのではない。これらの会社の主な仕事は、企業が立法措置、国民的論争、規制、訴追、集団訴訟、独占禁止法違反裁判、租税などを回避したり、自社に有利な方向に動かしたりする手助けをすることだ。

規制に関する学術的コンサルティング会社の最大手は、バークレー・リサーチ・グループ、アナリシス・グループ、ブラットル・グループ、クライテリオン、コンパス・レセコン、チャールズ・リバー・アソシエーツの六社である。六社すべてが多くの著名な学者とつながりを持っている。登録者リストに載っている学者の数は六社合わせて一〇〇〇人ほどで、六社の合計売上高はまちがいなく年間一〇億ドルを優に上回るだろう（ほとんどが株式非公開で、売上情報を公表していない）。独占禁止政策などの重要な政策関連分野では、著名な学者の半数以上がこうしたリストに入っていることも珍しくない。

たとえば、バークレー・リサーチ・グループ（BRG）は、一四八人の「専門家」を「プリンシパル」または「ディレクター」としてリストに載せており、その大多数が高名な学者である——ローラ・タイソンもその一人だ。(2)同社は全米一八カ所とロンドンに事務所を持ち、「大きな利益がかかっている複雑な商業紛争や規制・立法問題」を中心に活動している。専門分野として、訴訟支援サービス——損害分析、法廷財務分析、集団訴訟の認定獲得支援——のほか、独占禁止法、エネルギー、環境調査、知的財産など、一九の分野をあげている。(3)

ボストンを本拠とし、全米各地に事務所を持つアナリシス・グループは、五〇〇人のスタッフを擁しており、学術専門家リストには、ハーバード大学経済学部長ジョン・キャンベル、第一級の医療経済学者ジョナサン・グルーバー、コロンビア・ビジネス・スクール校長グレン・ハバードなど、スター学者の名前がズラリと並んでいる。(4)コンパス・レセコンは三〇〇人のスタッフを擁しており、そこには司法省独占禁止局の元チーフ・エコノミストが今では六人含まれている。(5)同社は先ごろ、ニューヨーク大学のノーベル賞学者一人を含む数人の専門家と新たに契約した。

チャールズ・リバー・アソシエーツは、一九六五年にMITの経済学者で独占禁止法の専門家であるフランクリン・フィッシャーによって設立され、今では株式を公開して社員総数七〇〇人の国際的なコンサルティング会社になっている。同社は四四人の高名な学者とも専属契約を結んで、ときおりアドバイザリー業務を担当させている。(6) 業績も好調だ。同社の財務報告書によると、二〇〇八年から二〇一〇年の平均年間売上高は三億ドル強にのぼり、社員一人あたりの年間売上高は四五万ドル弱、コンサルタント一人あたりの年間売上高は六〇万ドル余りだった。まるで投資銀行のような数字である。

講師派遣会社は学者を雇うもう一つの重要なルートで、ときにはロビー活動や政策提言に対する謝礼を洗浄する、つまり通常の講演料に見せかけるために使われることがある。著名な学者、とくに政府の要職についていたこともある学者の場合、（企業のイベントや業界の会議などでの）講演料は一〇〇万ドルを超えることもある。とくに規制の厳しい産業について研究、執筆している著名な学者は、そうした講演で年間五〇万ドル稼ぐことも珍しくない。

だが、こうした学者や彼らの産業界とのつながりは、どれくらい重要で影響力があるのだろう？　次に示すのは、学問の世界と金融サービス産業の人的つながりと、それが公共の議論や政策に及ぼす影響の実例だ。ほとんどの読者は、それを残念なほど……納得のいく例だと思われるだろう。金融部門はこの分野でもきわめて強力な人脈を築いているのである。

カネで動く人々

アメリカ屈指の著名な学者たち、とりわけ金融産業の規制や規制緩和について研究、執筆してきた学者たちは、議会や規制関連訴訟や法廷やメディアでウォール街の利益を擁護しながら、その見返りでひと財産築いてきた。ここでは、次に記すきわめて著名な学者の例を詳しく見ていきたい。

・グレン・ハバード
・ラリー・サマーズ
・フレデリック・ミシュキン
・リチャード・ポルテス
・ローラ・ダンドレア・タイソン
・マーティン・フェルドシュタイン
・ハル・スコット
・ジョン・キャンベル

グレン・ハバード　R・グレン・ハバードはジョージ・W・ブッシュの政権で二〇〇一年から二〇〇三年まで大統領経済諮問委員会委員長を務め、その座を退いてまもない二〇〇四年にコロンビア・ビジネス・スクールの学長に就任した。ハーバード大学で博士号を取得し、一九八八年からコロンビア大学で教鞭をとってきた。ジョージ・H・W・ブッシュの政権で司法省の要職についたこともある。公共政策に関するウォール街の事実上のロビー団体の役目を果たしている非営利団体「資本市場規制に関する委員会」の共同委員長も務めている。

ハバードの学術論文の多くは課税政策に関するものだ。そこで展開されているのは、公正に要約すると、彼が好ましいと思う税のあり方はとりわけ企業や富裕層に対する課税では一度も実現したことがない、という主張である。彼は二〇〇三年のブッシュ減税の制度設計に深くかかわった。この減税は富裕層に著しく有利なもので、恩恵の半分を最も豊かな一パーセントの国民が享受した。

ハバードはさらに、二〇〇四年一一月に驚くべき論文を（ウィリアム・C・ダドリーと）共同執筆した。「資本市場はどのように経済パフォーマンスを向上させ、雇用創出を促進するか」と題されたこの論文は、ゴールドマン・サックス・グローバル・マーケッツ・インスティテュートによって刊行された。[7] 共同執筆者のダドリーは、当時ゴールドマン・サックスのチーフ・エコノミストだったのだ。二〇〇九年にティム・ガイトナーがオバマ政権の財務長官に任命されると、ダドリーはガイトナーの後任としてニューヨーク連銀総裁に就任した。これはわれわれにとって安心材料にはならないが、グレン・ハバードがコロンビア・ビジネス・スクール学長の座にとどまり続けている事実も、やはり安心材料にはならない。

彼らの論文は少し長めに引用したほうがよいだろう。大真面目に書かれたものでなければ、ちょっと笑える内容だ。忘れてはならないのは、書かれた時期が二〇〇四年一一月、すなわちバブルがかなり膨らんでいたときだということだ。

・「アメリカの資本市場の発達により……資本とリスクがアメリカ経済全体により効率的に配分されるようになった……［それがもたらす恩恵は］アメリカの銀行システムの安定性の向上……雇用の増大と賃金の上昇……［景気後退の］頻度の低下と深刻さの軽減……住宅金融の革命などだ」

・「資本市場の発達はリスクをより効率的に分散する助けになってきた……リスクを移転できることで、より大きなリスクテイキングが促進されるが、このリスクテイキングの増大は経済を不安定化させはしない……したがって、資本市場は資本が最善の用途に向かうように、そして、より高い見返りをもたらす、より高リスクの活動に資金が供給されるようにしているのである」

・「資本市場は住宅市場のボラティリティーを低下させるのに一役買ってきた……住宅購入者に

対する資金の供給を周期的に遮断し、住宅建設産業に壊滅的打撃を与えるような『信用収縮』は……過去のものになっている……住宅ローンの取得にともなう契約手数料は低下し、条件は……緩和されてきた。ときには住宅購入の費用を全額融資してもらえることもある」

・「住宅金融の革命はもう一つ大きな変化を生じさせており、それは景気変動を縮小するうえで重要な働きをしてきた」

・「過去一〇年のアメリカの経済パフォーマンスは、発達した資本市場がもたらす便益の強力な証拠になると、われわれは確信している。それはアメリカの経済パフォーマンスが年月とともに、絶対的にも、資本市場の発達の度合いがはるかに低い他のG7諸国と比べて相対的にも、向上してきたからだ」

カネをもらってこの論文を書いたのかという質問に対し、ハバードは答えるのを拒否した。また、連邦政府に提出した彼の直近の資産報告書（ジョージ・W・ブッシュ政権に入った二〇〇一年のもの）を私に見せることも拒否した。ホワイトハウスはこの報告書をすでに破棄していたので、本人が見せてくれないかぎり、われわれには入手する方法がなかった。ハバードは個人として行なっているコンサルティング活動のクライアントの名前も、すでに開示しているところ以外は明かそうとはしなかった。彼は現在メットライフ、ADP、KKRフィナンシャル・コーポレーション、ブラックロック・クローズド・エンド・ファンズの取締役を務めている。二〇一〇年には、最初の三社だけで彼に七〇万七〇〇〇ドルの報酬を現金と株式で支払った。(8) ハバードの経歴欄に記載されているコンサルティング活動やアドバイザリー活動のクライアントは、野村ホールディングス、バンク・オブ・アメリカ、キャピタル・リサーチ、シティグループ、フィデリティ、フランクリン・リソーシズ、JPモルガン・チェース、ビザ、ローラス・ファンズ、チャート・ベンチャー・パートナーズ、リップルウッド・ホールディングスなどだ。二〇〇九年一月までは、バブル期の商業用不動産の大手プレーヤーで金融危機後に倒産したキャップマークの取締役も務めていた。

バブルに関連して刑事訴追されたベアー・スターンズの二人のヘッジファンド・マネージャーの裁判で、ハバードは一〇万ドルの謝礼をもらって弁護側証人として証言し、二人は無罪判決を勝ち取った。この仕事は、先ほどあげた大手コンサルティング会社の一つ、アナリシス・グループを通じて依頼されたものだった。ハバードはコンサルティング活動のクライアントとしてアナリシス・グループをあげているが、アナリシス・グループを通じて彼に仕事を依頼した本当のクライアントの正体は明らかにしていない。また、彼が有償で行なった講演も、コロンビア大学の彼のウェブページには（二〇一二年二月現在）まったく記載されていない。この二つの省略はどちらも、私の映画の公開後にコロンビア・ビジネス・スクールが定めた新しい情報開示規定に対する明白な違反である。(9)だが、彼が契約している講師派遣会社ハリー・ウォーカー・エージェンシーは、「利用者の声」という欄に一部の講演者に対するクライアントからの称賛の言葉を名前付きで載せている数少ない会社の一つである。ハバードの講演のすばらしさを称えているクライアントは、オルタナティブ・インベストメント・グループ、ＢＮＰパリバ、マサチューセッツ州銀行家協会、バークレイズ銀行などだ。(10)

フィルムに収められている、ハバードに対する私の二〇〇九年のインタビューには、次のやりとりが含まれていた。

ファーガソン　あなたの個人所得、あなたが個人としての活動で得ている所得は、大学の給与と比べるとどれくらいになりますか？

グレン・ハバード　何倍も多いです。教科書を書いていますからね。ですから、教授の仕事よりはるかに多いんです。

教科書だって？　とんでもない。

二〇一一年、ハバードはミット・ロムニーの大統領選挙キャンペーンを支える上席経済顧問に就任した。

ラリー・サマーズ　まぎれもなく頭脳明晰《めいせき》なサマーズは、二人の経済学者の息子であり、二〇世紀の最も偉大な経済学者に数えられるポール・サミュエルソンとケネス・アローの甥である。きわめて若くしてハーバード大学の正教授になり、これまでに政府の経済分野の要職のほぼすべてについてきた。世界銀行のチーフ・エコノミストを務めたのち、クリントン政権で国際問題担当財務次官になり、財務副長官を経て、最後には財務長官になった。その後、ハーバード大学学長に就任したが――彼の立候補を支持したのはロバート・ルービンだった――二〇〇六年に辞任に追い込まれた。二〇〇九年にオバマ政権の国家経済会議議長に任命され、二〇一一年にはジョン・F・ケネディ・スクール・オブ・ガバメント教授としてハーバードに戻った。

私はサマーズが文字どおりの意味で腐敗しているとは思っていない。彼は大量の傲慢さと、カネと力のある人々から重要人物とみなされたいという強烈な欲求に思考を毒されているのである。多くの問題について良識があるものの、重大なミスや信用を失う行為を相次いで行なっており、しかも、それは次第にひどくなっている。そのうえ、金融部門についての彼の見解は、たとえばロイド・ブランクファインやジェイミー・ダイモンの見解と見分けがつかないほどだ。

サマーズは自身を何度も窮地に追いやってきた。世界銀行では豊かな国が貧しい国に環境汚染を輸出するという案が書かれたメモを承認したし、ハーバード大学学長時代には、女性は科学的推論能力の点で生来、男性より劣っているという響きのある発言をした。そのうえ、彼の政策判断も問題だった。彼はインターネット・バブルを助長した投資銀行業界の悪質な慣行について何一つ発言しなかった。ロバート・ルービンやアラン・グリーンスパンと協力して、グラス・スティーガル法の商業銀行業務と投資銀行業務の分離を定めた条項を廃止した。アラン・グリーンスパンと手を携えて、店頭デリバティブ取引に対する規制を禁止した。この件について、彼は議会でこう証言した。「この種の契約の当事者は主として百戦錬磨の機関投資家ですから、不正や取引相手の破綻から身を守る能力がきわめて高いと思われます(11)」

この証言が行なわれたのは、彼が規制に反対していたまさにその種のデリバティブ取引による破滅的なデフォルトから、ロングターム・キャピタル・マネジメントが救済されていたときだった。商品先物取引委員会委員長ブルックスリー・ボーンの店頭デリバティブ取引規制の動きを彼は押さえつけたが、これにはのちにハーバード大学学長の座を追われる原因となった女性差別の意識も一役買ったのかもしれない。二〇〇五年にラグラム・ラジャンがジャクソンホールで予見的な論文を発表したときには、サマーズは、ラジャンは「ラッダイト［イノベーション反対論者］」であり、彼の論文は誤りだと激しく非難した。

ハーバード大学の学長になってからは、金融サービス会社に対するコンサルティング活動や講演活動も行なうようになった。ハーバードは他のほとんどの主要大学と同様、教員に（また学長にも）学外活動による所得の開示を義務づけていないので、サマーズがいくら稼いだのかはわからない。ハーバード大学の彼のウェブページには、今でも彼のコンサルティング活動のクライアントや講演活動の記録はまったく載せられていない。だが、ハーバード大学学長時代でさえ、彼が金融部門から得ていた所得はおそらくかなりの額にのぼっていただろう。

学長を辞任させられ教授に戻ってからまもなく、サマーズは大手ヘッジファンドのD・E・ショーで週一日働く契約を結んだ。サマーズがオバマ政権に入った二〇〇九年の前年には、D・E・ショーは彼に五〇〇万ドル以上の報酬を支払った。

彼の政権入りは一つの点では実に助けになった。ハーバード時代の彼の学外活動に関するわれわれの情報は、大部分が連邦政府に提出された彼の資産報告書から得たものだ。ハーバードに対する報告書やハーバードが公開した資料から得たわけではない（ハーバードの学長は映画のための取材の申し入れを拒否し、書面による質問に答えることも拒否した）。サマーズが二〇〇九年に提出した資産報告書には、彼の純資産は一七〇〇万ドルから三九〇〇万ドルと記されている。政権入りする前年の彼の総収入は七八一万三〇〇〇ドルで、うち一七二万九〇〇〇ドルは三一回の講演によるものだった。講演のクライアントはほぼすべて金融サービス会社で、ゴールドマン・サックスなどは一回の講演に対して一三万五〇〇〇ドル払っていた。彼はメリルリンチからも四万五〇〇〇ドルの講演料を受け取っていたが、この講演は二〇〇八年一一月一二日、つまりメリルが完全に財務破綻した後、そしてオバマの大統領選出の一週間後に行なわれたものだった。問題視する声が出始めてから、サマーズはこの講演料を慈善団体に寄付した。

オンライン紙『アジア・タイムズ』の記事によると、二〇〇七年夏、AAAの住宅ローンCDOがベアー・スターンズのヘッジファンドを吹き飛ばした直後に、サマーズはD・E・ショー社が保有していたCDOをアジアの政府系ファンドに売り込んでいた節《ふし》があるらしい。それが本当だとすると興味深い疑問が出てくる。サマーズはショーがゴールドマンのように有毒資産を無知な機関投資家に売却処分するのを手助けしていたのか、それとも二〇〇七年の時点でもこうした資産があれほど危険なものだとは思っていなかったのか、という疑問である。[12] だが、本当に重要なのはそのことではない。サマーズは富の大部分と政治的成功の多くを金融サービス業界のおかげで手に入れ、過去半世紀の最も破壊的な経済政策のいくつかを推進した、ひどく信用できない男だということだ。

オバマ政権にいたとき、彼は銀行家を制裁したり彼らの所得を抑制したりする強力な措置に反対した。一九九五年から二〇〇六年の間に自分が行なった決定や発言のいずれについても、一度も謝罪していない。映画のための取材の申し入れを、オバマ政権のすべてのメンバーと同様断った。

二〇一一年に、ハーバード大学の二人の教授が授業で私の映画を上映することにした。これを知ったサマーズは二人に連絡して、彼がその授業に参加して映画について意見を述べるのを認めるよう要求した。二人は私も招いて意見を述べさせることを条件に、それに同意した。私がそれを承諾すると、サマーズ教授は結局のところ参加する必要はないと判断したようだ。彼は自分の過去の政策決定についても金銭的かかわりについても、直接問いただされるのを見事に回避してきた人物なのだ。

だが、二〇一二年初めにイギリスのテレビで放映されたインタビューでは、私の映画についても彼の過去の政策決定についても、簡単にではあるがとうとう発言せざるをえなかった。このインタビューは放映後に、ロイターの金融担当ブロガー、フェリックス・サーモンによってブログにアップされた。[13] サマーズはこのインタビューで、店頭デリバティブに対する規制を禁止する際の自分の役割を擁護して、自分がこの法律を支持したとき、クレジット・デフォルト・スワップ（CDS）の市場は「基本的に存在していなかった」と主張した。この発言については、指摘しておくべき重要な点が二つある。一つは、この立法措置の、また当時のサマーズのそれを支持する発言の明白な目的は、過去のもの、現在のもの、今後生み出されるものを問わず、あらゆる店頭デリバティブに対するあらゆる規制を禁止することだった、ということだ。この法律によってそれが達成され、その結果、有毒証券に対処する連邦政府の能力が損なわれ、金融部門による有毒証券の開発にゴーサインが与えられたのだ。二つ目は、サーモンがブログ記事で指摘しているように、サマーズがCDSについて完全にまちがった発言をしていることだ。この法律がつくられた二〇〇〇年には、CDSはすでに存在していただけでなく、生み出されてから何年もたっており、すでに九〇〇〇億ドルの市場に成長していた。エンロンの破綻が迫るなかで、それに対する保険として、また破綻に賭ける手段として使われてさえいたのである。(14)

このインタビューの後のほうで、サマーズは私の映画について質問されている。彼は「『インサイド・ジョブ』は基本的に事実をすべてまちがえています」と答え、それから自分には金銭的な利益相反は一切なかったと説明している。インタビューからこの部分を、まったく編集なしで言葉どおりに引用してみよう。

　クリントン政権での私の行動で、正しかったこと、まちがっていたことが何であれ、私はクリントン政権で働く前も、政権を離れたのちの五年以上にわたる金融部門との付き合いのなかでも、まとまった額のおカネを受け取ったことは一切ありません。ですから、私がクリントン政権で行なったことが金融部門との付き合いに関係があったという説は、少々ばかげていると思います。私の行なったことが正しかったかまちがっていたかを議論するのはかまいませんが、それは金融部門との付き合いから生まれたものではありませんでした。そのような付き合いは政権に入る前も一切ありませんでしたし、その後も一切ないのですから。

だが、サマーズはこの部分でも、少なくとも一つ事実をまちがえている。インタビューでの発言に反して、彼はクリントン政権を離れてから五年たたないうちに金融部門からカネを受け取り始めたのだ。たしかに、すこぶる実入りのよいコンサルティング契約を（D・E・ショーと）結んだのは、二〇〇六年にハーバード大学学長を辞任したあとだった。だが、すでに二〇〇四年には（ハーバード大学の学長を務めるかたわら）、大手ヘッジファンド、タコニック・キャピタル・アドバイザーズに対するコンサルティング活動を始めていたのである。この事実は二〇〇九年四月に『ニューヨーク・タイムズ』の記事によって初めて暴き出された。[15] この記事は、サマーズがのちにオバマ政権の要職に自分のクライアントであるヘッジファンドの創業者を推挙したとも報じている。

サマーズの金融部門とのかかわりはこれだけではなかったかもしれない。だが、二〇〇一年から二〇〇八年までの彼の学外活動については、これ以上のことはわからない。ハーバード大学はサマーズに学外活動の公表を義務づけていなかったし（今なお義務づけていない）、サマーズが自ら公表したことも一度もないからだ。ハーバード大学もサマーズも、その情報の開示を求める私の要請を断った。サマーズは現在も引き続き、金融関係の組織のために講演やコンサルティングを行なっている。ハーバード大学の彼のウェブページには、彼が学外で行なっている有償の活動は依然として何も記載されておらず、そうした活動についてはほとんど知られていない。[16] だが、二〇一一年六月、サマーズ自身が、ベンチャー・キャピタル会社アンドリーセン・ホロウィッツの顧問に就任することになったと発表した。また、二〇一二年初めの時点で、サマーズが契約している講師派遣会社の彼のウェブページには、クライアント七組織からの称賛の声が掲載されている。一つ（リージェント大学）を除いてすべて金融関係の組織で、テキサス・パシフィック・グループ、中国金融協会、チャールズ・リバー・ベンチャーズ、『インスティテューショナル・インベスター』などだ。[17] これ以外には、サマーズの講演活動やコンサルティング活動のクライアントの名前は明かされていない。

フレデリック・ミシュキン　ミシュキンは一九七六年にMITで経済学の博士号を取得し、現在はコロンビア・ビジネス・スクールの教授として銀行・金融論を教えている。ニューヨーク連銀調査ディレクターを二年間務めた経験もあり、二〇〇六年から二〇〇八年八月までFRB理事の座にあった。

映画のために彼にインタビューしたとき、二〇〇六年の彼の論文「アイスランドにおける金融の安定」について質問すると、彼はバツが悪そうな様子で、あいまいな返答に終始した。たしかにバツが悪かろう。あれはずいぶんみっともない論文だったのだから。アイスランドの商工会議所は、あの論文を書いてもらうために彼に一二万ドル以上支払った。彼はこの支払いについて、FRB理事に任命されたことで提出を義務づけられた資産報告書で初めて明らかにした。

ミシュキンの論文は世界で最も悪質な部類に入る金融詐欺、一つの国全体をめちゃめちゃにした金融詐欺に正当性と新たな活力を与えた。人口わずか三二万人のアイスランドは、一〇年余り前までは、失業率はきわめて低く、政府債務はほとんどない豊かな民主主義国だった。ところが、新たに樹立された保守政権が、二〇〇一年に同国の三大銀行を民営化し、銀行に対する規制を緩和したのである。

これらの銀行の新しいオーナーたちは、愚かであるだけでなく犯罪的でもある、どんどん借金してどんどん貸すという方針をすぐに採り入れた。そして、七年間で一二五〇億ドル以上、アイスランドの成人一人につき約一〇〇万ドルの借金を積み上げた。そのほとんどが、通常バンカーの家族や友人がオーナーになっていた「投資ファンド」やさまざまなペーパー・カンパニーに融資された。ヨットやプライベート・ジェット、ニューヨークのペントハウスやブティック型ホテル、プライベート・コンサートや大規模なパーティーが、突如としてバンカーの生活の一部になった。二〇〇六年には、銀行の「資産」――銀行が借りたカネで行なった融資――は、すでにアイスランドのＧＤＰの三五〇パーセントに相当する額になっていた。アイスランドの金融規制当局はそれに対して何も手を打たなかった。なにしろ規制当局は事務職員を含めて総勢四〇人足らずで、しかもそのうちの三分の一は退職して銀行に勤め始めたのだ。銀行株主体の株式市場は急上昇したが、それは銀行が借りたカネを使って自社株を買っていたからだった。新規の借金を使って銀行の維持不可能な状態を支えていたのであり、これはまさにポンジ・スキームだった。二〇〇六年三月、デンマークの銀行のアナリストは『ニューヨーク・タイムズ』に寄せた記事でこう記した。「どの基準で見ても、アイスランドは一九九七年の危機前のタイよりひどいように見える[18]」

これが二〇〇六年半ばの状況だった。その時期に、ミシュキン教授は次のように書いたのだ。「アイスランドは新興経済国ではない……アイスランドをタイやトルコのような新興市場諸国と比較するのは皮相的であるだけでなく完全にまちがいだ」。彼はさらにこう続けている。

だが、アイスランドには優れた制度がある。実際、すでに見てきたように、官僚機構の質の高さと腐敗の少なさのおかげで、アイスランドは、概要の章で見たとおり、世界で最もうまく運営されている国の一つなのだ。金融不安定を経験した国々では銀行の健全性に関する監督が不十分だったのに対し、アイスランドの銀行監督者たちは正直で有能とみなされている。アイスランドの銀行システムは安全かつ健全であるという彼らの言葉は、額面どおりに受け取られるべきだ[19]。

ミシュキンと彼のこのレポートは、アイスランド、アメリカ両国のメディアと金融産業で広く取り上げられ、そのおかげでアイスランドの銀行は借金を続けることができた。アイスランドの銀行の社債は、バブル期にアメリカの銀行が発行した多くのCDOに組み込まれてさえいたのである。だが、バンカーたちがポンジ・スキームを続けられたのは二〇〇八年までだった。二〇〇八年にグローバル金融危機が始まると、アイスランドは一〇〇〇億ドル以上の銀行損失を抱えて支払い不能であることが明らかになった。失業率は半年で三倍に上昇し、アイスランドは今では何十年も続くであろう経済的困窮と、この詐欺で損失をこうむった外国の政府や銀行との延々と続く紛争に直面している。危機後の調査で明らかになったのは、ミシュキンの想像の産物である「優秀な」銀行監督者たちは、バンカーや投資ファンドにいたその共謀者たちによる巨額の横領や他の犯罪を見抜けなかったということだった。

アイスランドが破綻したあと、ミシュキンはウェブページ上の経歴欄に載せていたこのレポートのタイトルを「アイスランドの金融の安定」から「アイスランドの金融の不安定」に改ざんした。私の映画に応えて書かれた『フィナンシャル・タイムズ』の記事で、彼は、それは一時的に見落とされていた誤植であり、ずいぶん前に訂正されていると主張した。だが、これは大ウソだ。私はインタビュー当日の朝、彼の経歴をコロンビア大学のウェブサイトからダウンロードしていたのだから。

ミシュキンの他の著作にも、金融部門に対する同様の好意的な見方が表れている。彼は二〇〇三年に「金融システムにおける利益相反の是正策」と題した論文を書いた。この論文で彼は基本的には、心配すべきことは何もない、と主張している。たとえば、格付け会社は利益相反——有力な顧客が売り出す証券に高い格付けを与えることは、格付け会社の業務拡大につながる——を抱えているように見えるかもしれないとしたうえで、結論としては「格付け会社がそのような利益相反行為を行なっている証拠はほとんどない」と断定しているのである。なぜなら、格付け会社が立場を悪用したら、「格付けの信頼性の低下……［格付け会社の］信用の低下という高い代償を払うことになる」[20]からだそうだ。
ＦＲＢ理事になる前年、ミシュキンがコロンビア大学からもらった給与（半年分）は二三万二〇〇〇ドルだったが、彼にはその他に教科書の印税および前払い金として五二万二〇〇〇ドルの収入があった。さらに、アイスランドなどへのコンサルティング活動で二七万四〇〇〇ドル、講演活動で三万ドル稼いでおり、この年の彼の総所得は一〇五万八〇〇〇ドルだった。彼の資産報告書には、六七四万一〇三ドルから二一三五万六〇〇〇ドルの価値がある証券も記載されていた。ＦＲＢを辞めてから金融機関に対してコンサルティングを行なったことがあるかという私の質問に、彼はあると答え、だがそれについては話したくないと言った。[21]
サマーズやこの後で取り上げる他の経済学者たちと同様、ミシュキンもあちこちで講演している。こうした活動に関しては、私は自分の映画の影響をうれしく思っている。すでに述べたように、『インサイド・ジョブ』が公開されたのち、コロンビア・ビジネス・スクール（それに他のいくつかの学術機関）は、ようやく教員の学外活動の開示を義務づけることにしたのである。コロンビアはまだ学外活動による収入の額を開示することまでは義務づけていないものの、教授たちは今ではクライアントの名前を開示しなければならなくなっている。二〇〇五年から二〇一二年二月までのミシュキンの講演活動については、次のように開示されている。

ＡＣＬＩ	国際通貨基金
バンク・オブ・アメリカ	カイロス・インベストメンツ
バークレイズ・キャピタル	レキシントン・パートナーズ
ビッドベスト	ミウラ・グローバル

BNPパリバ
ブレバン・ハワード
BTGアセット・マネジメント
CMEグループ
デロイト
ドイツ銀行
フィデリティ・インベストメンツ
フリーマン・アンド・カンパニー
先物業者協会
ゴールドマン・サックス
グッドウィン・プロクター
スベンスカ・ハンデルスバンケン

全米ビジネス旅行協会
NRUCF
ペンシルベニア州立大学
年金不動産投資協会
プレミエール
シュローダー・インベストメント・マネジメント
財務管理協会
チューダー・インベストメント
UBS
アーバン・ランド・インスティテュート
ビラノバ大学

リチャード・ポルテス　リチャード・ポルテスはアメリカ人ではあるが、ヨーロッパで最も高名な経済学者の一人である。ロンドン・ビジネス・スクールの経済学教授で、自身が設立した経済政策研究センターの所長のほか、いくつかの役職についている。

ポルテスは二〇〇七年に、フレデリック・ミシュキンと同じくアイスランド商工会議所のおめでたいコンサルタントになり、同商工会議所は二〇〇七年一一月、彼がレイキャビク大学の経済学教授と共同執筆した論文「アイスランドの金融部門の国際化」を刊行した。そのちょうど一年後、アイスランドは完全に破綻した。だが、ポルテスはミシュキンよりさらに自信に満ちた主張を展開していた。

アイスランドの銀行の「資産」がGNPの八〇〇パーセントに膨れ上がっていた事実をどうやら見落としていたようだ。彼の論文と添付のプレゼンテーション資料を見ると、「アイスランドの金融部門の国際化は大成功」とか「金融市場のボラティリティーは脅威ではない」といった表現が至るところに出てくる。二〇〇八年に入ってしばらくたったときでさえ、ポルテスはメディアに登場してアイスランドの銀行を称賛し続けていた。爆発三カ月前の二〇〇八年七月、彼は『フィナンシャル・タイムズ』に意見論文を寄稿した。この論文で彼は、自分がアイスランド商工会議所から報酬をもらったことには一言も触れずに、少し前に「金融過剰の代償を払うアイスランド」と題した論文を発表していた経済学者のロバート・ウェイドを痛烈に批判している。その批判の抜粋を紹介しよう。

「アイスランドは『できるかぎり軽いタッチの規制』ですませることはできなかった。EU加盟国とまったく同じ法律・規制の枠組みを適用しなければならなかったのであり、アイスランドの金融サービス機構はきわめてしっかりしている。ウェイド教授は、アイスランドの銀行は『ヘッジファンドのように行動した』という、よくある主張を重ねて唱えているだけだ」

ポルテスは、それから次のように結論づけている。

「アイスランドの銀行は、他のほとんどの銀行が買った有毒証券は事実上まったく保有していなかった」

「ウェイド教授の主張の残りの部分は、デマを広めようとする意図を含む政治的なものだ。この点と彼のデータ無視の姿勢は、今日の国際金融市場のひ弱な状態を考えると悲しむべきことだ。彼はアイスランドがもっと『北欧型の経済モデル』を採用することを望んでいるのだろう。彼のアドバイスは明らかに善意によるものだが、アイスランドがそれを無視しても、少しも意外ではない」

これが二〇〇八年七月四日のことだった。一〇月には、アイスランドの銀行は破綻し、幹部の多くがロンドンに逃亡した。なかにはプライベート・ジェットやクルーザーやペントハウスを売却しなければならなかった者もいた。逮捕を免れた者たちはきわめて快適に暮らしているようだが、逮捕されて裁判を待っている者もいる。被告の身になっているのは、元首相のゲイル・ホルデのほか、三大銀行のうちの二つの元CEOなどだ。

ポルテスの経歴欄には、二つのヘッジファンドの顧問を務めていると記されている。彼は講演もたびたび行なっている。彼の講演活動に関するウェブページでは、彼は次のように紹介されているが、どうやら皮肉の意図はないらしい。

リチャード・ポルテスはグローバルな視野と金融市場の鋭い分析で誉れ高い著名な経済学者である。金融工学と、ウォール街が生み出した非標準型の《エキゾチックな》——そして往々にして有害な——デリバティブに関する専門知識で知られている。[22]

ローラ・ダンドレア・タイソン　タイソンは一九七四年にMITで経済学の博士号を取得し、その後プリンストン大学、MIT、ハーバード・ビジネス・スクール、カリフォルニア大学バークレー校で教鞭をとった。バークレー校ハース・スクール・オブ・ビジネス学長、ロンドン・ビジネス・スクール学長を歴任したのち、教授としてバークレー校に戻った。クリントン政権で大統領経済諮問委員会委員長を務め、その後、国家経済会議議長も務めた。政権を離れてまもなくモルガン・スタンレーの取締役会の一員となり、同社から年間三〇万五〇〇〇ドルの報酬をもらっている。また、のちにAT&Tに買収された地域独占電話会社アメリテックの取締役にも就任し、現在は、AT&Tの取締役を務めるほか、他の数社の取締役会にも名を連ねている。

ＳＥＣに提出された報告書によると、四つの上場会社の取締役を務めることで、タイソンは二〇一一年に現金と株式で約七八万四〇〇〇ドルの収入を得た。[23] クレディ・スイスやアジアのプライベート・エクイティ投資会社の顧問も務めており、グレン・ハバードが共同委員長の一人である「資本市場規制に関する委員会」にも加わっている。バークレー校の教授たちが設立したロー・アンド・エコノミクス・コンサルティング・グループの設立メンバーでもあり、同社の清算後は、その後継組織バークレー・リサーチ・グループで活動している。さらに、ピーターソン国際経済研究所、ブルッキングス研究所、センター・フォー・アメリカン・プログレスなど、多くの非営利組織やシンクタンクの理事も務めている。

タイソンは金融危機について公の場ではほとんど発言していない。金融危機に触れざるをえないときは、強欲、熱狂、バブルについて漠然と語るにとどめてきた。

彼女もまたあちこちで講演している。彼女が契約している講師派遣会社（ハリー・ウォーカー・エージェンシー）は、彼女の講演のクライアント名を一部明らかにしている。同社のサイトのタイソンのページに、過去のクライアントからの称賛の声が掲載されているのである。そこには、二〇〇九年に連邦規制当局の差し押さえを受けた信用組合ウェスコープ、欧州石油化学協会、ノーザン・テレコム、サンフランシスコ女性商業用不動産協会、シーメンス政府業務担当副社長、野村證券、投資コンサルティング会社カラン・アソシエーツなどの名が記されている。[24] カリフォルニア大学バークレー校には学外活動や学外収入の開示を義務づける規定はなく、そのためタイソンの講演活動による所得やコンサルティング活動の他のクライアントの名前は不明である。

マーティン・フェルドシュタイン　フェルドシュタインはアメリカの最も著名な経済学者の一人であ

る。ハーバード大学教授で、レーガン政権で大統領経済諮問委員会委員長を務めたほか、経済学の分野では最も大規模で最も著名な研究団体、全米経済研究所の所長を三〇年近く務めていた。

フェルドシュタインはＡＩＧとＡＩＧファイナンシャル・プロダクツの取締役会にも二〇年以上名を連ねていた。その関係にようやく終止符が打たれたのは、ＡＩＧが破綻して取締役がすげ替えられたときだった。フェルドシュタインは多様なテーマについて三〇〇本以上の論文を書いているが、規制のないクレジット・デフォルト・スワップ、金融部門の報酬、たるんだ企業統治などの危険性について書かれたものを探しても、徒労に終わるだろう。彼もまた有償の講演をたびたび行なっている。講師派遣会社のウェブサイトでは、彼は、やはり皮肉の意図などまったくなしに、住宅危機の専門家として紹介されている。彼がＡＩＧの取締役だった事実には一言も触れられていない。[25]

フィルムに記録されている彼に対する私のインタビューの抜粋を、まったく編集を加えずに紹介しておこう。このうちの一部は『インサイド・ジョブ』に収録されている。

ファーガソン　金融サービス産業は政府の政策に影響を及ぼしすぎてきたと思いますか？

フェルドシュタイン　あらゆる産業が、ワシントンが定めるその産業に関する政策に影響を及ぼそうとします。航空産業であれ、金融サービス産業であれ、他のどんな産業であれ、ね。ですから、影響を及ぼしすぎてきたとは思いません。規制の一部を変える、緩和するという決定がなされた場合、それが自分の銀行の支店は一つしか置けないイリノイ州の規制であれ、グラス・スティーガル法であれ、その決定は経済学者の間で幅広い学問的支持を得ているはずです。ですから、金融部門がこうした変更を実現できたのは、ひそかなロビー活動のおかげなどではなかったのです。

ファーガソン　「ひそか」ではなかったかもしれませんね。ですが、過去一〇年の間に金融サービス産業はアメリカで約五〇億ドルの政治献金を行なってきました。ずいぶんな額です。それはひっかかりませんか？

フェルドシュタイン　いいえ。

ファーガソン　金融サービス産業は経済学者に対して影響力を持ちすぎていると思いますか？

フェルドシュタイン　そうは思いません。あなたが何を根拠にそうおっしゃるのか、想像もつきませんね。同僚たちを思い浮かべてみると……彼らがどのように影響を受けるのか想像すらできません。彼らの大多数は金融サービス産業とは何の関係もないのですから。

ハル・スコット　ローラ・タイソンやグレン・ハバードと同じく、スコットも「資本市場規制に関する委員会」にかかわっている。また、投資銀行ラザード——同社の二〇一〇年の売り上げは現在の基準では少額の部類に入る一九億ドルだった——の取締役会にも名を連ねている。スコットは議会でたびたび証言しており、おおむね過度の金融規制の危険性を強く訴えてきた。たとえば二〇一一年には、銀行の自己勘定取引を制限する「ボルカー・ルール」について、適用範囲を狭めるべきだと主張した。[26]

二〇一二年初めには、SECを批判し、カーライル・グループを擁護する論陣を張った。カーライル・グループが新規株式公開の目論見書に、同社に対する株主の集団訴訟を阻む規定を盛り込もうとしていたときだ。SECがこの試みに待ったをかけ、カーライルはまもなくそれを取りやめた。[27] スコットは『インサイド・ジョブ』のためのインタビューの申し入れを断り、彼の学外活動・学外収入に関する書面による質問にも答えなかった。

ジョン・キャンベル　二〇〇九年に映画のためのインタビューに応じてくれたとき、ジョン・キャンベルはハーバード大学経済学部長に就任したばかりだった。彼は金融学の大家で、アメリカ金融学会の元会長だ。キャンベルはラリー・サマーズやローラ・タイソンやマーティン・フェルドシュタインのような形で、政治や政策や権力に深くかかわっているわけではない。むしろ、金融部門の影響が広く行き渡ったことで生み出された環境の典型的な産物だ。私が金融危機の原因について質問すると、彼は「規制緩和」という言葉を一度も使わずに歯切れのいい説明を滔々と述べ立てた。ところが、経済学における利益相反の問題について質問すると、彼の答えは無関心と自己防衛の間を行ったり来たりした。このインタビューの抜粋を紹介しよう。

ファーガソン　では、ハーバードは金銭的利益相反の公表を義務づけていますか？

キャンベル　私の知るかぎりでは義務づけていません。

ファーガソン　そうしたほうがよいと思いますか？

キャンベル　よく考えなくてはいけませんね。

その後、次のようなやりとりもあった。

ファーガソン　ハーバードは学外活動で受け取った報酬とその額を報告することを義務づけていますか？

キャンベル　いいえ。

ファーガソン　それは問題だとは思いませんか？

キャンベル　なぜ問題なのかわかりませんね。

さらに次のようなやりとりも。

ファーガソン　では、あなたが医者に行って、医者から「この薬を飲みなさい」と言われたとします。その医者は個人所得の八〇パーセントをその薬のメーカーから得ていることが、後日わかりました。これはひっかかりませんか？

キャンベル　医者の立場は規制当局者の立場のほうに近いと思います。医者は臨床業務を行なっていますよね。事実上ミクロの規模で方針を決めているわけです。それは適切なたとえではないと思いますよ。

ファーガソン　いいでしょう。では変えましょう。医学研究者がこの病気の治療にはこの薬を使うべきだと主張する論文を書いた。その研究者は個人所得の八〇パーセントをその薬のメーカーから得ていることがわかった。それはひっかかりませんか？

キャンベル　公表することはたしかに重要でしょうが……それもここで話しているケースとは少しちがうと思います。なぜなら……

ファーガソン　ハーバードの教員の学外活動年次報告書を見せてもらえますか？

キャンベル　実は、私は見ていません。学長が見るんです。私は自分の分は知っていますが、他の人の報告書は見ていません。

ファーガソン　それは公表されていますか？

キャンベル　いいえ。

キャンベルの考えは、アメリカの大学で大勢を占めているものだ。アメリカの大学の大多数は教員の学外活動を――職員の学外活動でさえ――公表していない。金融サービス会社と深いかかわりを持つ者は、大学の管理責任者や学長のなかにも次第に増えてきている。ルース・シモンズは二〇〇九年まで、ブラウン大学の学長を務めるかたわら、ゴールドマン・サックスの取締役会にも名を連ねていた。彼女に代わって取締役になったのはコロンビア大学バーナード・カレッジ学長のデボラ・スパーで、スパーは二〇一二年現在も引き続きゴールドマンの取締役を務めている。スパー博士はかつて国際カルテルの研究を専門にしていたが、その研究がさぞ役立っていることだろう。スミス大学学長のキャロル・クライストは、メリルリンチが二〇〇九年にバンク・オブ・アメリカに買収されるまでメリルの取締役だった。二〇〇四年からMITの学長を務めているスーザン・ホックフィールドは、二〇一二年に、後任が見つかり次第、辞任する意向であることを発表した。彼女は二〇〇七年初めからゼネラル・エレクトリック（GE）の取締役を務めている。GEは通常製造企業とみなされているが、二つの意味で金融に大きく依存している。第一に、同社の子会社GEキャピタルはバブルに深くかかわり、バブル期にはGEの利益の半分近くを生み出していた。同社は危機の間に、主としてバブル関連の活動のせいで巨額の損失を出した（GEはたとえば二〇〇四年に、アメリカ第六位のサブプライム・ローン会社WMCモーゲージを買収した）。第二に、GEは租税回避のために法令工学や金融工学をきわめて積極的に使っている企業の一つである。

だが、大学の学長を雇っている産業は金融サービスだけではない。レンセリア工科大学学長のシャーリー・ジャクソンは、IBM、フェデックス、マラソン・オイルなど、七社の取締役を務めている。学問の府におけるこうした利益相反は、教授たちがのちに政府の要職に任命されたとき、ぞっとするほど生々しくさらけ出される。実際、学問の世界の利益相反についてわれわれが把握していることのほとんどが、強制的な報告書——上場企業の場合はSECに提出する財務報告書、大学教授が政府の要職につくときは政府に提出する資産報告書——から得たものだ。たとえば、司法省独占禁止局のチーフ・エコノミストには、たいてい経済学の教授が任命される。そのポジションについたことのあるカール・シャピロ、ダニエル・ルビンフェルド、リチャード・ギルバートの三人は、いずれもカリフォルニア大学バークレー校の経済学教授である。三人とも、政府の職につく前も後も、電気通信企業やエネルギー企業のコンサルタントとして、独占禁止法違反で訴えられないようにするコツを幅広く伝授してきた。ルビンフェルドとギルバートはロー・アンド・エコノミクス・コンサルティング・グループ（LECG）の設立メンバーだった。ギルバートは司法省のチーフ・エコノミストに任命されたとき、保有していた大量のLECG株を売却せねばならなかったが、二年後に司法省を辞めると、すぐにその株を買い戻した。それから数年後、彼とルビンフェルドはLECGを辞めて自分たち自身の会社を設立した。この会社はのちにコンパス・レセコンに買収されたが、コンパス・レセコンは今では独占禁止法関連のコンサルティングでとくに名高い大手コンサルティング会社に成長している。同社はアンジェロ・モジロがSECに詐欺罪で提訴されたとき、モジロの代理人を務めたことでも知られている。同社の二〇一〇年のニューズレターには誇らしげにこう記されている。「証言録取ののち、被告人は公判直前に、『手首へのしっぺ』［きわめて軽い処罰］とメディアで広く報じられた有利な条件でSECと和解した(28)」

アメリカの大手電気通信会社——とりわけ今なおかなりの独占的地位を保持しているAT&Tとベライゾン——は、経済学者の支援を徹底的にカネで買ってきた。これらの企業に対するコンサルティングを行なったことがあり、電気通信政策についてたびたび執筆したり議会で証言したりしている著名な経済学者は、MITのジェリー・ハウスマン、ブルッキングス研究所のロバート・クランドール、イェール大学のポール・マカヴォイ、ティルバーグ大学のグレゴリー・シダック、カリフォルニア大学バークレー校のカール・シャピロとデイビッド・ティース、MITのピーター・テミンなど、きわめて大勢いる。彼らの多くが政府の要職についたこともある。何年も前のことだが、私は司法省独占禁止局の上級官僚と、AT&Tやベライゾンを独占禁止法違反で提訴できるかどうかを議論したことがある。そのような訴訟を阻む大きな障害は、政府のために証言してくれる電気通信分野の著名な経済学者がほとんどいないことだと、官僚たちは言った。そうした学者はほぼ全員、政府のコンサルティング料の一〇倍から五〇倍の報酬で電気通信企業のために働いているからだ、と。次の章で見ていくように、電気通信の問題は重要だ。ブロードバンドの整備に関しては、アメリカは現在、世界で二〇位ぐらいの位置におり、ヨーロッパやアジアの国々にさらに引き離されつつある。ブロードバンドの整備は温室効果ガスの排出削減や外国の石油への依存縮小に不可欠であるだけでなく、将来の経済成長の大きな推進要因でもあるので、この後れはアメリカにとって重大な問題だ。アメリカの電気通信部門の効率の悪さ、業界の集中化、政治的力のすべてが、この後れの原因になっている。だが、電気通信業界に雇われている経済学者たちは、競争力を高める独占禁止措置や規制措置から、この業界を一貫して守ってきたのである。

他のいくつかの業界も、同じ手法を重用し、同じ学者やコンサルティング会社の多くを利用している。エネルギー業界（言うまでもない）、医療関連のいくつかの業界、ソフトウェア業界などだ。MITスローン・スクール・オブ・マネジメントの教授で元学長のリチャード・シュマレンシーは、マイクロソフトの独占禁止法違反裁判で同社の主任専門家証人を務め、自分自身のかつての論文と矛盾する証言を行なった。マイクロソフトの継続的な高利益は独占の力を示すものではないと証言したのだが、かつての論文ではその正反対の主張を展開していたのである。カリフォルニア大学バークレー校教授のスティーブン・ウェバーは、二〇〇四年にオープンソース・ソフトウェア運動に関する著書*The Success of Open Source*（邦訳『オープンソースの成功』山形浩生・守岡桜訳、毎日コミュニケーションズ刊、二〇〇七年）を上梓した。この本では、ソフトウェアにおける非商業的なボトムアップの運動が、どのようにリナックスなどの広く利用されるオープンソース製品を生み出したかが描き出されていた。オープンソース運動の多くが、マイクロソフトやオラクルといったライバルの力を削ぐ方法として、ＩＢＭ、ヒューレット・パッカード、デル、グーグルなどの大企業から資金提供を受けてきた事実には、一切触れられていなかった。また、ウェバーが当時まさにこの問題についてＩＢＭにコンサルティングを提供していた事実にも、触れられていなかった。

大学教授にカネを払って特定の政策を擁護させるという現象は、最近は経済学や法学の分野だけでなく政治学や外交政策の分野にも広がり始めている。近年の最も目立つ例は、リビアに関するものだ。二〇一一年に追放、処刑されるまで四〇年以上にわたってリビアを独裁支配したムアンマル・アル・カダフィが、二〇〇六年にそろそろ自分のイメージを改善したほうがよいと判断した。そのとき彼に進んで手を貸した英米の著名な学者がわんさといたのである。

すばらしい国、カダフィのリビア

アンソニー・ギデンズは学問の世界では広く名を知られている。長年ケンブリッジ大学教授の座にあり、ロンドン・スクール・オブ・エコノミクス（ＬＳＥ）の元学長で、トニー・ブレア首相と「ニュー・レイバー」（新しい労働党）の顧問でもあった。二〇〇七年、ギデンズは『ガーディアン』紙で、カダフィとの面談の様子を描いた「大佐との会話」という記事を発表した。カダフィ大佐の新しい政策姿勢が本物かどうかを調べるために、「彼と議論しにリビアに行った。デイビッド・フロスト［イギリスのジャーナリストでテレビ司会者、一九七七年のニクソン元大統領に対するインタビューはとくに有名］と民主主義論の著名な学者ベンジャミン・バーバー教授も一緒だった」と、彼は記している。そして、カダフィを「金色の長衣《ローブ》に身を包んだ堂々たる人物」と評して、次のように結論づけている。

一党支配の国のなかでは、リビアはとくに抑圧的というわけではない。カダフィは本当に人気があるようだ。人権に関するわれわれの議論は、主として言論の自由を中心に展開された。彼は国内でより多様な言論を許容するのだろうか。今現在はそのようなものは存在していない。だが、彼がそれを許容するのは確かなように見えた。リビアのほぼすべての住宅に、すでに衛星放送のアンテナがつけられているようだ。また、インターネットが全国に普及する用意が整っている。カダフィは、インターネットに接続できる一台一〇〇ドルのコンピューターを、学童を皮切りにすべての国民が利用できるようにする構想を支持すると語った。

真の前進は、カダフィが舞台を去ったときにのみ可能なのだろうか。私はその反対だという考えに傾いている。彼が真剣に変化を望んでいるのなら――私はそうだと思う――近代化が根づく過程で生じるかもしれない対立を緩和するうえで、彼は重要な役割を果たせるだろう。私の思い描く二、三〇年後のリビアの理想的な姿は北アフリカのノルウェーだ。豊かで、平等で、未来に目を向けた国である。実現するのは容易ではないが、不可能ではない(29)。

何百人もの子どもを故意にエイズに感染させたというばかげた罪で死刑判決を言い渡され、カダフィに長年収監されているパレスチナ人医学生とブルガリア人看護師たちのことには、ギデンズは一言も触れなかった。だが、その年、カダフィがついに看護師たちを釈放したとき、ギデンズに同行したラトガース大学教授のベンジャミン・バーバーは、『ワシントン・ポスト』に次のように書いた。

ついこの間まで無慈悲な暴君として片づけられていたが、カダフィは複雑で適応力のある思想家であり、腰は重いにしても有能な専制支配者だ。アラブの他のほとんどの支配者とは異なり、彼は変化をとげ、今なお変化している世界における自国の役割を見つめ直す並はずれた能力を示したのだ。

私がこう言うのは経験を踏まえてのことだ。過去一年の間に数回行なった一対一の会話で、カダフィは私に繰り返し言った。リビアはアメリカとの真の和解を求めており、［看護師たちの］問題は――スコットランドでのパンナム機爆破事件の被害者遺族に対する未払いの補償金の支払いとともに――解決されるだろう、と。そして見よ、看護師たちは自由の身となったのだ。[30]

ハーバード大学ケネディ・スクールの元学長で、元国防次官補のジョセフ・S・ナイも、同じ年の一二月にカダフィ訪問記を発表した。驚いたことに、カダフィはナイの最新作 *Soft Power*（邦訳『ソフト・パワー』山岡洋一訳、日本経済新聞社刊、二〇〇四年）を持っていたという。ナイは『ニュー・リパブリック』に次のように書いた。「カダフィが今日、世界の舞台で過去数十年とは異なる行動をとっていることに疑問の余地はない。また、他国の大学教授と――ソフト・パワーなどの――概念について議論するために、彼がこれほど多くの時間をとったという事実は、彼が新しい戦略を積極的に求めていることを物語っている[31]」

だが、ナイは――他の学者のほとんどとは異なり――少なくとも正直だった。自分がカダフィを訪ねたのは、モニター・グループというコンサルティング会社から有償で依頼されたからだと、自発的に明かしたのだ。二〇一一年に『マザー・ジョーンズ』が報じたところによると、カダフィは自分のイメージを改善するために三〇〇万ドルでモニターを雇っていた。(32) バーバーが『ワシントン・ポスト』の記事で述べた「一対一の会話」――まるで彼がたまたまあの地域を訪れていて、カダフィが何の作為もなしにちょっと立ち寄ってくれと言ったかのような――は、広報キャンペーンの一環としてお膳立てされたものだったのだ（バーバーはカダフィの息子の名を冠したセイフ・カダフィ国際慈善開発基金の理事も務めていたが、二〇一一年二月、カダフィがリビア国民のデモを武力で弾圧したのち、辞任した）。モニターは、やはりハーバード大学教授のロバート・パットナムがカダフィを訪問するお膳立てもした。当時これらの教授たちはみな、報酬をもらってモニターの契約のために喜んで利用されていたのである。パットナムは報酬をもらったことは自発的に公表したが、この訪問がモニターを通じて実施されたリビアの広報キャンペーンの一環だったことには触れなかった。彼はのちに、このような形で訪問したことを悔やんでいると語った。ギデンズとバーバーは、モニターとの関係はもちろん報酬をもらったことさえ公表せず、今なお報酬について語ることを拒んでいる。

モニター・グループは、ハーバード・ビジネス・スクール教授のマイケル・ポーターが一九八三年に設立した会社である。当初はポーターの本来の専門分野である企業戦略に重点を置いていたが、のちに外国政府に対するコンサルティングにも乗り出した。実際、モニターはカダフィのために活動していた時期に、やはりイメージアップを目指していたヨルダンのためにも活動していた。モニターは外国政府の代理人として登録していなかったので、どちらの活動も法に反していたことになる。何人《なんぴと》も、登録せずに外国政府のために「広報アドバイザー、宣伝代理人、情報サービス機関の職員、もしくは政治コンサルタントとして、合衆国国内で」活動してはならないのだ。司法省のウェブサイトには、この法律は「政府やアメリカ国民が、かかる人物の発言や活動を外国政府の代理人としての彼らの職務に照らして評価するのを容易にする」と、記されている。[33] そのとおり。情報公開の目的はそれに尽きるのだ。

リビアに手を差し伸べたのは、ギデンズ、バーバー、パットナム、ナイとモニター・グループだけではなかった。カダフィの息子で彼の後継者と目されていたセイフは、ロンドン・スクール・オブ・エコノミクス（ＬＳＥ）で学んだ。同校教授のデイビッド・ヘルドは、セイフ・カダフィの博士論文のアドバイザーだったが、それと同じ時期にセイフ・カダフィ国際慈善開発基金の理事も務めていた。ＬＳＥがセイフ・カダフィに博士号を授与したのは、彼が同校に約二五〇万ドル寄付すると約束し、リビア政府が政府職員の訓練を同校に追加委託したすぐあとのことだった。二〇一一年三月、ＬＳＥの理事ハワード・デイビスは、「判断を誤った」として辞任した。モニターはのちに、セイフ・カダフィの博士論文の執筆を手助けしたことを認めたが、この論文には盗用がかなり含まれていたようだ。

影　響

学者の腐敗という問題は今ではきわめて深く根を張っているので、これらの学問分野とアメリカの主要大学は、ずいぶん信用を失っている。また、この傾向に抵抗しようと思う者は、当然ながらひどくビクビクすることになる。次のような状況を考えてみるといい。あなたが大学院生か終身在職権のない若手教員で、過去一〇年の間のいつでもいいが、たとえば金融サービス産業の報酬体系がリスクテイキングに及ぼす影響について、あるいは情報公開規定がＣＤＳ市場に及ぼしうる影響について調査することを考えていたとしよう。あなたの大学の学長は……ラリー・サマーズ。全米経済研究所の所長は……マーティン・フェルドシュタイン。あなたの学部の学部長は……ローラ・タイソンかグレン・ハバード、もしくはリチャード・シュマレンシーかジョン・キャンベルだ。別の想定として、あなたがMITにいて、過去四半世紀の法人税額の減少について調べたいと思っているとしよう。MITの学長はGEの取締役でもあるスーザン・ホックフィールドで、GEは年に何十億ドルもの利益をあげているにもかかわらず、過去数年間、法人税をまったく払わずにすませてきた企業である。

さらに別の想定として、あなたが外交問題評議会傘下のシンクタンクにいるとすると、ロバート・ルービンが同評議会の共同理事長だ。理事会の他のメンバーは、ゴールドマン・サックスの取締役でもあるスティーブン・フリードマン、KKRのヘンリー・クラビス、カーライル・グループのデイビッド・ルービンシュタインなどだ。あなたが働いている場所は、AIGの元CEOハンク・グリーンバーグの名をとって、モーリス・R・グリーンバーグ地経学研究センターと呼ばれている。あなたがブルッキングス研究所にいるとすると、同研究所の運営委員会議長は元ゴールドマン・サックスCEOのジョン・ソーントンで、運営委員のおよそ半数が金融サービス企業の幹部である。さらに、アメリカの経済的繁栄を高めることを主眼とする同研究所のハミルトン・プロジェクトは、ロバート・ルービンが設立したものだ。

研究助成金の申請を審査する委員会や論文を学術誌に掲載するかどうかを決める審査パネルには、金融サービス企業にアドバイスを提供している教授たちが名を連ねていることも、あなたは知っている。これらの教授たちは、あなたの論文が掲載されるかどうか、あなたが職を得られるかどうか、あるいは終身在職権を得られるかどうかについて大きな発言権を持つだろう。

次に紹介するのは、フレデリック・ミシュキン――ラリー・サマーズやグレン・ハバードに比べると軽量級だが――が、経歴欄の「学術誌」の項にあげているものだ。

『アメリカン・エコノミック・レビュー』編集委員（一九八二年～八五年）
『ジャーナル・オブ・ビジネス・アンド・エコノミック・スタティスティックス』共同編集者（一九八六年～九三年）
『ジャーナル・オブ・アプライド・エコノメトリックス』共同編集者（一九八五年～二〇〇〇年）
『ジャーナル・オブ・エコノミック・パースペクティブズ』共同編集者（一九九四年～二〇〇四年）
ニューヨーク連邦準備銀行『エコノミック・ポリシー・レビュー』編集者（一九九四年～九七年）、同編集委員（一九九七年～二〇〇六年）
『ジャーナル・オブ・マネー・クレジット・アンド・バンキング』共同編集者（一九九二年～二〇〇六年）
『マクロエコノミクス・アンド・マネタリー・エコノミクス要約版』諮問委員（一九九六年～二〇〇六年）
チリ中央銀行『セントラル・バンキング、アナリシス・アンド・エコノミック・ポリシー』編集委員（二〇〇一年～二〇〇九年）
『ジャーナル・オブ・インターナショナル・マネー・アンド・ファイナンス』編集委員（一九九二年～現在）
『インターナショナル・ファイナンス』諮問委員（一九九七年～現在）
『ファイナンス・インディア』編集委員（一九九九年～現在）

『エマージング・マーケッツ、フィナンス・アンド・トレード』共同編集者（二〇〇八年～現在）
『レビュー・オブ・ディベロップメント・ファイナンス』編集委員（二〇一〇年～現在）

あなたが若手経済学者で、アイスランドの金融バブルの原因に関する調査を終えたところだとすると、あなたはその調査結果をどこで発表しようとするだろう？　オバマ政権の金融規制政策の分析を終えたところだとすると、あるいはさまざまなタイプの職に応募することを考えているとすると、あなたがラリー・サマーズにぶつかる可能性はどれくらいあるだろう？　まあ、彼が経歴欄の「専門活動」の項にあげているものをご覧あれ。

ブルッキングス研究所運営委員（二〇〇二年～現在）
経済開発委員会運営委員（二〇〇二年～現在）
世界開発センター理事（二〇〇一年～現在）
競争力協議会委員（二〇〇一年～現在）
日米欧三極委員会委員（二〇〇一年～現在）
ブレトンウッズ委員会委員（二〇〇一年～現在）
ピーターソン国際経済研究所理事（二〇〇一年～現在）
米州対話理事（二〇〇一年～現在）
公共サービスのためのパートナーシップ理事（二〇〇一年～現在）
子どものワクチン接種のためのグローバル基金理事（二〇〇一年～二〇〇五年）

グループ・オブ・サーティ会員（一九九七年〜現在）
外交問題評議会終身会員（一九八九年〜現在）
『クォータリー・ジャーナル・オブ・エコノミクス』編集者（一九八四年〜一九九〇年）
アメリカ経済学会執行委員（一九八九年〜一九九二年）
アメリカ経済学会大学院教育委員（一九八八年〜一九九〇年）
議会予算局諮問委員（一九八六年〜一九九〇年）
全米科学財団経済パネル・メンバー（一九八六年〜一九八八年）
外国政府（ジャマイカ、インドネシア、カナダ、メキシコ、日本）のコンサルタント（一九八二年、一九八四年計量経済学会年次大会プログラム委員会。一九八六年、一九八七年アメリカ経済学会年次大会）

そんなわけで、あなたは自分の分析論文で何を主張すればよいかを考えている。さて、どうするか？　波風を立てるか？　それなら幸運を祈る。それとも、長いものに巻かれるか？

このような力は学術研究や政府の政策決定に実際はどれくらい影響を及ぼすのだろう。それを正確に測定するのはもちろん容易ではないし、測定してみようとした経済学者はほとんどいない。だが、私自身の経験と入手できる証拠から、その影響は大きいとは言える。二〇一二年初め、シカゴ大学のルイジ・ジンガレス教授が、企業幹部の報酬に関する経済学の論文で、最もよくダウンロードされているもの一五〇本の分析結果を発表した。それによると、幹部の高報酬を支持する論文はそうでない論文より一流学術誌に掲載される可能性が五五パーセント高く、他の論文で引用される可能性はさらに高かった。(34)

私自身の経験から言うと、経済学における利益相反の影響はそれよりはるかに深刻なように思われる。二つの事例をあげてみよう。金融危機と独占分析だ。

経済学者や金融専門家は、金融危機の前も後も、危機に関する学術的説明をほとんど行なってこなかった。たしかに、注目すべき偉大な例外はいる。ラグラム・ラジャン、ヌリエル・ルービニ、サイモン・ジョンソン、ルシアン・ベブチャック、ケネス・ロゴフ、ロバート・シラーなどだ。だが、大多数はずっと押し黙ったままだ。社員が自分自身の会社を略奪したり破壊したりすることを組織的に促すような仕組みに業界全体がなってしまうなどということが、なぜ起こりえたのか？　市場原理はなぜそれを許したのか？　業界のリスク資産の規模に関する情報を組織的に収集、分析する会社を、市場原理はなぜ生み出さなかったのか？　規制緩和と経済理論は、なぜこれほど大々的に完膚なきまでに失敗したのか？　こうした問いについて、経済学者による検証や公の場での議論はほとんど行なわれてこなかった。彼らが語ったわずかばかりのことは、おおむねたいしたことではなかった。この問題では、利益相反がまちがいなく大きな役割を果たしている。ブルームバーグ・ニュースが二〇一二年に報じたところでは、金融危機に関する報告書を出すために結成された著名経済学者たちの委員会、スクアム・レイク・グループの場合、主要メンバー一五人のうち一三人が金融部門とつながりを持っていた[35]。

産業組織論や独占分析の分野は、学術的利益相反の影響をさらに強く受けてきた。これらの分野では、学術研究も政府の活動も、企業や産業が略奪的行動をとったり過度に高い価格を設定したりしていないかどうかを検討することに、ほとんどのエネルギーを注いでいる。時とともに、これらの限定された問いについてさえ、支配的な企業や集中化の進んだ産業に有利な分析が行なわれる傾向がますます強くなってきた。私の経験から判断すると、この分野の主要な経済学者の少なくとも三分の二が、日常的に独占禁止法訴訟の被告のために働いており、独占禁止法訴訟で司法省のために助言や証言を行なおうとする者はほとんどいない。

同様に見過ごせない問題として、重要な検討課題が目の前にあったとしても、それを調べることで自分のクライアントの利益が脅かされる場合には、経済学者は目を背けて調べようとしない。固定化した経営陣が自分たちの力と会社の力をどのように使って自分たちの立場と金銭的利益を維持しようとしてきたかも、ほとんど検証されてこなかった。ＧＭやクライスラー、一九九三年までのＩＢＭ、統合の進んだ鉄鋼業界、さらにはジミー・ケインやスタン・オニールのような経営者の何十年もの非効率がなぜ生まれたのかについて、経済学は語れることをほとんど持っていないのだ。また、業界の集中化や経営陣の固定化がアメリカ経済の長期的なパフォーマンスに及ぼす影響を評価する作業にも、経済学者はあまり時間を費やしてこなかった。

独占禁止法訴訟の被告や規制緩和を求める産業からの大量のカネは、このように経済の研究と公共の議論の両方を明らかに歪めてきた。その一方で、われわれは今、経済分析がアメリカの幸福にとって本当に重要な時代にいるのである。

『インサイド・ジョブ』は、これらの問いに関して明らかに痛いところを突いていた。私はコロンビア大学、スタンフォード大学、ハーバード大学、カリフォルニア大学バークレー校、ミシガン大学などの大勢の学生や教員から連絡をもらった。多くの議論が行なわれ、いくらか前進の動きがあった。スタンフォード大学はおおむねすばらしい情報公開規定――他のほとんどの大学の情報公開規定より格段に優れたもの――を設けたし、ペンシルベニア大学ウォートン・スクールやコロンビア・ビジネス・スクールのように、情報公開を義務づける規定を初めて導入したところもある。だが、ほとんどの大学はまだそうした規定をまったく導入していないし、利益相反を抱えることや利益相反になる相手から金銭を受け取ることになんらかの制限を設けている大学はほとんどない。大多数の学術誌や学術団体も同様だ。これはほとんどの民間企業や報道機関の方針と著しい対照をなしている。『ニューヨーク・タイムズ』や『フォーチュン』など、大手のニュース紙誌の記者は、取材対象の業界や組織から金銭を受け取ることを厳しく禁じられている。学問の府ではそうではないのである。

重要な明るい進展が一つあった。『インサイド・ジョブ』で提起された情報を受けて、アメリカ経済学会（AEA）は二〇一一年初めに――この組織の歴史上初めて――倫理規定を採用すべきかどうかを検討する委員会を立ち上げた。そして二〇一二年初めに、経済学の最も重要な学術誌に数えられているAEA刊行の七冊の学術誌を対象に、実際に情報開示規定を採用したのである。だが、大多数の大学や有名教授がさらなる情報開示には依然として反対しているし、金銭的利益相反になんらかの限度を設けることにはこれらの大学や教授のほぼすべてが反対している。『インサイド・ジョブ』を制作していたとき、この問題についてはほとんどの大学や学長が議論することさえ拒否した。ハーバードやコロンビアの学長は、映画のためのインタビューはもちろん、この問題についてオフレコで話すことさえ拒んだ。MITのホックフィールド学長とはこの問題について実際に一度議論したのだが、彼女は明らかにとても不愉快そうな表情になり、以後、私に会うこともこの問題について話すことも拒否している。映画の公開直前に彼女のオフィスから電話があり、MITの教員が誰か名前をあげられているのかと質問された。彼女にとっての気がかりは大学のイメージであって、この問題の実態ではなかったのだ。カリフォルニア大学バークレー校の学長もこの問題に対処することにはきわめて消極的で、ある会議で同席したとき、この問題についての質問にはまともに答えようとしなかった。

私はこれをとても残念に思う。学部生として通ったバークレー校にも、大学院生として、また博士研究員として一〇年近く過ごしたMITにも、大きな愛着を感じているからだ。どちらの教育機関も、知識や教育機会を向上させるためにすばらしい活動を行なってきた。バークレー校はその歴史のほぼすべての期間にわたって、世界で最も優れた、最も門戸の広い公立大学だった。ＭＩＴは先ごろすべてのカリキュラムをオンラインで履修できるようにし、インターネット経由で学ぶ学生がさほど費用をかけずに修了証書を取得できるようにした。これはすばらしいことであり、重要なことだ。私は学問の世界を愛している。その世界は私にとても多くのものを与えてくれたし、私はそこでとても幸せな一〇年を過ごした。それに、ここではっきりさせておく必要があるが、私は大学教授がカネを稼いだり、産業界に助言したり、自分が発明したものを商業化するために起業したりすることに反対しているわけではない。こうしたことをするのはちっともかまわない。それどころか、産業界にはもちろん学問の世界にも概して大きな利益をもたらすと思っている。だが、関連情報を公開して専門家の助言を公然と提供することと、高い報酬をもらってひそかにロビイストとして行動することは、まったく別の話である。モニターが外国政府の代理人として登録することを法律で義務づけられているように、利益相反を抱えている学者も、政策課題について公の場で発言するときは必ずそれを公表することを義務づけられるべきだ。また、大学教授がカネをもらって公の場で政策関連の発言をすることは、どのような種類のものであれ――議会で証言することであれ、独占禁止法訴訟や脱税訴訟で「専門家証人」として証言することであれ、メディアに登場することであれ――率直に言って不適切きわまりない。この特殊な病の進行がなんとかして食い止められることを、私は心から願っている。それはとても重要なことだからだ。

だが、学問の独立性が金融産業をはじめとする有力産業によって徐々に破壊されていることは、アメリカのより大きな変化のいくつもの症状の一つにすぎない。それは金融部門の力の増大よりはるかに大きな、さらに気がかりな変化である。他の多くの人もこのところ指摘しているように、アメリカは過去三〇年で公正さと機会の国というかつての地位を失った。かつては国民に幅広い機会、とりわけ教育の機会と経済的機会を提供していたが、今ではもう機会の国ではなくなっている。略奪的金融部門の台頭はこのより大きな問題を構成する一つの要素――きわめて重要な要素ではあるが――にすぎないのだ。アメリカは衰退しつつある。経済的にも、政治的にも、また、いくつかの点では倫理的、文化的にもだ。本書の締めくくりとして、次の章ではこの問題に目を向けることにする。

第九章　出来レースの国、アメリカ

America as a Rigged Game

繁栄が大きければ没落も激しい

今では信じがたいことだが、二〇〇〇年にはアメリカは世界史上初の「ハイパーパワー」——きわめて豊かで強力なので、その努力さえしていないように見えるのにグローバル支配を実現している国——と、あまねくみなされていた。

アメリカは主要工業国のなかで最も豊かで最もハイペースで成長しており、最も進んだ技術基盤と圧倒的に優勢な軍事力を持っていた。今世紀最大の技術・産業革命の源泉であるインターネット産業は、アメリカが完全に支配していた。旧ソ連が崩壊し、中国が政府主導の資本主義に移行したため、「平和の配当」さえ期待されていた。一九九〇年代後半のアジア金融危機の間でさえ、アメリカの成長は続いており、失業率は五パーセント未満で推移していた。アメリカがつまずくなんて、考えられないことだったのだ。

だが、強者の衰退は、悲劇のよくあるテーマである。そして、今世紀初め以降のアメリカほど、世界の人々の目に突然大きく凋落《ちょうらく》したように見えた国はほとんどない。こんなことがなぜ起こりえたのだろう？　表面的には突然のように見えたが、実はアメリカの衰退は何十年も前から始まっていたのである。

これについては、とくに進歩派や民主党員の間に、ブッシュ政権が衰退をもたらしたのだという見方が広く見受けられる。この見方によると、アメリカの衰退は次のように進行してきたことになる。見事に運営されていた民主党政権（クリントン政権）がジョージ・W・ブッシュに大きな繁栄を残したが、ブッシュは銀行に好き放題させる一方で、戦争と減税でその遺産を食いつぶしてしまった。それからブッシュ政権がオバマに混乱を残し、オバマは混乱を収拾して経済をふたたび軌道に乗せるのに手こずっている。おまけに共和党議員の強硬姿勢のせいで、この仕事はさらに難しくなっている。

この見方にはある程度の真実がある。ジョージ・W・ブッシュの政権はまちがいなくダントツでひどかった。まず、ブッシュはお粗末な戦争と巨額の減税でアメリカの財政に大打撃を与えた。超富裕層にきわめて有利な減税は、九・一一とアフガニスタン侵攻のために軍事支出が増大し、しかもインターネット・バブルの崩壊で連邦政府の税収が落ち込んでいたにもかかわらず断行された。それから、信じがたいほどお粗末で無計画な、政治的意図によるイラク占領があった。この占領は、アメリカがすでにアフガニスタンで手一杯だった時期に、三週間の戦争を二兆ドルの費用がかかる一〇年の泥沼に変えた。そしてブッシュ政権のとどめの一撃は、もちろん、二〇〇八年にわれわれを地獄の淵に追いやり、アメリカ経済（および世界経済）に何年も続く痛みをもたらした、言語道断でしばしば犯罪をともなった金融バブルだった。

したがって、ジョージ・W・ブッシュ政権に大量の傲慢さ、強欲さ、愚かさ、不誠実さがあったのは確かである。だが、何もかもブッシュ政権のせいにするのは、心そそられる見方かもしれないが、大きなまちがいだ。この見方は最も重要な点を見落としているのである。

最も重要な点とはこういうことだ。過去三〇年にわたり、共和党政権だけでなく民主党政権の下でも、アメリカの政治経済システムは迷走してきた。インターネット革命に代表される本物の前進もときにはあったし、理論計算機科学やハイテク関連の起業など、一部の分野では、アメリカは依然として他国を大きく引き離している。だが、根底にある支配的なトレンドは、これまでも、また現在も、著しく右肩下がりになっている。経済競争力も基本的な公正さも国民の教育も政治も、すべてがひどく衰退して、アメリカはいつの間にすっかり様変わりしたのである。

今では、組織についても個人についても、経済的な力がかつてよりはるかに集中している。組織については、アメリカの大規模産業の一部とアメリカ経済全体は、規制緩和が始まって以降、それまでよりはるかにハイペースで集中化してきた。すでに金融サービス産業についてはこれを見てきたが、エネルギー（四大石油会社）、電気通信（AT&T、ベライゾン、ケーブル産業）、メディア（ケーブル産業や娯楽産業と重複している）、小売り（ウォルマート、アマゾンなど）、アグリビジネス、食品（マクドナルド、ヤム・ブランズ）などの産業はもちろん、情報技術産業においてさえ、同様のことが起こっている。

業界再編に向かうこのトレンドは、一つにはインターネットと情報技術によって生み出された。インターネットの普及と情報技術の進歩で、かつてより広い市場や地理的範囲をカバーする、かつてよりはるかに大規模な組織を効率的に運営できるようになったのだ。だが、このトレンドを生み出したより大きな要因は腐敗――独占禁止政策や政治システムや経済学を骨抜きにした企業のカネ――である。急速に業界再編を進めてきた産業やずいぶん前から集中化していた産業――金融サービス、自動車、電気通信、メディアなど――において、さらに集中化を進めることで効率が高まるという根拠はまったくない。

それどころか、証拠は正反対の方向を示している。アメリカの産業を追い越して最も成功している外国の産業——自動車、電気通信、家電など——を見ると、その多くがアメリカより集中化の度合いが低いのだ。GMがずいぶん前に分割されて、その結果生まれた二社か三社が互いに競争せざるをえなくなっていたら、アメリカの自動車産業はほぼまちがいなく現状よりましになっていただろう。こうした力の集中は、明らかに所得格差の一因にもなっている。集中化の進んだ産業の大企業は、社員や納入業者よりはるかに大きな交渉力を持っている。ウォルマートやマクドナルドなどの巨大企業は、納入業者に容赦なく厳しい要求を突きつけ、コスト削減を強いることで有名だ。また、概してきわめて厳しい労働条件で働いている膨大な数の低賃金小売労働者の組合結成に反対していることでも知られている。

それでも、アメリカの産業の集中化は過去三〇年にわたり続いてきた。同時に、個人のレベルでも経済的力の集中化が進んで、少数の世帯がアメリカの金銭的富の大部分を握り、個人政治献金の大きな割合を占めるようになっている。

その結果、アメリカは、連邦政府と二大政党を含む政治システムを徐々に腐敗させてきた道徳心のない寡占勢力にますます支配されるようになっている。この政治腐敗は、富裕層や金融部門をさらに固定化し、今ではアメリカの経済的・社会的衰退の大きな促進要因になっているのである。

富裕層は少なくとも今のところはこの衰退の影響を受けていない。それどころか、専門的スキルや金融資産、機動力や政治的力を備えている彼らは、むしろそこから利益を得てきた。また、民間の教育システムやセキュリティ、インフラ、金融サービス・システムによって、ますます守られるようにもなっている。こうした変化に対して、ウォール街占拠運動を除いては大きな政治的・社会的抗議がなかったことが、彼らをつけあがらせ、この傾向を持続させてきた。その一方で、こうした変化も一因となって、アメリカ国民の下位三分の二はかつてほど教育を受けられなくなり、知識の量が減り、経済状態が悪くなって不満を募らせ、政治指導者たちについてますますしらけた見方をするようになっている。このしらけた見方にはもっともな理由がある。指導者が国民にウソをついていることやシステムがいかさまであることを、ほとんどのアメリカ人が直感的に知っているのである。アメリカは三〇〇〇万人から四〇〇〇万人の国民にとっては今なおすばらしい国だ。だが、底辺の一億人、もしくはそれ以上の国民にとっては、あまりよい国ではなくなっているのである。

一九七〇年代にアメリカの経済的衰退が始まったとき、アメリカの最初の対応は単純に労働時間を長くし、政府が借金することだった。だが、ジミー・カーターの改革の試みが失敗に終わったのち、アメリカの政治は次第に大衆扇動と腐敗の方向に向かった。政治システムの対応、とりわけ共和党の政治家たちの対応は、問題が課税と政府の過度の介入にあるように見せかけ、その一方で赤字財政支出と金融バブルを使ってアメリカの長期的な問題を隠すという偽善的なものだった。民主党の政治家たちはなんとなく進歩的な言葉を口にしてはいたが、具体的な行動は示さず、その一方で金融部門と富裕層にますます大きな力を与えた。だが、こうした対応は古びてきており、いずれはまったく通用しなくなるだろう。アメリカがコースを反転させないかぎり、人口の下位九〇パーセントにとってはもちろん、自分たちは安全だと思っている富裕層にとってさえ、結局は悲惨な事態になるだろう。

アメリカの歴史のほとんどの期間、アメリカ人は指導者の腐敗を含む厳しい挑戦にうまく対処してきた。しかしながら、アメリカが構造的な政治腐敗、格差の拡大、長期的な経済的衰退という三点セットに直面したのは、今回が初めてだ。そして、これまでのところ、アメリカの政治は事態を改善するどころか悪化させる――そして経済的、政治的に持続不可能な――決定を、概して生み出してきたのである。

アメリカは危険ゾーンに突入しつつある。政治的・経済的力の過度の集中は、最上層の者たちが仲間内だけで折り合いをつければよい密閉空間を生み出すきらいがある。多元主義が衰え、競争が弱まり、選択肢や意見の幅が狭くなり、うまく立ち回る余地が小さくなる。選択肢が減ることで企業の力は増大し、社員や納入業者や顧客が企業に反論したり、他社に乗り換えると脅しをかけたりすることは難しくなる。これは健全な状態ではない。

おまけに、アメリカの経済的衰退は必然的に社会的圧力を増大させるだろう。経済的・社会的不安定は改革を求める運動を生み出すこともあるが、怒りや絶望、それに危険なほど単純な解決策を支持する傾向を生み出すこともある。おぞましいペテン師たちが人々の関心をアメリカの真の問題からそらせ、愚かで過激で非生産的な手段——もしくはまったくの無為無策——を支持する方向に誘導する助けになるのである。

アメリカの劣化は今ではシステム全体に及ぶ構造的なものになっており、ヨーロッパですでに起こっているような、考えられないことが起こりうる状況を生み出しつつある。グローバル金融危機と「大不況」、それにヨーロッパの政府債務危機までは、ヨーロッパが本格的な金融危機の危険性に直面し、それにともない深刻な社会的・政治的不安定が生じるおそれがあるなどとは、誰も思わなかったはずだ。だが、ヨーロッパが本当にこうした問題に直面していることは、今では明白になっている。そして、遠からぬうちにアメリカもそうなるかもしれないのだ。

アメリカという国のシステム——教育機会や経済機会、先見的政策、独立したメディアを通じた論争の自由、利己的な主張に対する批判的分析を提供していた学究システム、アメリカの繁栄と活力を何十年も維持していた二大政党の競争——は、のちほど見ていく理由からすでに破綻している。そのためアメリカの政治は不安定になり、それでいて、逆説的だが固定化した状態にもなっている。一皮むいてみると、一九八〇年ごろから政治行動にぞっとするような連続性が見られるのだ。連邦政府の政策はどちらの政党の政権下でも、金融部門、超富裕層、それにアメリカで最も力があり、最も集中化が進んでいる産業、概して最も非効率だったり有害だったりする産業のほうにますます顔を向けるようになってきた。

この状態には文化的側面もあるのは明らかだ。アメリカ国民は次第に不安におびえるようになり、不満や怒りを募らせ、しらけた気分になっている。なかには改革を要求している者もいるが、多くの者はもっと単純でもっと安心していられたかつての時代に戻りたいと思っている。このような人々は、政治的・宗教的過激主義や、偽りのぼろ儲けの約束に影響されやすい。それを説くのが宗教指導者であれ、政治家であれ、銀行家であれ、だ。他の多くの者はすっかりあきらめていて、わざわざ投票に行ったり、政治に関心を払ったりはしなくなっている。こうした環境では、政治家――アメリカの新しい寡占勢力に簡単にカネで買われる政治家――が人々の怒りや疲れにつけ込んで寡占勢力のための政策を実現させるのはしごくたやすいことが実証されている。ニュート・ギングリッチは、フレディマックのためにロビー活動を行なう見返りに一六〇万ドルもらって政府を攻撃している。ミット・ロムニーは金融危機の原因は過度の規制にあったという偽りの主張を展開している。そして、彼らの最大の敵、オバマ大統領はというと、ウォール街を保護しながら改革を約束しているのである。

おしなべて言うと、最も悪質で目に余る行動を生み出してきたのは共和党だが、これは完全に党派を超えた動きになっている。実際、金融危機につながった最も破壊的な政策のなかには、ジョージ・W・ブッシュの政権ではなくクリントン政権によって打ち出されたものもあったし、ブッシュの最も破壊的な政策のいくつかは、多くの民主党議員に支持された。より最近の例としては、バラク・オバマはクリントン、ブッシュ両政権と驚くほど似通った人材や政策を選んできたし、一部の点ではさらにひどい政策をとってきた。かつて政権にいた不正直で信用できない人々をふたたび登用し、金融部門の特権や収入には手をつけず、金融犯罪に対する訴追を敬遠し、差し押さえ危機や住宅の価値を上回る住宅ローン残高を抱えている何百万人ものアメリカ人の窮状について、ほとんど手を打ってこなかったのだ（二〇一二年現在、アメリカの住宅ローンの約二〇パーセントが、依然として「アンダーウォーター」、すなわち住宅の価値がローン残高を下回っている状態にある）。

なかでも最悪なのは、オバマ政権がアメリカの長期的な衰退に対処する策を何もとってこなかったことだろう。アメリカの所得格差や富の格差の拡大、公教育や教育機会の劣化、金融部門の略奪的犯罪、それにアメリカの経済政策がカネで買われている現状について、オバマ政権は行動はもちろん、発言さえ、ほとんどしてこなかった。オバマは就任したとたんに、改革と行動をうたった選挙用言辞をひそかに捨て去って、回復は進んでおり、そのうちにすべてよくなるという主張を選択したのである。二〇一二年の大統領選挙が近づくなかで、ふたたび改革を口にするようになっているが、具体的な行動は何も起こしていない。

要するに、アメリカ経済が直面している最も重要な問題については、どちらの政党もまちがった方向に進んでいるのである。ニュースで大きく取り上げられるかまびすしい議論は添え物にすぎない。最も重要な問題については、アメリカの新しい支配者たちが方針を決めているのである。この国に何が起こっているのだろう。

二〇〇九年五月、MIT教授で元IMFチーフ・エコノミストのサイモン・ジョンソンが、『アトランティック・マンスリー』に「静かなクーデター」と題した力強い論文を発表した。ジョンソンはアメリカの金融部門の野放しの成長とその有害な影響を取り上げて、アメリカは寡頭制の新興市場国（もっと露骨な表現をすると、バナナ共和国、第三世界の独裁国家）のような様相を呈し始めていると警鐘を鳴らした。政府債務問題、金融危機、豊かな者たちが失敗したときは必ず行なわれる救済、豊かな者と貧しい者のカースト制度のような分離が、アメリカにもすべてそろっているというわけだ。この変化のプロセスは、寡頭勢力が欲張りすぎて大失敗し、金融危機が不況をもたらし、それが今度は政治革命をもたらすという形で終わることが多いと、ジョンソンは指摘した。この運命から逃れるためには、アメリカは最大手の銀行を分割し、金融サービス産業に対する統制力を取り戻さなければならない。ジョンソンはそう主張している。

私自身の見方を言うと、私はある一点では事態はジョンソンが描き出している未来より希望が持てるが、他の点では彼はアメリカの問題をむしろ過小評価していると思っている。アメリカの問題は金融サービス産業を超えた、より大きなものだからだ。

希望が持てる点から言うと、どれほど不完全だろうとアメリカは今なお十分に開かれた民主主義社会なので、アメリカ国民がついにもう我慢できないと決断したら変革は可能だと、私は思っている。数――少なくとも人間の数――の点では、改革の側が優勢だ。反対側にいるのは、実際には金融業界ですらない。大金を稼ぎ、会社を支配している五万人ほどの金融部門のエリートなのだ。これは勝てない相手ではない。それに、アメリカでは、二大政党は当初まったく関心を示していなかったのに、市民運動が下から大きな政治変革を実現したことが、過去半世紀の間に数回あった。すぐに思い浮かぶのは、公民権運動、女性解放運動、環境保護運動だ。国民の怒りは大統領と彼の政権全体を追い出すことさえできる。リチャード・ニクソンとその側近たちがウォーターゲート事件後に追い出されたように、である。過去三〇年にわたって金権政治が幅を利かせてきた最大の理由は、ただ単にアメリカ人の大多数がまだ十分には怒っていないこと、自分たちがどれほどひどくだまされてきたかにまだ気づいていないことだと私は思う。それに、すっかりしらけていて現行システムを使う気にはならないが、システムを変えようとするほど怒ってはいないアメリカ人も大勢いる。

その一方で、アメリカはジョンソンが指摘したものに加えて、さらに二つの問題に直面しており、それが改革の努力を複雑にしている。第一に、少しあとで詳しく説明するように、アメリカの政党や政府機関は、容易には修正できないほど巧妙かつ強力なやり方で乗っ取られてきた。私は二〇一〇年に、この状況を言い表すために「複占政治体制」という言葉を編み出した。二つの政党が、どちらもアメリカの経済的寡占勢力のために働き、第三党の台頭や改革の動きを阻止する一方で、社会的課題については激しく対立することで合意しているのである。(1) そのため、経済的衰退やアメリカの新しい寡占勢力といった問題は、たとえば女性差別や環境汚染より一般市民の運動を跳ね返す力が強いわけだ。

そして第二に、アメリカの問題はどれか一つの産業にとどまるものではない。金融部門はまちがいなくアメリカで最も強力かつ危険な産業になっているが、決して孤立してはいない。この部門には、その規制緩和要求の多くについて、数千世帯しかない超富裕層と、とりわけ電気通信、エネルギー、メディア、医療、アグリビジネス／食品などの業界に、強力な味方がいるのである。これらの人々は、金融部門のエリートたちと同じく、自分たちの富と団結を政治的な力に変えて、自分自身と自分の家族や個人資産、それに自分の産業を、競争、訴追、効果的な規制、適切な企業統治、課税などから守りたいと思っている。金融部門をはじめとするこうした勢力は、誠実に事業を営んでいるが、それでも税率の低下や規制の減少で得をする人々からかなりの支持を得ることさえできる。

だが、この状況は単に不公正であるだけでなく、経済的破滅を招くものでもある。ほとんど論じられていないが、金権政治のおそらく最も重要な影響は、ダメ産業や略奪的産業を内からの改革や競争原理から守る政策を生み出してきたことだろう。この問題は金融部門をはるかに超えた広がりを持っており、金融危機だけでなくアメリカのより全般的な経済的衰退を理解するためにもきわめて重要だ。

ゼネラルモーターズやクライスラーが倒産したのは、二〇〇八年の金融危機だけが原因ではなかった。その何十年も前から、何の歯止めもないまま経営の質が劣化し続けていたためだったのだ。これらの企業は、無能で怠惰で視野の狭い利己的な経営者によって、無関心な取締役会や独占禁止当局から何の干渉もされずに——しかも、政府の政策の支援をたびたび受けながら——経営されていた。ずっと前に解体されるか、でなければ企業統治の改革を強いられていてしかるべきだったのに、どちらも行なわれず、われわれみんながそのツケを——文字どおり——払わされたのだ。鉄鋼、家電など、完全に失敗して今ではアメリカ経済からほとんど姿を消している他の産業にも、かつては同じことが言えた。次項で見ていくように、現在は電気通信産業がそうだ。アメリカの電気通信産業の寡占勢力は、ブロードバンド基盤の整備の後れを生じさせている。インターネット・サービスが経済成長に果たす役割を考えると、これはきわめて危険な状況だ。したがって、金融部門はアメリカの新しい寡占勢力のとくに危険な要素ではあるが、アメリカの衰退を生じさせている唯一の要素ではないのである。

　本書の残りの部分では、まず、アメリカの政治経済的衰退の原因とその影響を検討する。次に、アメリカの複占政治体制——民主党も共和党もアメリカの新しい寡占勢力に支配されている状況——の登場と、二大政党がこの状況にどのように戦略的に対処しているかを説明する。それから、この状況の影響を、オバマ政権の人事や政策を含めて検討する。さらに、アメリカの競争力の現在および将来の決定要因を、ブロードバンド通信、インターネット・サービス、ＩＴハードウェアを例にとって検討する。最後に、未来には何が待ち受けているか、改革の最も重要な目標は何か、アメリカはこの難局から抜け出せるかといった問いについて、私の考えを述べることにする。

　まず、一九七〇年代に生じたアメリカ産業の衰退の始まりと、主要産業がこの衰退にどのように対応したかを検討することから始めたい。次第に大きくなる挑戦を前にして、アメリカのビジネス・エリートたちはその状況から抜け出す安易な方法を見つけ出した。そしてそれが、今ではアメリカの最大の問題になっているのである。

衰退——一九七〇年代以降のアメリカのシステムの不安定化

企業や国の産業や国そのものの興亡のサイクルをわれわれが繰り返し目にするのはなぜだろう。イギリス帝国、ゼネラルモーターズ、USスチール、マイクロソフト、アメリカ合衆国——同じパターンをわれわれは何度も繰り返し目にしている。当初は小規模で力のない企業や国が、あるとき他より優れた経営の仕方を考え出す。そして、すべての競争相手を打ち負かして途方もない成功を収める。ところが、力の絶頂期にあるように見えるとき、内側から腐り始める。その企業なり国なりは惰性で進むようになる。活力を失い、勢力争いに走り、現状にあぐらをかき、機能不全に陥り、堕落する。そしてやがて、内部が腐った結果、自身の重みで崩壊するか、好戦的な新しい競争相手の餌食にされるのだ。

アメリカは現在、このようなシステム全体が衰退する段階に入っており、アメリカの経済的寡占勢力やカネで動く政治システムの隆盛は、その原因であると同時に症状でもある。このような状況の常として、アメリカの政治経済システムの衰退はアメリカの国力の絶頂期に始まった。金権政治はアメリカの衰退のもともとの原因ではなく、脅威に直面したアメリカの大規模産業が、それに対処するために使った方法だった。使ってみたら、カネで政治を動かすほうが痛みをともなう真の内部改革を行なうより簡単で効果が高いこと（産業にとっての効果であって、国にとっての効果ではない）がわかったわけだ。

アメリカの衰退のもともとの原因は、当時アメリカ経済の（および世界経済の）中核をなしていた産業が、業界の集中化を進め、グローバル支配を実現した結果、現状にあぐらをかくようになったことだった。ほとんどの潜在的競争相手が第二次世界大戦で壊滅的な打撃を受けていたし、アメリカの国内市場はけた外れに大きかったので、アメリカの産業は戦後四半世紀にわたり、外国からの競争であれ国内からの競争であれ本格的な競争には直面せずにすんでいた。この間に、アメリカの最も大規模で最も重要な産業が、現状維持の硬直した、きわめて効率の悪い寡占産業に徐々に変わっていったのだ。なかには独占産業と化したものさえあった。これらの産業では、現状にあぐらをかいた質の低い企業統治でよしとされるようになり、ときには労働組合がシステムの硬直性を高めていることもあった。これらの産業は、イノベーションにも国内外からの競争の脅威にも敏感に対応しようとはしなかった。多くの上級幹部も、自分のスキルを時代遅れにし、社内での自分の権力や地位を低下させることになるイノベーションには意識的に抵抗した。

一九七〇年代、八〇年代にこのパターンを示した産業は、自動車、鉄鋼、電気通信、メインフレーム・コンピューター、ミニコンピューター、コピー機、カメラおよびフィルム、半導体、家電などだ。これらの産業はアメリカ経済の中核をなしていた。GNPの大きな割合を占め、アメリカで、また世界で最も資力のある最も強力な産業に数えられていた。アメリカ市場はもちろん、往々にして世界市場も支配しており、規制された独占産業か寡占産業、もしくは一つの企業が支配していて競争相手は片隅で細々と活動している産業だった。

自動車産業では、ビッグ・スリー（GM、フォード、クライスラー）がアメリカ市場を支配し、同時にグローバル市場のおよそ半分を握っていた。鉄鋼産業でも、USスチールを筆頭に、統合度の高い六社がアメリカ市場を支配していた。IBMが世界のコンピューター市場のおよそ三分の二を握っており、もっと小規模なメインフレーム・メーカー（いわゆる「七人の小人」）とミニコンピューター・メーカーが、残りのほとんどを分け合っていた。AT&Tはアメリカの電話サービス・データサービス市場の九〇パーセント以上を握っている、規制された独占企業だった。コダックはフィルム・カメラ産業を支配していたし、ゼロックスはコピー機について長年、特許による独占を保持していた。

これらの産業が次第に非効率になったことは、納入業者や顧客にも影響を及ぼした。アメリカの自動車産業の停滞は、自動車部品産業や工作機械産業の衰退の大きな原因になった。一九八〇年代後半には、自動車産業だけでなく工作機械やロボットの分野でも、さらには製造業のさまざまな部門での工作機械やロボットの先進的利用に関しても、日本が明らかにアメリカを追い越していた。また、汎用半導体や液晶ディスプレイの製造で日本が卓越していたことは、日本の半導体資本財産業の成長につながった。

アメリカの大規模産業はいつも政治的影響力を行使していたが、戦後四半世紀の間はそれをさほど積極的には使わなかった。そうする必要がなかったからだ。国内市場も国際市場も楽々と支配しており、何もしなくても順調にいって儲かっていたのである。これらの産業は成熟産業だったので、小規模なスタートアップ企業が参入するのは、規模や必要資本額やシステム効果の点からほぼ不可能だった。電気通信、メディア、一部の金融サービス産業など、新規参入が法律で制限されたり、禁止されたりしていた分野もあった。ごくまれに、既存企業の力を制限するために独占禁止法訴訟が起こされることもあったが(AT&T、IBM)、アメリカの産業界と連邦政府は、第二次世界大戦後の三〇年間はおおむね互いに干渉せずにやっていたのである。

だが、寡占と競争の欠如はやがて現状にあぐらをかく姿勢を生み、それが効率の低下につながった。一九八〇年代には、こうした非効率性はきわめて深刻になっており、アメリカの主要産業の中心的企業の生産性や価格性能比は、世界のベスト・プラクティスと比べると大幅に——伝統的製造業の生産性で二倍以上、コンピューターなどのハイテク製品の価格性能比では一桁も——劣るようになっていた。

この最も明白な証拠の一つが、カリフォルニア州フレモントのゼネラルモーターズ（GM）の工場での出来事だった。GMは一九六二年にこの地に組み立て工場をつくり、一九八二年にそれを閉鎖した。UAW（全米自動車労組）に加入している労働者が扱いにくいとみなされていたこともあって、採算がとれないと判断したのである。このころには、GMの非効率性は明白になっており、同社は日本からの激しい競争にさらされていた。一九八四年、アメリカ政府からの巨大な政治的圧力の下で、トヨタが、GMとの合弁会社を設立してフレモント工場をトヨタの管理下で再開することに同意した。この措置の明白な暗黙の意図は、トヨタに同社の「ジャスト・イン・タイム方式」や「リーン生産方式」をGMに伝授させ、そうすることでGMを変えさせることだった。結果は、GMに対する見事な批判になった。GMが救いがたいとして見限っていた同じUAWの労働者を使って、トヨタはまたたく間に生産性を二倍に引き上げ、フレモント工場が生産する自動車の品質を大幅に高めたのだ。だが、トヨタがGMの管理職に工場を視察させたり、工場の活動を撮影したビデオ上映会を開いたりしたにもかかわらず、フレモント工場以外のGMの面々はなかなか学習しなかった。

これは孤立した事例ではなかった。一九八〇年代と九〇年代にMITとハーバード大学が行なった丹念な調査で、日本の自動車メーカーの生産性は、設計でも製造でもアメリカの（およびヨーロッパの一部の）競争相手のおよそ二倍であることが明らかになったのだ。(2) 統合の進んだアメリカの鉄鋼メーカーを日本の鉄鋼産業やアメリカの新しい小規模製鉄所と比較した調査でも、同様の結果が出た。ロボットの利用やコンピューター化されたフレキシブル生産システム（FMS）の利用という点でアメリカと日本の製造企業を比較した調査では、結果はさらに強烈だった。(3)

一九九〇年代初めには、アメリカのコンピューター産業のなかで、さらに注目すべき状況が生まれていた。マイクロプロセッサーを使ったパーソナル・コンピューターやワークステーションやサーバーの価格性能比は、IBMや七人の小人、それにミニコンピューター業界のほとんどの企業の中核事業だったメインフレーム・コンピューターやミニコンピューターのそれより二〇倍から五〇倍高かったのだ。それでも、コンピューター産業の場合は、既存企業より格段に優位に立った挑戦者はほとんどがアメリカ企業だった。アメリカのベンチャー・キャピタル産業やシリコンバレーは新しいスタートアップ企業を生み出すことにかけては超一流だし、新しい情報技術をベースにした企業の参入コストは一般に比較的低い。このような産業では、アメリカのシステムは国内のスタートアップ企業の参入によってほぼ自動的に修正された。IBMは凋落し、他のコンピューター・メーカーはほとんどが姿を消した。そして、それらの企業に代わって、インテル、マイクロソフト、コンパック、デル、アップルが登場したのである。IBMは一九九〇年代初めに深刻な危機に陥ったのち、旧世代のIT企業のなかで唯一、自己改革を成しとげることができた。

だが、IBMは例外だった。衰退に向かったアメリカの巨大企業のほとんどが、自己改革をとげることができなかった。おまけに、自動車、鉄鋼、工作機械、写真用フィルム、コピー機など、ほとんどの成熟産業で、スタートアップ企業の参入は当時も今も現実的にはきわめて難しい。新しい競争相手を生み出すためには、途方もない規模の長期にわたる取り組みが必要だ。ところが、アメリカの金融・産業システムは、日本や韓国や中国のそれとは異なり、多額の初期投資が必要な成熟産業で新しい企業を生み出すことは不得手なのだ。

それに対し、日本は（のちには韓国と中国も）成熟産業に新規参入する企業に資金を提供していた。これは日本のビジネス部門が、多角化と垂直統合の進んだ六つの金融産業複合体（系列）によって支配されていたからだ。日本の産業は、政府の産業政策に支えられながら、大規模な技術供与の利用や模倣や知的財産の盗用も行なっていた。韓国にも（「カエボル」、すなわち財閥を基盤とする）似通ったシステムがあった。中国では現在、中央政府、人民解放軍、地方政府、それに国有企業が、技術の抽出や新規参入する国内企業への資金提供、それに外国企業との競争から国内市場を保護するなどの面で、同様の役割を果たしている。

大規模な成熟産業で新しい競争相手を生み出す力は国の経済システムによってどれくらい異なるかという問題は、経済学がほとんど無視してきたテーマである。しかしながら、アメリカのシステムに成熟産業で大きな新しい競争相手を生み出す力がないことは、重大な問題だ。それは大企業や集中化の進んだ産業が衰退に向かったとき、アメリカにはかぎられた選択肢しかないことを意味しているからだ。ほとんどのＩＴ市場やインターネット市場のように、スタートアップ企業の参入が十分可能であれば、アメリカの産業はリフレッシュして健全さを維持することができる。だが、新規参入が可能ではないとしたら、その場合、次の三つの可能性しか残っていない。

・アメリカ政府が競争を回復させる措置や企業統治を改革する措置をとる。たとえば、独占禁止法訴訟によって大企業を分割する。
・外国企業が市場を奪い、その結果、アメリカの経済的厚生が一部損なわれる。
・外国の競争相手が現れない場合、アメリカの産業は競争のない衰退に陥り、その非効率性のコストをアメリカ経済とアメリカ国民に負担させる。

これまでの結果は、たいてい二番目と三番目がなんらかの形でセットになったものだった。一九七〇年代以降のどの事例でも――ＧＭ、クライスラー、ほとんどのメインフレーム・メーカーとミニコンピューター・メーカー、大手鉄鋼会社、ほぼすべての家電メーカー——適応の失敗は最終的には深刻な危機、人員削減、倒産もしくは投げ売り価格での買収につながった。挑戦者が外国企業であれ国内企業であれ、既存企業は通常、政治活動を通じてできるかぎり長く変化に抵抗し、そのため、現実をもう否認できなくなったとき、概してよりいっそう深刻な打撃を受けてきた。自動車、鉄鋼、電気通信など、多くの事例で、既存企業は競争と改革の両方をかなり遅らせることに成功して、アメリカ経済に大きなコストを負担させた。そして今、われわれはそれらのコストに、強力な略奪的産業——とりわけ金融サービス産業——が生み出した途方もないコストを追加しなければならなくなっている。

実際、アメリカの産業の衰退という、より広い文脈でとらえると、金融サービス産業は完全に例外的な産業というわけではない。金融サービス産業が生じさせた損害の多くは計算ずくの非道徳的な略奪によるものだったが、一部はGMやクライスラーを没落させた要因と同種の経営者の堕落によるものだった。ジミー・ケイン、スタン・オニール、チャック・プリンス、リチャード・ファルド——彼らは正当な水準をはるかに上回る報酬をもらっていたし、現状に満足し切った無責任な取締役会によってCEOの座に据え置かれていた。それはGM、クライスラー、USスチール、コダック、そして一九九三年以前のIBMの状況と同じだった。主なちがいは、金融サービス産業は本当に危険なものになりうることだった。自動車産業とは異なり、金融部門の連中は自分の会社を略奪する能力だけでなく、グローバル金融システムを崩壊させる能力も持ち合わせていたのである。

中国やインドをはじめとするアジア諸国の台頭も、アメリカ企業の幹部たちの判断にもちろん影響を及ぼした。これによって、アメリカ企業はきわめて低コストの大量の労働力を新たに利用できるようになった。そのため、きわめて効率的に経営されているアメリカ企業でさえ（というより、効率的に経営されていればいるほど）、製造業の単純労働からコールセンターの電話応対までのさまざまな低技能労働には、高コストのアメリカ人労働者を使う必要がなくなったし、使いたいとも思わなくなった。外部委託《アウトソーシング》や海外委託《オフショアリング》のほうが、はるかに効率がよかったのだ。

これはすなわち、アメリカが経済の健全さを維持し、高賃金の雇用を提供していくためには、ハイテク活動の拠点としての魅力だけでなく、国民の教育や技能も大幅に向上させる必要があるということだった。ところが、実際の展開はその反対になっている。アメリカの高校中退率はむしろ上昇しているし、アメリカのインフラ、とりわけブロードバンドの整備は、世界の標準からますます後れをとっている。その結果、アメリカの製造業はほとんど姿を消して、今ではＧＤＰの一二パーセントを占めているにすぎない。高技能のカスタム生産（工作機械など）は日本とドイツに支配されており、その一方で労働集約的な大量生産は、中国、ベトナム、バングラデシュなどの低賃金の国々に支配されている。そのため莫大な数のアメリカ人労働者が、最低賃金のサービス職以外では雇用不適になっている。

それにしても、このような事態がいったいなぜ起こりえたのだろう？　答えはもちろん単純ではない。だが、答えの大きな部分は、国内産業の衰退と海外からの挑戦に効果的に対処するためには、アメリカの産業界だけでなく政府も大きな変革を行なう必要があったということだ。教育制度の大幅な改善、ダメ産業に改革を実行させる強い圧力、先進的なブロードバンド基盤の整備、それにさまざまな規制の改革が必要だったのだ。

ところが、こうした措置については、そのために集中的にロビー活動を行なう強力で資金の潤沢な利益集団は存在していなかった。アメリカ国民の下位半分の教育水準や技能水準を引き上げることが喫緊に必要だと思っている、資金力の豊富な有力産業などありはしない。それに対し、カネと力のある利益集団が望んでいて、そのためにロビー活動を開始した問題は、他にたくさんあった。国内産業の衰退と外国からの競争に直面したとき、アメリカの集中化した大規模産業のリーダーたちは、カネを使って自分たちの望むものを手に入れることにしたのである。だが、それは彼らが望んでいたものにすぎず、国全体が必要としていたものではなかった。それどころか、彼らの会社の利益にとってよいことは、たいてい国にとって悪いことだった。CEOや上級幹部が怠惰で時代遅れで無能な場合は、彼らは独占禁止政策や適切な企業統治や競争からの保護を望んだ。企業や業界のリーダーが有能だが略奪的である場合には、規制当局による監督やホワイトカラー犯罪に対する法の執行を骨抜きにすることも、ロビー活動の目的に含まれていたかもしれない。

そして、いったんこの道を歩き始めるとすぐに、ダメ企業の幹部たちは気づいたのだ。買収は自分個人の審判の日の到来を防ぐ——少なくとも遅らせる——すこぶる手軽で効果的な方法だということに。しばらくすると、金融サービス産業にいた彼らのきわめて略奪的な友人たちが、同じ方法で国全体を、さらには世界全体さえ略奪できることに気づいた。そして、われわれ残りの者たちは、以来ずっとそのコストを負担してきたのである。

アメリカの経済的衰退と金権政治の登場

ケーススタディから始めよう。ブロードバンド基盤についてのケーススタディだ。

前項で述べたように、アメリカはブロードバンド基盤の整備で他国に大きく後れをとっている。アジアの多くの国ではもちろんヨーロッパの一部でも、ブロードバンド・サービスの速度とコストと普及率は、今ではアメリカをはるかに上回っている。一つだけ実例をあげると、二〇一二年初めの時点で、台湾では毎秒六〇メガビットのインターネット接続サービスを月額三〇ドルで利用でき、本書が出版される二〇一二年半ばには、同じ料金で毎秒一〇〇メガビットのサービスが利用できるようになる(4)。日本、韓国、シンガポールはもちろん、中国本土の一部においてさえ、今ではアメリカのほとんどの地域よりはるかに高速のブロードバンド・サービスが整備されている。シリコンバレーを擁し、インターネットを生み出した国であるアメリカでは、有線もしくは無線でのブロードバンド接続が全土で可能というわけではないし、しかも速度が遅く、信頼性に欠け、料金が高い。こうした状況に陥ったのは一〇年以上前のことで、アジアや北欧諸国と比べたアメリカの後れは、むしろひどくなっている。

なぜか？

それは従来型の電気通信産業もケーブル・テレビ産業も、少数の強力な企業にがっちり支配されている寡占産業であり、しかもこれらの企業にとって高速インターネット・サービスは大きな脅威になるからだ。これらの企業がとくに危険とみなしているのは、有線でも無線でも接続できる高速インターネット・サービスのインフラがアメリカ全土に構築されることだ。これが実現したら、データ・サービスのコストは大幅に低下する。また、安価なインターネット電話やストリーミング・ビデオがどこでも利用できるようになり、従来の電話サービスやケーブル・テレビを含むテレビ放送は完全に時代遅れになる。そうなると、AT&Tとベライゾンは現在の売り上げの半分以上を失うだろう。ケーブル・テレビ各社にとっては、先進的なインターネット基盤は、映像コンテンツの制作・配信に新しい競争相手が参入できるようになるという意味でも脅威になる。

AT&T、ベライゾン、ケーブル・テレビ産業、それにスプリントやT-モバイルなどのより小規模な電気通信事業者の間には本当の競争があるとはいえ、その競争はきわめて限定的だ。一九八〇年代にAT&Tの独占が解体されたのち、アメリカには大手電気通信会社が十数社あった。それが今では二社になっている。互いに競争するのではなく合併したからだ。しかも、まだ統合を進めようとしている。AT&Tは先ごろT‐モバイルを買収しようとして司法省に阻止されたが、今なお続く業界の統合に司法省が待ったをかけたのは過去一〇年間でこのときだけだった。ベライゾンは二〇一一年末にアメリカの大手ケーブル・テレビ会社三社と提携して、互いのサービスをクロス販売できるようにした。(5)

基本的なデジタル技術（ルーター、光ファイバー・ケーブル、ソフトウェア、デジタル無線システム）が急速に進歩している（年に五〇〜一〇〇パーセント性能が向上している）にもかかわらず、アメリカの電気通信産業は価格性能比の上昇ペースがきわめて遅い。アメリカは今では北欧諸国や日本や韓国に一〇倍以上引き離されているのである。

その理由はカネと政治だ。ロビー活動が、この業界の真のコア・コンピタンス［他を圧倒的に上回るレベルの能力］なのだ。この業界はロビー活動や政治献金や他の形の政治活動に、研究開発費を上回る額のカネを使っている。積極的なロビー活動によって、たとえば、市町村が自前の光ファイバー・ネットワークを構築することを禁止する州法を成立させたりしているのである。また、この業界の大手企業は、独占禁止訴訟を免れるための経済学者からの「コンサルティング」を、おそらく産業界で最も多用しているだろう。

一〇年前、私がブルッキングス研究所の上級研究員として最後に取り組んだ仕事は、この問題について本を書くことだった。その本を出版する条件として、同研究所は私の原稿を一カ所すっぽり削除した。それは電気通信企業にコンサルティングを提供したことのある経済学者の名前をあげていた箇所で、そこにはローラ・タイソン、ピーター・テミン、ダニエル・ルビンフェルド、リッチ・ギルバート、ジェリー・ハウスマン、カール・シャピロ、ロー・アンド・エコノミクス・コンサルティング・グループに加えて、ブルッキングス研究所のロバート・クランドールの名前もあった。

この業界の政界とのつながりは実に華やかだ。ローラ・タイソンはモルガン・スタンレーの取締役会だけでなく、AT&Tの取締役会にも名を連ねている。連邦通信委員会（FCC）の五人の委員の一人だったメレディス・ベイカーは、二〇一一年五月、委員を辞任してNBCユニバーサルのチーフ・ロビイストになった。FCCがNBCユニバーサルとコムキャストの合併を承認した四カ月後のことだ。ベライゾンの取締役会には、元SECチーフ・アカウンタント、元運輸長官、元財務長官が名を連ねている。また、ラーム・エマニュエルの後を受けて二〇一一年から二〇一二年までオバマ政権で大統領首席補佐官を務めたビル・デイリーは、AT&Tに買収された地域電話会社の一つ、SBCの元社長である。この業界の労働組合、アメリカ通信労組が一貫して会社に同調し、独占禁止訴訟など、競争や技術進歩を高める措置に反対してきたことで、政治状況はさらに悪くなっている。

その結果、アメリカでインターネット・サービスやスマートフォン、タブレット端末、パソコンを利用する総コストの最大の構成要素は、ハードウェアやソフトウェアのコストではなく、高いデータ通信サービス料になっている。この状況の経済的影響はとてつもなく大きい。経済政策に関する議論で「インフラ」が取り上げられるときは、議論の中心は必ずといっていいほど高速道路、空港、橋、下水システム、電力システムなどの近代化になる。これらのインフラも重要ではあるが、アメリカの将来の経済的厚生にとってより重要なのは競争力のあるブロードバンド・インフラだ。教育とインターネット技術は、先進経済国の生産性を向上させる二大要因なのだから。ブロードバンド・サービスが向上すれば、テレコミューティング、テレビ会議、インテリジェント・エネルギー管理システムなどの導入が促進され、温室効果ガスの排出削減や化石燃料への依存縮小にもつながるだろう。そのうえ、アメリカ全土でブロードバンド・インフラを整備するとなると、きわめて大規模な物理的な建設工事が必要になり、それは低調なアメリカ経済にとって理想的な刺激策になるだろう。そして最後に、競争力のあるブロードバンド・サービスは、遠隔（オンライン）教育の質の向上と費用の低下のためにも重要だ。

要するに、アメリカは現在、金権政治の拡大のせいできわめて高い代償を払っているわけだ。これは倫理に反するだけでなく、経済的にも大きな損失をもたらす。おまけに、金融サービス産業だけに見られる現象ではないのである。

カネと政治と経済成長

一九七〇年代後半から、アメリカの主要産業はアメリカという国のシステムの決定的な弱点に気づいて、それを利用するようになった。それを利用すれば、競争原理を免れることができ、それが無理な場合でも少なくとも和らげることができるのだ。ズバリ言うと、カネで人を動かすほうが、きちんと仕事をするよりはるかに楽だということに気づいたわけだ。アメリカの政治家、学者、規制官、監査人、政党は、実に買収しやすかった。彼らの組織統治《ガバナンス》システムはずいぶん前の時代に合わせて設計されたもので、彼らを堕落させるための本格的な活動に耐えられるようにはつくられていなかったのだ。

そのため、衰退に向かっていたアメリカ企業の経営陣は一九八〇年代から、取締役を買収する、元政府高官を取締役に据える、元政治家をロビイストとして雇う、選挙キャンペーンに献金する、学者にカネを払って独占禁止訴訟で証言させるといった策を、ますます積極的にとるようになった。これらの企業は互いに合併したり、生産を海外に移転したり、社員の賃金や付加給付を削減したりした。また、独占禁止法の適用緩和、環境規制の適用免除、減税、有利な会計基準、国内調達率規定による外国企業との競争からの保護を要求し、見事に獲得した。たとえば、二〇一一年には、アメリカの企業利益はGDPの一四パーセント強という史上最高水準に達したにもかかわらず、連邦政府の法人税収はGDPの一・五パーセント足らずで、史上最低に近い割合だった。(6)アメリカ企業は企業統治を強化する動きにも抵抗した。また、公的部門の給与を低く抑えることで、企業が回転ドア人事によって政策を堕落させるのをより容易にした。さらに、規制、法の執行、違反に対する罰則を弱めて、刑事訴追のリスクを事実上取り除いた。

また、これらのことを実現するために、アメリカの大企業や銀行や富裕な個人は、三〇年余り前にこのプロセスが始まったときから、前例のない形でアメリカの政治にカネを送り込んできた。送り込むカネの量は、最初は川だったが、それから洪水になり、今では海になっている。このカネは、政治献金、ロビー活動、回転ドア人事による雇用といった形をとり、ときには露骨な賄賂として渡されることもあった。また、子どもを有名私立校に入れることから個人融資や華麗なパーティーへの参加やプライベート・ジェットの利用まで、さまざまな目的のための便宜や口利きといった形をとることも多かった。

しかも、このカネの流れは往々にして無党派的、もしくは超党派的で、最近の言葉を使うと「ポスト党派的」だ。多くの富裕な個人が今では同時に二つの政党に献金しているし、所属政党に関係なく現職議員に献金している。ゴールドマン・サックスは、上級経営陣に民主党支持者と共和党支持者を同数そろえ、それぞれ一人を最上位に据えるという用意周到な方針をとっている。企業はロビイストや取締役を、両党の元政府高官のなかからほぼ同数選んでいる。石油など一部の産業は今なお共和党に深く肩入れしているものの、今では民主党も企業から共和党とさほど変わらぬ額を受け取っているのである。

具体的な数字を紹介しよう。

表4

大統領候補者全員の合計選挙支出
（インフレ未調整）

年	合計額（単位：100万ドル）
2008	1,324.7
2004	717.9
2000	343.1
1996	239.9
1992	192.2
1988	210.7
1984	103.6
1980	92.3
1976	66.9

出所：OpenSecrets.org, http://www.opensecrets.org/pres08/totals.php?cycle=2008

一九七四年には、上院議員選挙の候補者全員の合計選挙支出は二八四〇万ドルだった。二〇一〇年には、それが五億六八〇〇万ドルに増大していた。下院議員については、一九七四年の合計選挙支出は四四〇〇万ドルだったが、二〇一〇年には九億二九〇〇万ドルになっていた。(7) 大統領選挙には、さらに多額の費用がかかるようになっている。表4は、一九七六年以降の大統領候補者の選挙支出を示したものだ。

そのうえ、資金の出所が変わってきた。金権政治の拡大は所得格差の拡大と同時期に起こり、二つの現象は互いに強化し合ってきた。選挙献金の出所はきわめて集中化してきており、二〇一〇年には、アメリカ国民の一パーセントのうちのおよそ一パーセント——二万七〇〇〇人足らず——が、選挙献金の総額、七億七四〇〇万ドルの二四パーセントを献金したのである。(8)

選挙支出の増大は、もう一つの危険な影響も生み出し始めている。政治家のウソに対するメディアの監視が弱まっているのである。ありがたいことに、アメリカには今なおきわめて活発で独立した自由なメディアがある。だが、メディア産業、とりわけテレビと新聞は、視聴者《オーディエンス》・読者も広告もインターネットに移行したため、次第に経営が苦しくなっている。この期間に、従来のメディアでの広告を大幅に増やし続けてきた部門が一つある。政治である。大統領選挙の年には、連邦、州、地方の選挙のための宣伝費は、PAC［政治資金管理団体のこと。アメリカでは政党や政治家に直接献金することは禁じられているため、PACを設立して、そこで献金を受ける仕組みになっている。PACへの個人献金には上限が定められている］や、いわゆるスーパーPAC［二〇一〇年から、候補者や政党と直接協力関係のない政治団体なら上限なしに献金を受けられることになり、こうした団体がスーパーPACと呼ばれるようになった］によるものも含めると、選挙のための宣伝費は今ではおそらく五〇億ドルを超えるだろう。金融サービス産業や他の大規模産業は集中化が進んでいるので、個々の企業の広告費も大きくなっている。政治宣伝の増大と企業広告の集中化があいまって、主要な新聞雑誌や報道番組に対する圧力を生み出し始めているのである。

ロビー活動も同様にエスカレートしてきた。次のグラフは、一九九八年から二〇一〇年までの金融・保険・不動産産業のロビー活動支出を示している。

政治家や政府高官や規制当局者の個人的な財務状態も等しく重要だ。ロビー活動への支出とロビー活動による収入の驚異的な増大には、ロビイストが行なう仕事以上のきわめて現実的な効用がある。実際、ロビイスト産業が政策に及ぼす最大の影響は、ロビイストが誰かの考えを本当に変えさせることにあるのではない。最大の影響は、むしろロビイスト産業が存在するという事実そのものから生まれる。つまり、すべての高位の公職者が――選挙で選ばれた者であれ、任命された者であれ、公務員であれ――適切に行動すれば、政府を離れたときロビイストとして雇ってもらえるということを、今ではよく知っているのである。そして、実際に政府を離れたとき、反対側に移るだけで、ただちに五

金融・保険・不動産産業の年間ロビー活動支出

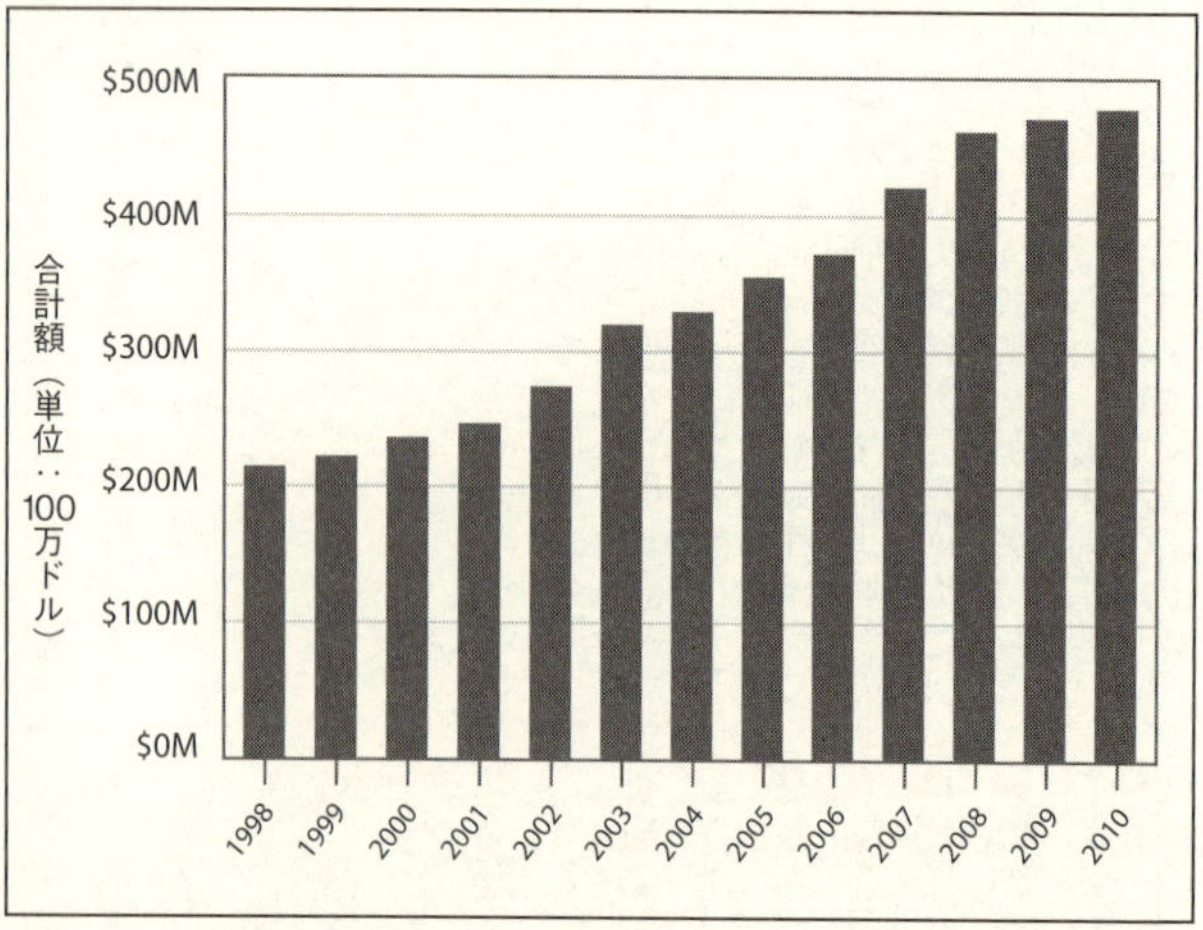

出所：OpenSecrets.org, http://www.opensecrets.org/lobby/indus.php?id=F&year=2011

倍の給与をもらうようになるわけだ。このように、所得格差の拡大や民間部門と公的部門の給与格差の拡大は、アメリカの政治腐敗をさらに悪化させてきた。シンガポールなど、一部の国では、高位の公務員や規制当局者は民間部門と肩を並べる給与をもらっており、ときには年間所得が一〇〇万ドルを超えることもある。だが、アメリカではちがうのだ。

　公職者の給与と民間部門でほぼ同等の地位にいる者の給与について、いくつかデータを紹介しよう。

　商務省労働統計局は、「アメリカの証券、コモディティ契約、その他の金融投資および関連活動（北米産業分類システム《NAICS》　五二三）の従業員」に対する連邦政府と民間部門の平均給与に関する情報をまとめている。一九九〇年には、これらの業務を行なっている連邦政府の従業員の平均年間給与は三万二四三七ドル、民間部門の従業員の平均年間給与は六万一〇四七ドルで、民間部門が連邦政府を八八パーセント上回っていた。だが、二〇一〇年には、連邦政府の従業員の平均年間給与は四万五四六二ドル、民間部門の従業員の平均年間給与は一九万六三三九ドルで、民間部門が連邦政府を三三一パーセント上回っていたのである。これはロビイストとして最も望ましい者たちを含む他の連邦政府上級職員にも当てはまることだ。たとえば、二〇一〇年には、下院議員の首席秘書の平均年間給与は一四万ドル弱、下院議員の立法担当秘書の平均年間給与は九万ドル弱だった。さらに言うと、二〇一〇年の連邦政府の閣僚の給与は一九万九七〇〇万ドル、証券取引委員会（ＳＥＣ）、連邦取引委員会（ＦＴＣ）、商品先物取引委員会（ＣＦＴＣ）の各委員長の給与は一六万五三〇〇ドルだった(9)。

官民の差は大きいが、それでもこれらの数字は問題をずいぶん控えめにしか表していない。民間部門の数字には、小規模な地場の金融サービス会社の多くの従業員が含まれており、しかもロビイストは含まれていないのだ。たとえば、ゴールドマン・サックスの全従業員の平均年間報酬は、二〇一〇年の四三万三〇〇〇ドルと、史上最高額となった二〇〇七年の六六万一〇〇〇ドルの間で変動してきた。二〇〇七年というと、同社がまだ住宅ローン関連のクズ証券を販売しており、その一方で、すでにその暴落に賭け始めていたときだ。ゴールドマンの上級幹部たちはこれよりはるかに多額の報酬を手にしているし、ゴールドマンがロビイストにたっぷり報酬を払っているのもまちがいない。

したがって、業界の基準では、連邦政府の政策をカネで買うのは驚くほど安上がりだった。しかも、公的部門の給与を安く抑えることで、カネで影響力を買うのはさらにたやすくなった。選挙献金、ロビー活動、回転ドア人事、学術専門家への謝礼をすべて合わせた全体の経費は、おそらく年間二〇億ドル足らずだろう。これはアメリカの企業利益総額の一パーセント程度である。アメリカの最も非効率的で略奪的な産業は、この程度のはした金で政策上、規制上の有利な扱いを得ることができ、生産性や誠実さや競争力を高めなくても生き延びることができたのだ。

この過程で、金融部門はまず金権政治戦略の熱心な模倣者になり、それから一九九〇年代に一番の使い手になった。そして、さらに力をつけ、さらに集中化を進め、政治的活動をさらに活発化させるなかで、主要産業としては初めて防御のためではなく主として攻撃と略奪のためにロビー活動や政策を利用するようになったと言えるだろう。

金融サービス産業のための本当の大仕事が始まったのは、クリントン政権のときだった。公正を期すために言っておくと、クリントンは経済政策でいくつか優れた実績をあげた。財政赤字に終止符を打ったし、(マイクロソフトを相手取って)今のところアメリカで最後の大規模な独占禁止訴訟を起こした(もっとも、のちにブッシュ政権がマイクロソフトにきわめて有利な条件で和解したのだが)。また、一九九六年の電気通信法改正によって、電気通信産業をブロードバンド・サービスなどの分野で真の競争にさらさせようとした。さらに、商用インターネット・サービスに関する法整備、一九九四年〜九五年のインターネットの基幹回線網の民営化など、インターネット革命を支援するきわめて建設的な措置をいくつか実施した。

その一方で、クリントン政権は富裕層と金融部門のほうにはっきり顔を向けてもいたのである。これは運命を決した選択であり、クリントン自身は当時その重大性を完全には理解していなかったかもしれない。その後、ジョージ・W・ブッシュが仕事の仕上げをして、規制システムや法執行システムを完全に骨抜きにした。その結果、アメリカはバブルに、それから危機にみまわれることになった。

二〇〇八年にはグローバル金融システムが崩壊の淵に立たされていたので、バラク・オバマは選挙キャンペーンの間、金融部門を制御してアメリカに公正さを取り戻す改革者として自分を売り込んだ。ところが、実際は、改革するどころか、われわれをだましたのだ。

オバマのウォール街政府

バラク・オバマは、変革を支持する国民の圧倒的な負託を得て、しかもそれを実現する大きな政治的チャンス——大恐慌以来最大のチャンス——が到来していたときに、大統領に選ばれた。彼が勝利したのは、選挙用の改革者、理想主義者としての言辞と、そうした言辞が生み出した未曾有の規模の一般市民による選挙運動のおかげだった。彼の政党は上下両院で圧倒的多数を獲得し、彼はアメリカが深刻な危機のなかでまだ金融大惨事の瀬戸際に立っており、失業率が毎月〇・五パーセント上昇している時期に大統領に就任した。銀行はまだ切羽詰まった状態にあり、連邦政府は銀行に対して巨大な権限を持っていた。連邦政府はＡＩＧ、シティグループ、バンク・オブ・アメリカの株式の大きな割合を保有していたし、ＴＡＲＰ（不良資産救済プログラム）やＦＲＢの緊急融資によって他のすべての金融機関を支援していた。ゴールドマン・サックスとモルガン・スタンレーは銀行持株会社に移行することに同意して、ＦＲＢやＦＤＩＣの規制に縛られるようになっていた。ベン・バーナンキのＦＲＢ議長としての第一期はまもなく終わろうとしており、そのためオバマはバーナンキに対してきわめて大きな影響力を持っていた。バーナンキが成果をあげなければ、別の人間と交代させることができるからだ。ワシントンで何かを実行するチャンスがあったとすれば、まさにこのときだった。それなのに、オバマもやはり寡頭勢力のお抱え大統領だったのだ。

最初の気がかりな兆候は彼の人事だった。金融部門を批判したり、その改革を唱えたりしていた人々は、一人も登用されなかった。サイモン・ジョンソン、ヌリエル・ルービニ、ポール・クルーグマン、シーラ・ベアー、ジョセフ・スティグリッツ、ジェフリー・サックス、ロバート・グナイズダ、ブルックスリー・ボーン、カール・レビン上院議員——彼らの誰一人として登用されなかったのだ。

それに対し、ラリー・サマーズは要職についた。金融危機を生み出したほぼすべての破滅的政策を推進した男、ヘッジファンドや投資銀行からつい先ごろ二〇〇〇万ドルの報酬をもらった男が、国家経済会議の議長に任命されたのだ（二〇一一年初めにサマーズが辞任すると、彼の後任に選ばれたのは、ゴールドマン・サックスの非営利活動について助言して同社から一〇〇万ドルのコンサルティング料をもらっていたジーン・スパーリングだった）。バブルの期間を通してニューヨーク連銀総裁の座にあったティム・ガイトナーは、財務長官に任命された。ガイトナーはゴールドマン・サックスのロビイストだったマーク・パターソンを財務省首席補佐官に据えた。トライカディアの責任者だったルイス・サックスを財務省上席顧問の一人にした。トライカディアは、デフォルトに賭けることを目的に銀行に住宅ローン関連証券を組成させることで何十億ドルもの利益をあげたヘッジファンドの一つである。ガイトナーが国内金融担当財務次官に選んだのは、プライベート・エクイティ投資会社幹部のジェフリー・ゴールドスタインだった。資本市場・住宅金融担当財務副次官補（住宅ローン関連の混乱の後始末に最も直接的に責任を負う役職）には、アメリカ最大手のプライベート・エクイティ投資会社ブラックストーンの幹部だったマシュー・カベイカーを任命した。

ニューヨーク連銀の新総裁にはウィリアム・C・ダドリーが任命された。バブルの期間を通してゴールドマン・サックスのチーフ・エコノミストの座にあり、グレン・ハバードと共同で既述の論文——金融市場の輝かしい成功と景気後退の緩和にデリバティブが果たす役割を称えた論文——を書いた、あの男である。それから、オバマはもちろんベン・バーナンキを再任した。

規制関係の政治任用職のほぼすべてがこの調子だった。デリバティブ規制の禁止を実現するのに一役買った元ゴールドマン・サックス幹部のゲイリー・ゲンスラーは、デリバティブの規制を担当する商品先物取引委員会の委員長になった。投資銀行業界の弱腰で役立たずの自主規制団体、金融取引業規制機構（ＦＩＮＲＡ）のトップだったメアリー・シャピロは、（九〇〇万ドルの退職金をもらったのち）証券取引委員会（ＳＥＣ）の委員長に就任した。シャピロがＳＥＣの法執行局長に選んだのは、（二〇〇四年から）ドイツ銀行アメリカの法務責任者を務めていたロバート・クザミだった。

クザミの任命はとくに唖然とする人事だった。なぜなら、彼はドイツ銀行のアメリカ子会社がバブル期に行なった多くの非倫理的行為を法的観点から承認するプロセスに、深くかかわっていたにちがいないからだ。ドイツ銀行は、ゴールドマン・サックスの目的集中型の経営陣のような非情さは持ち合わせていなかったが、純真なボーイスカウトでもなかった。大量に抱えていた住宅ローン関連資産で損失を出しはしたが、積極的にヘッジをかけることで損失を五〇億ドル弱に抑えたのだ。ドイツ銀行ＣＤＯトレーディング・デスクの責任者グレッグ・リップマンは、住宅ローン市場の崩壊に積極的に賭けて、同社に一二億ドルの利益をもたらした。リップマンはさらに、ジョン・ポールソンやヘッジファンドのマグネター・キャピタルと組んで、空売りできる証券を生み出した（リップマンはジョークとして、「私は君の家を空売りしている」とプリントされたＴシャツを部下に配ったことがある）。また、他の銀行と同じくドイツ銀行も、自社のクズ資産を無防備な顧客に売ることで処分しようとした。実際、リップマン自身、ドイツ銀行の顧客に引き続きＣＤＯを売ることもあった。陰ではときにその商品を「クソ」と呼び、顧客を「カモ」と呼びながら、だ。ドイツ銀行のマネージング・ディレクター、リチャード・キムは、二〇〇七年六月のリップマン宛ての電子メールに、ドイツ銀行は売れ残りのＣＤＯを「資産処分ＣＤＯスクエアード」に組み直して売るつもりだと記した[10]。二〇一一年に発表されたレビン＝コバーン報告書［上院常設調査小委員会報告書］には、ＣＤＯのリスクが社内では議論されていたのに売り出し資料では説明されていなかった事例がいくつかあげられている。

クザミはどの程度知っていたのだろう？　それは不明だが、クザミの任命が訴追に対する政権の関心について、苦々しいシグナルを送ったのは確かである。そして実際、クザミのこれまでの仕事ぶりは、残念ながらそのシグナルの有効性を実証している。

オバマは司法省刑事局長にラニー・ブリューワーを任命したが、この人事にも同じことが言える。ブリューワーは企業のロビー活動に深くかかわっている法律事務所コビントン・アンド・バーリングで、ホワイトカラー犯罪の弁護・調査部門の共同責任者を務めていた(司法長官のエリック・ホルダーも、二〇〇一年から二〇〇七年までコビントン・アンド・バーリングに在籍していた)。ブリューワーとホルダーがこの法律事務所のパートナーだった時期に、この事務所のクライアントには、バンク・オブ・アメリカ、シティグループ、JPモルガン・チェース、フレディマックなどが顔をそろえていた。コビントン・アンド・バーリングは、差し押さえの乱発に関連して現在ニューヨーク州から提訴されている銀行業界の合弁企業、MERSの設立にもかかわっていた[11]。ハリバートン、フィリップ・モリス、ブラックウォーター、エンロンの幹部なども、この事務所のクライアントだった。ブリューワー自身、エンロン事件に関連して格付け会社ムーディーズの代理人を務めたし、ハリバートンの代理人を務めたこともある。ブリューワーとホルダーは、金融犯罪の捜査に関与しないよう指示されているかどうか明言するのを拒否している。もっと最近の動きとして、コビントン・アンド・バーリングは金融危機にかかわった多くの個人や企業の代理人を務めてきた。インディマック、正確にどこかは不明だが四大会計事務所の一つ、スターリング・ファイナンシャルおよびその親会社のPNCなどだ。また、金融サービス会社の連合組織のために、SECに対してボルカー・ルールの緩和を求めるロビー活動も行なってきた[12]。

エリック・ホルダーの首席補佐官代理ジョン・ガーランドと、ラニー・ブリューワーの首席補佐官スティーブ・ファーゲルも、コビントン・アンド・バーリングの出身だったが、今では両人とも古巣に戻ってホワイトカラー犯罪の弁護と規制問題を担当している。司法省では、ファーゲルは同省の金融詐欺特別捜査チームの調整を任されていた。コビントンに戻ってからは、金融サービス会社の連合組織の「代理人」として（「ロビー活動」ではない。政府を離れてまもないためロビー活動を行なったら違法になる）、ＳＥＣにドッド・フランク法の内部告発者条項を緩和させようとするこの団体の活動を手助けしている。また、規制・法律・政策関係のさまざまな紛争で、いくつかの銀行や金融機関幹部の「代理人」を務めている。

外交・安全保障の分野の要職にさえ、銀行出身者が任命された。そのなかには、金融バブルに深くかかわって大儲けした者も数人含まれている。国家安全保障会議の経済政策スタッフのトップに任命されたマイケル・フローマンは、金融危機に深くかかわって何十億ドルもの損失を出したシティグループのオルタナティブ・インベストメンツ部門の幹部だった。フロマンはまだシティグループに籍があるうちにオバマの政権移行チームで活動し始め、シティグループは二〇〇九年一月に彼の任命が発表されたのち、彼に最後のボーナスを支払った。メディアの圧力を受けて、フロマンはそのボーナスを慈善活動に寄付したが、それでも彼がシティグループで得た報酬は七〇〇万ドル以上にのぼっていた。シティグループの同じ部門のＣＦＯだったジェイコブ・ルーは、国務副長官（管理・資源担当）になり、その後二〇一〇年に行政管理予算局長に任命された。二〇一二年には、ビル・デイリーの辞任にともない大統領首席補佐官になった。

ルーの後任の国務副長官（管理・資源担当）に任命されたトーマス・ナイズは、モルガン・スタンレーの最高総務責任者だった。私はモルガン・スタンレーで彼に一度会ったことがある。ローラ・タイソンとの最後の会話のあと、彼女が紹介してくれたのだ。ええ、ローラとはクリントン政権のときからの知り合いですよと、彼は言った。私もクリントン政権にいましたからね、「身売りする前は」。そう、彼は本当にそう言ったのだ。

オバマの――つまりヒラリー・クリントンの――国務次官（経済問題担当）には、ゴールドマン・サックス・インターナショナルの副会長だったロバート・ホーマッツが任命された。二〇一〇年に死去するまで国務省のアフガニスタン・パキスタン担当特使だったリチャード・ホルブルックは、AIGとAIGファイナンシャル・プロダクツの取締役だった。一九九九年から二〇〇五年までファニーメイのチーフ・ロビイストだったトム・ドニロンは、二〇〇九年に国家安全保障担当次席補佐官になり、二〇一〇年末には国家安全保障担当補佐官に昇格した。逆方向、つまり政府から民間への流れは、それからまもなく始まった。オバマ政権の初代行政管理予算局長を務めたピーター・オーザグが、二〇一〇年に辞任してシティグループの副会長になったのだ。

このような任命パターンを見てすぐに沸き起こった不安は、今では完全に正しかったことが実証されている。オバマは最初から企業統治の真剣な改革に反対し、巨大銀行を分割することや、法の抜け穴をふさぐことにも反対した。たとえば、最初からそのデフォルトに賭けることを目的に証券を組成・販売することは、今でもそれ自体は違法ではないのである。オバマは金融業界の報酬を改革したり規制したりする動きにも反対した。連邦政府の支援を受けていた金融サービス会社――危機の直後にはほぼすべての金融サービス会社がそうだった――についてさえ、規制しようとはしなかったのだ。長い無為の期間があり、それからばかばかしいほど複雑な手ぬるい改革法案（ドッド・フランク法案）が提出された。差し押さえ危機に対する効果的な措置はほとんど打ち出されておらず、上院常設調査小委員会や金融危機調査委員会が行なった調査にも、ホワイトハウスはほとんど関与しなかった。それどころか、新政権は金融危機調査委員会の予算をたった六〇〇万ドルに抑え、同委員会の召喚権限を大幅に制限し、同委員会の報告書が二〇一〇年の中間選挙後にようやく発表できるようにスケジュールを組んだのだ。

さらに言うと、新政権の司法省は銀行や銀行家を訴追することにはまったく関心がないことが、残念ながらすぐに明白になった。ホワイトカラー犯罪や金融犯罪は重視されず、バブルと危機に関連した重要犯罪を捜査・訴追するための特別検察官やタスクフォースは任命されなかった。カントリーワイド、アンジェロ・モジロ、AIG、ジョセフ・カッサーノなどに対する捜査は打ち切られた。ワコビアの不正入札やマネー・ロンダリングに関連した訴訟など、提起された少数の金融犯罪訴訟は、訴追保留の合意と罰金で和解となった。その結果、二〇一二年初頭現在、オバマ政権による危機関連の刑事訴追は、企業に対しても金融機関幹部に対しても一件も行なわれていない。文字どおりゼロなのだ。

SECは数件の民事訴訟しか提起しておらず、しかも、そのほとんどが少額の罰金という形で解決されている。企業も個人も不正行為は一切認める必要がなかったのだ。金融サービス会社の幹部個人が罰金を科された場合でも、その額は例外なくその人物の純資産かバブルで得た利益のごく一部にすぎなかった。

そのうえ、少数の勇気ある州司法長官、とりわけニューヨーク州のエリック・シュナイダーマンが、二〇一一年に（数件の民事訴訟で）銀行に対してほんの少し厳しくしようとしたとき、オバマ政権は彼らに圧力をかけてそれをやめさせようとした。住宅都市開発長官をはじめとするオバマ政権の高官やその代理人が、シュナイダーマンに直接電話してきて、政権が好むなれ合いの決着を受け入れるよう迫ったのだ。この決着の条件には、銀行を詐欺罪で訴える将来のすべての権利を放棄することも含まれていた。

ところが、その後ウォール街占拠運動が起こり、二〇一一年一二月には刑事訴追の欠如に注目した『シックスティ・ミニッツ』の二週連続特番が放映された。おまけに、とくに重要な要素として、選挙の年、二〇一二年が訪れた。そのためオバマ大統領は、危機から四年たって突然、二〇一二年一月の一般教書演説で、金融犯罪に的を絞った連邦と州の合同捜査委員会を設立すること、そしてニューヨーク州司法長官エリック・シュナイダーマンをその共同委員長に任命することを発表したのである。だが、もう一人の共同委員長はラニー・ブリューワーだ。四年間一件も訴訟を起こしていない、あの司法省刑事局の、あの局長なのだ。合同捜査委員会にはＦＢＩの捜査官が全部で一〇人（そう、一〇人だ）配属された。完全に陣容が整ったときには、スタッフの総数は五五人になるとされている。

それからまもなく、われわれは十分予測できた政治的結果を目にすることとなった。クレディ・スイスの三人のトレーダーが、二〇〇七年に行なったとされる小さな不正の容疑で逮捕されたのだが、この不正は投資家や住宅所有者ではなくクレディ・スイスに損害を与えたものだった。それから、州の差し押さえ訴訟が二六〇億ドルの和解金で決着した。住む家を失った一〇〇万人弱の人が一人平均二〇〇〇ドルの小切手を受け取ることができ、その他に一〇〇万人が住宅ローン債務のある程度の減免措置を受けられることになる。だが、住宅ローンの残高が住宅の価値を上回っていたり、差し押さえによって住む家を失ったりした他の二〇〇〇万人以上の人々は、何の救済も得られない。本書執筆の時点で、バブルや危機もしくはその後の差し押さえの乱発に関連して、大手金融サービス会社やその上級幹部が逮捕されたり起訴されたりした事例は、まだ一件もない。

金融部門の報酬に関しても、企業レベルの問題にも個人レベルの問題にもオバマはやはり対処してこなかった。だが、外国の政府は行動を起こしている。イギリスは二〇〇九年に、銀行のボーナスに五〇パーセント課税する法律を制定した。さらに二〇〇九年九月には、クリスティーヌ・ラガルド（当時のフランス財務相）とヨーロッパの他の六カ国の財務相が、『フィナンシャル・タイムズ』に共同書簡を発表して、Ｇ20諸国に金融部門の報酬を制御する強力な措置を呼びかけ、「ボーナス文化は終わらねばならない」と主張した。G20諸国の大多数が、後日損失が発生した場合はボーナスを強制的に回収する等の報酬規制を実際に導入した。オバマ政権はそれについてまったく論評しなかった。その後二〇一〇年にFRBとSECが規制を公布したのではあるが、きわめて手ぬるい規制であり、事態はほとんど変わっていない。

それに対しヨーロッパでは、二〇一二年にこうした強制回収が実際に行なわれた。バークレイズやロイズ、それにヨーロッパの他のいくつかの銀行の上級幹部たちが、以前受け取ったボーナスをそれぞれ数百万ドル返上させられたのだ。

これまでのところ、アメリカでは規制当局による幹部のボーナスの回収は行なわれていない。金融システムには、企業レベルでも業界レベルでも、依然として大きな利益相反が組み込まれている。監査を行なう会計事務所は今なお、監査される当の企業から報酬をもらっている。格付け会社は今なお、証券の発行体から手数料を得ている。トレーダーや経営者や取締役は今なお、報酬の大部分を株式ではなく現金で受け取っている。

要するに、金融部門に対するオバマ政権の政策は、どちらの政党の政権だったかに関係なく、前任者たちの政策とほとんど見分けがつかないのだ。なぜこうなってしまったのか？

第一に、民主党が変わった。支持基盤はさほど変わってはいないが、資金源が変わったのだ。二〇世紀のほとんどの期間、とりわけ大恐慌から一九七〇年代までは、民主党はまちがいなく労働組合の政党、勤労者家庭と貧しい人々の政党だった。それに対し共和党は、まちがいなく企業の政党だった。このちがいは大恐慌の間に何度も浮き彫りにされ、以後何十年も続いていた。一九六二年のジョン・F・ケネディの鉄鋼業界との対立にも、そのちがいが表れていた。鉄鋼業界の主要企業は往々にしてカルテルのように行動していた。ケネディ政権は鉄鋼労組との労働協約を間に立ってとりまとめており、その協約のおかげで賃金コストが抑制されたにもかかわらず、会社はその直後に一斉に鉄鋼価格を値上げした。これに憤慨したケネディは簡潔かつ痛烈な記者会見を開き、それによって会社は値上げの撤回を余儀なくされたのだ。ケネディの記者会見のオチは、記者からやんやの喝采を浴びた。

少数の巨大企業が、人々の利益を非情にも無視して鉄鋼価格の引き上げを決めました。私はしばらく前に、一人一人の国民にお願いしました。自分が国のために何ができるかを問うてほしいと。今日、鉄鋼大手はその答えをくれたわけです。

だが、それは一世代前の民主党だった。新しい民主党では、二〇一一年一月にオバマ大統領が中国の胡錦濤《こきんとう》国家主席を迎えてホワイトハウスで国賓歓迎晩餐会を開いたとき、そこにはロイド・ブランクファインとジェイミー・ダイモンが招待されていたのである(13)。しかも、ブランクファインは二〇一一年初めまでにホワイトハウスを一〇回訪れていた。うち数回は、彼の会社がSECに詐欺罪で告発されていた期間のことだった。

主流の民主党議員が金融寡占勢力の意向に従う傾向が初めて明白になったのは、クリントン政権のときだった。すでに見たように、この政権の政策は二〇世紀のどの民主党政権よりも富裕層や金融サービス部門に好意的だった。ブッシュ政権で寡頭勢力による支配がさらに拡大したことは言うまでもない。

しかし、民主党の変化を最も雄弁に物語っているのは、進路を変える未曾有のチャンスがあったにもかかわらず、オバマがブッシュの方針を踏襲したことだろう。これはどう解釈すればよいのだろうか。

アメリカの複占政治体制

グローバル化とアメリカの経済的衰退、それにカネを使ってアメリカの政治や政策を形づくる動きが拡大したことがあいまって、アメリカの政治は過去三〇年にわたり大きな再編の波に洗われてきた。この再編の中核は、二大政党が今ではカネをめぐって競争するようになっており、その一方でこの事実を隠すために結託していることだ。二つの政党は社会問題や「価値観」の問題では激しく対立しているように見せかけており、実際に対立することもよくあるが、その一方で、金融部門やアメリカの経済的寡占勢力が大きな関心を持っている問題については、両党の行動はほとんど同じなのだ。要するに、アメリカは複占政治体制——二つの政党が結託して、アメリカの政治のすべてを両党だけで支配する体制——になっているのである。

一見しただけでは、二大政党が結託していて、しかも同一の寡占勢力の影響下にあるという考えは、荒唐無稽に感じられる。赤い州〔共和党を支持する傾向が強い州〕と青い州〔民主党を支持する傾向が強い州〕があり、二つの政党は激しく対立している。それに、アメリカにはたしかに政治的対立がある。両党の支持基盤にとって重要な社会問題——中絶、同性婚、学校における性教育対宗教、天地創造説対進化論、国民皆保険制度、大きな政府対小さな政府、銃規制、社会保障、薬物政策、移民、環境政策、地球温暖化の事実性——についてはとくにそうだ。これらは正真正銘の、きわめて重要な争点であり、こうした問題については、それぞれの政党が支持者たちに、敗北したら実際に厳しい痛手をこうむることになると、説得力をもって訴えかけることができる。

だが、それこそがミソなのだ。これは見事な戦略だ。これらの社会的対立や「価値観」の対立は、自分たちはCEOや銀行家、政治家や権力者たちに略奪されているという感覚を共有し、団結すべき人々――こうした対立がなければ、おそらく危険なまでに団結するはずの人々――を分断し、彼らの関心を分散させるのに大いに役立っている。そのおかげで、それぞれの政党が、相手側が勝ったら自分たちは大切なものを失うことになると思っている人々の消極的な支持をいつまでも得ることができるのだ。だから両党は、どちらにとっても一番重要なこと――カネ――について、安心して結託できるというわけだ。

もちろん、必ずしもすべてのアメリカ人がこの新しい体制に満足しているわけではない。多くの富裕な個人や一部の主要産業でさえ、アメリカが政治腐敗、金融不安定、経済的衰退に陥っていることに不安を感じており、直接その被害を受けてもいる。情報技術産業は、シリコンバレーのスタートアップ企業も大手企業も含めて、その一例だが、被害を受けているのは情報技術産業だけではない。危機によって多くの産業が苦しんだし、今なお苦しんでいる。だが、たいていの場合、このような個人や企業でさえ、抵抗する勇気がないか、抵抗するのは得策ではないと判断している。富裕層と彼らが所有もしくは経営している企業は、大手銀行やヘッジファンドやプライベート・エクイティ投資会社が富裕層向けに運営している、ますます個別化されていくプライベート・バンキング・システムを頼みにしている。プライベート・バンキング、資産管理、相続・信託計画、税負担軽減対策、合併・買収、新規株式公開、証券の発行などは、今では少数の大手金融サービス会社に支配されている。そのうえ、個人の税負担など、いくつかの分野では、あらゆる産業の上級幹部の利益が金融部門を動かしている人々の利益と一致している。それに、成功した誠実な個人は、集中化し、自ずと団結した産業のような強大な勢力ではないが、金融産業と超富裕層は緊密に結びついてそうした勢力になっている。だから、端《はな》から競争にならないのだ。

したがって、合理的に判断すると、システムを改革しようとするよりシステムに適応したほうがよいということになる。これがとくに当てはまるのが、金融部門の富と力に対抗できる可能性がある唯一の産業、ハイテク産業だ。

例として、アメリカのハイテク産業の卓越性の証しとみなされている企業、アップルの政治的利益について考えてみよう。アップルは、製造はまったく行なっていない。同社の製造を委託されているのは台湾人が所有している複数の企業で、いずれも本社は台湾にあるが、工場の大部分は中国にあり、従業員の大多数も中国にいる（少なくともアップルはまだ製品の設計は自社で行なっているが、アメリカの多くの家電メーカーが設計すらもう自社では行なっていない）。これらの受託製造企業は、日本、ドイツ、台湾、中国の資本財を使い、台湾人や中国人のエンジニアやマネージャーを使っている。そして、現場労働者の大多数が中国人だ（工場は中国にあるのだから）。

アップルのような企業にとって、このようなアウトソーシングは完全に理にかなっている。だが、その経済的・政治的影響は途方もなく大きい。アップルの従業員数は世界全体で約七万人だ。台湾に本社を置き、中国で生産している同社の受託製造企業は、一社だけをとっても、たとえばフォックスコンは一三〇万人の従業員を擁している。その四分の三はおそらく比較的技能の低い工場労働者だろうが、残りの数十万人はエンジニア、マネージャー、会計士などの専門職だ。そのうえ、フォックスコンの工場の（また中国の製造業全般の）技術水準は、急速に向上している。フォックスコンは二〇一一年に、労働力不足と需要増大のため、中国の工場に三〇万台のロボットを導入すると発表した。それらのロボットを選定し、据え付け、プログラミングし、保守管理するためには、大量の高技能従業員が必要になるだろうが、そのなかにアメリカ人は一人も含まれないと思ってほぼまちがいないだろう。

製造を外部委託するというアップルの決定は、もう人件費だけを動機とするものではなくなっている。同社の製品を製造するインフラや技能はアメリカにはもう存在していないのだ。アメリカの学校は、このような製造施設をアメリカで設計、建設し、稼働させられるだけの技能を持つ十分な数の人材をもう生み出していない。だが、アップルは自社の製品をアメリカで製造する必要はない。それどころか、中国の工場を使うことは、中国市場への全面的なアクセスを得るためにきわめて重要だ。それに、アメリカの他のハイテク企業と同じく、アップルは今ではアメリカ市場にかつてほど依存しなくなっている。二〇一一年には、北米市場はアップルの売り上げの四〇パーセント弱、成長の二〇パーセント弱を占めたにすぎなかった。

だから、アップルやヒューレット・パッカードやデルは、アメリカの労働力の未来をめぐってウォール街に宣戦布告するつもりはない。それどころか、一部のハイテク企業は、金融部門と同じく規制や独占禁止法の執行を骨抜きにしたいと思っている。それに、どの企業も法人税が低くなることを望んでいる。グーグルは今ではアメリカのインターネット検索市場の六〇パーセント以上を握っており、その市場シェアはさらに拡大しているので、強力な独占禁止政策を歓迎するとは思えない。だから、アメリカのハイテク部門は、金融部門の行動に必ずしも好感を持ってはいないかもしれないが、金融部門に戦争をしかけることはないだろう。また、高速ブロードバンド・サービスの普及や公教育の質をめぐって金融部門と戦争するつもりもないはずだ。

アメリカの新しい金権政治システムには、どんどん自己強化していくという特質もある。アメリカの金融部門と超富裕層は、より集中化し、より大きな富と力を持つようになればなるほど、自分たちに有利な方向に政策をより大きく動かすことができる。そして、政策が彼らに有利なものになればなるほど、彼らはより豊かに、より強力になるのである。また、このシステムでは、本当に効果的な第三党の挑戦や二大政党内部からの反乱をしかけることも難しい。大統領選挙の選挙人団システムを考えると、第三党が大統領選挙の結果を左右する勢力になるのは困難だ。議院内閣制なら、リーダーの選出で第三党がキャスティング・ボートを握る可能性があるが、アメリカはこの制度をとってはいない。また、第三党の得票が死票になるのを防ぐ選好投票制をとっている市や州はほとんどない。過去四半世紀の間に区割り操作（選挙結果をコントロールするために行なう選挙区の境界線の変更）によって議会選挙区の「安全性」が高まり、現職はめったに落選しなくなっている。それに、先ごろ会った民主党の優秀な資金調達担当者も言っていたが、両党がいつでも合意できることが一つあり、それは第三党は望ましくないということなのだ。

二つの政党の間には今なおある程度のちがいがある。個人の経済機会、教育、対人課税、社会的セーフティネット、環境政策、安全規制などの問題では、民主党は今なお共和党より進歩的だ。そして今のところ、進化論やワクチンや気候変動を信じないというのは、共和党独自の奇行にとどまっている。だが、両党のちがいは、少なくともビジネスや金融にとって重要な経済問題については、急速に縮小してきた。金融部門と富裕層の力が増大するにつれて、経済問題については政治の勢力分布全体が富裕層のほうに移行しており、民主党もそれとともに移行してきたのである。

その結果、アメリカ人はお手上げ状態になっている。ウォール街や統合の進んだ他の規制産業（電気通信、エネルギー、メディア）に対する規制について、あるいは回転ドア人事をはじめとする政治とカネの問題について、今では両党の姿勢にほとんどちがいがなくなっている。アメリカは、経済的進歩や公正さとは正反対の政策をとる、国民を小ばかにした政治的複占勢力にますます牛耳られるようになっているのである。

オバマが改革を実行しなかったのは、彼の経験不足や金融やビジネスについての知識不足、それに対立を避けようとする個人的性向のせいだと（はっきり言うと、彼が臆病者であるせいだと）言われてきた。なかには、私の同僚のチャールズ・モリスのように、今では政治システムが完全に機能不全になっているので、改革の方向に政策の舵を切ることは誰がリーダーでももう不可能で、オバマが改革を試みていたとしても実際には何もできなかっただろう思っている者もいる。だとすると、われわれは本当にだまされたことになる。だが、誰かに可能性があったとすれば、それは二〇〇九年のバラク・オバマだったのであり、彼はやろうとしなかったのだ。たしかに、改革の方向に舵を切るには正真正銘の勇気が必要だっただろうし、ウォール街は簡単には引き下がらなかっただろうから、厳しい戦いになっていただろう。アメリカの政治的複占勢力の論理やインセンティブ構造は先述したとおりなので、オバマは抵抗が最も少ないコースをとることで自分自身と自分の党の合理的な自己利益にかなうように行動していたのである。だが、オバマの個人的動機が何であれ、アメリカは（また、世界全体は）彼が行動しなかったことの高いツケを、長きにわたって負担させられることになるだろう。

次は、アメリカがこの体制の下でこうむっている痛みに注目してみよう。

格差と停滞と機会の縮小

私的な会話のなかでも統計データからも、私はアメリカの若者の間の変化を感じている。政治に対するしらけた見方（とりわけオバマが前任者たちと同じだとわかって以降）と、上位五パーセント程度に入らないかぎり自分のキャリアの先行きは暗いというあきらめの気持ちが、若者の間でますます広がっているのである。彼らの一般的な見方はこうだ。「カネ持ちの親かコンピューター・サイエンスの学位かＭＢＡを持っていれば大丈夫だが、そうでなければ未来は暗い。その運命を変えてそこそこカネ持ちになりたいのなら、上司を喜ばせることに徹底的に集中したほうがいい」。シリコンバレーやウォール街以外では、可能性に満ちた開かれた国、進歩と機会の国というアメリカのイメージは、ますます現実味がなくなっているように思われる。ところが、ほとんどの年配のアメリカ人は、過去三〇年の間に自分たちの社会がどれほど不公正になったかにまだ気づいていないようだ。自分自身がその被害者になっている人を除いては。

まず、数字を見ていこう。一九八〇年以降、申告所得は納税者の上位一〇パーセントのほうに明らかに移行してきた。次ページの上の図が示すように、キャピタルゲインを含むすべての申告所得の総額に占める上位一〇パーセントのシェアは、一九八〇年には三分の一をわずかに上回る程度だったのに、二〇〇七年には事実上半分（四九・七パーセント）に上昇していた。二〇〇七年の上位一〇パーセントの所得シェアは、一九二八年、すなわちアメリカが大恐慌に突入する前年の上位一〇パーセントの所得シェア、四九・三パーセントを上回る、史上最高の数字である。

だが、さらに注目すべき点は、次ページの下の図が示すように、上位一〇パーセントのなかで格差が拡大していることだ。一九八〇年以降、上位一〇パーセントの所得シェアは約五〇パーセント増大した。だが、上位一パーセントの所得シェアは、一九八〇年の一〇パーセントから二〇一〇年には二倍以上の二〇パーセント強に増大したのである。しかも、本当に驚くべき点は、二〇〇七年には上位一パーセントのうちの上位一パーセント、すなわち二万五〇〇〇足らずの家計が、国民総所得の六パーセント以上――一兆ドル弱――を稼ぎ出すようになっていたことだ。これは、やはり一九二八年に記録されたそれまでの史上最高水準を大幅に上回る数字である。上位一〇パーセントのなかでのこの伸び率の著しい差異は、一九八〇年のそれぞれの所得シェアを一〇〇として、次ページの下の図に示されている。

そのうえ、こうした変化が生じたのは、アメリカのほとんどの家計で実質所得が頭打ち、もしくは減少傾向にあったときだった。四〇一ページの図は過去四〇年間の家計所得の中央値を示している。

上位 10 パーセントの所得シェア（1917年-2008年）

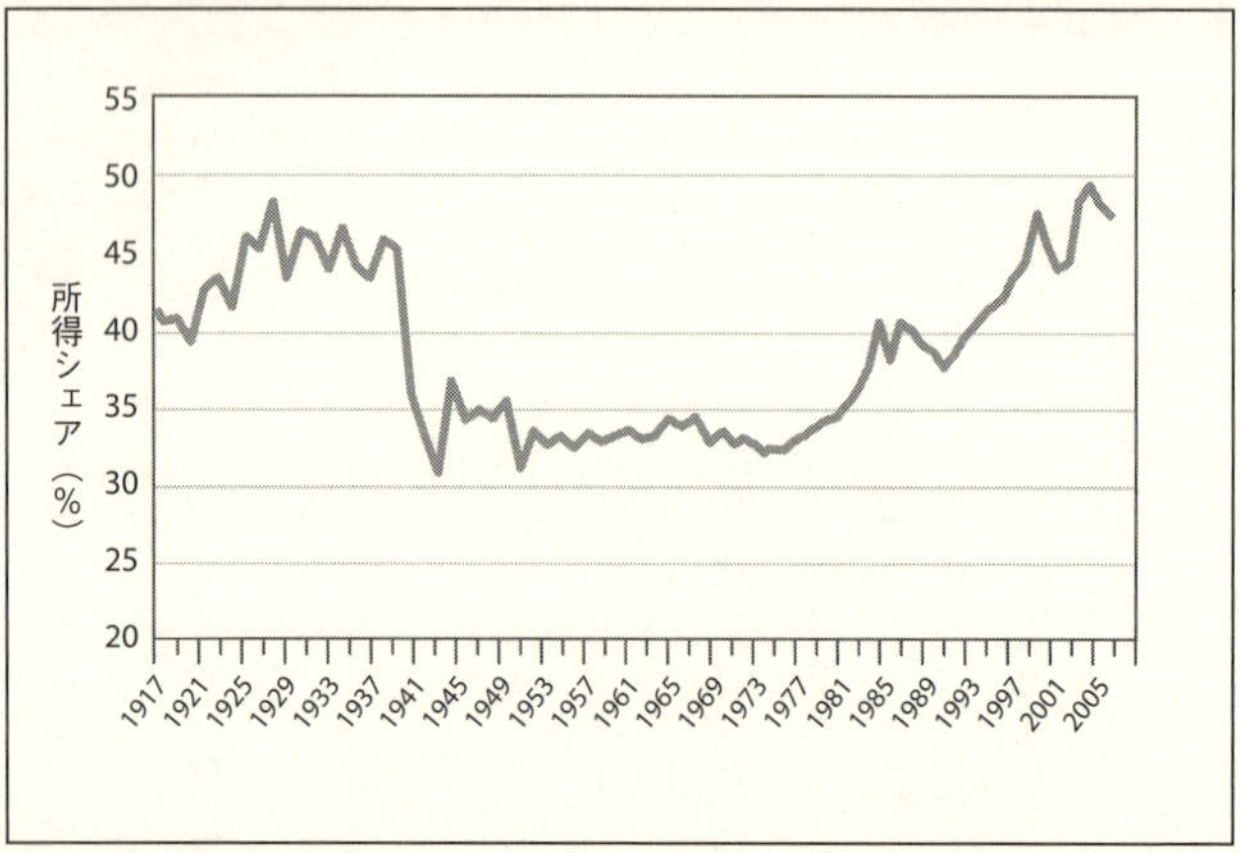

Facundo Alvaredo, Tony Atkinson, Thomas Piketty, and Emmanuel Saez, *World Top Incomes Database*, http://g-mond.parisschoolofeconomics.eu/topincomes/

納税者の上位 10 パーセントのなかでの所得シェア伸び率の差異
（1980 年-2008 年）（1980 年を 100 として）

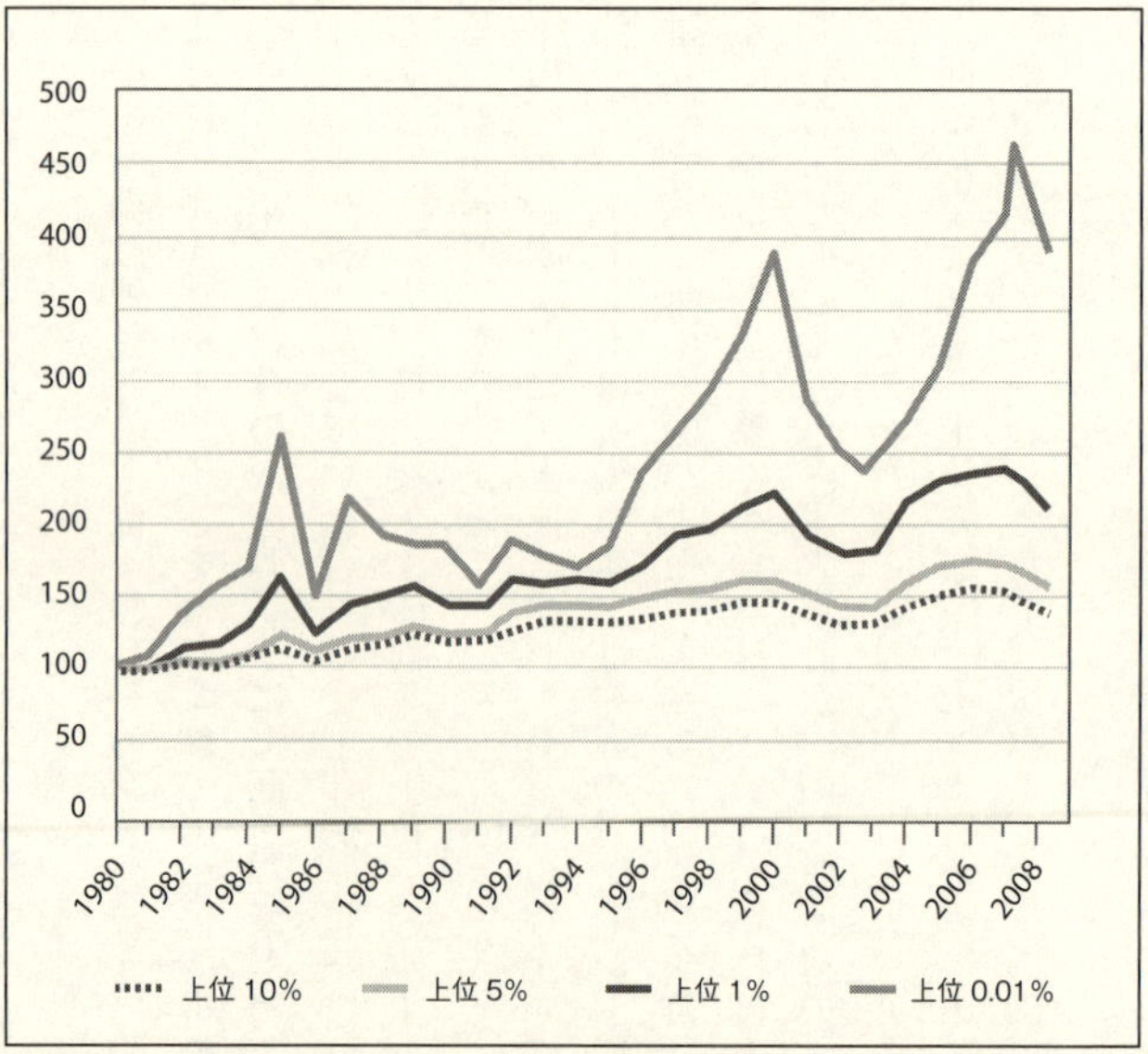

Facundo Alvaredo, Tony Atkinson, Thomas Piketty, and Emmanuel Saez, *World Top Incomes Database*, http://g-mond.parisschoolofeconomics.eu/topincomes/

実質家計所得の中央値（1967年-2009年）

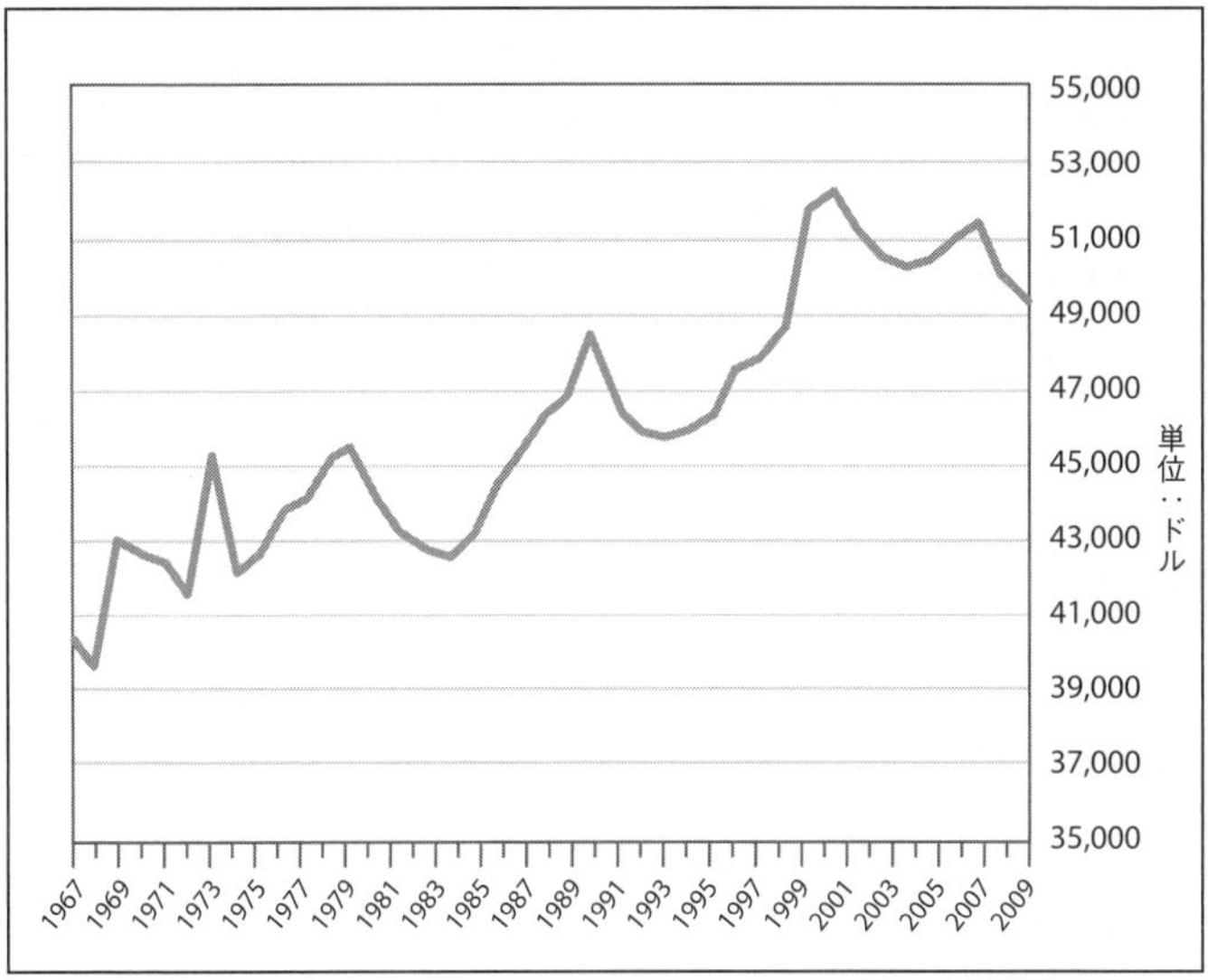

アメリカ国勢調査局　http://www.census.gov/hhes/www/income/data/historical/household/index.html, Table H-3

このグラフは憂慮すべきものではあるが、これよりはるかに憂慮すべき現実を表していない。上位一〇パーセントは他のみんなより格段に高い所得を得ていたので、この層を除いたら中央値は大きく変わるのだ。経済分析によって、「所得分布の上位一〇パーセントだけが、生産性の伸びと……同等もしくはそれ以上の実質賃金の伸びを手にした[14]」ことが明らかになっている。それどころか、実質賃金の伸びのほとんどが上位一パーセントのものになり、その一方で、下位九〇パーセントのアメリカ人は家計所得が減少したか、より長時間働くことでなんとか家計所得を伸ばすことができたにすぎなかった。アメリカの勤労者の生産性は、とりわけ一九九〇年代半ばに始まったインターネット革命のおかげで引き続き向上した。だが、生産性向上の恩恵はほぼすべてと言っていいほど上位一パーセントと企業のものになり、上位一パーセントの所得と企業利益は国民総生産（GNP）に占める割合がどちらも史上最高になっている。二〇一〇年と二〇一一年には、企業利益はGNPの一四パーセント強を占め、史上最高の割合になったが、アメリカのGNPのうち賃金・給与として支払われた額の割合は史上最低だった。賃金・給与の伸びは、二〇〇六年以降インフレ率を下回っているのである。(15)

二〇一一年末に本書の草稿に手を入れていたとき、国勢調査局が二〇一〇年の所得統計を発表した。二〇一〇年は公式にはアメリカの景気回復が始まったとされている年だ。だが、この国の貧困率は一五・一パーセントに上昇し、過去二〇年近くで最も高水準になった。家計所得の中央値は二・三パーセント低下し、しかもこの低下はきわめて不均等に分布していた。上位一〇パーセントは一パーセント低下しただけだったが、すでにどうしようもないほど貧しい下位一〇パーセントは一二パーセントの所得減少にみまわれたのだ。この国の家計所得の中央値は一九九九年にピークに達し、二〇一〇年には七パーセント減少していた。実働時間数補正後の一時間あたりの平均所得は、過去三〇年間ほとんど変わっていない。

所得の平等度でランク付けすると、アメリカは今では世界で九五番目となり、ナイジェリア、イラン、カメルーン、コートジボワールのすぐ後にくる。

これは一流のお仲間とは言いがたい。しかも、この順位は統計のいたずらではない。アメリカ人はこの事実を直視したくないかもしれないが、この国には今では最低生存水準に近い状態で暮らしている正真正銘の下層階級《アンダークラス》が存在し、しかもそこから抜け出すのは次第に難しくなっている。貧しい第三世界諸国の多くの人とほとんど変わらない状態で暮らしているアメリカ人が、今では何千万人もいるのである。一生スラム街で暮らす人、不法移民、移民農業労働者、前科があるため仕事を見つけにくい人、実際に服役中の人、常習的な薬物乱用者、アメリカの失敗した戦争で障害を負った退役軍人、児童養護施設にいる子ども、路上生活者、長期失業者、その他のきわめて不利な立場に置かれている人々を合計すると、何千万人もの人が、世界で最も豊かで最も公正な社会とされている国で、きわめて厳しく、きわめて不公正な状態に陥っていることになる。

アメリカの刑務所には常時二〇〇万人以上の受刑者がいる。一〇〇〇万人以上のアメリカ人が重罪の前科を持ち、交通事故以外の犯罪で服役したことがある。また、何百万人もの人が、今では農業、小売り、清掃などの低賃金サービス産業で最低賃金の職について、きわめて長時間、きわめてきつい仕事をこなさなければならなくなっている。数百万人が何年もの間失業しており、貯金と意欲を使い果たしている。二〇～三〇年前なら、これらの人々の多くが製造業か建設業で高賃金の仕事についていただろう（実際にそうした仕事についていた人もいる）。だが、それはもう不可能なのだ。

格差の拡大は所得や資産で見られるだけではない。経済機会はもちろん、医療から栄養まで、健康で幸福で安全な生活のあらゆる決定要因で機会の格差も拡大しているのである。

アメリカ社会の公正さと機会の縮小にはいくつもの側面がある。おそらく最悪の面は、最下層の家庭に生まれ、近年進行しているアメリカの教育の変化の影響を受ける幼い子どもたちの未来だろう。公正さの低下と機会の縮小は関連しており、互いに強化し合っている。その複合的な結果は、何千万人ものアメリカの子ども、とりわけ新しい下層階級に生まれた子どもに苦難に満ちた不公正な人生を強いることだ。貧困層や移民農業労働者や不法移民の子どもにとって、アメリカの胎児検診、保育園、託児所、学童保育、学校給食、里親制度は最悪以外の何物でもない。それから学校そのものがある。急速に拡大している機会の否定のなかでも、教育機会の否定ほど、アメリカ人の経済的未来に深刻かつ破壊的な影響を及ぼすものはない。

アメリカン・ドリームとは、簡単に言うと、どれほど貧しい境遇や悲惨な境遇に生まれても――たとえ二親を知らなくても――まともな暮らしをするチャンスがあるということだ。アメリカが与えてくれる希望は、まじめに働くことをいとわなければ、やがて成功して、少なくとも自分自身と自分の子どもたちはまずまずの暮らしができるようになるということだ。子どもは親よりよい暮らしをし、年老いた親を援助することさえできるようになると、人々は期待することができたのだ。

　アメリカン・ドリームを実現するカギは、今ではこれまで以上に教育にある。情報技術の発展とアジア諸国の経済の開放によって、低技能労働や肉体労働でまともに生計を立てていけるのは、アメリカの人口のごく一部にすぎなくなっている。それなのにアメリカは、自国の教育システムとそれが提供するはずの機会を高めるどころか、その正反対の方向に進んできた。その結果、アメリカには階級制度ではなく、誇張なしでカースト制度――どのような境遇に生まれるかで人生全体が決まってしまう社会――が生まれつつある。

　つまり、アメリカン・ドリームは死にかけているわけだ。アメリカの子どもの人生展望――将来の所得、資産、教育程度、それに健康や寿命までも――は、ますます理不尽かつ不公正な要因によって決定されるようになっている。それはきわめて単純な要因でもある。アメリカの子どもの未来は、彼ら自身の知力や努力ではなく親の富にますます左右されるようになっているのである。子どもの未来を左右する要因はたしかにたくさんある。所得は他の多くの要因と相関関係にあり、したがって個々の要因の影響をそれぞれ切り離すのは難しい。裕福な家庭の子どもに比べると、貧しい家庭の子どもは片親家庭で育ったり、麻薬やアルコールの誘惑にさらされたりする可能性が高い。一方もしくは両方の親が刑務所に入っていたり、親の在留資格が怪しかったり、食生活や肥満の問題を抱えたりする可能性も高い。文化や人種も大きな要因になる。アジア系の子どもは、高校卒業率やテストの点数や成績評価が白人を含む他のすべての集団よりはるかに高く、ラテン系の子どもは最も低い。だから、たしかに要因は複雑だ。

しかしながら、本当は単純でもある。最大の要因は教育機会の縮小と学業成績の低下であり、それはカネによって左右されるのだ。カネがなければ——貧しい学区の公教育の質の低下、託児所の不足、保育所や学童保育プログラムの不十分さ、中退して働くことを求める金銭的・社会的圧力、公立、私立を問わず大学の学費の高騰などにより——敗者になるのである。アメリカの公立学校の費用は地元の資産税でまかなわれているという歴史的偶然も、途方もなく大きな役割を果たしている。所得格差が拡大するにつれて、学校に回せる税収の面でも貧しい学区と豊かな学区の格差が拡大するのである。

つまり、十分な所得がある親は、しっかりした公立校の学区に住むことができ、本当に裕福な親は子どもを私立校に通わせるのだ。そのような親の下に生まれたら、子どもは健康によい食事を与えられる。幼い妹がいても、親はその子を託児所に預けたり、ベビーシッターを雇ったりできるので、中退して妹の世話をしろと言われることはない。自分専用のコンピューターを買ってもらえるし、ピアノを習わせてもらうこともできる。誰かが家にいて面倒を見てくれるので、放置されて自力で生きていかねばならない事態に陥ることはない。だが、貧しくて二つの仕事をかけもちしなければならない親や、アルコールかドラッグに溺れている親の下に生まれたら、そうしたすてきなことは何一つなく、劣悪な学校に行き、おそらく高校を中退することになるだろう。

アメリカには今では三つの教育制度が併存するようになっている。一つは、上位五パーセントほどの富裕層を対象とする、エリート主義できわめて質の高い、法外な費用がかかる私立校制度。二つ目は、しっかりした公立校の学区に住み、子どもを大学にやるゆとりがある中流階級の専門職のためのかいかい、かなり良質な制度。三つ目は、残りみんなのための本当にひどい制度である。「残りみんな」は、今ではアメリカの人口の少なくとも四分の一に達しており、基準によっては半分近くになる。潜在能力を無駄にするには惜しい数だ。

アメリカの高校卒業率は、あらゆるレベルの政府——連邦・州・地方政府——の統計が往々にして実態をごまかしていることもあって、正確には推定しがたい。だが、推定値に驚くほど大きな幅があるにもかかわらず、基本的な事実は明白だ。アメリカの高校卒業率はあるべき水準よりはるかに低く、絶対値でも他国との比較でも低下しているということだ。公教育の質も同様で、きちんと卒業する子どもたちでさえ、十分な教育を受けていない。アジア諸国やほとんどのヨーロッパ諸国の出身者なら誰でも、アメリカのほとんどの高校は授業のレベルが低いと言うだろう。おまけに、アメリカの高校卒業率は、すでに他のほとんどの先進国——高校を卒業することがアメリカよりはるかに大きな意味を持っている国を含めて——より低い。最も信頼できる推定値は、現在のアメリカの高校卒業率を七五～八〇パーセントとしている。富裕層の子どもが通う私立高校の卒業率は一〇〇パーセント近いのだから、アメリカの公立高校の卒業率はおそらく七五パーセント以下で、悪くすると七〇パーセント程度かもしれない。それに対し、ヨーロッパやアジアの多くの国は、九〇パーセント前後の高校卒業率を誇っている。

それに、プライベート・ジェットやプライベート・エレベーターがあるように、教育についてもプライベート教育がある。富裕層のための私立の小学校や高校は、公立学校からますますかけ離れたものになってきている。それは決してかすかな開きではない。ジョン・ポールソンは自分の子どもをどこに通わせるか？　彼の双子の娘は高級文化コミュニティ・センター、ナインティ・セカンド・ストリートYの幼稚園に通った。一人年間二万ドル以上の費用がかかるところだ。そう、幼稚園でこの額なのだ。ポールソンはこのセンターの理事を務めている。また、センターの投資資金の運用を一部委

さらにひどいのは、これらの金融サービス会社のいずれかで誠実に行動しようとした人間がどうなったか、だ。ロイド・ブランクファインの部屋に行って、こう言った人間がいたかどうかはわからない。「いいかい、ロイド。この商品がひどいことを知っていて、しかもそのデフォルトに賭けて何十億ドルも儲けているのに、これを人々に買わせようとするのはあまり褒められたことじゃないよ。それに、この件で議会にウソをつくのもどうかと思うね」。ロイドにそう言った者はおそらくいなかっただろうが、もしいたとしたら、その人物はすぐに昇進したり多額のボーナスをもらったりはしなかったはずだ。シティグループ、メリルリンチ、カントリーワイド、ＡＩＧなど、さまざまな会社で、自分が目にした非倫理的で持続不可能な行動に注意を促そうとした人々がどうなったかを、われわれは今ではよく知っている。彼らはほぼ例外なくそのためにひどい罰を受けたのだ。

それでも、過去二〇年の間にビジネス・スクールやロー・スクールを卒業した者たちは、というよりどの学校を卒業した者でも、金融部門に就職することがカネ持ちになる最も速くて確実な方法であることをまちがいなく知っていた。そのため、アメリカの最も優秀でやる気のある、最も高い教育を受けた人々の多くが、生産的な仕事を敬遠して、アメリカの経済的厚生を高めるどころか損なう犯罪に近い活動に従事するようになった。金融バブルは、こうした活動の最も大規模で最も悪質なものではあったが、決して唯一のものではなかった。

経済学についても、また政治や規制に関連した他の学問（法学、政治学、公共政策学）についても、同様のことが言える。経済学者や金融学者や産業経済学者のなかで、最もカネを稼ぎ、最も高い地位につき、最も著名になり、議会で最も多く証言したのは誰か？　ラリー・サマーズ、グレン・ハバード、ローラ・タイソン、フレデリック・ミシュキン、マーティン・フェルドシュタイン、アラン・グリーンスパン、ハル・スコット、リチャード・シュマレンシー、ジェリー・ハウスマン等々だ。

このリストを踏まえて、もう一度、あなたが若く正直な人間で、たとえば金融危機について研究したいと思っていると想像してみよう。すでに述べたように、あなたは厳しい場面に直面するだろう。あなたの博士論文を指導し、あなたの研究助成金の申請を審査し、あなたに終身在職権を与えるかどうかを検討し、あなたが学術誌に送った論文を査読するのは誰か？　答えは、金融部門を擁護することで何百万ドルも稼いでいる連中、だ。それに対し、あなたに自社の取締役になってもらったり、議会で自社に有利な証言をしてもらったりするために、あるいは独占禁止法訴訟で自社の利益を擁護してもらったり、自社のために規制当局に出頭してもらったりするために、年間何十万ドルも払う気になる企業があるだろうか？　答えは、一社もない、だ。

政治家とロビイストと政策決定者については、これくらいにしておこう。現在、これらは正直で私心のない人間を魅了する職業ではないし、そのような人間に正当な見返りを与える職業でもない。

これは危険なことだ。価値を破壊する略奪的行動のほうが正直で生産的な行動より利益になるシステムを容認している国は、大きな危険を冒していることになる。すべての社会と同じくアメリカも、理想主義と信頼に支えられている。普通の市民の正直に行動したいという気持ちや犠牲を払うことをいとわない姿勢に支えられている。自分たちの社会がどれほど不公正になっているかに多くのアメリカ人がまだ気づいていないものの、その状態は永遠には続かない。残念ながら、今の世代の略奪者たちが豊かで快適な状態のまま死んでいけるくらい長くは続くだろうが、われわれの大多数は、しらけた気分と不正直が蔓延している社会で暮らすことに不満を持つようになるだろう。

第一〇章　何をするべきか

What Should Be Done?

アメリカに最も必要な改革は何か？　これについては、われわれ全員がそれぞれ自分の考えを持っているだろうが、ここで私の考えをごく簡単に述べてみたい。私の考えるアメリカに最も必要な改革は、書き記すのはたやすいが、アメリカの現在の経済・政治状況では実現するのはきわめて難しい。

・教育の機会と質を高めることは不可欠だ。高校中退率が二五パーセントにのぼり、富裕層だけがよい学校に通え、学費の高い私立大学だけが十分な資金を得られる状態では、アメリカは経済競争力を持つことも、賢明なリーダーを選ぶことも、自らを公正な社会と呼ぶこともできない。ここには、銀行のCEOでさえ公然とは否定できない公正さの問題がある。アメリカのあらゆる文化戦争のさなかでも、ほぼすべてのアメリカ人が合意できることが一つあるとすれば、それはすべての子どもが公正なチャンスを与えられるべきだということだ。貧しい学区に生まれたり、麻薬中毒の両親の下に生まれたりしても、それはその子の責任ではない。それなのに、公立学校の予算、学童保育プログラム、子どもの栄養、児童養護制度、子どもの貧困といった問題に対するアメリカの取り組み方は、依然として恥ずべきものであり、むしろますますひどくなっている。それに加えて、十分な教育を受けた国民は、今よりはるかに幸福で豊かな社会を生み出すはずだ。現状では、アメリカは国民のきわめて大きな部分の潜在能力を、痛みと高いコストをともなう形で無駄にしている。

・金融部門を制御する。これは多くの要素を含んでおり、そのほとんどが広く論じられてきた。個人・企業・業界レベルで報酬体系を改革し、厳しく規制すること。巨大銀行を分割すること。規制機関やホワイトカラー犯罪に関する法執行機関の権限と政治的独立性を大幅に強めること。金融取引に課税すること。金融部門の利益に公正に課税すること。租税回避や自社が組成した証券のデフォルトに賭けるための「イノベーション」などを阻止するために、法の抜け穴をふさぐこと、等々だ。金融部門に対する適切な再規制が実施されれば、その当然の結果として、この部門の規模や集中度や政治的力は縮小するだろう。そうなったら、より建設的な活動により多くの有能な人材が供給されるようになるとか、政治腐敗を誘発する圧力が低下するなど、多くの便益がもたらされるはずだ。

・アメリカの政治に対するカネの影響を制御する。これは言うはやすく行なうはかたしだが、きわめて重要なことだ。ロビー活動や政治献金に重税を課すこと、回転ドア人事を厳しく禁止し、その代わりに公的部門や規制機関の職員の給与を大幅に引き上げること、選挙費用のなんらかの形の公的負担を義務づけること、などが必要だ。

・歳入を増やし、公正さを高め、世襲寡占勢力や金融寡占勢力の形成を抑制するように、個人税制、法人税制の両方を改革する。相続税の税率を大幅に引き上げることは、金融部門のきわめて高い利益に公正に課税することと同様、この改革の重要な要素である。

・独占禁止政策や企業統治に関する規制を大幅に強化する。独占禁止政策や独占分析は二つの形で腐敗にむしばまれてきた。一つは選挙献金やロビー活動や回転ドア人事を通じた連邦政府の政策の腐敗、もう一つは独占禁止法違反の判定を支える経済分析や人材を提供する経済学の腐敗である。産業組織論、規制理論、企業統治論、独占禁止理論の分野では、経済学は単に改革が必要なのではなく、内臓全移植と一年間の再教育を受ける必要がある。もっと広く言うと、アメリカは大規模な成熟産業がゼネラルモーターズ、USスチール、AT&T、マイクロソフト、さらにはシティグループやメリルリンチのコースをたどるのを防ぐ方法を考え出す必要がある。具体的には、企業統治を根底から改革する、停滞している巨大企業を分割する、成熟産業への新規参入を促進する仕組みを築く、といった措置が必要なのだ。

・本当に万人が利用できる、有線、無線両方の高速ブロードバンド・インターネット基盤を構築する。アメリカはブロードバンド網の整備を、アイゼンハワー政権が一九五〇年代に開始した高速道路網の整備とほぼ同じ観点からとらえるべきだ。むしろ、ブロードバンド網の整備のほうが、経済的にも重要だし、外国のエネルギー源への依存や安全保障上の問題、それに地球温暖化に対処する方法としても重要だ。

未来に待ち受けているもの

アメリカの未来の姿としては、さまざまな可能性が考えられる。その一つは、経済的にも政治的にも現在の状態がさらにひどくなるというものだ。この場合、アメリカはますます強力になった寡占勢力――おおまかに言って上位一パーセント――に支配され、かなり多人数の少数派――おおまかに言って上位一〇パーセント――にとっては、引き続きかなりうまく機能するだろう。その一方で、人口の大多数にとっては、状況はますます厳しくなるだろう。エリート教育は引き続きハイテク産業や金融サービス産業、それに市場や労働力をアメリカの外に求めるグローバル企業の経営幹部の座に人材を供給するだろう。大多数の他のアメリカ人は生き延びるだけで精いっぱいになり、アメリカには貧しく不満を募らせた、きわめて大きな下層階級が生まれるだろう。これはブラジル型の未来と呼べるかもしれない。もっとも、ブラジルは実際には、格差を縮小し、機会を増大する方向に進んできているのだが。

この未来には、アメリカの現在の権力構造だけでなく、インターネット革命の負の面もある程度、反映されている。インターネットはきわめて多くの点で圧倒的に好ましいものであり、公開性を高め、知識やコミュニケーションに対する人為的障害を取り除く力ではあるが、経営管理の強力な手段でもある。今日では、巨大なグローバル企業を世界のほとんどどんな場所からでも経営することができる。そのため、アメリカに本社のある企業の経営陣は、社員も顧客も主として非アメリカ人の世界に適応するのはきわめてたやすいと判断するかもしれない。

この場合、アメリカのエリートは引き続ききわめて裕福で、彼らの政治的力は長期にわたって続く可能性がある。だが、そのような状態は二〇～三〇年続く可能性があるとはいえ、結局は持続不可能になるだろう。その理由はいくつかある。第一に、金融部門はおそらくバブルと危機を生み出し続け、やがてはその経済的・政治的影響が無視できないものになるだろう。第二に、いずれかの時点で、世界はアメリカが持続不可能な借金をし続けるのを許さなくなるだろう。今から二〇年後には、中国とインドがグローバル通貨を持っており、世界はアメリカに対して、現在ヨーロッパに対してとっているような姿勢をとるようになるだろう。そして第三に、アメリカ人はおとなしくない連中なので、そのような社会にいつまでも我慢しているとは思えない。

とはいえ、このような未来に向かう流れは簡単には変わらないだろう。それに、衰退に向かった国々の歴史を見ると、内部から改革が実行されるのは二つの状況のときにかぎられるようだ。一つは、先ごろアラブ世界で見られたように、国民の不満がずいぶん長期にわたって蓄積され、ついに爆発したとき、もう一つは大恐慌のような大きな危機にみまわれたときだ。二〇〇八年には多くの人が、この金融危機は改革のチャンスかもしれないと、そしてバラク・オバマはこの歴史的チャンスをとらえるかもしれないと思った。だが、そうはならなかった。改革が行なわれるためには、もう一度、もっと深刻な危機が必要なのだろうか。

本書を書いている二〇一二年初めの時点では、残念ながらヨーロッパの政府債務問題が、やがてそのような危機をもたらす可能性があるように見える。住宅ローン・バブルについて警鐘を鳴らしたアナリストの多くが──サイモン・ジョンソン、ヌリエル・ルービニ、チャールズ・モリスなど──今では、ギリシャ、ポルトガル、アイルランド、イタリア、スペインの失業問題と政府債務問題が、ふたたび危機を──アメリカに影響を及ぼすことが必至の危機を──引き起こすおそれがあると警鐘を鳴らしている。

ヨーロッパは政治的にも経済的にも依然としてひどく細分化しており、ＥＵには一致団結して行動する力はないように見える。アメリカ経済もヨーロッパ経済も依然として弱く、政府の継続的な赤字財政出動にもかかわらず、高失業と低成長が続いている。そのうえ、二〇〇八年の危機を封じ込めるために使われた手段──ゼロ金利政策、金融システムへの大量の資金注入──は、もうさほど有効ではなくなっているし、財政的にも実行できなくなっている。

このような環境では、経済だけでなく政治や有権者の行動にも不安定さが入り込み始めるおそれがある。複占政治体制のせいで抜本的な内部改革は不可能であることを考えると、当面の問いは、人々の不満と絶望感が高まり続けたらどうなるか、ということだ。アメリカはただ腐っていくのだろうか？　真の進歩をもたらす運動が生まれるのだろうか？　それとも、アメリカは過激派の扇動にのみ込まれてしまうのか？　答えは今のところわからない。希望の持てるシグナルと気がかりなシグナルの両方が見受けられる。

一方では、ミシェル・バックマン、リック・ペリー、ロン・ポール、ハーマン・ケイン、ニュート・ギングリッチ、サラ・ペイリンなどが、大統領候補としてはさほど真剣には受け止められていないものの、全米に名を知られた有名人になれるという事実は気がかりだ。アメリカ社会の大きな部分が、自分自身や国の未来の繁栄にとって教育がどれほど重要かをまだ理解していないように思われることも、やはり気がかりだ。また、今のところ、二大政党に対する企業のカネの影響力は、少しも損なわれていないようだ。これらのサインは悲観的な見方につながる。

もう一方では、ウォール街占拠運動の登場は、アメリカ人が目覚め始めていることを示している。希望の持てる他のサインとしては、ウォーレン・バフェットが他の大富豪たちを公然と非難していること、スターバックスのCEOハワード・シュルツが、連邦政府が財政問題に取り組むまではすべての選挙献金を取りやめると宣言したことなどがあげられる。最近のいくつかの国政選挙では――すべての国政選挙で、ではないものの――アメリカ国民は正しい選択をした。だが、アメリカの現在の問題は数十年にわたってエスカレートしてきたものであり、一朝一夕には解決されないだろう。

その間にアメリカ人ができることは、政治的にも個人的にもたくさんある。抗議デモを行なう、全国的な政党組織への政治献金を拒否する、コモン・コーズ、ウォール街占拠運動、センター・フォー・レスポンシブ・ポリティクスなどの団体を支持する、自分自身が公職選挙に出馬する、本当に国民のことを気にかけていると思われる候補者を支持する、などだ。個人のレベルでは、貯蓄に励む、ためたカネを地場銀行や信用組合や投資信託に預け入れる、慎重かつ倫理的に投資する、そしてとりわけ、子どもに十分な教育を受けさせることだ。

本書は大統領選挙の年に出版されるのだから、次の言葉で本書を締めくくることにする。オバマ大統領は重要な点で国を裏切ったものの、得られる悪のなかでは一番ましな悪だ。だから、私はみなさんに、私と同じく不満にふたをしてオバマに投票してもらいたいと思っている。だが、投票日のまさに翌日から、彼と彼を生み出した制度全体をよりよいものに変えるにはどうすればよいかを考え始めてもらいたい。

どうすればこれが実現できるかはまだ定かではない。私は本書で、考えられる三つの道筋をあげた。既存政党の一つにおける内部反乱、第三党の台頭、超党派の社会運動だ。どの道筋をとっても厳しい障害にぶつかるはずであり、おそらく三つ全部がなんらかの形で補強し合うことが必要だろう。うまくいけば、われわれはいつの日か、アメリカの問題を正すことに全力で取り組み、どんな批判にも耐え抜く覚悟を持つ大統領を選んでいたことに気づくだろう。時がたたなければわからないが、いずれにしてもアメリカは多くの点で卓越したすばらしい国だ。アメリカのどこかで勇気ある若いリーダーが生まれつつあることを、アメリカ国民を奮起させ、悪党どもを放り出す気にさせることのできるリーダーが生まれつつあることを願っている。

謝辞

Acknowledgments

謝意を表したい相手は大勢いる。その多くが、明白な理由により名前をあげることができない。それに、前もって謝っておくが、一部の人の名前は記し忘れるにちがいない。まず、膨大な調査と作業と思考を行ない、大きな力を貸してくれ、話し相手にもなってくれたチャーリー・モリスに、ありがとうと言いたい。クラウン・ランダムハウスのすべての人、とりわけティナ・コンスタブル、マウロ・ディプレタ、アマンダ・パッテン――みなさんは文句なしにすばらしかった。何よりも本書を出版し、支持するという決断を下してくれたことに感謝する。それはとても勇気のいることだったにちがいない。ラリー・ダイアモンド、ジョシュ・コーエン、ラルフ・ゴモリーをはじめとする多くの人が、話を聞かせてくれたり、情報をくれたり、私のまちがった印象を正してくれたり、相談に乗ってくれたり、議論の相手になってくれたりした。彼ら全員に謝意を表したい。そして、もちろん、『インサイド・ジョブ』の制作を手助けしてくれたすべての人――とりわけオードリー・マーズ、チャド・ベック、アダム・ボルト、アレックス・ヘッフェス、カルヤニー・マム、ウィル・コックス、マット・デイモン、前アシスタントのアンナ・ムート・レビン、現アシスタントのステイシー・ロイ、マイケル・バーカー、トム・バーナード、ダイアン・バック、ディラン・レイナー、クリスティーナ・ワイ

用語解説 Glossary

オプションARM 借り手が当初の数年間は返済額を約定額より低くすることを選択できる、通常は「ティーザー金利」付きの、すなわち当初の金利を市場の標準より低くした変動金利型住宅ローン。金利が市場レートにリセットされるとき、それまでに累積した返済不足額がローンの元本に加算される(ARM＝Adjustable-rate Mortgage)。

オルトA住宅ローン もともとは、信用力に問題はないが所得や資産を証明する書類をそろえられない借り手(たとえば外国人)に提供される住宅ローンだった。バブル期に借り手の資金力不足を隠すために使われ、業界で「ウソつきローン」と呼ばれるようになった。

影の銀行システム 信用を提供するなど、公式の銀行システムと同様の活動をしばしば行なっている、ヘッジファンド、プライベート・エクイティ・ファンド、投資信託、他の投資事業体などのノンバンク金融機関。二〇〇〇年代に影の銀行システムが膨張したことにより、規制当局は金融システム中の信用の量を把握しにくくなった。

銀行持株会社　規制の対象となる預金受入銀行を所有している会社。通常は規制の対象、対象外を問わず他の金融サービス会社も併せ持っている。

グラス・スティーガル法　商業銀行による証券の引き受けや売買を禁止する条項や商業銀行の証券会社との提携を禁止する条項を含む一九三三年銀行法。商業銀行と証券会社の提携を禁止した条項は、一九九九年、グラム・リーチ・ブライリー法によって無効化された。

グラム・リーチ・ブライリー法　グラス・スティーガル法の商業銀行と証券会社の提携を禁止する条項を無効化した一九九九年連邦法。

クレジット・デフォルト・スワップ（CDS）　デリバティブの一種で、債券やローンのような債務証券のデフォルト・リスクを移転するもの。プロテクションの買い手はプロテクションの売り手に金利のような保証料を定期的に支払い、それに対しプロテクションの売り手は、当該証券がデフォルトしてもプロテクションの買い手が損失をこうむらないようにすることに同意する。この契約は、プロテクションの買い手も売り手も当該証券を保有していなくても成立する。CDSはトレーダーにとって最小の現金支出で債券ポートフォリオのシミュレーションを行なう便利な手段だったので、バブル期に驚異的なペースで増大した。

合成CDO　現物の証券ではなくクレジット・デフォルト・スワップ（CDS）で組成された債務担

保証券（ＣＤＯ）。超ハイリスクの現物型ＣＤＯの参照資産として合成ＣＤＯを使うことで、ウォール街は市場の超ハイリスク資産の量を大幅に増大させた。

債務担保証券（ＣＤＯ）　住宅ローン、銀行ローン、公社債など、通常、複数の種類の他の証券を裏付け資産とする証券。ＣＤＯはほぼ例外なく優先劣後構造を持っている。すなわち、支払いの優先度によって序列化されたいくつかの層の債券に分けられている。ＣＤＯの裏付け資産とされている証券からのキャッシュフローは、まず序列最高位のＣＤＯ債券に支払われ、次に序列第二位の債券に、それから第三位の債券に、というように、上位から順番に支払われる。したがって、損失は序列最下位のＣＤＯ債券が一番先に負担する。ＣＤＯの構造は本質的に不透明で、ＣＤＯの組成者たちは、概して詐欺的なサブプライム住宅ローンのようなきわめて高リスクの証券をＣＤＯに大量に詰め込んだので、ＣＤＯは金融崩壊で重要な役割を果たした。ＣＤＯスクエアードは、他のＣＤＯの高リスクの層から組成されたＣＤＯを言う。

差し押さえ　住宅ローンの貸し手が、債務不履行となった住宅ローンの担保物件の所有権を取得する法的手続き。

時価会計　証券の簿価を、その証券の現在の市場価値を反映するように定期的に調整する会計慣行。

証券化　住宅ローン債権、クレジットカード受取債権、他の証券などを原所有者とは別の法人にプールして、投資家向けの新しい金融商品を発行するプロセス。

証券取引委員会（SEC）　証券および証券関連オプションの取引、ブローカー・ディーラー、投資会社、他の証券関連業種、ならびに証券の発行・販売を規制するなど、連邦証券法を執行することにより、投資家を保護することに責任を負う連邦政府の独立行政機関。

商品先物取引委員会（CFTC）　先物やオプションの取引を規制している連邦政府の独立行政機関。

信用格付け会社　自社の分析にもとづいて証券のリスクや信用度を評価し、格付けを与える民間企業。最大手はフィッチ・レーティングス、ムーディーズ・インベスター・サービス、スタンダード・アンド・プアーズの三社。

地域再投資法（CRA）　規制対象の貸付機関に地元コミュニティへの融資やサービス提供を義務づけた一九七七年連邦法。

通貨監督局　すべての国法銀行と、外国銀行がアメリカ国内に置く特定の支店や代理店を認可、規制、監督する財務省の一部門。

デリバティブ　基礎となる他の資産や金利や事象の価値によって価値が決定される金融商品。

トランシェ　「スライス」という意味のフランス語で、優先劣後構造を持つ金融商品を構成するさま

訳者あとがき

本書の著者チャールズ・ファーガソンは、二〇〇八年世界金融危機の元凶となった者たちを糾弾するドキュメンタリー映画、『インサイド・ジョブ　世界不況の知られざる真実』で二〇一〇年アカデミー賞（長編ドキュメンタリー映画部門）を受賞した映画監督だ。映画人としては異色の経歴の持ち主で、青年時代は情報通信技術政策を専門とする研究者だったが、その後インターネットソフト会社を創業して、ウェブサイト構築ツール「フロントページ」で大成功を収めた。この会社をマイクロソフトに売却したあと、学究生活に戻って、研究のかたわら情報通信技術関連の諸問題や経済・政治・社会問題について幅広く著述活動を行なってきた。かねてから関心のあった映画制作に乗り出したのは、二〇〇五年、五〇歳のときだ。

本書は『インサイド・ジョブ』のために行なった多くの関係者へのインタビューを核として、映画の完成後に発表された議会金融危機調査委員会や上院常設調査小委員会の報告書、それに数々の民事訴訟で提出された証拠資料から抜き出した具体的な事実でそれに肉付けしたものだ。膨大な資料の詳細な調査・分析にもとづいた論考は、ＭＩＴやブルッキングス研究所で学究生活を送った著者の面目躍如といったところだろう。

二〇一一年二月のアカデミー賞授賞式で、ファーガソンは受賞スピーチを次のような言葉から始めた。「大規模な不正によって生じたぞっとするような金融危機から三年たったが、金融機関の幹部は誰一人刑務所に送られていない。これはまちがっている」不正行為によって大金を手にし、その一方で多くの人に甚大な被害を与えた者たちが処罰を免れていることに対する怒り――彼が本書を書いた第一の動機はこれである。だから彼は、大手投資銀行や主要住宅ローン会社が何をしたか、そしてそれによってどんな利益を得たかを、これでもかというほど事細かに描き出す。個々の会社について、幹部たちの実名をあげ、彼らの電子メールのやりとりや議会証言を引用しながら、不正の証拠を一つ一つ積み上げていくのである。こうした叙述はときに細かすぎてついていくのに苦労する部分もあるが、金融機関の行動は明白な詐欺であり、幹部たちは処罰されるべきだという彼の主張が単なる感情論で終わっていないのは、こうした細かい事実の裏付けがあればこそだろう。

ファーガソンが本書を書いたもう一つの動機は、金融部門の不正を可能にした過去三〇年のアメリカ社会の変化に対する強い危機感だ。規制緩和によって促進された業界の寡占化、金融部門の政治的力の拡大、金融部門をはじめとする有力産業に取り込まれた二大政党、所得格差が拡大するなかで十分な教育を受けられなくなったアメリカの子どもたち、教育の劣化やブロードバンド基盤整備の後れなどで競争力を失いつつあるアメリカの産業。こうした変化があげられているなかで最も衝撃的なのは、学問研究の分野でもカネがものをいう傾向が広まってきたという指摘だろう。著名な学者が企業の取締役として、コンサルタントとして、あるいは裁判の専門家証人として、報酬をもらって有力産業のために働く例が過去三〇年の間に急増したというのである。こうした学者の代表格として名前をあげられているのは、グレン・ハバード、ラリー・サマーズ、ローラ・タイソンなど、世界的に有名なスター学者たちだ。この問題についても著者の調査は徹底しており、入手できる数少ない資料から彼らと金融産業のつながりをくっきりとあぶり出している。新聞やテレビに登場する学者たちが必ずしも独立した立場で客観的な意見を述べているわけではないことをよく承知している読者でも、彼らが企業からこれほど多額の報酬を得ている事実には驚かされるのではなかろうか。アメリカの一流大学はほぼすべて私立だとはいえ、多くの大学教授が営利企業の取締役を兼任しているという事実も、訳者にとっては大きな驚きだった。

政治家や学者を取り込んで、政策決定を左右する力をますます高めている金融産業。その一方で、所得や資産の格差だけでなく経済機会や教育機会の格差も拡大して、ますます不公正になっているアメリカ社会。金融部門を制御し、こうした流れを逆転させる改革案を著者は具体的に示しているが、著者自身が認めているように、いずれも言うはやすく行なうはかたしである。危機の最中にあれほど声高に唱えられていた規制強化についてさえ、金融規制改革法（ドッド・フランク法）の根幹をなすボルカー・ルールは、当初の案から大幅に後退したうえに、いまだに実施されていないのだ。

国際情勢の緊迫化でこのところ下落傾向にあるとはいえ、ニューヨーク・ダウ平均株価はここ一年で過去最高値を何度も更新し、住宅価格も上昇基調を維持している。そうしたなかで、わずか五年半前のリーマン・ショックの衝撃とその後の大不況の苦しみは、記憶のかなたに追いやられつつあるように見える。だが、量的緩和の縮小が新興国経済におよぼす影響や中国の影の銀行がはらんでいるリスクを考えると、世界経済を揺るがすような金融危機が近い将来ふたたび起こる可能性を排除することはできない。二〇〇八年の金融危機では直接的な影響は比較的小さくてすんだ日本だが、急激な円高によって株価は暴落し、製造業は輸出競争力を失って、派遣切りが大きな社会問題になった。アメリカでも日本でも、過去の危機をあらためて振り返り、当時の不安や痛みや腹立たしさを思い起こして、それを改革の動きに変えていくことが、今求められているのかもしれない。

二〇一四年三月

索　引

・「-」は必ずしも語句としては登場しないが、該当項目の話題が続いていることを示す。
・ページ番号横の「n」は傍注内の語句を示す。
（編集部）

■く

■さ

■し

■と

■な

■に

■ね

■の

■は

■ひ

■ふ

■へ

■み

■む

■め

■も

■や

■ゆ

■よ

■ら

■り

原　注

第一章　アメリカの現状

1. 出典が明示されている場合を除き、本書で示すアメリカの経済データはすべて最新の（すなわち、入手できるかぎりは2011年第3四半期の）公式資料から引用されている。
2. William T. Vollman, "Homeless in Sacramento," *Harper's Magazine*, March 2011.
3. U.S. Census Bureau, "Income, Poverty, and Health Insurance Coverage in the United States: 2010," September 2011; Congressional Budget Office, "Trends in the Distribution of Household Income Between 1979 and 2007," October 2011, http://www.fns.usda.gov/pd/SNAPsummary.htm.
4. OECD StatExtracts: Labour Force Statistics, http://stats.oecd.org/index.aspx?queryid=251.
5. Emmanuel Saez and Thomas Piketty, "Income Inequality in the United States, 1913-1998," *Quarterly Journal of Economics*, 118(1) 2003, 1-39（表や数字はエクセルフォーマットで2008年までのものに更新されている。July 2010, http://elsa.berkeley.edu/~saez/）; G.William Domboff, "Wealth Income and Power," Department of Sociology, UC Santa Cruz, November 2011, http://www2.ucsc.edu/whorulesamerica/power/wealth.html.
6. Juila B. Isaacs, "Intergenerational Comparisons of Economic Mobility," in Julia B. Isaacs et. al., *Getting Ahead or Losing Ground: Economic Mobility in America*, 37-46, Brookings Economic Mobility Project, February 2008; Patrick M. Callan, "International Comparisons Highlight Educational Gaps Between Young and Older Americans," *Measuring Up 2006: The National Report Card on Higher Education*, http://measuringup.highereducation.org/commentary/introduction.cfm.
7. 企業のデータはすべて年次報告書とSEC提出書類より。

第二章　パンドラの箱を開ける――金融緩和の時代（一九八〇年～二〇〇〇年）

1. Vincent Carossa, *Investment Banking in America: A History* (Cambridge, MA: Harvard University Press, 1970), 322-351.
2. Banking Act of 1933 (original version), Public Law 66, 73rd Congress, sec. 21(a)1.
3. Thomas Philippon and Ariel Resheff, "Wages and Human Capital in the U.S. Financial Industry: 1909-2006" (December 2008); http://pages.stern.nyu.edu/~tphilipp/papers/pr_rev15.pdf に草稿が掲載されている。
4. Lawrence J. White, *The S&L Debacle: Public Policy Lessons for Bank and Thrift Regulation* (New York: Oxford University Press, 1990); Martin Mayer, *The Greatest Ever Bank Robbery* (New

York: Scribners, 1990). メイヤーはp.334~336にグリーンスパンの手紙を転載している。

5. 定評ある参考文献はJames Stewart, *Den of Thieves* (New York: Touchstone, 1992); Connie Bruck, *The Predators' Ball: The Inside Story of Drexel Burnham and the Rise of the Junk Bond Raiders* (New York: Penguin, 1989)。
6. 1987年の暴落の分刻みの描写は、ブレイディ委員会の報告書 *Report of the Presidential Task Force on Market Mechanisms* (Washington, DC: USGPO, 1988) を参照。
7. Bethany McLean and Joe Nocera, *All the Devils Are Here: The Hidden History of the Financial Crisis* (New York: Penguin, 2010), chapter 2, "Ground Zero, Baby."
8. Yves Smith, *Econned: How Unenlightened Self Interest Undermined Democracy and Corrupted Capitalism* (New York: Palgrave Macmillan, 2010), 152.
9. Charles R. Morris, *Money, Greed, and Risk* (New York: Times Books, 1999), 168-171.
10. Alan Greenspan, "Testimony Before the House Committee on Banking and Financial Services," September 16, 1998.
11. Alan Greenspan, "Testimony Before the House Committee on Banking and Financial Services," October 1, 1998.
12. Alan Greenspan, "Remarks to the Chicago Conference on Bank Structure and Competition," May 8, 2003.
13. "Greenspan Admits 'Flaw' to Congress, Predicts More Economic Problems," *PBS NewsHour*, October 23, 2008, http://www.pbs.org/newsour/bb/business/july-dec08/crisishearing_10-23.html.

第三章　バブル　パート１――二〇〇〇年代の借り入れと貸し付け

1. Federal Reserve Board, "Selected Interest Rates," http://www.federalreserve.gov/releases/h15/data.htm.
2. Center for Responsible Lending, "Subprime Lending: A Net Drain on Home Ownership," *CRL Issue Paper* no. 14, March 27, 2007.
3. S&P/Case-Shiller U.S. National Home Price Index, http://www.standardandpoors.com/indices/sp-case-shiller-home-price-indices/en/us/. 2000年1月から2005年12月の間に、主要10都市の指数は120%、主要20都市の指数は103%、全米の指数は87%上昇した。
4. *The Financial Crisis Inquiry Report: Final Report of the National Commission on the Causes of the Financial and Economic Crisis in the United States* (New York: PublicAffairs, 2011), 89-90.
5. S&P/Case-Shiller index.
6. Rick Brooks and Constance Mitchell Forbes, "The United States of Subprime," *Wall Street Journal*, October 11, 2007. この記事は「高金利」ローンだけを対象としている。したがって、高リスク・ローンの大多数を占めていた可能性がある、きわめて低いティーザー金利で始まるローンはすべて除外されている。
7. *Financial Crisis Inquiry Report,* 89.
8. ワムに関する一次資料は、*Wall Street and the Financial Crisis: Anatomy of a Financial*

Collapse, hearing before the U.S. Senate Permanent Subcommittee on Investigations（上院常設調査小委員、以下PSIと記す）, 111th Congress, 2nd sess.（第111議会第2会期）, April 13, 2010, "Exhibits: The Role of High Risk Loans"（exhibitsにはページ番号が付されていない）、および *Federal Deposit Insurance Corporation(FDIC) v. Kerry K. Killinger et al.*, Complaint, U.S. District Court, Western District of Washington at Seattle, March 16, 2011.

9. PSI, *Wall Street and the Financial Crisis*, "Exhibits: The Role of High Risk Loans," Washington Mutual, "Higher Risk Lending Strategy," Finance Committee Discussion, January 2005, and Home Loans Discussion, Board of Directors Meeting, April 18, 2006.

10. 同上 Washington Mutual, President's Club 2006–Kauai Business Meeting.

11. 同上 Rotella to Killinger, April 27, 2006.

12. 同上 Jill Simons to Timothy Bates, Risk Mit Loan Review Data "Confidential," e-mail, August 28, 2005.

13. *Cambridge Place Investment Management Inc. v. Morgan Stanley & Co., Inc. et al.*, Superior Court of the Commonwealth of Massachusetts, Complaint and Jury Demand, July 9, 2010, 55-56; *The People of the State of New York v. First American Corporation et al.*, Supreme Court of New York, March 30, 2009.

14. *FDIC v. Killinger*, 23, 25.

15. PSI, *Wall Street and the Financial Crisis: Anatomy of a Financial Collapse*, Majority and Minority Staff Report, April 13, 2010, http://hsgac.senate.gov/public/_files/Financial_Crisis/FinancialCrisisReport.pdf.

16. http://www.nytimes.com/2011/12/14/business/ex-bank-executives-settle-fdic-suit.html.

17. *Financial Crisis Inquiry Report*, 89-90; "Final Report of Michael J. Missal, Bankruptcy Court Examiner"（以下Examiner's Report), *In re: New Century TRS Holdings, Inc. et al., Debtors*, U.S. Bankruptcy Court for the District of Delaware, 57.

18. Examiner's Report, 81-82.

19. 同上, 2.

20. 同上, 127-128.

21. 同上, 131.

22. 同上.（会計の問題を詳しく取り上げている。とくに177-212を参照）

23. Shawn Tulley, "Meet the 23,000% Stock," *Fortune*, September 15, 2003.

カントリーワイドに関する記述は、主としてFCICが集めた電子メールの送受信記録や他の文書にもとづいている。個々の文書は検索機能付きのウェブサイト http://fcic.law.stanford.edu/resource. で閲覧できる。

24. 一つのリストは http://en.wikipedia.org/wiki/Angelo_Mozilo#.22Friends_of_Angelo_.28FQA.29.22_VIP_program に掲載されている。

25. カントリーワイドでのフォスターの経験に関するこの記述は、主として3つの資料にもとづいている。1つは、内部告発者訴訟を起こした後の彼女の経験をまとめた労働安全衛生局（OSHA）の調査報告書（この訴訟は彼女の勝訴となった)。この報告書はhttp://

www.documentcloud.org/documents/250789-cwd-ef-final-osha-order.html#document/p8に掲載されている。二つ目の資料は2011年12月に『60ミニッツ』で放映されたスティーブ・クロフトによる彼女のインタビューで、これはhttp://www.cbsnews.com/8301-18560_162-57336042/prosecuting-wall-street/?pageNum=8&tag=contentMain;contentBodyで視聴できる。３つ目の資料は彼女へのインタビューにもとづいて書かれたマイケル・ハドソンの記事。マイケル・ハドソンは調査報道NPO「センター・フォー・パブリック・インテグリティ」で活動しているジャーナリストで、彼の記事はhttp://www.iwatchnews.org/2011/09/22/6687/countrywide-protected-fraudsters-silencing-whistleblowers-say-former-employeesに掲載されている。

26. http://www.cbsnews.com/8301-18560_162-57336042/prosecuting-wall-street/?pageNum=2&tag=contentMain;contentBody参照。
27. *Commonwealth of Massachusetts v. Fremont Invest & Loan et al.*, Final Judgment by Consent, June 9, 2009. この最終判決には罰金1000万ドルも含まれていた。
28. *Cambridge Place Investment v. Morgan Stanley*, 66に引用されている。
29. 同上, 69-74.
30. *Financial Crisis Inquiry Report*, 89, 12.
31. *Cambridge Place Investment v. Morgan Stanley*, 75-78.
32. *Washington Post*, June 10, 2008, http://www.washingtonpost.com/wp-dyn/consent/article/2008/06/09/AR2008060902626.html参照。
33. それぞれの年次報告書から算出。
34. http://www.sec.gov/news/press/2011/2011-267.htm.
35. Alan Greenspan and James Kennedy, "Sources and Uses of Equity Extraction from Housing," Federal Reserve Board, 2007. FRBのエコノミスト、ケネディは、調査期間の後もデータを更新し続けており、要請があれば提供している。
36. "A Home-Grown Problem," *Economist*, September 10, 2005.

第四章　バブルを生み出し、世界に広げたウォール街

1. *Financial Crisis Inquiry Report*, 152-154.
2. http://www.finra.org/AboutFINRA/Leadership/.
3. *The Charles Schwab Corporation v. BNP Paribas Securities, Inc., et al.*, Amended Complaint, Superior Court of the State of California, August 2, 2010.
4. *Financial Crisis Inquiry Report*, 166.
5. *Ambac Assurance Corporation et al., v. EMC Mortgage Corporation et al.*, Complaint, Supreme Court of State of New York, February 2, 2011.
6. Consolidated Amended Class Action Complaint, *American Home Mortgage Securities Litigation*, U.S. District Court, Eastern District of New York, June 3, 2008.
7. *Ambac v. EMC*, 70.
8. 同上, 71n181.

9. 同上, 71.
10. 同上, 72, 72n185.
11. 同上, 74-76.
12. 同上, 81-83.
13. 同上, 78, 86-87.
14. 同上, 93, 93n255.
15. 同上, 65, 66n161, 69.
16. 同上, 99-100.
17. 同上, 97.
18. 同上, 103.
19. 同上, 104.
20. Allan Sloan, "House of Junk," http://money.cnn.com/2007/10/15/markets/junk_mortgates.fortune/index.htm.
21. *Employees' Retirement System of the Government of the Virgin Islands et al. v. Morgan Stanley & Co., Incorporated, et al.*, Class Action Complaint, U.S. District Court, Southern District of New York, December 24, 2009.
22. 同上, 13.
23. 同上, 15.
24. *In re: Morgan Stanley & Co., Incorporated*, Assurance of Discontinuance, Superior Court of the Commonwealth of Massachusetts, June 24, 2010.
25. *Virgin Islands v. Morgan Stanley*, 11.
26. ハブラーと上司のゾーイ・クルスとの関係やハブラーの損失を可能にした状況と女性差別との関連など、このエピソードについての興味深い詳細な分析は、http://nymag.com/news/business/46476/ を参照。
27. *Financial Crisis Inquiry Report*, "Testimony of Richard M. Bowen," III, 1-2.
28. 最も広く知られている訴訟でのＳＥＣの訴状を参照。http://dealbook.nytimes.com/2011/10/26/in-fight-against-securities-fraud-s-e-c-sends-wrong-signal/ で閲覧できる。
29. *HSH Nordbank AG v. UBS AG and UBS Securities, LLC*, Summons and Complaint, Supreme Court of the State of New York, February25, 2008.
30. ここに記した考察は、PSI, *Wall Street and the Financial Crisis*, 243-317 に依拠している。
31. *Financial Crisis Inquiry Report*, "Interview of Robert Rubin," March 11, 2010.

第五章　すべてが崩れ落ちる——警鐘、略奪者、危機、対応

1. Raghuram G. Rajam, "Has Financial Development Made the World Riskier?" proceedings, Federal Reserve Bank of Kansas City, August 2005, 313-69, www.kc.frb.org/publicat/sympos/2005/pdf/rajan2005.pdg.
2. Wyatt, Edward, "Judge Blocks Citigroup Settlement with SEC," *New York Times*, November 28, 2011, http://www.nytimes.com/2011/11/29/business/judge-rejects-sec-accord-with-citi.html?_

r=1.

3. PSI, *Wall Street and the Financial Crisis*, "Exhibits: Role of Investment Banks," David Viniar to Tom Montag, e-mail, December 15, 2006, and trail; Fabrice Tourre to Geoffrey Williams et al., e-mail, December 18, 2006.
4. 同上、"The Subprime Meltdown: Timeline of Recent Events," presentation to Goldman Sacks board of directors, subprime mortgage business, March 26, 2007; Daniel Sparks to Gary Cohn et al., e-mail and trail, February 8, 2007.
5. 同上、Sparks to Montag et al., e-mail, February 14, 2007.
6. 同上、Sparks to Josh Birnbaum et al., e-mail, February 22, 2007.
7. 同上、Sparks to Jon Winkelried, e-mail, February 21, 2007
8. 同上、Viniar to Gary Cohn, e-mail, July 25, 2007.
9. 同上、Birnbaum to [redacted], e-mail, July 12, 2007.
10. 同上、*Code of Business Conduct and Ethics*, May 2009.
11. 同上、Fabrice Tourre to Jonathan Egol, e-mail, December 28, 2006.
12. 同上、Jonathan Egol to Geoffrey Williams, e-mail, October 28, 2006, and trail.
13. 同上、E-mails: Aliredha Yusuf to Sparks, March 9, 2009; Peter Ostrem to Sparks, March 9, 2007; Robert Black to ficc spcdo et al., March 21, 2007; Omar Chaudary to David Lehman, June 7, 2007; exchange of e-mail between Sparks and Bohra Bunty, April 19, 2007.
14. 同上、Darryl Herrick to Mahesh Ganapathy, e-mail, October 12, 2006: sales book, Hudson Mezzanine Funding 2006-1, Ltd., October 2006.
15. 同上、Sales book, Hudson.
16. 同上、Ostrem to team, e-mail, October 30, 2006; Sparks to Montag, e-mail, January 27, 2007.
17. PSI, *Wall Street and the Financial Crisis*, Majority and Minority Staff Report, 585.
18. PSI, *Wall Street and the Financial Crisis*, "Exhibits: Role of Investment Banks," Salem Deeb to Michael Swenson, e-mail, December 15, 2006, and trail.
19. 同上、GS Syndicate to T-Mail Subscribers, e-mail, March 28, 2007.
20. 同上、Montag to Sparks, e-mail, June 22, 2007.
21. 同上、Matthew Bieber to Christopher Creed, e-mail, September 17, 2007 and trail.
22. Gregory Zuckerman, "Profiting from the Crash," *Wall Street Journal*, October 31, 2009; http://online.wsj.com/article/SB10001424052748703574604574499740849179448.html.
23. Tourre to Egol, e-mail, December 18, 2006, "Wall Street and the Financial Crisis," hearing exhibits.
24. *Securities and Exchange Commission v. Goldman Sachs & Co. and Fabrice Tourre*, Complaint, U.S. District Court, Southern District of New York, April 16, 2010, 10.
25. PSI, *Wall Street and the Financial Crisis*, "Exhibits: Role of Investment Banks," sales book, ABACUS 2007-AC1, March 23, 2007.
26. http://www.nytimes.com/2010/04/21/business/21deals.html.
27. 金銭に関する詳細は*SEC v. Goldman*で陳述されたもので、これが和解のベースになった。

28. *SEC v. Goldman*, Consent of Defendant Goldman Sachs & Co., July 16, 2010.
29. ジェイク・バーンスタインとジェシー・アイジンガーによるシリーズ記事を参照。初回のタイトルは "The Magnetar Trade: How One Hedge Fund Helped Keep the Bubble Going," *ProPublica*, April 9, 2010; Smith, *Econned*, 257-263.
30. Smith, *Econned*, 260.
31. http://www/.bloomberg.com/apps/news?pid=newsarchive&sid=ax3yON_uNe7I.
32. *Financial Crisis Inquiry Report*, 243-44, 265-75.

第六章　罪と罰——犯罪事業としての銀行業とバブル

1. http://www/.nytimes.com/interactive/2011/11/08/business/Wall-Streets-Repeat-Violations-Despite-PromisesStsssss.html?ref=business.
2. エンロン事件についての定評ある記録はKurt Eichenwaldの*Conspiracy of Fools: A True Story* (New York: Broadway Books, 2005).
3. シティグループとチェースの取引については次の資料を参照。*In re Enron Corporation Securities Litigation*, First Amended Consolidated Complaint, U.S. District Court, Southern District of Texas, May 14, 2003, 35-39（これはエンロンの株主による第一次集団訴訟）; *SEC v. JPMorgan Chase*, Complaint, U.S. District Court, Southern District of Texas, July 28, 2003; Securities and Exchange Commission, Accounting and Auditing Enforcement Release no. 1821, in the matter of Citigroup, Inc., respondent, July 28, 2003.
4. *In re Enron Corporation*, 500-501; *SEC v. Merrill Lynch, & Co., Inc., et al.*, Complaint, March 17, 2003, U.S. District Court, Southern District of Texas at Houston.
5. Harold Meyerson, "The Enron Enablers," *American Prospect*, May 10, 2007.
6. Charles R. Morris, "The Hole in the Economy," *Boston Globe*, July 7, 2002.
7. Geoff Lewis, "The Bloody Mess After the Internet Bubble," *Registered Rep*, May 1, 2005.
8. 同上
9. William H. Donaldson, "Testimony Concerning Global Research Analyst Settlement," Senate Committee on Banking, Housing and Urban Affairs, May 7, 2003; Securities and Exchange Commission, Litigation Release, "Federal Court Approves Global Research Analyst Settlement," October 31, 2003; Securities and Exchange Commission, Administrative Proceeding, *In the Matter of Jack Benjamin Grubman*, October 31, 2003; Securities and Exchange Commission, Administrative Proceeding, *In the Matter of Henry M. Blodget*, October 31, 2003.
10. この事件についての記述は次の資料にもとづく。*SEC v. Charles E. LeCroy and Douglas W. MacFaddin*, Complaint, U.S. District Court, Northern District of Alabama, November 4, 2009; SEC, Administrative Proceeding, *In the Matter of JPMorgan Securities, Inc.*, Order Instituting Administrative and Cease-And-Desist Proceedings, November 4, 2009; William Selway and Martin Z. Braun, "JPMorgan Swap Deals Spur Probe as Default Stalks Alabama County," Bloomberg, May 22, 2008.

11. この説明は次の資料にもとづく。Martin Z. Braun, "Auction Bond Failure Roil Munis, Pushing Rates Up," Bloomberg, February, 10, 2008; Liz Rappaport and Randall Smith, "Credit Woes Hit Funding for Loans to Students," *Wall Street Journal*, February 13, 2008; Floyd Norris, "Auction Market Chaos for Bonds," *New York Times*, February 20, 2008.
12. *SEC v. Banc of America Securities LLC et al.*, Complaint, U.S. District Court, Southern District of New York, June 9, 2009, 7. この訴状もそうだが、他の訴状も、銀行がどのような売り方をしていたかを事細かに説明している。
13. SECのプレス・リリースによる予想和解コスト
14. SEC litigation releases.
15. http://dealbook.nytimes.com/2011/02/15/del-monte-ruling-challenges-cozy-buyout-bids/.
16. この記述は次の資料にもとづく。U.S. Department of Justice Press Release, "Justice Department & IRS Announce Results of UBS Settlement & Unprecedented Response to Voluntary Tax Disclosure Program," November 17, 2009; Carolyn B. Lovejoy, "UBS Strikes a Deal: The Recent Impact of Weakened Bank Secrecy on Swiss Banking," *North Carolina Banking Institute Journal* 14 (February 10, 2010): 435-466; Joann M. Weiner, "Brad Birkenfeld: Tax Cheat and UBS Information Doesn't Deserve Pardon," *Politics Daily*, June 2010; Carlyn Kolker and David Voreacos, "UBS Tax Net Snares Credit Suisse, Julius Baer Clients," Bloomberg, September 18, 2009; Cyrus Sanati, "Phil Gramm and the UBS Tax Case," *New York Times*, August 20, 2009.
17. William Wechsler, "Follow the Money," *Foreign Affairs*, July/August 2001.
18. *Unites States of America v. Credit Suisse, AG*, Deferred Prosecution Agreement, U.S. District Court for the District of Columbia, December 16, 2008. 詳細はExhibit A, Factual Statementより。
19. Press Release, New York County District Attorney's Office, "Barclays Bank PLC Agrees to Forfeit $298 Million in Connection with Violations of the International Emergency Economic Powers Act and the Trading with the Enemy Act," August 18, 2010; and Press Releases, U.S. Department of Justice, "Credit Suisse Agrees to Forfeit $536 Million in Connection with Violations of the International Emergency Economic Powers Act and New York State Law," December 2, 2009, and "Lloyds TSB Bank Plc Agrees to Forfeit $350 Million in Connection with Violations of the International Emergency Economic Powers Act," January 9, 2009.
20. http://www.nytimes.com/2010/06/05/nyregion/05hawala.html.
21. Kevin Roose, "JPMorgan to Pay $88.3 Million for Sanctions Violations," *New York Times*, August 25, 2011.
22. Robert H. Hast, "Private Banking: Raul Salinas, Citibank, and Alleged Money Laundering," testimony before the Permanent Subcommittee on Investigations, Committee on Government Affairs, U.S. Senate, November 9, 1999 (Washington, DC: U.S. GAO, 1998).
23. U.S. Senate, Permanent Subcommittee on Investigations, "Money Laundering and Foreign Corruption: Case Study Involving Riggs Bank," July 15, 2004.
24. Ed Vulliamy, "How a Big US Bank Laundered Billions from Mexico's Murderous Drug

Gangs," *Guardian*, April 2, 2011, http://www.guardian.co.uk/world/2011/apr/03/us-bank-mexico-drug/gangs; Andrew Nill Sanchez, "Big Bank Ignored Warnings That It Was Being Used to Launder Money by Mexican Drug Cartels," *ThinkProgress*, April 20, 2011, http://thinkprogress.org/economy/2011/04/20/159951/wachovia-banks-drug-cartels/.

25. http://thinkprogress.org/economy/2011/04/20/159951/wachovia-banks-drug-cartels/.
26. David Voreceos et al., "Banks Financing Mexico Drug Gangs Admitted in Wells Fargo Deal," Bloomberg, June 28, 2010; *United States of America v. American Express Bank International*, Deferred Prosecution Agreement, U.S. District Court, Southern District of Florida, August 6, 2007.
27. 和解金や他のデータについては、*Securities Investor Protection Corporation v. Bernard Madoff Investment Securities, LLC*, U.S. Bankruptcy Court, Southern District of New York, Trustee's Fifth Interim Report for the Period Ending March 31, 2011を参照。
28. Andrew Cave, "Bernard Madoff Fraud: Increased Scrutiny in Hedge Fund Industry," *Daily Telegraph*, December 20, 2008.
29. *Irving H. Picard Trustee v. Citibank NA et al.*, Complaint, U.S. Bankruptcy Court, December 8, 2010; *Picard v. Merrill Lynch International*, Complaint, U.S. Bankruptcy Court, December 8, 2010; *Picard v. ABN Amro*, Complaint, U.S. Bankruptcy Court, December 8, 2010.
30. http://www.forbes.com/sites/robertlenzner/2010/11/28/suit-says-ubs-feeder-funds-knew-madoff-was-fishy-back-in-2006.
31. http://www.ft.com/cms/s/0/e544bb08-0954-11e0-ada6-00144feabdc0.html#axzz1fKjlttnW.
32. *Picard v. UBS AG et al.*, Complaint, U.S. Bankruptcy Court, December 7, 2010, 24.
33. *Picard v. JPMorgan Chase & Co., et al.*, Complaint, U.S. Bankruptcy Court, December 2, 2010, 44.
34. 同上, 1; Diana R. Henriques, "Bankers Named Who Doubted Madoff," *New York Times*, April 14, 2011, http://www.nytimes.com/2011/04/15.business/15madoff.html.
35. http://www.whitehouse.gov/the-press-office/2011/10/06/news-conference-president.
36. 関連するFCICの議事録は、FCICのウェブサイトのほか、http://cybercemeter.unt.edu/archive/fcic/20110310173928/ と http://www.fcic.gov/hearings/testimony/subprime-lending-and-securitization-and-enterprises にも掲載されている。
37. この手紙はhttp://dealbook.nytimes.com/2010/03/19/the-letter-by-lehman-whistle-blower-matthew-lee/で閲覧できる。
38. http://dealbook.nytimes.com/2010/03/15/auditor-could-face-liability-over-lehman/を参照。
39. これらの料金体系に表れている銀行業界のカルテル的体質に関する論考としては、たとえば http://www.bloomberg.com/news/2012-01-09/cohan-how-wall-street-turned-a-crisis-into-a-cartel.html を参照。
40. http://www.consumeraffairs.com/news04/2005/credit_card_fee_suit.html. http://finance.yahoo.com/news/bank-america-big-banks-face-113000788.html も参照。
41. http://www.bloomberg.com/news2011-11-28/secret-fed-loans-undisclosed-to-congress-gave-

banks-13-billion-in-income.html.
42. http://www.nytimes.com/2011/12/04/business/secrets-of-the-bailout-now-revealed.html?_r=1&sq=federal1%20reserve%20sec%20disclosure%20lynn&st=cse.

第七章　痛みをもたらす負の産業――野放しの金融部門

1. Federal Reserve, Flow of Funds reports for respective years.
2. William J. Holstein, "Personal Business; The Home Equity Highway: Busy and Hazardous," *New York Times*, December 23, 2001; Alan Greenspan and James Kennedy, "Sources and Uses of Equity Extraction from Housing," (Washington, DC: Federal Reserve Board, 2007; data updated through 2008 by Mr. Hamilton); Bureau of Economic Analysis, "U.S. International Trade in Goods and Services," Federal Reserve, Flow of Funds.
3. "Global House Priers: A Home-Grown Problem," *The Economist*, September 8, 2005, at http://www/economist.com/node/4385293. Christopher B. Leinberger, "The Next Slum," *Atlantic Monthly*, March 2008.
4. 財政赤字と連邦政府債務残高に関連したさまざまな問いについての詳細な検討は、Simon Johnson and James Kwak, *White House Burning: The Founding Fathers, Our National Debt, and Why It Matters to You* (2012) を参照。
5. 最も詳しい記述はAndrew Ross Sorkin, *Too Big to Fail* (New York: Viking, 2009).
6. このSEC会議全体の録音はhttp://graphics8.nytimes.com/packages/audio/national/20081003_SEC_AUDIO/SEC_Open_Meeting_04282004.mp3で聴取できる。
7. 企業の財務情報はすべてSECに提出された当該企業の年次報告書から。
8. この指摘と表現はチャールズ・モリスによるもの。
9. レポ市場の機能停止については、Gary Gorton and Andrew Metrick, "Securitized Banking and the Run on the Repo," National Bureau of Economic Research Working Paper no. 15223, November 10, 2010を参照。
10. http://www.huffingtonpost.com/2011/10/14/goldman-sachs-for-profit-college_n_997409.html?page=1.
11. http://chronicle.com/article/Education-Management-Corp/128560/.
12. http://www.nytimes.com/2009/10/05/business/economy/05simmons.html?pagewanted=2&dbk.
13. http://www.bloomberg.com/news/2012-02-11/sec-looking-into-provate-equity-firms-valuation-of-assets.html.
14. Adair Turner, "Reforming Finance: Are We Being Radical Enough?" 2011 Clare Distinguished Lecture on Economics and Public Policy, February 18, 2011.
15. Vito Racanelli, *Barrone's*, January 27, 2011.

第八章　象牙の塔

1. Justin Bekelman, "Scope and Impact of Financial Conflicts of Interest in Biomedical Research," *Journal of the American Medical Society* 289 (2003): 454-486; George Khusuf et al.,

"Understanding, Assessing, and Managing Conflicts of Interest," in Lawrence B. McCollough et al., *Surgical Ethics* (New York: Oxford University Press, 2006), 343-366, 引用は351に; U.S. Senate, Committee on Finance, "Staff Report on Sanofi's Strategic Use of Third Parties to Influence the FDA" (May 2011); 3件の和解についてはJustice Department press releases on TAP (an Abbott-Takeda joint venture), October 3, 2001; Astra-Zeneca, June 20, 2003; and Warner-Lambert (now part of Pfizer), May 13, 2004; "Stanford Won't Let Doctors Accept Gifts," Associated Press, September 12, 2006, MSNBCを参照。

2. www.brg-experts.com.
3. 同上
4. www.theanalysisgroup.com.
5. www.compasslexecon.com.
6. 同社ウェブサイトwww.crai.com。売り上げと雇用慣行についてはCharles River Associates, Inc., 10K filing for 2010を参照。
7. R. Glenn Hubbard, "How Capital Markets Enhance Economic Performance and Facilitate Job Creation" (with William C. Dudley) (New York: Goldman Sachs Global Markets Institute, 2004).
8. 3社の2011年議決権行使勧誘書類
9. 2012年2月の時点ではここに述べたとおりである。コロンビア大学のサイトの彼の経歴ページhttp://www0.gsb.columbia.edu/faculty/ghubbard/cv.htmlを参照。
10. 「利用者の声」ページはhttp://www.harrywalker.com/speaker/R-Glenn-Hubbard-ovations.cfm?Spea_ID=646.
11. Steven Gjerstad and Vernon L. Smith, "Monetary Policy, Credit Extension, and Housing Bubbles: 2008 and 1929," *Critical Review* 21, nos. 2-3 (2009): 269-300, 引用部分はp.286に。
12. David Goldman, "What Did Larry Summers Do at DE Shaw?" *Asia Times: Inner Workings*, April 6, 2009, http://blog.atimes.net/?p=867.
13. このインタビュー全体は、フェリックス・サーモンの論評とともにサーモンのブログで視聴・閲覧できる。http://blogs.reuters.com/felix-salmon/2012/01/27/summers-inside-job-had-essentially-all-its-facts-wrong/.
14. たとえばhttp://www.rkmc.com/Credit-Default-Swaps-From-Protection-To-Speculation.htmを参照。
15. この記事はhttp://www.nytimes.com/2009/04/06/business/06summers.html.に掲載されている。
16. ハーバード大学のウェブサイトにはサマーズのページが2つある。1つはhttp://www.hks.harvard.edu/about/faculty-staff-directory/lawrence-summers、もう1つは http://www.hks.harvard.edu/fs/lsummer/index.htm。
17. このウェブページはhttp://www.harrywalker.com/speaker/Lawrence-Summers.ovations.cfm?Spea_ID=450。
18. Heather Timmons, "Iceland's Fizzy Economy Faces a Test," *New York Times*, April 18, 2006.
19. Frederic S. Mishkin and Tryggvi Thor Herbertson, "Financial Stability in Iceland," Iceland

Chamber of Commerce (May 2006), 49, 42.

20. Frederic S. Mishkin, "Policy Remedies for Conflicts of Interest in the Financial System," conference paper, *Macroeconomics, Monetary Policy and Financial Stability: A Festschrift for Charles Freedman* (July 2003), 10-11.
21. "Fed Governors' Financial Disclosures: 2006," Financial Markets Center (October 11. 2007).
22. http://www.leighbureau.com/speaker.asp?id=501.
23. 4社の議決権行使勧誘書類。
24. このページはhttp://www.harrywalker.com/speaker/Laura-Tyson-ovations.cfm?Spea_ID=43。
25. 講師派遣会社のサイトの彼の経歴ページは http://www/washingtonspeakers.com/speakers/biography.cfm?SpeakerID=1760。
26. http://www.prnewswire.com/news-releases/media-advisory-hal-scott-urges-narrow-application-of-volcker-rule-to-allow-bank-market-making-hedging-other-dodd-frank-permitted-activities-124002944.html.
27. http://www.law.harvard.edu/programs/corp_gov/media.shtmlを参照。
28. http://www.compasslexecon.com/Pages/default.aspx.
29. Anthony Giddens, "My Chat with the Colonel," *Guardian*, March 9, 2007.
30. Benjamin R. Barber, "Caddafi's Libya: An Ally for America?" *Washington Post*, August 15, 2007.
31. Joseph S. Nye, Jr., "Tripoli Diarist," *New Republic*, December 10, 2007.
32. David Corn and Siddhartha Mahanta, "From Libya with Love: How a US Consulting Firm Used American Academics to Rehab Muammar Qaddafi's Image," *Mother Jones*, March 3, 2011.
33. 合衆国法典第22巻Sec. 611 (c) (1) (ii), http://www.fara.gov/.
34. http://mobile.bloomberg.com/news/2012-01/07/on-the-capture-of-economists-the-ticker.
35. http://www.bloomberg.com/news/2012-01-17/economists-inside-job-conflicts-beg-for-more-than-pay-disclosure-view.htmlを参照。

第九章　出来レースの国、アメリカ

1. たとえばhttp://www.huffingtonpost.com/charles-ferguson/the-financial-crisis-and-_1_b_782927.html　および　http://www.salon.com/2010/10/27/barack_obama_wall_street/の私の記事を参照。
2. James Womack, Daniel T. Jones, and Daniel Roos, *The Machine That Changed the World* (Cambridge, MA: MIT Press, 1991; rev. 2007)　もしくはKim B. Clark and Takahiro Fujimoto, *Product Development Performance* (Cambridge, MA: Harvard Business School Press, 1991) を参照。
3. Ramchandran Jaikumar, "Postindustrial Manufacturing," *Harvard Business Review* (November/December 1986) を参照。
4. http://www.digitimes.com/news/a20120131PD200.html.
5. http://mediadecoder.blogs.nytimes.com/2011/12/02/with-verizons-3-6-billion-spectrum-deal-cable-and-wireless-inch-closer/?scp=1&sq=verizon%20cable%20spectrum%20deal&st=cse.

6. たとえば http://www.offthechartsblog.org/what-should-corporate-tax-reform-look-like/ および http://www.nytimes.com/2011/08/06/business/workers-wages-chasing-corporate-profits-off-the-charts.html を参照。

7. 上院議員選挙については http://www.cfinst.org/pdf/vital/VitalStats_t5.pdf を、下院議員選挙については http://www.cfinst.org/pdf/vital/VitalStats_t2.pdf を参照。

8. http://sunlightfoundation.com/blog/2011/12/13/the-political-one-percent-of-the-one-percent/?utm_source=The+Balance+Sheet&utm_campaign=36e95872b7_Balance_Sheet_12_02_1112_2_2011&utm_medium=email.

9. http://www/opm.gov (U.S. Government Office of Personnel Management).

10. PSI, *Wall Street and the Financial Collapse*, "Majority and Minority Staff Report," 349.

11. http://www.reuters.com/article/2012/01/20/us-usa-holder-martgage-idUSTRE80J0PH20120120 を参照。

12. たとえば、この法律事務所のウェブサイト http://www.cov.com/practice/white_collar_and_investigations/ を参照。

13. http://www.economicpolicyjournal.com/2011/01/blankfein-dimon-attending-white-house.html.

14. Ian Dew-Becker and Robert J. Gordon, "The Rise in American Inequality," *Vox* (June 19, 2008), www.voxeu.org/index.php?q=node/1245.

15. http://www/nytimes.com/2011/08/06/business/workers-wages-chasing-corporate-profits-off-the-charts.html?scp=1&sq=floyd%20norris%20u.s.%20corporate%20profits%20redord%20gnp%20share&st=Search.

16. http://dealbook.nytimes.com/2011/11/29/at-the-92nd-st-y-a-cushion-against-wall-st-worries/?hp.

17. http://www.thecrimson.com/article/2011/2/25/aid/financial-percent-year/.

18. http://www.nytimes.com/2011/09/14/education/14delta.html?_r=1&sq=private%20universities%20public&st=cse&adxnnl=1&scp=1&adxnnlx=1323636060-50gcU9ysLdyDB7PikH05yg.